KB267371

재벌家 맥(脈)

下

누가 한국을 움직이는가

서울신문사 산업부

◉ ● ◎ •

책 머리에

2005년 11월 말 '재벌家맥(脈)' 상권이 나왔을 때, 반향이 대단했다. "하권은 언제 나오느냐."는 문의가 빗발쳤으나 하권 출간이 당초 계획보다는 많이 늦어졌다.

이 책은 2005년 1월부터 서울신문 지면에 '재계 인맥 혼맥 대탐구'라는 제목으로 특별 연재됐던 시리즈 기사를 다듬고 보완한 것이다. 시리즈를 기획한 것은 2004년 초. 당시 국내 주요 그룹들은 사상 최고의 실적을 내고 있었다. 그 무렵, 재벌 기업과 비(非)재벌 형태의 기업 수익성을 비교하는 보고서도 잇따라 나왔다. 세간의 인식과 달리 재벌 기업의 수익성이 꼭 나쁘지는 않다는 주장이 제기되면서 '지배구조에 정답은 있는가.'라는 논쟁으로 이어졌다.

이에 서울신문 산업부는 대한민국의 재벌을 다시 살펴보기로 했다. 그들이 어떻게 기업을 일궜고, 어떻게 지켜왔는지를 되짚고자 했다. 누가 재벌을 이끄는지도 관심사였다. 이들이 곧 한국을 움직이는 중요한 파워의 하나였기 때문이다. 그러자면 혼맥을 살펴야 했다. 평범한 집안과의 연애결혼 사례도 적지 않았지만 대개는 유력 집안과의 혼사로 가세(家勢)를 키우고, 이것이 다시 사세(社勢)를 키우는 또 하나의 원동력이 됐기 때문이다.

여기에는 중대한 변화가 있었다. 재벌이 형성되던 1970~1980년대 재벌의 자녀는 정계(政界)와 관계(官界) 인사 자녀와의 정략적인 결혼을 많이 했다. 하지만 1990년대 이후 재벌 3 · 4세로 내려오면서 이같은 형식의 정략결혼은 줄었다. 대신, '그들끼리의 결혼'이 눈에 띄게 늘었다. 어찌보면 이것도 또 다른 형태의 정략적인 결혼으로 볼 수도 있다. 재벌과 재벌과의 결합이라는 점에서다. 서울신문 산업부가 재계 혼맥 탐구에 공을 들인 이유다.

2004년 가을부터 본격 취재에 들어갔다. 과거 자료들을 뒤지고 그룹 전 · 현직 임직원들을 찾아다니며 사실 관계를 하나하나 확인했다. 하지만 제3자의 확인에는 한계가 있었다. 결혼에 얽힌 일화며, 집안 형제들 간의 알려지지 않은 이야기, '카더라.'로 구전돼오는 소문 등에 다가가면 고개를 젓기 일쑤였다. 당사자들에게 직접 물어볼 수밖에 없었다. 집요하게 발품을 팔고 끈질기게 요청한 덕분에 그룹 오너들을 적지 않게 만날 수 있었다.

성과는 기대 이상이었다. 기정사실처럼 굳어져 언론에 오랫동안 인용돼온 오너 관련 오보를 바로잡을 수 있었다. 태어난 곳, 졸업한

학교가 잘못 알려진 경우도 있었다. 분가(分家) 과정, 사인(死因) 등 새로운 사실도 알아냈다. 일반인과 특별히 다르지 않는 재벌 3·4세들의 연애담을 엿보는 재미도 있었다.

이 책은 재벌 체제를 옹호하려는 뜻에서 나온 게 아니다. 그렇다고 오너 일가의 치부를 드러내고자 한 것도 아니다. 최대한 있는 사실을 바탕으로 객관적으로 재벌을 재조명하고자 했다는 점을 밝혀둔다. 덕분에 이 책은 그동안 나온 재벌일가의 그 어떤 자료보다 정확하고 체계적이라고 감히 자부한다. 특히 '가계도'는 재계의 교과서로 통한다. 해당그룹 임직원들도 서울신문 가계도를 놓고 '공부'하고, 언론들도 단골 인용한다.

하권에는 롯데, 금호아시아나, 한진, 한화, 두산, 동부, 대림산업, 코오롱, 효성, 태광산업, 애경 등 28개 그룹의 이야기를 실었다. 취재는 하권이 훨씬 더 힘들었다. 일부 그룹을 제외하고는 드러난 기초자료가 별로 없었던 탓이다. 앞서 나온 상권에는 삼성, 현대자동차, LG, SK 등 4대그룹과 그 방계 그룹의 이야기를 담았다.

당시 어렵게 시간을 내준 오너들, 울고 웃으며 자료 수집을 도와준 각 그룹 홍보실 임직원들, 상권이 나오자 따뜻한 성원을 보내준 각계 인사들과 독자 여러분들의 고마움을 잊을 수 없다. 특히 '기자'가 되어 함께 취재한 홍보맨들이 없었다면 이 책은 나오기 힘들었을 것이다.

당초 하권은 2006년 상반기에 출간할 예정이었으나 기획을 했던 산업부장과 담당기자들이 바뀌면서 늦어졌다. 시간이 지나면서 재벌 자녀의 결혼도 늘고 신문에 연재했을 때의 나이와 최고경영자(CEO)

들의 직책이 바뀌면서 이를 정확히 확인하는 과정이 필요했다. 약속대로 출간하지 못한 데 대해 독자 여러분들의 넓으신 혜량(惠諒)을 바란다.

책을 보기 좋게 만들어주신 도서출판 무한 관계자들에게 감사의 뜻을 전한다. 재벌가맥 시리즈를 기획하고 총괄한 홍성추·박건승 전임 산업부장, 일상적인 업무로도 바쁜 시간을 쪼개 좋은 책을 만들어준 서울신문 전·현직 산업부 동료 및 후배기자들에게 깊이 감사드린다.

서울신문 산업부장
곽태헌

재벌家 맥(脈)-下 누가 한국을 움직이는가

1장

재벌家 맥(脈)-下

누가 한국을 움직이는가

■ 한진가(家·그룹) 총괄 인맥도

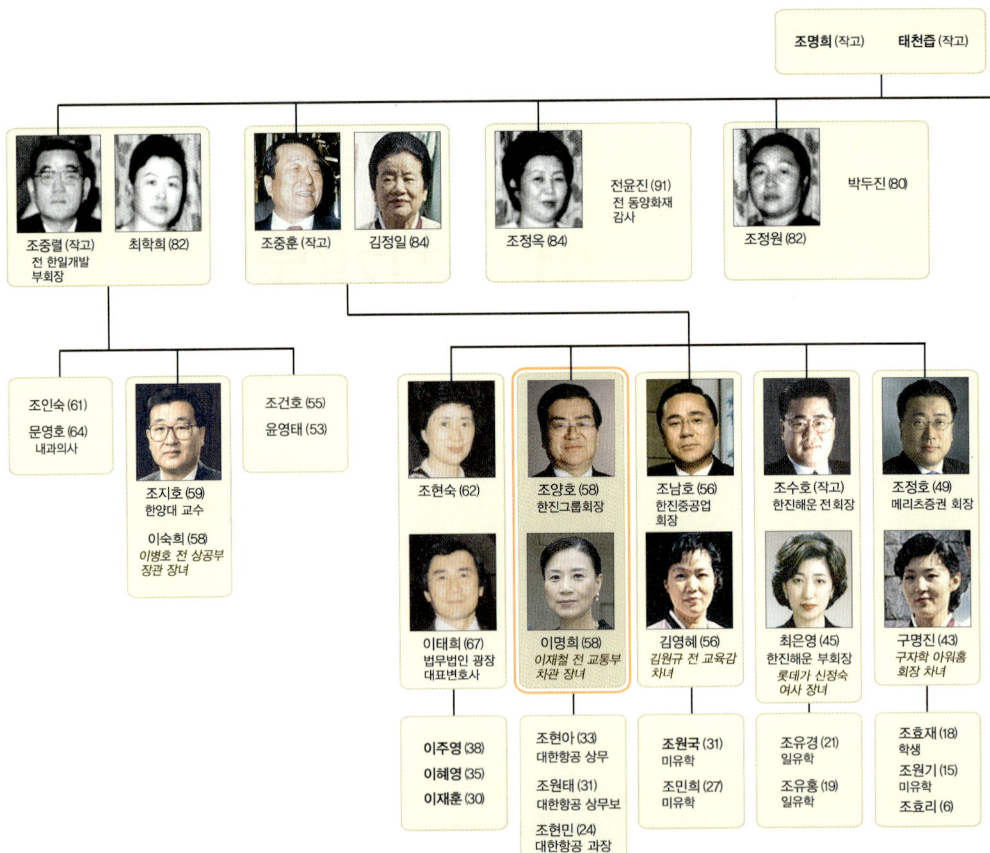

01. 한진가(家) 총괄 인맥도

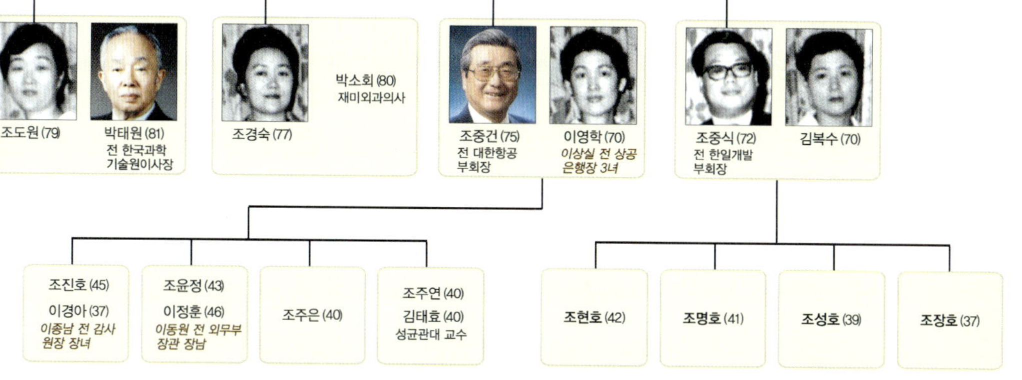

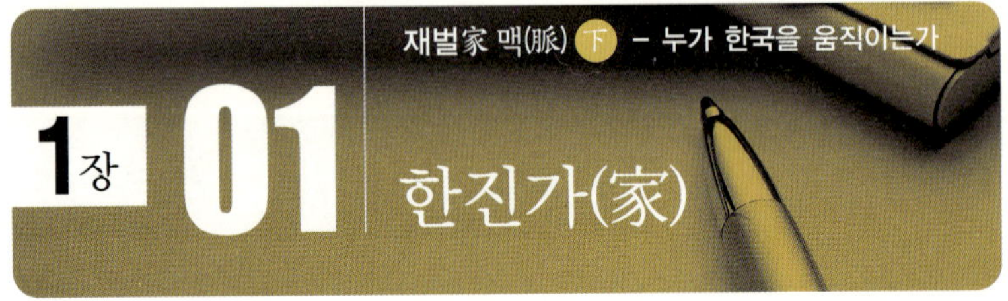

창업주 조(趙) 회장 일가

"당신, 이야기(베트콩 습격으로 한진직원 5명 사망) 들었소? 내 두 말도 안하겠소! 우리 운전수들 군인 출신이오. 방어용으로만 할 테니 M16을 지급해 주시오."(조중건 전 대한항공 부회장)

"너 미쳤냐? 어떻게 민간인에게 군대 소총을 나눠주라는 거야."(찰스 마이어 꾸이년지구 사령관)

"돈 벌러 와서 죽을 수는 없지, 우리도 방어는 해야 할 거 아냐."(조 전 부회장)

"미스터 조, 이건 사이공 사령부도 모르는 일이오. 당신과 나만 아는 일이오, 알겠소? 그리고 절대 먼저 쏘지 마시오."(마이어 사령관)

조중건(75) 전 대한항공 부회장이 자서전에서 밝힌 이 대화는 한진이 사지인 베트남 정글에서 어떻게 달러를 벌었는지 가늠케 하는 대목이다.

'해방둥이' 한진이 '수송보국'의 길을 걸은 지 62년. 이런 피와 땀들이 모여 오늘날 육·해·공을 아우르는 '세상의 길'을 개척했을 것이다.

그리고 그 '길라잡이'에는 고 조중훈 한진그룹 회장이 서있었다. 길이 있는 곳에 '한(韓)민족의 전진(進)', 한진이 있다며 전장으로, 바다로, 하늘로, 수송 외길을 걸어온 고 조 회장. 이 때문에 한진그룹의 26개 계열사들은 지금 이 순간에도 5대양 6대주에서 한민족의 영토를 세계로 넓히고 있다.

전장에서 성장한 한진

"형님이 경제시찰단의 일원으로 베트남에 갈 때입니다. 돈 될 만한 사업이 있을 것으로 확신했던 중훈 형은 비행기에서 내려다본 베트남 꾸이년지역의 풍경에서 바로 사업 아이디어를 찾아냈습니다. 항만을 보니, 화물이 꽉 찬 배가 50척이 몰려 있더라는 것입니다. 단순히 그것만 본 것이 아니라 배들이 짐을 실은 채 마냥 대기하고 있다는 사실이었죠. 순간적으로 상황을 파악한 형님은 갑자기 창문에서 휙 돌아앉아 휘파람을 불기 시작했다고 합니다. 다른 사장들이 쳐다볼까 싶어 큰 일이라고 생각한 거죠." 조 전 부회장은 한진의 베트남사업 첫발을 이렇게 설명했다.

한진의 화물수송사업은 전후방이 없었던 베트남에서 당연히 쉽지 않았다. 그러나 고 조 회장은 빗발치는 전장을 오가며, 뚝심과 오기로 밀어붙였다. 베트콩으로부터 기습공격을 받고, 직원들이 공포에 떨 때는 사기를 높이기 위해 직접 수송 차량의 선두에 서기도 했다.

그런 고생끝에 주어진 과실은 너무나 달콤했다. 한진이 1966년부터 5년간 베트남에서 벌어들인 달러는 무려 1억 5000만달러. 당시 한국은행이 보유한 가용외화가 5000만달러 남짓이었으니, 한진이 베트남에서 얼마나 많은 돈을 벌었는지 짐작할 수 있다.

한진은 베트남 특수로 당당히 재벌 반열에 들어선다. 고 조 회장은 67년 7월 자본금 2억원으로 대진해운을 설립했고, 그해 9월에는 삼성물산으로부터 동양화재를 5억 7000만원에 인수했다. 또 68년 2월에는 한국공항, 8월에는 건설회사인 한일개발(현 한진중공업)을 세웠다. 이어 인하대학교도 인수했다.

부실기업 대한항공공사 인수

고 조 회장은 뜻하지 않은 곳에서 위기이자 도전을 맞이한다. 다름 아닌 항공사업이었다.

"청와대로부터 호출이 왔었습니다. 어느 정도 짐작가는 내용이었죠. 당시 김형욱 중앙정보부장과 이후락 비서실장, 김성곤 공화당 의원 등이 수시로 드나들면서 만년 적자 공기업인 대한항공공사 인수를 독촉했으니까요. 그래서 저는 형한테 절대 받아들이지 말라고 했습니다. 하도 불안해서 저도 형님과 같이 청와대에 따라 갔었습니다. 그러나 그뿐이었습니다. 박정희 대통령이 우리나라 국적기를 타고 해외 나들이를 한번 해보고 싶다는 게 소망이라는데 형님이 거절할 수 있겠습니까."(조 전 부회장)

고 조 회장은 결국 69년 '말 많고 탈 많았던' 대한항공공사를 인수했다. 대한항공공사는 당시 프로펠러기 7대와 제트기 1대를 보유했지만, 전체 좌석수는 점보기 1대보다 적었다. 또 27억원의 부채는 감당키 어려운 것이었다. 이 때문에 임원들은 '베트남에서 목숨 걸고 번 돈을 부실 항공사에 모두 쏟아붓게 됐다.' 며 크게 우려했다.

그러나 고 조 회장은 과감한 투자와 국제선 개척으로 이를 헤쳐나 갔다.그리고 38년 후 대한항공은 화물수송 세계 1위,운영 항공기 130대,매출 8조 779억원이라는 거대 기업으로 성장했다.

"창업주에겐 은퇴란 없다."

국내 최대의 운수그룹을 일군 고 조 회장은 팔순의 나이에도 명예 회장으로 물러나지 않고,현장을 챙길 정도로 노익장을 과시했던 정 열적인 경영자였다.그가 모언론 인터뷰에서 "창업주에게 은퇴란 없 다."고 한 말은 그의 성격과 일 욕심을 단적으로 보여준다.

고 조 회장은 또 '남이 닦아놓은 길을 뒤쫓으며 훼방하는 얌체사 업'을 싫어했다.모르는 사업에 뛰어들어 '문어발식' 확장도 자제했 다. '낚싯대를 열개,스무개 걸쳐 놓는다고 해서 고기가 다 물리는 게 아니다.' 는 것이 그의 지론이었다.

그래서 그는 모르는 사업을 하기보다 수송 전문화에 더 집중했다. 주변에서 '돈 버는' 무역회사를 만들자고 권유하기도 했지만 고 조 회장은 그때마다 "우리가 무역회사를 하면 많은 무역회사들이 우리 의 경쟁자가 될 텐데 그들이 우리 비행기를 타고 우리에게 화물을 맡 기겠느냐."며 반대했다고 한다.

그는 1920년 부친 조명희옹과 모친 태천즙 여사의 4남4녀 가운데 둘째로 태어났다.부친은 집안을 분주하게 돌아다니며,이것저것 뚝딱 거리고 어질러 놓기를 좋아했던 둘째아들에게 '동(動)과 정(靜)이 조 화를 이룬 사람이 되라' 는 뜻에서 '정석(靜石)' 이란 아호를 지어주었 다고 한다.

고 조 회장은 45년 광복 직후 인천에서 한진상사를 설립, 수송 외길의 첫발을 내디뎠다. 고만 고만하던 한진상사가 두각을 낸 것은 56년 미군부대 화물 수송을 맡으면서다. 이때 맺은 미군과의 인연은 한진 성장의 든든한 '우군'이 됐다.

"찰리 조, 보따리 좀 싸봐."

조중건(영어명 찰리) 전 부회장은 창업주인 고 조 회장의 동생이라기보다 사업 동반자이자, 유능한 참모였다.

조 전 부회장은 통역과 포병장교로 6 · 25 전쟁에 참전한 뒤, 미국 버클리대학에서 수송학을 전공했다. 59년에 귀국한 그는 바로 한진에 합류했다.

조 전 부회장의 본격적인 활약은 베트남 전쟁에서 발휘됐다. 고 조 회장이 1965년 베트남을 시찰한 뒤, 조 전 부회장에게 이렇게 말했다. "니가 가서 보따리 좀 싸봐." 이 말은 한번 기획을 잘 해서 사업으로 만들어 보라는 '조 브러더스(중훈 · 중건 형제)'의 은어였다.

조 전 부회장은 미군 인맥을 활용해 중장비 조달 등의 악조건을 뚫고 베트남 꾸이년항의 미군 용역과 수송작업을 따냈다. 계약금액은 790만달러.

조 전 부회장의 설명이다. "베트남 수송사업을 돌아볼 때 그것은 참으로 100년만에 한번 있을까, 말까 한 사업이었다."

조 전 부회장은 또 고 조 회장을 도와 70~80년대 대한항공의 성장사를 주도했다. 국제노선 개척을 위해 당시 소련과 중국 등 적국까지 넘나들며, 대한민국의 하늘을 넓혀 놓았다.

▲조중훈 한진그룹 회장이 1989년 3월 고희를 맞은 가운데 서울 부암동 자택에서 온가족이 기념촬영을 하고 있다. 가운데 줄 왼쪽 두 번째가 조 회장, 바로 오른쪽이 부인 김정일 여사, 맨 뒷줄 왼쪽 두 번째부터 장남 조양호 한진그룹 회장, 한 사람 건너 이명희(맏며느리)씨, 김영혜(둘째 며느리)씨, 차남 조남호 한진중공업 회장, 구명진(넷째 며느리)씨, 4남 조정호 메리츠증권 회장, 3남 조수호 한진해운 회장, 한 사람 건너 장녀 조현숙씨, 이태희(사위) 변호사, 맨 앞줄 오른쪽 첫 번째가 최은영(셋째 며느리)씨.

항공노선과 관련된 에피소드 한토막. 그는 88년 서울올림픽 선수단 수송을 위한 부정기 항공 노선을 뚫기 위해 혈혈단신 모스크바로 날아갔다. 구소련 국영 아에로플로트 항공사 사장과 항공청 장관, 체육부 장관을 만나 설득에 들어갔지만, 요지부동이었다.

하루는 그들이 조 전 부회장을 한 궁전의 깊숙한 곳으로 안내하더니, 약속이라도 한 듯 옷을 훌훌 벗어버리고, 사우나탕과 보드카로 조 전 부회장의 진을 빼기 시작했다. 수십번 반복된 행동으로 조 전 부회장은 금방이라도 쓰러질 것 같았다. 그러나 그는 정신력으로 계속 버티며, 협상을 주도해 나갔다. 동이 틀 무렵 조 전 부회장은 그들의 수장으로부터 긍정적 답변을 얻어냈다.

고 조 회장의 막내동생인 조중식(72) 전 한일개발(현 한진중공업) 부회장은 미국에서 토목공학을 전공한 뒤 한진에 입사했다.당시 새로운 건축공법인 H-빔 공법으로 서울 소공동 KAL빌딩 설계 및 시공을 했으며,중동 특수 때 사우디아라비아 등에서 많은 공사를 따내기도 했다.

조씨가, 명망가로 사통팔달

한진 조씨가의 혼맥은 명망가 집안이 두루 포함돼 있다.관·재·학·법조계 등으로 폭넓게 뻗어있다.또 연애 결혼보다 유난히 중매 결혼이 많다는 점이 눈에 띈다.

창업주인 고 조 회장은 1944년 집안 어른의 중매로 평범한 집안의 김정일(84) 여사와 결혼했지만,그의 동생들과 자녀들은 당대의 유력 인사의 자녀를 배필로 맞았다.

고 조 회장과 김 여사는 슬하에 4남 1녀(현숙·양호·남호·수호·정호)를 뒀다.장녀인 조현숙(62)씨는 68년 숙부인 조 전 부회장의 중매로 당시 엘리트 법조인인 이태희(67·현 법무법인 광장 대표 변호사) 서울지방법원 판사와 인연을 맺었다.이 변호사는 흥아타이어 감사를 지냈던 이상묵씨의 장남으로 서울대 법대와 미국 하버드대 법학박사 출신이다.

조양호(58) 한진그룹 회장은 73년 이재철 전 교통부 차관의 장녀인 명희(58)씨를 부인으로 맞이했다.이씨는 서울대 미대 출신.고 조 회장과 이 전 차관이 한 모임에서 아들·딸과 관련된 대화를 나누다가 인연이 돼 사돈간이 됐다.

조 회장 얘기다. "양가에서 혼담이 오가던 중에 장모님이 예비 사위 얼굴을 보기 위해 집을 찾아오신 적이 있었습니다. 그때 제 사진을 보고 흡족하셨던 모양입니다. 군제대 후에 바로 결혼하게 됐습니다."

당시 양가의 통혼은 운수기업과 주무부처인 교통부의 고위층 집안이 맺어졌다고 해서 화제가 됐다. 조 회장의 장인인 이 전 차관은 76년 공직에서 물러난 이후 인하대와 국민대, 중앙대 총장을 역임하는 등 교육계 인사로 활약했다.

조남호(56) 한진중공업 회장은 김원규 전 교육감의 차녀인 영혜(56)씨와 우연히 테니스코트에서 만나 결혼에 성공한 케이스. 형제들 가운데 유일하게 연애결혼에 성공했다.

조양호 회장은 "다른 형제는 해외에서 공부하다 보니 집안에서 혼사를 챙겼지만 둘째는 국내에서 대학을 나오다 보니, 주변 친구들의 도움으로 연애를 한 것 같다."고 설명했다.

고 조수호 한진해운 회장의 결혼으로 조씨가는 국내 재벌가와 혈연으로 이어졌다. 조수호 회장의 처가가 롯데그룹 창업주인 신격호 집안이기 때문이다. 부인인 최은영(45)씨의 모친이 신 회장의 넷째 여동생인 신정숙 여사다. 신 여사의 남편은 최현열 전 NK그룹 회장이다.

조정호(49) 메리츠증권 회장은 87년 구자학 아워홈 회장의 차녀인 명진(43)씨와 혼인했다. 이 결혼으로 한진 조씨가는 재계 혼맥의 주류로 편입된다. 장인인 구 회장이 LG 구씨가이기 때문이다. 또 삼성 이씨가와도 바로 연결된다. 구 회장의 부인인 이숙희 여사가 고 이병철 삼성 회장의 차녀다.

방계 혼맥도 장관 사돈 많아

창업주 조 회장의 형제자매 혼맥도 전직 장관 가문부터 평범한 집안에 이르기까지 다양한 스펙트럼을 보여준다.조중건 전 대한항공 부회장은 이상실 전 상공은행장의 3녀인 영학(70)씨와 결혼해 1남 3녀를 뒀다.

장남인 진호(45)씨는 이종남 전 감사원장의 장녀인 경아(37)씨와 인연을 맺었다.장녀인 윤정(43)씨는 이동원 전 외무부 장관의 장남 정훈(46)씨와 백년가약을 맺었다.쌍둥이인 주은(40)씨는 미혼,주연(40)씨는 김태효(39) 성균관대 교수와 결혼했다.

조씨 가문의 장자인 고 조중렬 전 한일개발 부회장은 최학희(82) 여사와 결혼,2남 1녀를 뒀다.장손인 조지호(59) 한양대 교수는 이병호 전 상공부 장관의 장녀 숙희(58)씨와 혼례를 올렸다.차남 건호(55)씨는 재미동포인 윤주덕 내과의사의 딸 영태(53)씨를 아내로 맞았으며,장녀인 인숙(61)씨는 문영호(64) 전 동부제일병원 내과과장과 혼인했다.영호씨의 부친은 제일은행 이사를 지낸 문재관씨다.

고 조 회장의 첫째 여동생인 조정옥(84) 여사는 전윤진(91) 전 동양화재 감사와 인연을 맺었으며,둘째 여동생 조정원(82) 여사는 박두진(80)씨와 혼례를 치렀다.셋째인 조도원(79) 여사는 박태원(81) 전 한국과학기술원 이사장과 결혼했으며,막내인 조경숙(77) 여사는 재미교포 외과의사인 박소회(80)씨에게 시집갔다.

고 조 회장의 막내 남동생인 조중식 전 한일개발 부회장은 교육자 집안 출신인 김복수(70)씨를 아내로 맞았다.

떠날 때는 '쿨'하게

역사적으로 2인자의 삶은 불행한 경우가 적지 않았다.1인자를 향한 욕심이 화(禍)를 불러들인 탓이었다.반면 드물게 성공한 2인자는 맺고 끊음이 명확하고,절제된 삶을 살았다는 것을 역사는 보여준다.

조중건(75) 전 대한항공 부회장은 이런 점에서 성공한 2인자로 분류할 수 있다.그는 1996년 조카들의 경영권 승계가 마무리될 시점에 미련없이 대한항공을 나와 야인으로 돌아갔다.오너가(家)의 일원이기보다 전문경영인으로서 행동했으며,나아가고 물러날 때를 알았던 것이다.

1인자에 대한 욕심은 없었을까.

조 전 부회장이 한때 하와이에 머무는 것을 놓고 일각에서는 형제간의 '힘겨루기'로 보는 견해도 있었다.또 조 전 부회장이 일정 기간 대한항공의 '수장'을 맡다가 장조카인 조양호 대한항공 사장(현 한진그룹 회장)에게 물려줄 것으로 보는 시각도 적지 않았다.한진그룹의 일부 계열사를 받을 것으로 판단한 이도 있었다.

그러나 이같은 세간의 예측과 달리 조 전 부회장은 모든 것을 훌훌 털고 하와이로 떠났다.

조 전 부회장은 훗날 이같이 전했다. "형제간이라도 언젠가 헤어질 거면 기분좋게 헤어지고 싶었다.조카들의 앞길을 막는 것은 보기가 안 좋았다.또 한국에 있으면 언론 인터뷰를 하게 되고,이 때문에 본의

아니게 형(고 조중훈 회장)에게 누를 끼칠까봐 신경이 쓰였다.”시쳇말로 어차피 헤어질 거면 ‘쿨하게’ 떠나고 싶었다는 의미일 것이다.

조양호 한진그룹 회장은 “96년 초 작은아버지께서 물러나시기를 원하셨다.”면서 “선친도 그동안 숙부께서 고생하셨던 것을 잘 아셨던 만큼 섭섭지 않게 해드렸다.”고 설명했다.

그럼 조 전 부회장이 생각한 2인자는 어떤 모습일까.

그는 자서전에서 이렇게 밝혔다.“형이 대한항공의 ‘선장’이었다면,나는 ‘일등항해사’였다.선장은 모름지기 새로운 곳을 향한 모험심과 카리스마가 있어야 한다.그러나 실제 배를 움직이는 것은 일등항해사다.2인자는 항상 해결사 역할을 해야만 했다.성공확률은 거의 50% 이하였다.”

그는 그렇다고 무조건 ‘예스맨’이 2인자는 아니라고 강조했다.조 전 부회장은 고 조 회장이 정부로부터 부실기업을 인수할 때마다 형에게 수없이 대들었다.“형,하지 마시오.밑빠진 독에 물붓기요.”그러나 조 전 부회장도 끝내는 포기할 수밖에 없었다.자신에게는 선택권이 없었다는 것을 잘 알고 있있기 때문이다.남은 것은 최단 기간에 부실 기업을 흑자 기업으로 돌려놓는 것이었다.

고 조 회장이 아이디어를 내놓으면, 이를 현실화하는 것은 언제나 조 전 부회장의 몫이었다. 그는 그 고통을 이렇게 표현했다. "전면에 나선 총수가 그저 '이러 저러하니, 알아서 만들어봐.' 라고 화두만 획 던질 뿐일 경우가 많다. 물론 1인자에게는 1인자의 고뇌가 있다는 것을 잘 이해하고 있지만, 실제로 일을 처리하는 입장에서는 작은 일 하나 때문에 며칠을 헤매야 하는 일이 허다했다."

그는 그럼에도 2인자의 삶이 만족스러웠다고 회고했다. "2인자들은 1인자가 꾸는 꿈에 덩달아 취해 열정을 다해 일하는 존재들이 아닐까 하는 생각이 든다. 형은 육·해·공의 종합물류 기업이라는 꿈을 내게 보여줬다."

역대 정권과의 인연

1999년 4월20일, 당시 김대중 대통령은 국무회의에서 대한항공에 대한 고강도 제재 의사를 내비쳤다. 민간기업에 대한 청와대의 이같은 조치는 극히 이례적인 일이었다.

그러나 이런 빌미를 제공한 것은 대한항공. 대한항공기의 잇단 사고가 주요 원인 중 하나였다는 것이 당시의 분위기였다. 더구나 국적 항공사의 항공 사고는 국가 이미지에 미치는 악영향이 적지 않았다. 한진그룹 조씨가(家)로서는 처음으로 맞는 정권과의 갈등이었다.

한진 조씨가와 역대 정권과의 인연은 '극과 극'을 달린다는 점에서 국내 여느 재벌가와 다른 모습을 보여준다. 박정희 정권부터 김영삼 정권까지가 우호적 관계였다면, 김대중 정권때는 시련의 연속이었다.

고 조 회장은 국적항공사 대표라는 신분과 특유의 사교성, 부지런함 덕분에 역대 정권의 핵심 인사와 적지 않은 친분을 쌓았다. 이 때문에 사업상 '손해본 장사'도 많았다. 고 조 회장은 리스크를 떠안으면서도 정권이 요청한 부실기업을 잇따라 인수했다.

대한항공공사(현 대한항공)를 비롯해 대한선주(현 한진해운과 합병), 조선공사(현 한진중공업)를 떠안았다. 동시에 미국, 일본, 프랑스 등 해외 인맥을 활용, 민간 차원의 외교력을 발휘하기도 했다.

또 30여년간 한진그룹의 '2인자'였던 조중건(75) 전 대한항공 부회장도 과거 군경력을 바탕으로 폭넓은 인맥을 구축했다. 그렇다고 인맥을 활용해 특혜를 누린 것은 아니었다.

그가 자서전에서 밝힌 대목이다.

"1953년부터 2년간 미국 포병학교 교관 생활로 400여명의 기간 장교들과 많은 인맥을 형성할 수 있었다.(중략)나는 박정희 대통령과 매우 친근한 관계였고 나를 친아우처럼 아껴주셨고, 가끔 당시 혁명 주체들이 내 형(조중훈 회장) 집에서 모여 회의를 했다. 만약 마음만 먹었다면 얼마든지 이권과 청탁으로 돈을 긁어모을 수 있었을 것이다. 그러나 나나 형은 그런 방식으로 돈을 버는 것은 신기루와 같다고 여겼다."

그러나 98년 DJ정권이 들어서면서 조씨가는 서서히 '쓴맛'을 보기 시작한다. 대통령 전세기의 경쟁 입찰제 도입은 그 신호탄이었다. 이어 국세청 조사인력 240여명이 동원된 3개월간의 한진그룹 세무조사는 조씨가를 무척 당혹스럽게 했다.

이처럼 DJ정권이 대한항공에 대해 강하게 '칼자루'를 휘두른 이유는 뭘까. 1차적으로 DJ정권 출범 이후 크고 작은 대한항공측의 사고 탓이었다. 대한항공의 문제는 기업뿐 아니라 국가 이미지 훼손이라는 것이 정부의 시각이었다. 여기에 과거 조씨가가 보인 '반DJ 행보'도 일부 영향을 끼쳤을 것이란 관측도 있다.

세무조사 이후 대한항공은 노선권 배분 차별 등 정부로부터 각종 불이익을 받았다. 그러나 법보다 감정을 앞세운 정부의 무리수도 적지 않았다.

사법부는 대한항공이 잇따라 제기한 노선 배분 소송에서 정부 결정을 뒤엎는 판결을 속속 내렸다.

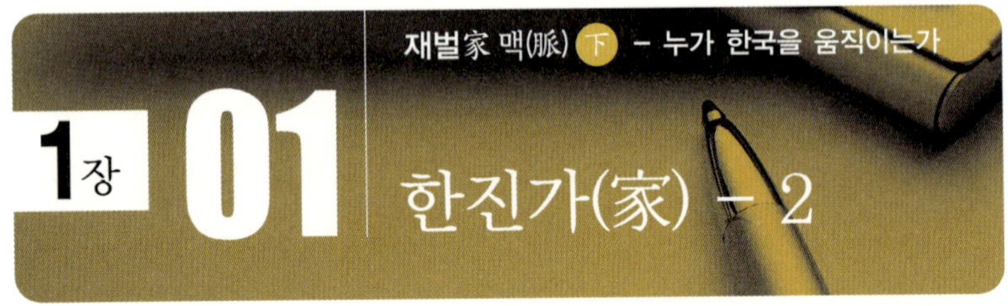

2세 경영

한진 조씨가(家)의 2세들이 창업주 고 조중훈 회장의 그늘에서 벗어난 지 5년.4형제의 '홀로서기'가 정착된 가운데 이제는 선친이 다져놓은 반석에서 세계 일류 수송기업을 향해 달리고 있다.

지난 5년간 2세들의 경영 성적표는 '기업은 물려 받는 것이 아니라 가꾸어 나간다는 것' 임을 증명해준다.조양호 한진그룹 회장도 "전문경영인으로서 자립할 수 있는 길을 열어준 것이 선친으로부터 물려받은 가장 큰 유산"이라고 말한다.

조중훈 회장의 자식 교육

고 조 회장은 자식들에게 인성에서는 검소와 성실을,일에서는 프로를 강조했다고 한다.이 때문에 자식들을 엄격하게 교육 시켰지만, 때론 애틋한 부정을 내비치기도 했다.또 선진 지식을 습득하도록 조기 유학을 보내 자식들에게 전문가의 길을 걷도록 했다.

"미국 유학 시절 때입니다.부친은 틈틈이 자신의 육성이 담긴 테이프를 저에게 보내 격려를 했었습니다.힘들 때마다 부친의 자식 사랑을 확인하면서 큰 힘을 얻은 거죠. 그리고 저도 1주일에 한번씩 아버지께 편지를 썼죠. 부친은 '훌륭한 경영자가 되기 이전에 훌륭한 인간이 되어라.', '현재의 조건에서 행복을 찾아라. 행복은 얻어지는 것이 아니라 찾는 것이다.'를 가르치곤 했었습니다."(조양호 회장)

조양호 회장과 부친과의 일화 한 토막. 조 회장이 유럽여행을 떠날 때 부친은 궁색하지 않도록 3000달러를 경비로 줬다. 조 회장이 여행을 끝내고 홍콩에서 부친을 만났을 때, 그는 부친이 건네준 돈의 절반인 1500달러을 돌려드렸다.

그는 돈을 절약하기 위해 기차를 타고 다니며 1~2달러짜리 값싼 여인숙에서 잠을 잤다고 한다. 이후 부친은 조 회장의 검소한 생활과 관리 능력을 신뢰하게 되었단다. 말은 안 했지만 장남의 됨됨이와 장차 그룹의 후계자로서 자질을 테스트했던 것이다.

4형제의 소그룹 독립경영

"4형제 모두 대한항공에서 경영수업을 시작했지만, 선친(고 조중훈 회장)께서는 자식들의 전공과 성격 등을 감안해 주요 계열사를 맡기신 것 같습니다. 항공은 그룹의 주력 업종이고, 전문 기술의 이해가 필요한 만큼 공대 출신인 제가 맡게 됐고, 둘째(조남호 한진중공업 회장)는 국내에서 대학을 졸업한 데다 성격도 걸걸해서 건설·중공업에 적합하다고 판단하셨죠. 또 국제 비즈니스 마인드가 필요한 해운쪽은 사교적인 셋째가 적성에 맞을 것으로 보셨고, 막내는 금융분야 공부를 죽 해왔으니 그룹의 금융을 책임지도록 하셨습니다. 선친은 이미 1990년대 초부터 이같은 밑그림을 그려놓고, 자식들을 관련 계

열사에서 꾸준히 트레이닝을 시켰다는 생각이 듭니다.”조양호 한진
그룹 회장은 4형제가 각각 항공과 중공업,해운,금융을 맡게된 배경
을 이렇게 설명했다.

한진그룹은 2002년 조중훈 회장의 별세 이후 4형제간 ‘독립 경
영’을 정착시켰다.그룹 후계구도를 일찌감치 ‘교통 정리’한 데다 확
실한 계열 분리를 위해서는 독립경영이 선결돼야 한다는 4형제간의
합의에 따른 것이다.그로부터 5년 후 한진 주요 계열사의 ‘성적표’
는 독립경영의 성과를 여실히 보여주고 있다.

대한항공은 2004년 세계적인 항공사 독일 루프트한자의 19년 아
성을 깨고,화물수송 부문에서 1위를 차지했다.한진중공업은 국내 조
선업체들이 적자에 허덕이던 2004년 367억원의 흑자를 기록했으
며,한진해운도 2004년 사상 최대의 경영성과를 올렸다.메리츠증권
은 메리츠화재(옛 동양화재)의 금융지주회사 전환을 통해 제2의 도
약을 준비하고 있다.

한진은 2005년 창립 60돌을 맞아 계열사간 지분 정리를 마무리짓
고,확실한 ‘홀로서기’에 나서고 있다.한진중공업은 2005년 10월 그
룹으로부터 계열 분리를 완료했으며,금융(메리츠화재 · 메리츠증권)
은 2005년 3월 계열 분리를 끝냈다.

4형제의 독립 경영이 자리잡으면서 계열사간 의존 관계도 시나브
로 엷어지고 있다.

국제 항공업계 리더 조양호 회장

“회장님의 ‘러브레터’ 받았습니까.”,“이번주에는 두번이나 받았

〈조양호 한진그룹 회장 가계도〉

습니다." 대한항공 임원 사이에 오가는 아침 대화 가운데 하나다.

한 임원의 설명이다. "조 회장께서 해외 출장이 잦다 보니 업무를 주로 온라인으로 처리하는데, 좀 부족하거나 따로 지시할 내용이 있으면 담당 임원에게 이메일을 보내요. 임원들은 이를 회장님의 '러브 레터'라고 부릅니다. 조 회장께서 워낙 전문가이다 보니 내용이 아플 때가 많죠." 이어 "모언론사 기자가 국내 그룹 회장들의 인터넷 실력을 확인하기 위해 늦은 밤에 질문서를 보낸 적이 있었습니다. 조 회장은 본인 메일을 확인한 뒤, '이런 질문은 홍보실에 문의하십시오.'라고 메시지를 보낸 모양이에요. 그 기자가 회장들로부터 되받은 유일한 메일이었고, 30분 만에 답장이 왔다고 하더라고요."

조양호(58) 한진그룹 회장은 늦은 밤에도 노트북을 열어 회사 현황을 파악하고, 결재도 한다. 의문 나는 사항은 담당 임원에게 이메일을 보내거나, 전화로 질문을 한다. 직원들도 이제는 회장이 밤중에 결재한 서류를 보아도 더 이상 놀라지 않는다.

조 회장은 국제 항공업계에서 알아주는 거물급 인사다.2000년 출범한 세계적 항공동맹체 '스카이팀' 결성 과정에서 잘 드러난다.

그가 미국 델타항공의 레오 뮬린 회장과 의기 투합해 결성키로 한 '스카이팀'은 당시 참여항공사 문제로 난관에 부딪쳤다.조 회장은 평소 친분이 두터운 에어프랑스와 알리탈리아의 최고경영자(CEO)를 집요하게 설득,결국 '스카이팀'에 참여토록 했다.그가 일궈놓은 스카이팀은 이제 국제 항공동맹체의 핵심으로 자리잡았다.

그는 또 30여년간 대한항공에서 잔뼈가 굵은 항공 전문경영인이다.영업·정비·IT(정보기술)·자재·인사·총무 등 항공사 경영에 필수적인 분야를 두루 섭렵했다.그의 설명은 이렇다."전문경영인에게 권한과 책임을 부여하되,경영의 잘잘못을 지적하는 경영인이 되어야 합니다.특히 항공사 경영은 제조업과 달라 전문적인 경영 능력 없이 권위만을 앞세워 경영권을 행사할 수 없는 특수한 업종입니다. 저는 조종사들과 전문적인 대화를 나눌 수 있는 수준으로 끌어올리기 위해 경비행기를 직접 조종할 수 있는 훈련도 받았습니다."

조 회장이 2003년 그룹 회장에 취임하면서 임직원에게 던진 첫 일성은 '세계 최고의 종합 물류기업'이었다.이를 위해 2010년까지 항공 여객운송 세계 10위,2007년 항공 화물운송 세계 1위,해상운송 세계 3위,국내 육운 1위라는 목표를 제시했다.그는 인하대 공대를 거쳐 미국 남가주대 경영대학원 경영학 석사,인하대 경영학 박사 출신이다.

선 굵은 조남호 회장

조남호(56) 한진중공업 회장은 4형제 가운데 가장 선이 굵은 경영

스타일을 보여준다. 직원에게 많은 권한을 위임하지만 그에 따른 책임도 철저히 따진다. 경영진이 일일히 챙기다 보면 실무 책임자의 활동폭이 좁아지고, 책임감있는 결정을 내리기가 쉽지 않다는 판단에서다.

1995년 인천 영종도의 남측방조제 건설 에피소드는 그의 스타일을 엿볼 수 있다. 한진은 당시 최대의 국책사업이었던 인천국제공항공사에 남측방조제를 맡았다. 서해안은 조수간만의 차가 크고, 유속이 빨라 물막이공사 진행이 지지부진했다. 급히 대안을 찾아야 할 상황이었다. 또 북측방조제 공사는 경험많은 국내 굴지의 건설사가 맡은터라 서로 자존심을 걸고 공기단축에 매달렸다.

이 때 조 회장(당시 부회장)은 현장 책임자를 직접 방문, "현장을 말아 먹든 말든 모든 권한은 당신에게 있다. 당신을 믿으니 어떤 수단을 써서라도 꼭 해내리라 믿는다."며 전권을 위임했다.

그 결과 여러 개의 바위로 5t이상의 돌망태를 만들어 쌓아나가는 획기적인 아이디어로 공사를 조속히 끝냈다. 더구나 경쟁사의 북측방조제 완공보다 간발의 차이로 일찍 끝내 업계에 화제가 되기도 했다. 준공식 날 헬기를 타고 현장에 도착한 조 부회장은 현장 책임자와 만나자마자 뜨거운 포옹을 하며, 눈시울을 붉혔다고 한다.

조 회장은 국내에서 경복고와 고려대 경영학과를 졸업했지만 해외 근무경험은 풍부하다. 선친에게도 필요하면 바른 말을 했고, 부하직원을 포용하는 스타일이다.

조 회장은 1971년 입사, 네덜란드와 중동, 동남아 등에서 근무하며 해외 건설사업의 개척자 역할을 담당했다.

▲1998년 1월 자동항법장치 등을 갖춘 최첨단 선박 '한진 오슬로호'를 배경으로 조중훈(기운데) 한진그룹 창업주와 이들 4형제가 기념 촬영을 하고 있다. 왼쪽부터 조정호 메리츠증권 회장, 고 조수호 한진해운 회장, 조중훈 한진그룹 창업주, 조양호 한진그룹 회장, 조남호 한진중공업 회장.

'국제통' 고 조수호 회장

2006년 11월 지병을 이기지 못하고 눈을 감은 고 조수호 회장은 해운업계의 '국제통'으로 통했다. 1991년 우리나라가 국제해사기구(IMO)의 상임이사국 가입을 위해 발벗고 나설 때, 정부가 그를 로비스트(?)로 낙점할 정도였다. 1년 중 절반 이상을 해외에서 보내며, 세계 곳곳에 지인들을 심어 놓은 고 조 회장이 적격 인물로 판단됐기 때문이다.

고 조 회장은 각국 대표를 일일이 찾아 다니며 협력을 요청, 결국 이사국 선임을 이뤄냈다. 93년에는 IMO 이사국 연임에 공헌하기도 했다.

그는 딸만 둘이다. 딸들을 위해 주방에서 요리할 때가 가장 행복하다고 대놓고 말한다.

그래서일까.고 조 회장은 해운업계의 '페미니스트'로 불린다.여성은 배에 태우지 않는다는 해운업계의 금기를 깨고,한진해운은 1995년 국내 최초로 12명의 여성 해기사(항해사,기관사)를 선발했다.또 1997년에는 여성주재원을 파견했으며,2000년에는 최초의 여성 일등항해사를 배출했다.특히 대졸 신입사원 가운데 여성 비율이 절반에 육박한다.

고 조 회장은 미국 남가주대 경영학과를 졸업한 뒤 1979년 대한항공에 입사했다.85년 한진해운 상무를 시작으로 10년만인 94년 사장으로 취임했으며,2003년 7월 회장직에 올랐다.그는 20년간 해운업 '한 우물'만 판 전문 경영인이었다.

한진해운은 컨테이너선과 LNG선 등 150여척의 선박과 전세계 53개의 항로를 운영,연간 1억t 이상의 화물을 수송하는 국내 최대의 선사다.2004년 매출액 6조 2000억원,순이익 6457억원을 기록했다.

부인 최은영(45)씨가 2007년 3월 부회장으로 취임해 사실상 '한진해운호'를 이끌고 있다.

금융그룹 시동 건 조정호 회장

98년 한진투자증권(현 메리츠증권)의 재무구조는 최악이었다.900억원의 적자를 기록했으며,자기자본은 411억원으로 퇴출 위기에 몰렸다.이를 반전시킨 주인공이 조정호(49) 메리츠증권 회장이다.

당시 조 회장은 푸르덴셜증권 자회사인 PAMA(푸르덴셜에셋매니즈먼트아시아)로부터 510억원의 외자 유치에 성공한 뒤,강력한 리더십으로 이듬해에 순이익 753억원,자기자본 2156억원으로 불려놓았다.외자 유치에는 평소 친분이 있었던 PAMA 코리아 대표인 김한 사장의 도움이 컸다. 이 인연으로 김 사장은 2003년 메리츠증권 부회장으로 스카우트된다.

조 회장은 나서기를 꺼려한다.그러나 발동이 걸리면 끝장을 보는 스타일.2004년 '우수영업직원 격려행사'에 참석했던 조 회장은 직원들에게 직접 만든 '드라큐라주(포도주 폭탄주)'를 돌리며 분위기를 화기애애하게 이끌었다.또 무대에 나가 자신의 18번곡을 멋지게 부르기도 했다.

조 회장은 메리츠화재를 정점으로 메리츠증권과 기존 한불종합금융을 아우르는 자산규모 3조원대의 중견 금융그룹을 이끌고 있다.메리츠화재는 2005년 10월 동양화재에서 사명을 바꾸고 종합 금융그룹으로 제2 도약에 나서고 있다.

조 회장은 남가주대에서 경제학을 전공했으며,스위스 IMD 경영학 석사 출신이다. 영어와 불어에 능통하다.

조씨가 3세는 '공부중'

조씨가 3세들은 이제 결혼 적령기에 접어든 이들이 많다.유독 중매 결혼이 많았던 조씨가에서 3세 결혼은 어떻게 될까.

조양호 한진그룹 회장 얘기다."부모가 하라고 해서 요즘 젊은 애들이 그대로 따릅니까.중매든,연애든 사람만 좋으면 저는 반대할 생각 없습니다. 시대도 옛날하고 많이 달라지지 않았습니까."

조 회장과 이명희(58)씨는 장녀 현아(33)씨와 장남 원태(31)씨,차녀 현민(24)씨 등 1남2녀를 두고 있다. 현아씨는 99년 미국 코넬대학에서 호텔경영학과를 졸업한 뒤 현재 대한항공의 기내식사업본부 본부장(상무)을 맡고 있다. 활달한 성격에 국제적 감각이 뛰어나며, 항공업무 전반에 대해 해박하다는 평이다.

원태씨는 대한항공 자재부 총괄팀장(상무보)을 맡고 있으며, 미국 남가주대 경영대학원을 졸업했다. 합리적인 스타일로 IT(정보기술) 분야에 관심이 많다고 한다. 그는 직원들과 자주 어울려 소탈하고 친화력을 갖췄다는 평이다. 조 상무보는 2007년 3월 한진그룹이 설립한 IT기업 유니컨버스 대표도 맡고 있다.

그는 2006년 5월 김태호 충북대 교수의 장녀인 김미연(28)씨와 결혼했다. 막내 현민씨는 대한항공 광고선전부 과장으로 근무하고 있다.

형제 가운데 유일하게 연애 결혼한 조남호 한진중공업 회장과 김영혜(56)씨는 1남1녀를 두고 있다. 장남 원국(31)씨와 장녀 민희(27)씨는 현재 미국 유학 중이다.

고 조수호 한진해운 회장의 2세들은 현재 일본에서 학교를 다니고 있다. 조 회장의 부인인 최은영(45)씨가 롯데가 출신으로 일본에 적지 않은 일가 친척이 있기 때문이다. 장녀 유경(21)씨와 차녀 유홍(19)씨 등이 있다. 조정호 메리츠증권 회장과 구명진(43)씨는 장녀 효재(18)와 장남 원기(15), 막내 효리(6) 등 1남2녀를 두고 있다.

한진가(家)의 대표 전문경영인

이종희(65) 대한항공 총괄 사장은 전형적인 외유내강형 전문경영인이다. 경상도 사투리가 무뚝뚝하기보다 사근사근할 정도다. 그러나 78년 항공사에서 가장 바쁜 자리인 영업스케줄 과장 시절에는 5년간

〈한진가(家) 전문경영인〉

▲이종희
대한항공총괄 사장
단국대 경영학과 졸

▲김정웅
한진중공업 건설부문 사장
인하대 토목과 졸

▲박정원
한진해운 사장
한양대 화학공학과 졸

단 하루도 쉬지 않고, 일을 할 정도로 빈틈이 없으며, 일에 대한 욕심이 강하다.

이 사장은 대한항공 공채 1기 출신으로 정비·자재·기획·영업 등을 두루 거쳤다. 겉보기에는 소탈한 전문경영인으로 보이지만 업무만큼은 빈틈이 없다는 평이다. 매달 책 3권 이상을 읽을 정도로 독서 파이기도 하다. 대구 출신으로 대구상고와 단국대 경영학과, 연세대 경영대학원을 나왔다.

김정웅(65) 한진중공업 건설부문 사장은 실무형 리더로 1993년부터 국가 최대의 국책사업인 인천국제공항 건설 현장소장과 총괄본부장을 맡아 성공적으로 공사를 마쳤다. 인하대 토목과를 졸업했다.

박정원(62) 한진해운 사장의 집무실 문은 언제나 열려 있다. 직원들 중 누구라도 할 이야기가 있으면 언제든 올라오라는 뜻에서다. 그는 평사원 출신 전문경영인으로서 포용력과 리더십이 뛰어나다는 평가를 받고 있다. 직원들의 생각을 직접 듣기 위해 평사원 및 특정 부서와 호프타임을 자주 갖는다. 서울 출신으로 중동고와 한양대 화학공학과를 졸업했다.

조씨 부자의 '사진 사랑'

항공사의 수장으로서 숱한 해외 여행 때문일까. 고 조중훈 회장과 조양호 한진그룹 회장의 취미는 똑같이 사진 촬영이다. 솜씨도 아마추어 수준을 넘어선 프로급이다. 일 만큼이나 취미도 극성스러운 것이 부자간 닮은 꼴이다.

고 조 전 회장은 공식 업무에서 벗어나면 카메라를 메고 낯선 땅이곳저곳을 두루 돌아다니며, 이국의 풍물과 사람사는 모습 등을 카메라에 담았다고 한다. 그는 그렇게 찍은 사진들을 1985년 '이집트 고대문화 사진 전시회'에 내놓았다. 또 그의 사진 작품이 수만 점에 달해 한때는 개인 사진전을 준비하기도 했다.

고 조 회장은 사진 취미에 대해 이렇게 밝힌 적이 있다. "유별난 호기심에서 비롯된 것도 있지만 자주 해외에 나가는 사업 특성과도 무관치 않습니다. 여기에 추억이라는 이름으로 남은 그 많은 감동과 경이를 많은 분들과 나누고 싶은 마음도 있었습니다."

장남인 조 회장의 사진 실력도 이미 재계에서 유명하다. 그는 해외 출장에서 찍은 작품으로 달력을 제작, 6년째 지인들에게 선물로 주고 있다. 취미 활동을 비즈니스로도 활용하는 조 회장이 처음 사진을 찍게 된 계기는 중학교 때 부친으로부터 카메라를 선물로 받으면서다.

조 회장은 부친을 따라 여행을 자주 다녔는데, 부친이 항상 카메라를 갖고 다니며 사진 촬영을 하는 것을 보면서 사진에 대한 꿈을 키웠다고 한다. 그는 지금도 해외 출장 때면 디지털카메라와 캠코더를 분신처럼 꼭 챙긴다. 그리고 노트북에 작품을 담아 놓은 뒤 기념으로 촬영한 사진들을 지인들에게 직접 메일로 보내준다.

그가 사진 촬영에 이렇게 빠지는 데는 자신이 원하는 모습을 의지대로 잘 표현할 수 있고, 간직할 수 있다는 점과 기계는 거짓말을 하지

▲1982년 조중훈(오른쪽) 한진그룹 창업주가 장남 조양호 대한항공 상무(현 한진그룹 회장)와 함께 제주 제동목장 방문 중 담소를 나누며, 환하게 웃고 있다.

않고, 넓은 세상을 작은 렌즈에 담아 낸다는 점을 꼽았다.

그도 부친만큼이나 취미에 열성적이다. 평소 국내외 사진 전문잡지를 보면서 마음에 드는 것은 스크랩을 해뒀다가, 작품 활동에 참고한다. 또 사진 전문가와 만날 기회가 있으면 미진한 부분을 곧잘 묻기도 한다. 바쁜 해외 출장 중에도 차량으로 이동하다 차창 밖의 멋진 풍광이 눈에 들어오면 그냥 지나치지 않고, 차를 세워 촬영을 할 정도다.

조 회장은 "해외에 예정된 행사보다 하루나 이틀 정도 일찍 출발해 사진을 찍기 위해 도시 주변을 돌아다닌다."면서 "사진은 잠시 잊었던 삶의 소중한 순간과 기억을 되살려주는 신비한 힘이 있다."고 말했다.

대한항공의 '화물 수송사'

"국제항공운송협회(IATA)가 2004년 항공화물 수송 부문에서 대한항공이 세계 1위를 차지했다고 발표했습니다.동북아 물류중심기지 건설에 대한항공이 일조를 했다는 점에서 뿌듯합니다."

2005년 6월29일 서울 서소문 KAL빌딩에서 만난 조양호 한진그룹 회장은 상기된 표정으로 이렇게 밝혔다.그러나 대한항공이 세계 항공화물 수송 분야에서 톱이 되기까지 우여곡절과 애환도 적지 않았다.

대한항공이 화물사업을 시작한 것은 민영화 2년 후인 1971년 4월. 서울~일본 도쿄~미국 LA를 잇는 태평양 노선에 화물기를 처음으로 취항하게 된 것.한·미 항공협정을 개정할 정도로 어렵게 노선을 취득했지만 막상 실어나를 화물이 없는 상황이 터졌다.시도도 못하고 주저앉을 수 없다는 심정에서 당시 대미 수출품의 대부분이 가발인 점을 착안,직원들에게 가발 수출업체를 찾아 나서라는 특명을 내렸다.그러나 가발업체 대부분이 소규모 중소기업으로 찾는 것조차 힘들었다.다행히 수출조합을 방문해 주소를 얻고,복덕방에서 위치를 알아냈지만 또 다른 걸림돌이 있었다.이제 막 출발한 대한항공에 대한 불신이 적지 않았던 것.결국 애국심에 호소하며 설득전까지 치러가며 겨우 승낙을 받았다.또 당시 해외 비즈니스맨들이 주로 이용하던 조선호텔 프런트를 찾아 숙박부를 뒤져가며,접촉에 나서기도 했다. 이런 고생 끝에 대한항공의 첫 화물기는 휴항없이 태평양을 건너게 됐다.

대한항공의 항공화물 변천사는 우리나라의 산업 발달사와 맥을 같이 한다. 1970년대 초반에는 가발과 스웨터 등이 화물의 주종을 이뤘으며, 70년대 중반부터 80년대에는 모피류와 전자제품, 1990년대에는 전자제품과 의류 등이 시장을 주도했다. 최근에는 반도체와 휴대전화, LCD 등 고가의 IT제품이 주종을 이루고 있으며, 휴대전화만을 위한 전세기가 인도에 운항한 적도 있다.

대한항공은 또 별난 특수화물을 수송한 경험도 많다. 1983년 11월에는 B747화물기로 서울대공원에 수용될 동물 418마리(54t)를 미국 댈러스에서 서울까지 수송, '현대판 노아의 방주' 라는 이야기를 들었다. 또 핵연료와 탱크, 헬리콥터 등 다른 항공사들이 좀처럼 수송할 수 없는 특수화물을 실어나른 경험도 쌓았다. 94년에는 89마리의 미국산 말을 제주로 수송한 것을 시작으로 매년 경주마들을 실어 나르고 있으며, 무역전시장(COEX)내에 개장된 아쿠아리움(대형수족관)에 전시될 상어 35마리 등 희귀 어류들을 호주로부터 운송한 적도 있다. 또 운송이 까다롭기로 유명한 악어 72마리를 성공적으로 수송하기도 했다.

1장

재벌家 맥(脈)－下

누가 한국을 움직이는가

롯데家 가계도

신경애(79·여)
+ 우동조(작고)
최숙희(57·여)
+ 박희청(58)
우희준(47·여)
우가야(45·여)
우 탁(43)
(주)휴네시스 사장
+ 이주희(39)

신춘호(77) + 김낙양(76)
농심회장
신현주(52·여) 농심기획 부사장
+ 박재준(55)
전 조양상선그룹 부회장
신동원(50) 농심부회장
+ 민선영(46)
신동윤(50) 율촌화학 부회장
+ 김희선(47)
신동익(47) 농심개발 부회장
+ 노재경(44)
신윤경(39·여)
+ 서경배(44)
(주)태평양 사장

신진수(작고) + 김순필(작고)

신철호(작고)
+ 송수영(83)

신소하(작고)
+ 서병택(작고)
서정규(60)
개인사업
서정호(54)
+ 유후미(50)
서경자(49·여)
서정림(45·여)
서영운(39·여)

신격호(85) + 노순화(작고)
롯데 회장 + 시게미쓰 하쓰코(80)

신영자(65·여)
롯데쇼핑 부사장
신동주(53) + 조은주(43)
일본롯데 부사장
신동빈(52) + 시게미쓰
롯데 부회장 마나미(48)

장재영(40)
+ 류주영(33)
장혜선(38·여)
장선윤(36·여)
롯데호텔 상무
장정안(33·여) + 이승환(39)
롯데쇼핑 차장·휴직 국제변호사
+ 양성욱(38)
아우디코리아 상무

신정훈(14)

신유열(21)
신규미(19·여)
신승은(15·여)

신혜경(60·여)
+ 조용완(62)
전 서울고법원장
신동선(54·여)
+ 신창훈(56)
신미진(49)
+ 장태규(50)
변호사

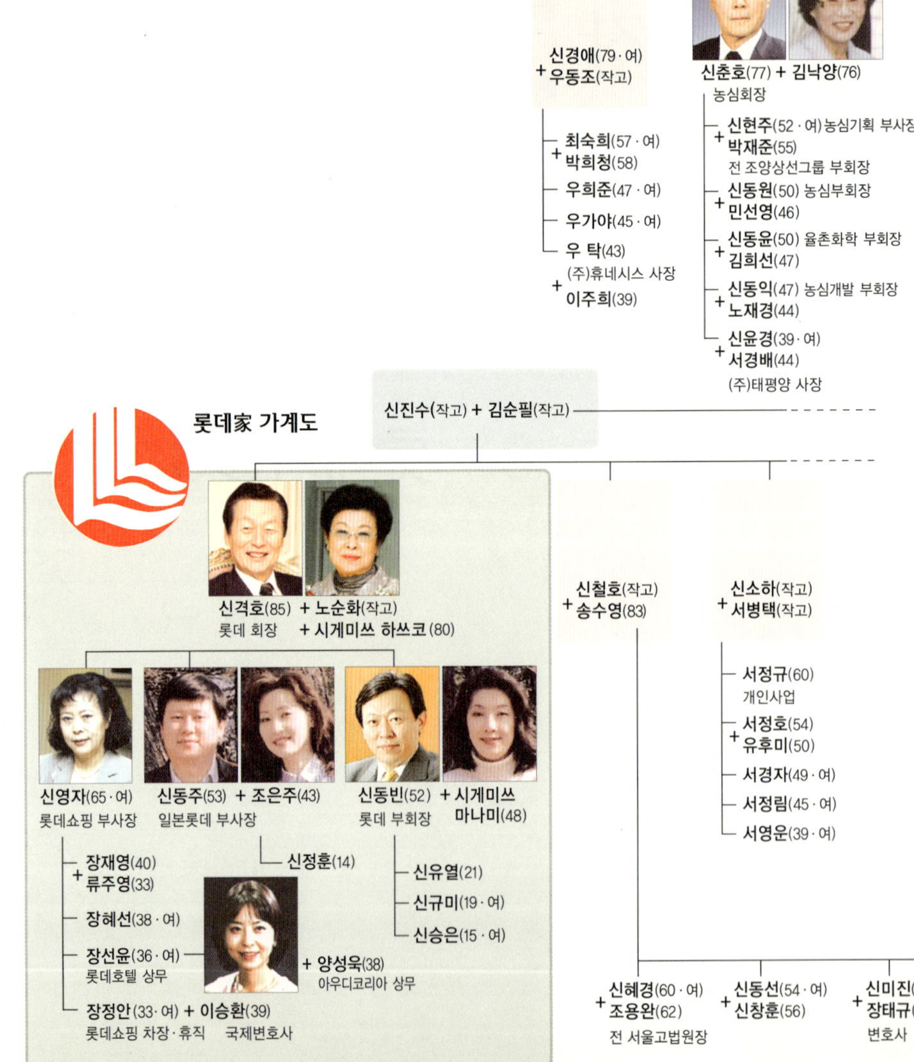

02. 롯데가(家) 총괄 인맥도

경숙(74·여)
성황(작고)
한일향료 사장

신선호(74)
+ 日 산사스(주)사장
심정자(67)

신정숙
(70·여) + **최현열**(73)
전 NK그룹 회장

신준호(66) + **한일랑**(60)
롯데 우유   한순용
회장   전 한대산업회장 딸

신정희(61·여) + **김기병**(59)
동화면세점   롯데관광그룹
사장   회장

박 기(53·여)
+ **김영대**(61)

박기택(49)
+ 국민대교수

정형은(47)
정일영 전 국민대
총장 큰딸

┌ **신유나**(43·여)
+ **이호진**(45)
태광산업 회장

├ **신동우**(42)
日 산사스 전무

├ **신리나**(40·여)

└ **신동준**(36)

┌ **최은영**(45·여)
+ 한진해운 부회장
조수호(작고)

├ **최은정**(44·여)
+ **정몽익**(45)
KCC 대표이사 사장

├ **최강용**(41)
전 NK그룹 본부장

└ **최은진**(39·여)
+ **김유진**(39)
재원테크 사장

┌ **신동학**(작고)

├ **신동환**(37)

└ **신경아**(35·여)

┌ **김한성**(37)
롯데관광 전무

└ **김한준**(35)

신진걸(작고)

├ **신병호**(작고)

└ **신동인**(61)
롯데자이언츠
구단주 대행

■ 롯데가(家·그룹) 총괄 인맥도

┌ **신동림**(45)
+ **정승원**(43)
서울가정법원판사

├ **신동훈**(45)
+ 전 제이텔사장
염정선(45)

├ **신혜승**(43·여)
+ **정경연**
변호사·개인사업

├ **신지은**(42·여)
+ **엄태윤**

└ **신수연**(33·여)

신격호 회장가(家)

신격호 롯데그룹 회장은 빚을 몸속의 열에 비유하곤 한다.

"몸에 열이 오르면 병이 나고 심하면 목숨이 위태롭다.과다한 차입금은 만병의 근원이다.특히 잘하지도 못하는 업종에 빚을 내 사업을 벌이는 것은 사회적으로 죄를 짓는 일이다."

일각에서는 "껌 팔아 부자됐다."며 롯데의 국가경제 기여도를 얕잡아 보기도 하지만,기여도가 높다는 삼성 · 현대 · LG 등이 저마다 골칫덩이 자식 한두 개 때문에 국가경제에 고통을 줄 때도 롯데는 어느 계열사 하나 그런 곳이 없었다.

"실패하더라도 빚을 돌려줄 수 있는 범위에서만 투자한다."는 신 회장의 무차입 경영 덕분이다.롯데그룹의 부채비율은 2006년말 현재 50%(금융사 제외).삼성(50%) 못지 않게 재무구조가 튼실하다.

단돈 83엔을 들고 일본 땅에 건너가 '조센징 장사꾼' 이라는 멸시를 받아가며 부(富)를 일군 신 회장.그렇게 해서 번 돈으로 고국에서 다시 기업을 일으킨 그는 한 · 일 양국에 사업체를 갖고 있지만 지금껏 과실송금을 한번도 한 적이 없다.한국에서 번 돈은 고스란히 한국에 재투자하고 있다.

고(故) 정주영 현대 창업주가 중후장대 기간산업을, 고 이병철 삼성 창업주가 경박단소 첨단산업을 일으켰다면, 신 회장은 눈에 보이지 않는 무형의 서비스산업을 개척한 선구자다. 몇 안되는 생존 창업주인 그는 여든을 훌쩍 넘긴 지금에도 여전히 서울과 도쿄를 오가며 '셔틀경영'을 하고 있다.

한국과 일본을 오가며 셔틀경영

그는 홀수달에는 신격호, 짝수달에는 시게미쓰 다케오(重光武雄)가 된다. 홀수달에는 한국에서, 짝수달에는 일본에서 일한다. 그의 셔틀경영이 언제쯤 시작됐는지 정확히 기억하는 사람은 없다. 주위에서는 모국 투자가 시작된 1960년대 말부터라고 짐작한다. 벌써 30년째다. 월말이 되면 수행원도 없이 혼자 공항에 나가 훌쩍 비행기를 탄다. 생활철학인 거화취실(去華就實·화려함을 멀리하고 실속을 추구)이 엿보이는 단면이다. 한국에 머무를 때면 서울 소공동 롯데호텔 34층을 쓴다. 집무실 겸 숙소다. 외출은 거의 하지 않는다. 기껏해야 바로 옆의 롯데백화점 매장을 둘러보는 정도다.

올빼미족에게 반가운 얘기 한가지. 신 회장은 창업주 총수로는 드물게 '새벽형 인간'이 아니다. 오전 8시쯤 일어나 9시에 호텔방에서 아침식사를 한다. 그를 오랫동안 지켜본 임원들은 "전형적인 경상도 남자"라고 입을 모은다. 우선, 말수가 적다. 칭찬에도 인색하다. "남에게 폐를 끼치지 않는다는 것이 지론"이라고 스스로 말할 만큼 완벽주의자다.

타고난 내성적 성격에 오랜 일본생활까지 겹쳐 웬만해서는 '혼네'(속내)를 내보이지 않는다. 때문에 때로 냉정하다는 얘기도 듣는다. 둘째아들인 신동빈 롯데 부회장이 "결단코 자상한 분은 아니다."라고 했을 정도다. 언론에도 좀처럼 나오지 않는다.

단돈 83엔 들고 일본으로

신 회장은 1922년-원래는 1921년생이지만 호적에 1년 늦게 올랐다-경남 울주군 삼남면 둔기리에서 5남5녀의 맏이로 태어났다. 울산 농업보습학교를 나와 경남도립 종축장에 기수보로 취직했지만 "박봉의 삶이 싫어" 1941년 일본행 관부연락선을 탔다. 이 때가 열아홉 살. 고향친구 자취방에 얹혀 살며 신문 · 우유 배달 등 닥치는 대로 잡일을 했다. 돈이 모이면 헌책방으로 달려갔다. 그러나 작가 지망생의 꿈은 오래 가지 못했다. 문학으로는 먹고 살기가 힘들었기 때문이다. 기술을 배워야 했다. 와세다고등공업학교(현 와세다대 이학부) 화학과에 입학했다.

일본 패전의 기색이 짙어가던 1944년 어느날, 조선인 청년의 성실성을 평소 눈여겨보던 한 일본인 노인이 "커팅오일(기계를 갈고 자르는 선반용 기름) 사업을 해보라."며 선뜻 6만엔을 내놓았다. 그러나 첫 사업체는 공습을 맞아 완전히 불타버렸다. 빚더미에 올라앉았다.

친구들은 "귀국선을 타자."고 종용했지만 다른 사람에게 폐를 끼치고는 살 수 없는 게 그였다. 빚을 갚으려면 돈을 벌어야 했다. 1946년 5월 도쿄 스기나미구(區)의 낡은 창고에 가마솥을 내걸었다. 그럴듯한 간판(히카리특수화학연구소)도 달았다. 커팅오일을 응용해 만든 비누와 크림이 불티나게 팔리면서 1년반만에 노인에게 진 빚을 모두 갚았다.

내친 김에 비누를 만들던 가마솥과 국수를 뽑아내던 기계로 껌을 만들었다.또다시 대박.신주쿠 허허벌판에 종업원 10명의 주식회사 롯데가 탄생했다.껌회사에 소설 여주인공('젊은 베르테르의 슬픔' 의 샬로테) 이름을 붙인 발상이 생뚱맞아 보이지만,못다한 문학청년의 꿈은 그렇게 해서 다소 풀렸다.1948년 6월28일의 일이다.신 회장은 훗날 "롯데라는 이름은 내 일생일대의 최대수확이자 최고의 선택"이라며 흡족해했다.

그가 1967년 한국에 롯데제과를 설립했을 때,일각에서는 "고국에 대한 첫 투자가 겨우 소비재 사업이냐."며 비판했다.신 회장은 이렇게 항변한다."한·일 수교로 모국 투자길이 열리자 당시 정부는 내게 종합제철소를 지어달라고 했다.그래서 후지제철소(현 신일본제철)의 도움을 받아 설계도까지 만들었다.그런데 어찌된 영문인지 정부가 갑자기 태도를 바꿔 직접 제철소(포항제철)를 짓겠다고 했다."

어찌됐든 그렇게 '성공한 재일교포 사업가' 로 고국에 진출한 그는 한국롯데를 국내 재계 서열 5위의 '유통 명가' 로 키워냈다.2007년 4월 현재 자산 40조원,계열사수 44개,종업원수 5만명이다.일본롯데에 비교도 안됐던 매출액(30조원대)은 7대3 규모로 역전됐다.

일본인 아내와 재혼

신 회장은 조혼 풍습에 따라 1940년 둔기리의 고향처녀(노순화)와 결혼했다.신혼생활은 신 회장의 일본행 가출로 1년여만에 끝났다.노 여사는 남편의 금의환향을 끝내 보지 못하고 1951년 29살에 요절했다.

신주쿠 허허벌판에서 일본 1위의 껌업체 하리스와 10년 상전(商戰)을 벌이는 동안,신 회장에게 큰 힘이 돼준 이는 1952년 재혼한 일본인 아내 다케모리 하쓰코(竹森初子·80)씨였다.결혼후 남편성을 따 시게미쓰로 바꿨다.당시 일본 외무성 대신의 여동생으로 알려졌지만 지금껏 확인되지 않은 사실이다.경영에 일절 참여하지 않는 시게미쓰 여사는 성품이 온화하다는 정도로만 알려져 있다.우리말을 잘 하지는 못하지만 알아듣기는 한다.

신 회장은 노 여사와의 사이에 맏딸 영자씨를,시게미쓰 여사와의 사이에 동주·동빈 두 아들을 두었다.롯데가의 한 인사는 "동주와 동빈이는 일본에서 나고 자라 집안에서는 히로유키,아키오라는 일본이름으로 더 친숙하게 불렀다."고 전했다.

백화점 주역 신영자 부사장 모녀

신 회장의 맏딸 영자(65)씨는 롯데쇼핑 총괄 부사장 겸 호텔롯데 면세점 총괄 부사장을 맡고 있다.부산여고와 이화여대 가정학과를 나왔다.유통업계의 라이벌 이명희 신세계 회장과는 대학 동창이다.2004년 말 롯데면세점 모델인 '욘사마' 배용준씨의 사진전에 직접 참석했을 만큼 회사일에 적극적이다.유통 사업가답게 의상과 화장이 화려하다.다소 깐깐하다는 지적도 있지만 새어머니인 시게미쓰 여사와는 팔짱을 끼고 다닐 정도로 사이가 좋다.

1967년 장오식 전 선학알미늄 회장과 결혼해 1남3녀를 두었으나

▲매년 5월이면 신격호 회장은 울산시 둔기리 호숫가에서 고향사람들과 함께 잔치를 벌인다. 1998년 잔치 때 모처럼 온가족이 모였다. 왼쪽부터 부인 하쓰코 여사, 신 회장, 손자 정훈(신동주 부사장 아들), 맏딸 신영자 롯데쇼핑 부사장, 장남 신동주 일본롯데 부사장, 큰며느리 조은주씨, 차남 신동빈 롯데 부회장, 손녀 규미(신 부회장 딸), 둘째 며느리 마나미씨, 손자 유열·손녀 승은(신부회장 아들·딸).

지금은 독신이다. 가장 눈에 띄는 자녀 혼사는 막내딸 정안(33)씨. 2004년 5월 영국계 로펌 클리포드&챈스의 이승환(39) 변호사와 결혼했다 이 변호사는 한국케이블TV 대구방송 회장과 영남일보 주필을 지낸 이종명씨의 아들. '헌법을 생각하는 변호사 모임'의 회원으로 박정희 전 대통령의 외아들 지만씨의 변호를 맡기도 했다.

잡화 바이어(차장)로 일하던 정안씨는 결혼 후 휴직, 남편과 함께 해외에 머무르고 있다. 친구 소개로 이 변호사를 만나 2년간 연애했다. 주례는 시아버지의 절친한 '지기' 한완상 한성대 총장이 맡았다. 한 총장과 이 전 회장은 미국으로 정치적 망명을 함께 하기도 했다.

신 부사장이 사업적으로 가장 의지하는 이는 둘째딸 선윤(36)씨다. 미국 하버드대 심리학과를 나와 97년 롯데쇼핑에 입사, 2005년 초 이사로 승진했다. 명품관 '에비뉴엘' 개관의 일등공신이다. 지금은 호텔롯데 마케팅 부문 상무를 맡고 있다. 외할아버지를 닮아 키가 크고 호리호리하다. 성격도 소탈해 직원들 사이에 평이 좋다. 인테리어 회사 사장과 결혼했다가 헤어진 뒤 올 10월 아우디코리아 양성욱(38) 상무와 재혼했다.

외아들 재영(40)씨는 한때 롯데에 포장지를 납품하는 인쇄업체 '재영상공'의 경영에 참여했으나 지금은 일을 쉬고 있다.

맏딸 혜선(38)씨는 개인사업을 하고 있다. 현재 독신이다.

일본롯데 이끄는 큰아들 동주

동주(53)씨는 일본롯데 부사장이다. 결혼이 다소 늦었다. 서른여덟 살이던 92년 3월 서울 잠실 롯데호텔에서 재미교포 사업가 조덕만씨의 둘째딸 은주(43)씨와 결혼식을 올렸다. 두 사람이 만난 것은 동주씨가 일본롯데의 미국법인 지사장으로 발령나면서. 아버지를 닮아 내성적인 그는 의외로 열살 연하의 거래처 여직원에게는 적극적으로 다가갔다. 남덕우 전 경제부총리가 주례를 본 두 사람의 결혼식은 이례적으로 언론에 공개됐다. 아들(정훈·14)만 하나다.

현재 일본에 살고 있는 동주씨는 아오야마(靑山)학원과 같은 대학원에서 경영공학을 전공했다. 롯데와 무관한 미쓰비시 상사에서 10년간 샐러리맨 생활을 하다 87년 일본롯데에 입사했다. "순수하고 학자 같다."는 게 주위의 공통된 평가다.

한국롯데 이끄는 둘째아들 동빈

동빈(52)씨는 형과 마찬가지로 일본에서 나고 자랐다. 역시 형이 다닌 아오야마학원에서 경제학을 전공했고, 미국 컬럼비아대학원에서 경영학 석사학위(MBA)를 받았다. 88년 일본 롯데상사의 이사로 롯데에 합류하기까지, 8년을 다른 회사(노무라증권)에서 일한 것도 형과 같다. 한국무대에 데뷔한 것은 90년 호남석유화학 상무를 맡으면서. 증권사에 오래 있어서인지 수치에 매우 밝다. 97년 2월 한국롯데 부회장으로 승진했다.

이중국적자이던 그는 한국생활을 시작하면서 일본 국적을 정리했다. 처음엔 우리말이 서툴렀으나 지금은 발음이 조금 어색할 뿐, 대화를 주고받는 데는 전혀 지장이 없다. 와인을 즐기지만 폭탄주는 좋아하지 않는다. 아버지의 문학 기질을 이어받아 사석에서 가끔 괴테의 시를 영어로 읊기도 한다. 일본 롯데 지바 마린스의 구단주 대행도 맡고 있으며 2005년 이승엽 선수를 영입해 재팬시리즈에서 우승했다.

세간에는 활달하고 적극적인 성격으로 알려져 있으나 집안 인사의 얘기는 다소 다르다. "형인 동주보다 상대적으로 그렇다는 것이지, 실제 적극적인 성격은 아니다. 원래 신씨 집안 남자들이 활달한 편은 못된다."

한·일 넘나든 현해탄 혼맥

롯데가는 물론 재벌가를 통틀어 화려한 혼맥의 정수로 꼽히는 게 동빈씨의 결혼이다. 85년 형보다 먼저 일본에서 다섯시간에 걸친 일본전통 혼례식을 치렀다.

신부는 일본의 대형 건설사 다이세이의 오고 요시마사 부회장의 둘째딸 마나미(眞奈美·48)씨. 일본 귀족학교인 가쿠슈잉(학습원)을 졸업한 재원이다. 일본황실의 며느리감 후보로도 거론됐다. 후쿠다 다케오 전 일본 총리가 중매를 서고 주례까지 맡았다. 결혼식에 나카소네 당시 총리를 비롯해 전·현직 일본 총리가 세 명이나 참석해 한·일 양국에서 떠들썩한 화제가 됐다.

마나미씨를 만나본 한 인사는 "평범하고 참한 인상"이라고 전했다. 아들 유열(21)군과 규미(19)·승은(15) 두 딸을 두고 있다.

부인과 자녀들은 일본에 살고 있다. 한달에 두세번 신 부회장이 일본으로 건너간다. 신 회장이 '셔틀 기업경영'을 하고 있다면, 신 부회장은 '셔틀 가족경영'인 셈. 수행원 없이 다니는 것은 부자(父子)가 똑같다.

남다른 고향사랑과 초고층 건물에의 꿈

해마다 5월이면 신 회장은 울산시 울주군 둔기리 호숫가의 너른 잔디밭에서 사재를 들여 잔치를 벌인다. 69년 대암댐 건설로 고향마을이 물에 잠기자 전국에 흩어진 고향사람들을 수소문, 1971년 5월 돼지머리에 막걸리를 기울인 것이 시초가 됐다. 이후 지금껏 한 해도 거르지 않고 있다. 모임 이름도 고향에서 따 '둔기회'라고 지었다. 처음엔 수십명이던 회원수가 아들·며느리·손자의 가세로 지금은 수백명으로 불어났다.

고향 못지 않게 신 회장에게는 애틋한 대상이 있다. 첨성대 모양을 형상화한 세계 최고층 건물이다. 여든살이 되던 해인 2002년, 112층 건물 청사진을 내보이며 그는 이렇게 말했다. "외국인 관광객들에게 언제까지나 고궁만 보여줄 수는 없지 않은가."

그의 꿈은 얼마전 서울시 등 관계당국이 '불허' 결정을 내리면서 다시 미뤄지게 됐다. 하지만 결코 포기하지 않는 눈치다.

유통명가 떠받치는 롯데맨들

롯데에는 사장단 회의가 따로 없다. 2004년 신설된 정책본부가 보이지 않는 손으로 계열사간 조정자 역할을 한다. 이인원(60) 사장이 신동빈 부회장(본부장)을 도와 부본부장을 맡고 있다. 이 사장은 60대 대표이사들이 즐비한 롯데에서 97년 50세의 나이로 롯데쇼핑 대표이사에 올랐다. 영업, 관리, 매입 등 백화점 경영의 3대 요직을 모두 거쳤다. 의심나면 끝까지 파헤치는 스타일이다. 독실한 기독교인이다.

그룹의 모태인 롯데제과는 김상후(58) 부사장이 맡고 있다. 75년 롯데제과에 입사해 3년간 롯데리아 대표이사로 '외도'한 것을 빼면, 평생을 롯데제과와 함께 한 산증인이다. 특히 제품 개발과 판촉 기법의 전문가로 통한다. 호텔롯데와 롯데쇼핑은 삼성 출신의 장경작(65) 사장과 이철우(63) 사장이 각각 이끌고 있다. 신세계백화점과 조선호텔 사장을 지낸 장 사장은 2005년 2월 롯데맨으로 변신했다. 수익사업의 귀재라는 수식어를 달고다닌다.

정통 엔지니어 출신으로 현대석유화학 인수 주역인 호남석유화학 이영일(67) 사장도 눈에 띈다.

신 회장의 친동생인 신준호(66) 롯데우유 회장은 계열분리 등으로 지금은 롯데와 거리를 두고 있다. 5촌조카 신동인(61)씨는 롯데자이언츠 구단주 대행을 맡고 있다.

　스피드 경영으로 유명한 롯데건설 이창배(61) 대표이사 사장과 워커홀릭(일중독자)으로 불리는 중국롯데투자유한공사 이광훈(60) 사장도 눈에 띈다. 이 사장은 30여년간 기획·재무쪽에서만 근무해 자금 흐름에 누구보다 밝다. 황각규(54) 롯데쇼핑 전무와 강현구(47) 롯데닷컴 대표 등은 신 부회장의 관심사업을 돕고 있다.

"평창면옥에 해답이 있다"

이철우 사장의 회고다.

　"잠실 프로젝트를 진행할 때의 일이다. 백화점을 짓기는 했는데 신세계의 세 배인 드넓은 매장을 채울 일이 걱정이었다. 회장님은 쓸데없는 걱정을 한다며 타박하시더니 평창면옥에서 해답을 찾으라고 했다."

　당시 서울 평창동에 있던 평창면옥은 5000원짜리 밥맛이 워낙 좋아 늘 줄이 길게 늘어서 있었다. "사람들이 왜 굳이 시간과 비용을 들여 그곳까지 가겠는가. 이유는 단 하나다. 바로 상품이 훌륭하기 때문이다. 고객에게 꼭 필요하고 훌륭한 상품을 만들면 문제는 절로 해결되기 마련이다." 신 회장의 이 얘기는 지금도 롯데 임직원들 사이에 자주 회자된다.

절친했던 신격호 · 정주영 회장

신격호 회장은 생전의 정주영(왕회장) 현대 창업주와 절친했다. 왕회장이 세상을 떠났을 때는 직접 추도사를 쓰기도 했다. 신 회장이 일곱살 아래다. 흥미롭게도 두 사람의 인생 역정은 매우 닮았다.

우선 대가족의 장남이다. 신 회장은 동생이 9명, 왕회장은 7명이다. 중농 · 빈농의 아들로 농사 규모는 달랐지만 식솔이 워낙 많아 삶이 퍽퍽하기는 마찬가지였다. 성공 신화의 시작이 가출이라는 것도 같다. 두 사람 모두 열아홉살 때 "앞이 안보인다."며 집을 뛰쳐나왔다.

사업 시작 후 최대의 시련도 '불'이었다. 신 회장은 처음 차린 커팅오일 공장이 불에 몽땅 타버려 빚더미에 올라 앉았다. 왕회장도 첫 사업인 자동차수리공장이 불에 타는 바람에 고초를 겪어야 했다. 신 회장은 이 때문에 지금도 임직원들에게 자나깨나 불조심을 외친다. 롯데호텔 준공 때 멀쩡한 새 건물의 복도 천장을 뜯게 한 뒤 손전등으로 직접 방화 장치를 확인한 일화는 유명하다.

공교롭게 죽을 고비도 한차례씩 있었다. 여든이 다 될 때까지 직접 운전을 하고 다녔던 신 회장은 언젠가 밤길에 귀가하다가 트럭과 정면으로 부딪쳐 간신히 목숨을 건졌다. 왕회장도 새벽에 울산공장을 시찰하러 직접 운전하고 가다가 차가 바닷물에 빠져 죽을 뻔 했다.

발상도 기발하다. 신 회장은 풍선껌에 대나무 대롱을 함께 포장해 장난감처럼 불 수 있게 했다. 왕회장은 겨울 골프에 빨간 골프공을 도입한 주인공이다. 이 유명한 빨간공 일화를 남긴 1970년 초봄 라운딩의 동반자가 바로 신 회장이었다. 신 회장은 훗날 "폭설이 내려 (하얀 골프공을 찾을 수 없는 만큼) 의당 약속이 취소된 것으로 여겨 하마터면 큰 실수를 할 뻔했다."고 회고했다.

M&A(인수합병)보다는 직접 공장말뚝 박기를 즐겼던 것이나 귀향 잔치(둔기회·소떼방북)를 벌인 점도 똑같다. 다만, 신 회장은 언제나 소리가 나지 않았고 왕회장은 늘 요란했다. 대선 출마 등 말년에 한눈을 팔았던 왕회장과 달리 신 회장이 사업에만 전념하는 것도 결정적 차이다.

신동빈 부회장 '큰어머니' 제사 해마다 참석

2005년 6월 21일 저녁 서울 성북동 신영자 롯데쇼핑 부사장의 자택.검정 옷차림의 신씨가문 후손들이 하나둘 모여들었다.이 날은 종손인 신격호 회장의 첫 부인 노순화 여사의 기일이었다.신동빈 부회장은 얼굴 한번 보지 못한 '어머니'의 제사에 빠지지 않고 참석한다. 누나인 신 부사장은 말없이 '생모'의 제사를 지켜보고 있었다.

여느 재벌가에서는 보기 힘든 풍경이다.신 회장이 재혼한 아내와의 사이에서 얻은 동빈씨는 한국에 정착한 이후 노 여사의 제사에 꼬박꼬박 참석하고 있다.

몇 년 전까지만 해도 후계구도와 관련해 "정해진 것은 아무 것도 없다."며 언급을 회피하던 그룹측은 이제 공공연하게 "후계구도 작업은 끝났다."고 단언한다.신 부회장이 일본인 아내를 맞은 점 등을 들어 일본롯데를,신동주 일본롯데 부사장이 장남인 점 등을 들어 한국롯데를 맡을 것이라는 분석이 한때 유력했지만 현재로서는 뒤집힌 셈이다.

신 부회장은 2004년 10월 신설된 정책본부의 장(長)을 맡으면서 후계자 논란을 확실하게 잠재웠다.재계는 "그룹 대권을 둘째아들에게 넘기겠다."는 신 회장의 의지로 해석했다.신 부회장은 온라인쇼핑몰·편의점 사업 등에서 이렇다할 실적을 내지 못했지만,케이피케미칼·현대석유화학 등을 성공적으로 인수함으로써 아버지의 신임

▲신동빈 부회장이 할인점 매장을 직접 둘러보고 있다.

을 굳혔다.

현장을 중시하는 것은 아버지의 영향을 그대로 받았다. 2005년 4월에는 롯데마트 금천점에 불쑥 나타나 한 시간 동안 매장을 둘러보기도 했다. 현장에서 지시한 내용은 나중에 꼭 확인한다. 보수적인 롯데그룹의 토양을 어떻게 바꿔나갈 지 주목된다.

1장

재벌家 맥(脈)-下

누가 한국을 움직이는가

■ 농심가(家 · 그룹) 총괄 인맥도

03. 롯데가2 – 농심가(家) 총괄 인맥도

신경숙(74 · 여)
+ 박성황(작고)
전 한일향료 사장

신선호(74)
日 산사스(주)사장
+ 심정자(67)

신정숙 (70 · 여)
+ 최현열(73)
전 NK그룹 회장

신준호(66)
롯데·햄 우유 부회장
+ 한일랑(60)
한순용
전 한대산업회장 딸

신정희(61 · 여)
동화면세점 사장
+ 김기병(59)
롯데관광그룹 회장

신동익(47) **+** 노재경(44)
메가마트 부회장
노창희
전 영국대사 조카

신윤경(39) **+** 서경배(44)
(주)태평양 사장

신승열(17)   신유정(14·여)   서민정(15·여)   서호정(11·여)

롯데가의 형제기업

"형님, 새로운 사업으로 라면을 해볼라카는데 형님 생각은 어떻습니까."

1960년대 초 젊은 춘호씨는 조심스럽게 큰형(신격호)의 기색을 살폈다. 뜻밖의 대답이 돌아왔다. "라면이라 캤나. 그거 누가 사서 묵을 끼라고 만들라카는데. 치아라마."

형의 조언을 잔뜩 기대하고 일본 땅을 찾았던 춘호씨는 머쓱해져 돌아나와야 했다.

"그래. 형이 안된다고 하는 사업을 내가 반드시 성공시켜 보이겠다."

라면으로 2조원대의 중견그룹을 일군 농심 신춘호(77) 회장은 '철학을 가진 장이는 행복하다.' 라는 제목의 자서전(비매품)에서 라면사업의 시작을 이렇듯 생생하게 되짚었다. "신적인 존재나 마찬가지였던 큰형이 반대하자 일종의 오기가 생겼다."는 회고도 덧붙였다.

그렇게 해서 신 회장은 당초 시계공장을 차리려고 마련해 두었던 서울 영등포구 신대방동 370번지 지금의 농심사옥 부지에 라면 뽑는 기계를 들여놓았다. 롯데공업사라는 간판도 내걸었다. 자본금은 단돈 500만원이었다. 그가 큰형과 둘째형(신철호)의 그늘을 벗어나 창업가로 변신하는 순간이었다. 1965년 9월18일의 일이다. 그의 나이 서른 다섯.

"누가 밥 놔두고 사먹겠느냐."고 했던 라면은 소고기라면, 너구리, 안성탕면, 신라면 등 숱한 히트상품을 탄생시키며 그룹 매출액을 2006년 2조 9000억원으로 끌어올렸다. 물론 새우깡 등 스낵시장 매출도 빼놓을 수 없다. 2005년 6월에는 미국에 라면공장을 세우기까지 했다.

올해 창립 42년을 맞은 농심(1978년 사명 변경)은 이제 롯데가(家)에서 맏형 사업체 다음으로 튼실한 기업군을 이루고 있다. 혼맥은 10형제 가운데 가장 화려하다.

신 회장, "장이가 돼라"

신 회장은 임직원들에게 '장이'를 강조한다. 스스로도 자신을 "라면장이" "스낵장이"라고 부른다. 실속없는 겉치레를 매우 싫어한다. 그래서 언뜻 봐서는 대기업 총수라기 보다는 영낙없는 촌로(村老)다. 지방공장을 둘러볼 때도 "일하는 사람들에게 방해된다."며 웬만해서는 공장 안으로 들어가지 않는다.

한번은 새벽녘에 경기도 안양공장에 도착했다. 아무도 없길래 살짝 공장 안으로 들어갔다. 그런데 어느새 직원이 뛰쳐나와 "아저씨, 함부로 들어오시면 안돼요."하며 제지했다. 신 회장은 할 수 없이 "내가 회장입니다."하고 신분을 밝혀야 했다. 임직원들 사이에 회자되는

▲1990년대 서울 한남동 자택 앞에서. 앞줄 오른쪽부터 시계반
대방향으로 신춘호 회장. 신 회장 부인 김낙양 여사, 맏며느리
민선영씨, 큰아들 신동원 농심 부회장, 쌍둥이 둘째 아들 신동윤
율촌화학 사장, 둘째 며느리 김희선씨, 셋째 며느리 노재경씨,
셋째 아들 신동익 메가마트 부회장이 빠져 있어 신 부회장이 사
진을 찍은 것으로 보인다.

유명한 일화다.

그를 오랫동안 보좌한 한 임원은 "역발상의 대가"라고 말한다. "남
들이 무심코 지나치는 것도 반드시 한번씩 뒤틀어 보신다. 젊은 사람
들도 그 분의 창의력을 따라가지 못한다."

대표적인 예가 '새우깡' 이다. 1971년 당시 세 살짜리 어린 딸이
'아리랑' 을 '아리깡' 으로 잘못 발음하는 것을 듣고 신 회장은 "이거
다."며 무릎을 쳤다. 말문이 갓 트인 어린아이들조차 쉽게 발음하는
'깡' 을 과자 이름으로 착안한 것. 새우깡, 고구마깡, 감자깡, 이른바 깡
시리즈의 시작이었다.

회의 도중에 갑자기 "교남동 도가니탕 맛이 좋으니 그런 맛이 나
는 라면을 개발해 보라."고 지시해 소고기라면을 탄생시킨 것이나,
당시로서는 파격적인 '롯데쥬스가 키스보다 좋아' 라는 '야한' 광고

문구를 선보인 것도 그의 기발함을 보여주는 예다. 언론에 나오는 것을 극도로 싫어하는 것은 큰형과 매우 닮은 점이다.

실질적 가장 역할–"신라면 개발 때는 성씨 팔아먹는다." 힐난도

10남매의 다섯째인 그는 일찍이 일본으로 건너간 큰형과 몸이 약한 둘째형을 대신해 집안의 실질적 가장 역할을 했다고 훗날 자서전에서 털어놓았다. 몇 년전 아버지(신진수)의 유해가 증발했을 때, 도굴범에게서 되찾아온 유해를 모셔간 사람도 신 회장이었다.

그는 자서전에 이렇게 적었다.

"어릴 때부터 무슨 벼슬같은 것을 해보겠다는 생각은 없었다. 공부 잘하는 모범생이 못됐기 때문이기도 하지만 책상머리에 앉아서 머리 싸매고 하는 일보다 여기저기 돌아다니면서 새로운 것이 있으면 손으로 만져보고 입으로 맛을 봐서 좋으면 직접 한번 만들어봐야 직성이 풀리는 성미였다."

신라면을 처음 개발했을 때의 일이다. 실무자들은 '매울 辛'을 라면 이름으로 염두에 두고도 선뜻 결정을 내리지 못했다. 오너의 성씨를 함부로 상품화했다가 '불경죄'에 걸릴지도 모른다는 우려 때문이었다. 하지만 신 회장은 "아주 좋다."며 흔쾌히 수용했다. 막상 제품이 나오자 이번엔 문중에서 난리가 났다. "라면장사 하려고 성까지 팔아먹는다."는 힐난이었다.

그러나 신 회장은 꿈쩍조차 하지 않았다. 한번 옳다고 믿으면 끝까지 밀어붙이는 이가 그였다. 당시 식품위생법상 라면봉지에 한글(신)보다 한자(辛)를 더 크게 쓸 수 없게 되자 부당한 규제라며 끝까지 싸워 법개정(88년)을 끌어냈을 정도다.

경영에 참여하는 2세들

신 회장은 두 살 아래의-원래 신 회장은 1930년생이지만 호적에는 1932년생으로 2년 늦게 올라갔다-고향처녀(김낙양)와 결혼했다. 같은 경남 울주군 출신이지만 면(面)이 달라 서로 일면식은 없었다고 한다. 김 여사는 다소 깐깐하다는 평이다. 사이에 3남 2녀를 두었다. 막내딸을 제외하고는 4남매가 모두 그룹 계열사 경영에 참여하고 있다.

큰딸 현주(52)씨는 광고회사인 농심기획의 부사장을 맡고 있다. 전업주부에서 10년전쯤 출근을 시작했다. 큰아들 동원(49)씨는 그룹의 중추인 농심 대표이사 부회장이다. 쌍둥이 둘째아들 동윤(49)씨는 포장재를 납품하는 율촌화학의 부회장이다. 율촌은 신 회장의 호다. 셋째아들 동익(47)씨는 할인점 메가마트(옛 농심가)와 골프장 일동레이크를 운영하는 농심개발의 부회장이다.

신 회장은 그룹의 큰 방향이나 핵심전략만 직접 챙긴다. 나머지는 자식들에게 맡기고, 사냥이나 골프 등 여가를 즐긴다. 골프는 핸디 7의 싱글 실력이다. 일주일에 네번 라운딩을 나가는 주사파(週四派)다. 그만큼 건강하다는 방증이기도 하다. 하지만 밑바닥에서 기업을 일군 창업총수들이 으레 그렇듯 실질적으로는 일을 놓지 못한다.

한 아들이 웃으면서 전하는 얘기다. "말씀으로는 너네가 다 알아서 하라고 하시면서도 소소한 것까지 꼼꼼히 챙기신다. 골프를 치시다가도 전화를 걸어 이것저것 물어보곤 하신다."

1·2세 매주 월요 점심회동

신 회장은 매주 월요일마다 그룹 구내식당에서 2세들과 점심을 함께 한다. 경영에 참여하고 있는 4남매가 정규 멤버다. 밥값은 물론 아버지가 낸다. 그룹 전략회의겸 가족 친목모임인 셈이다. 이화여대 서양미술학과를 나온 큰딸만 빼고는 4남매가 모두 고려대 동문이다. 동원씨는 화학공학과, 동윤씨는 산업공학과, 동익씨는 경영학과, 윤경씨는 심리학과다. 신 회장은 동아대 법학과를 나왔다. 아버지를 닮아 세 아들 모두 운동을 잘한다. 큰아들 동원씨는 어렸을 때 축구선수로도 활약했다.

남매가 모두 서울 한남동의 신 회장 자택 주위에 모여 살아 '농심타운'을 형성하고 있다. 바로 옆은 잘 알려진 대로 '삼성 타운'이다. 이건희 삼성그룹 회장 부녀가 새로 이사를 오면서 이웃사촌이 됐다. 한때 공사 소음 등을 둘러싸고 갈등도 있었지만 지금은 깨끗이 화해했다.

쌍둥이 형제에 얽힌 일화

동원씨와 동윤씨는 일란성 쌍둥이다. 10분 차이로 태어났다. 대학 1학년때, 동윤씨가 태권도 승단 시험을 봐야하는데 마침 대학시험과 날짜가 겹쳤다. 형인 동원씨가 대신 시험장에 들어갔다. 그런데 하필이면 동원씨의 학과 조교가 시험감독으로 들어왔다. 시험지의 이름이 틀린 것을 보고 조교는 "너, 화공과 신동원 아니야?"하고 의심했다. 동원씨는 내심 당황했지만 "신동원은 내 쌍둥이 형이다. 나는 동생 동윤이다."라고 뚝 잡아뗐다. 쌍둥이라는데 어쩔 것인가. 조교의 의심은 더 이상 뻗어가지 못했다.

임원들은 쌍둥이 형제의 느낌이 달라 알아보는 데는 별 어려움이 없다고 한다.성격도 다소 다르다.한 임원은 "동원 부회장은 큰 방향만 맞으면 아랫사람들에게 일을 맡기는 스타일이다.반면 동윤 사장은 매우 꼼꼼하고 세심하다."고 전했다.

조양상선 · 동부 · 태평양… 화려한 혼맥

신 회장의 5남매는 하나같이 내로라하는 집안에,모두 중매로 결혼했다.

큰딸 현주씨는 79년 박남규(작고) 조양상선 회장의 넷째아들 재준(55)씨와 결혼했다.재준씨는 한때 조양상신그룹 부회징을 지냈으나 그룹 부도 이후 지금은 개인사업을 하고 있다.

조양상선은 김치열 전 내무 · 법무장관과도 사돈사이다.김 전 장관은 다시 효성 · 동방유량 등과 사돈을 맺고 있어 혼맥 고리가 끝이 없다.

낮가림이 심한 현주씨와 달리 박 부회장은 "술 좋아하고 풍채 좋고 성격도 좋다."는 게 공통된 평이다.딸만 둘을 두었다.큰딸 혜성(26)씨는 일본 성심여대를 나와 와세다대학원을 졸업했다.어머니가 설립한 그룹 계열사 '쓰리에스포유'(시설관리전문)의 등기이사이기도 하다.역시 쓰리에스포유의 주주인 둘째딸 혜정(22)씨는 미국 대학에 다니고 있다.

송복 교수가 맏며느리 중매

큰아들 동원씨는 연세대 영어영문학과를 나온 민선영(46)씨와 결혼했다.선영씨는 민철호 전 동양창업투자 사장의 큰딸이다.친구 사

<농심그룹 주요 전문경영인>

▲한규상
서울대 정외과
농심홀딩스(지주회사)
율촌화학(포장재)

▲이상윤
서울대 상학과
(주)농심(생산·판매)

▲권국주
연세대 경영학과
메가마트(할인점
호텔농심(옛 동래관광호텔)

▲신재덕
고려대 식품공학과
NDS(IT)

▲이문희
서울대 기계공학과
농심엔지니어링(식품가공
설비)

이인 율촌화학 한규상 부회장과 연세대 송복 교수가 각자 아끼는 총각처녀를 소개시킨 것이 인연이 됐다. 맞선은 1986년 5월초 서울 하얏트호텔에서 이뤄졌다. 동원씨가 훗날 사석에서 털어놓은 얘기다. "커피를 시켰는데 그 사람 앞쪽에 있던 설탕과 크림통을 내 쪽으로 먼저 밀어주는 것을 보고 이 정도면 됐다 싶었다."

그 주 주말 볼링장으로 맞선본 아가씨를 불러낸 그는 혜화동 집앞까지 바래다준다는 핑계 아래 붙잡고 있다가 새벽 3~4시쯤에야 집으로 들여보냈다. 은근히 걱정이 돼 전화를 걸었다가 예비 장인어른에게 엄청나게 혼났다고 한다. 이 때부터 당사자들보다 집안에서 더 서둘러 선본 지 3주만에 약혼하고 두달반만에 결혼(86년 5월26일)했다. 중·고등학생인 두 딸(수정, 수현)과 외아들(상열)은 미국에서 학교를 다니고 있다.

사돈 통해 정계·언론계와도 연결

둘째아들 동윤씨는 국회 부의장을 지낸 김진만 민족중흥회장의 딸 희선(47)씨와 결혼했다. 희선씨의 큰오빠는 김준기 동부그룹 회장, 둘째오빠는 김택기 전 국회의원이다. 김 회장은 삼양사의, 김 의원은 이철승 전 신민당 총재의 사위이기도 하다. 농심은 동부를 통해 삼양사는 물론 정계 인맥과도 맞닿아 있는 셈이다. 사조산업과도 다리 건너 사돈 사이다. 희선씨는 이화여대 음대를 나왔다. 성격이 매우 적극적이다.

셋째아들 동익씨는 노창희 전 영국 대사의 조카인 재경(44)씨와 결혼했다. 노홍희 전 신명전기 사장의 큰딸이다. 큰동서(민선영)의 연대 영문학과 후배다. 말수가 적고 조용한 편이다.

'아리깡' 일화의 주인공인 막내딸 윤경(39)씨는 서성환 태평양그룹 회장의 둘째아들 경배(44)씨와 결혼했다. 경배씨는 ㈜태평양 사장이다. 성격이 수더분해 처남들이 좋아한다. 경배씨의 형인 영배(태평양그룹 회장)씨는 방우영 조선일보 명예회장의 사위여서 농심은 또 다시 언론계와도 연결된다.

일각에서는 "신 회장이 보란듯이 세도가를 골라 사돈을 맺었다." 고 말하기도 한다.그러나 당사자들은 펄쩍 뛴다. "혼사가 화려하다보니 남들은 우리가 의도적으로 집안을 따져 결혼한 줄 아는데 전혀 그렇지 않다.부모님이 옛날분들이다 보니 연애결혼을 싫어하셔서 평범하게 선을 봤을 뿐이다.정략적으로 집안을 따져 결혼한 사람은 한 명도 없다."

한진 · KCC… 형제들의 혼맥도 화려

신 회장의 둘째형인 철호(작고)씨는 유난히 법조인과 사돈을 많이 맺었다.8명의 사위 며느리 가운데 법조인이 4명이나 된다.큰딸 혜경(60)씨는 서울고등법원장과 공적자금관리위원을 지낸 조용완(62) 변호사와 결혼했다.법무법인 송백 대표변호사다.셋째딸 미진(49)씨와 넷째딸 혜승(43)씨의 남편도 장대규(50) · 정경언 변호사다.정 변호사는 터키에서 개인사업을 하고 있는 것으로 알려졌다.큰아들 동림(45)씨의 부인은 정승원(43) 서울가정법원 판사이다.

철호씨는 1960년대초 동생인 춘호씨와 함께 서울 갈월동에서 껌 공장을 함께 운영하기도 했으나 경영방식에서 이견을 보여 각자 사업체를 차렸다.

10남매의 일곱째인 신선호(74) 일본 산사스㈜ 사장은 큰형을 도와 롯데에 몸담던 시절,롯데리아를 일군 주역이다.지금은 일본에서 면발 제조업체인 산사스를 독자 경영하고 있다.심정섭 전 민국일보 편집국장의 큰딸 정자씨와 결혼해 2남2녀를 두었다.큰아들 동우(42)씨가 산사스 전무로 경영에 참여하고 있다. 큰딸 유나(43)씨는 이호진 (45) 태광산업 회장과 결혼했다.

10남매의 아홉째인 신준호(66) 롯데햄·우유 부회장은 한순용 전 한대산업 회장의 딸 일랑(60)씨와 결혼했다. '프라이드 사건' 등으로 적잖이 속을 끓였던 큰아들 동학씨가 2005년 서른여섯의 젊은 나이에 태국 방콕의 한 호텔에서 추락사하는 바람에 통한의 눈물을 흘려야 했다. 둘째아들 동환씨는 대선주조 집안의 딸과 결혼한 것으로 알려졌다.

막내여동생 동화면세점 경영

여자형제들 가운데는 경숙(74), 정숙(70), 정희(61)씨의 혼사가 눈에 띈다. 경숙씨는 박성황(작고) 한일향료 사장과 결혼해 1남1녀를 두었다. 다산(多産)인 롯데가에서는 단출한 자식 농사다. 딸 기(53)씨는 개인사업을 하는 김영대(61)씨와, 국민대 교수인 아들 기택(49)씨는 정일영 전 국민대 총장의 딸 형은(47)씨와 결혼했다.

정숙씨는 NK(남경)그룹과 인연을 맺었다. 최두열 전 치안국장의 동생인 최현열 전 남경그룹 회장이 남편이다. 사이에 1남 3녀를 두었는데 사위들의 면면이 만만치 않다. 큰딸 은영(45)씨는 조중훈 한진그룹 회장의 3남 수호(작고·한진해운 전 부회장)씨와, 둘째딸 은정(44)씨는 고 정주영 현대그룹 창업주의 막내동생인 정상영 KCC그룹 명예회장의 둘째아들 몽익(45·KCC 사장)씨와, 셋째딸 은진(39)씨는 동갑내기인 김유진 재원테크 사장과 각각 결혼했다.

맏이인 신격호 롯데그룹 회장과 스물네살이나 차이나는 막내 정

희씨는 여자형제들 가운데 유일하게 경영 활동을 하고 있다.동화면
세점 사장이다.남편은 경제관료 출신의 김기병(59) 롯데관광그룹 회
장이다.김 회장의 형은 김기형 전 과학기술처 장관으로,정통 관료 집
안이다.

롯데관광은 이름만 같을 뿐,롯데그룹과는 무관하다.동화면세점도
이곳 계열사다.큰아들 한성(37)씨가 동화면세점 상무이다.둘째아들
한준(35)씨는 롯데관광 이사로,미혼이다.

28대손 모임 만들어 '가문 화합'
– '농심 맏형' 신동원 부회장

롯데가는 형제간에 크고 작은 송사를 치렀다. 물론 지금이야 모두 '옛날 얘기'가 됐지만 생채기가 완전히 가신 것은 아니다.

이런 점을 의식, 젊은 2세들이 주축이 돼 모임을 만들었다. 집안의 화해를 도모하기 위해서다. 굳이 이름을 붙이자면 '영산 신씨 초당공파 28대손 모임'이다.

몇년전 이 모임을 앞장서 만든 이가 신동원 농심 부회장이다. '동(東)'자 돌림들이 주된 멤버다. 27대손인 '호(浩)'자 돌림들이 아직 거리가 있는 것과 달리, 28대손들은 수시로 뭉치며 허물없이 지낸다. 이들은 "영산 신씨는 경상도에서 남신북권(南辛北權)이라 불릴 만큼 명문가였다."며 자랑도 빼놓지 않았다.

신 부회장은 모임을 결성하면서 초대 총무를 쌍둥이 동생(신동윤)에게 맡겼다. 그만큼 집안일에 적극적이다. 지금은 사촌동생인 우탁(신격호 회장의 셋째동생인 신경애 여사의 외아들) 휴네시스 사장이 총무를 맡고 있다.

사촌형인 신동빈 롯데그룹 부회장(신격호 회장의 아들)도 이 모임에 관심을 보인다고 한다.

신 부회장은 전문경영인으로서도 입지를 확실하게 굳혔다. 대학 2학년 여름방학때인 77년, "놀면 뭐하느냐."는 아버지(신춘호)의 한마디에 대신공장(대방동 옛 자동차학원 자리)에서 호되게 신입사원 교육을 미리 받았다. 79년 12월에 농심 평사원으로 입사, 이듬해 3월부터 정식 출근을 시작했다.

경영을 맡고부터는 매년 봄 전국 6개 생산공장을 돌아본다. 10년 넘게 계속해온 연례행사다. 순례가 끝나면 '올해의 공장'을 뽑아 상을 준다. 그러다보니 서로 경쟁이 붙어 자체 혁신 활동이 치열하다. 일본 도요타의 가이젠(개선)을 능가한다는 게 자체 평가다.

이어 가을에는 전국 영업지점을 돈다. 직원들과 폭탄주도 곧잘 한다. 그가 즐겨 제조하는 방식은 '회오리주'. 짧은 시간에 분위기를 빨리 띄울 수 있어서다. 90년대 중반, 그룹내의 생산·영업·관리 등 전산정보 시스템을 한꺼번에 뜯어고쳐 칭찬에 인색한 아버지에게서 "고생했다."는 얘기를 끌어내기도 했다. 부드러운 인상과 달리 추진력이 강하다.

1장

재벌家 맥(脈)-下

누가 한국을 움직이는가

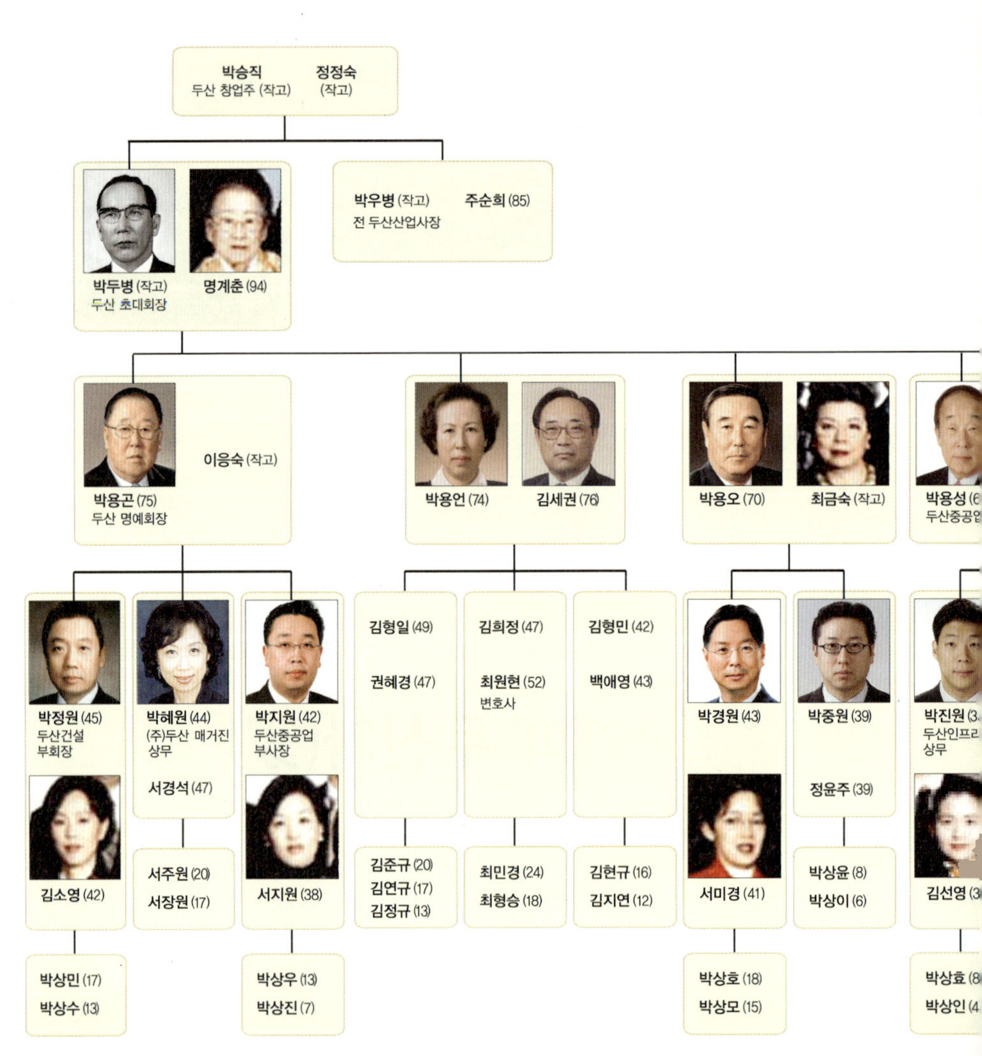
박승직
두산 창업주 (작고)
정정숙
(작고)

박우병 (작고)
전 두산산업사장
주순희 (85)

박두병 (작고)
두산 초대회장
명계춘 (94)

박용곤 (75)
두산 명예회장
이응숙 (작고)

박용언 (74)
김세권 (76)

박용오 (70)
최금숙 (작고)

박용성 (6
두산중공업

박정원 (45)
두산건설
부회장

박혜원 (44)
(주)두산 매거진
상무
서경석 (47)

박지원 (42)
두산중공업
부사장

김형일 (49)
권혜경 (47)

김희정 (47)
최원현 (52)
변호사

김형민 (42)
백애영 (43)

박경원 (43)

박중원 (39)
정윤주 (39)

박진원 (3
두산인프라
상무

김소영 (42)

서주원 (20)
서장원 (17)

서지원 (38)

김준규 (20)
김연규 (17)
김정규 (13)

최민경 (24)
최형승 (18)

김현규 (16)
김지연 (12)

서미경 (41)

박상윤 (8)
박상이 (6)

김선영 (3

박상민 (17)
박상수 (13)

박상우 (13)
박상진 (7)

박상호 (18)
박상모 (15)

박상효 (8
박상인 (4

04. 두산가(家) 총괄 인맥도

| 경희 (64) | 박용현 (64)
두산건설 회장 | 엄명자 (작고) | 박용만 (52)
두산인프라코어
부회장 | 강신애 (52) | 박용욱 (47)
이생 회장 | 이상의 (47) |

| 혁원 (36)
중공업 | 박태원 (38)
두산건설 상무 | 박형원 (37)
두산인프라코어
부장 | 박인원 (34)
두산전자BG
차장 | 박서원 (28)
미유학중 | 박재원 (22)
미유학중 | 박효원 (21·여) | 박예원 (20·여) | 박승원 (14) |
| | | 최윤희 (36) | 박성민 (33) | 구원희 (28)
구태회 LS그룹
명예회장의 손녀 | | | | |

| 현주 (37) | 원보연 (35) | 박상아 (8) | 박상정 (1) | 박상후 (1) |

| 상현 (9)
상은 (4) | 박윤서 (10) |

■ 두산가(家·그룹) 총괄 인맥도

박용곤 명예회장 형제

박용만(52) 두산그룹 부회장은 2005년 2월 선친인 박두병 초대 회장의 가르침을 예로 들며 "두산에는 파벌이 딱 하나 있는 데 그게 두산파다. 우리 형제도 마찬가지다."라고 자랑스럽게 얘기한 적이 있다. 대우종합기계(현 두산인프라코어) 인수를 계기로 가진 만남이었지만 박 부회장의 '집안 자랑'은 가풍과 장자를 중심으로 이어졌다. 그는 "가족간의 인화가 두산이 111년간 이어올 수 있었던 비결"이라고 강조했다.

'박승직상점'이 그룹의 모태

국내 최고(最古)의 기업인 두산은 올 8월 1일로 창립 111주년을 맞았다. 창업주 고 박승직씨는 1896년 서울 종로에 자신의 이름을 딴 '박승직상점'을 열고, 두산그룹의 기초를 닦았다. 등짐 장사와 면포상, 보부상 등 상인 생활 15년 만에 마련한 가게였다.

이후 박 창업주는 포목상으로 대성공, 동대문과 종로 일대에서 '배오개의 거상'이라 불렸다. 1906년에는 중추원 의관에 선임, 정삼품에 승서되는 등 이미 거상으로서 황실의 인정을 받을 정도였다.박 창업주는 1905년 국내 최초의 주식회사인 광장을 설립했다.33년에는 김연수 삼양사 창업주와 함께 소화기린맥주의 주주로 참여, 두산의 모기업이었던 동양맥주의 기틀을 마련하기도 했다.소화기린맥주는 일본 기린맥주의 국내 생산공장이었다.

박 창업주는 해방 후 새롭게 출발하는 수송사업을 위해 장남인 두병의 이름 첫 자인 말두(斗)자와 묏산(山)자를 붙여 '두산'이란 새 상호를 짓는다. '한 말 한 말 차근차근 쉬지 않고 쌓아올려 재화가 산같이 커져라.'는 의미가 담겨져 있다.

박가분과 정정숙 여사

여느 재벌가와 마찬가지로 두산가의 3,4세 며느리들도 바깥 활동이 잦지 않다.내조와 자녀교육이 최우선 순위다.이는 박두병 두산 초대 회장의 며느리 고르기에서도 잘 드러난다.장남인 용곤 명예회장의 배필감을 찾던 박 초대 회장의 안테나에 맏딸 용언씨의 친구인 이응숙(작고)씨가 눈에 들어왔다. 다소곳하고 참해 마음이 끌렸다. 박 초대 회장은 지프를 타고 한동안 이씨를 추적하며 인물과 행동거지를 자세히 살펴보고 낙점했다고 한다.가족간 인화에 며느리가 중요하다는 박 초대 회장의 평소 지론 때문이었다.

그러나 박 초대 회장의 모친인 정정숙 여사와 그의 아내 명계춘(94) 여사는 내조뿐 아니라 남편들 못지 않은 사업수완을 발휘,여장부로 통했다.

국내 화장품의 효시인 '박가분(朴家粉)'은 사실상 정 여사의 작품이다.정 여사는 1915년 부업 삼아 분 기술자 3명을 고용,재래식 화장분을 근대적으로 포장 판매했다.처음엔 면포상품을 구입한 고객에게 주던 미끼 상품이었다가 여성 반응이 의외로 좋아 박승직상점의 어엿한 거래 품목으로 자리잡았다.정 여사는 국내 최초로 화장품 신문 광고를 하기도 했다.박가분 광고 내용은 이렇다

'죽은 깨와 여드름이 없어지며,얼굴에 잔티가 없이 피부가 윤택하고, 고아지게 하는 박가분'

박두병 두산 초대 회장의 부인인 명계춘 여사도 중고 미제 승용차와 일제 트럭 등을 구입해 한때 운수업을 벌였다."남자는 보다 큰 일에 힘을 기울여야 힌다."는 남편의 뜻에 따라 대신 떠맡은 것이었디.그러나 이 사업은 훗날 두산상회의 토대가 됐다.

귀하게 얻은 늦둥이

박 창업주는 1910년 딸만 여섯을 두다가 첫 아들을 얻었다.박두병 초대 두산 회장이다.박 창업주의 나이 46세로 늦게 얻은 귀한 아들이었다.후에 우병과 기병,규병 등이 태어났지만 우병을 빼고는 모두 어린 나이에 죽었다.그래서 그런지 박 창업주의 자식 교육은 별났다고 한다.

두산가에서 인화를 강조할 때 자주 인용하는 것 중에 하나가 박 창업주가 장남에게 들려준 '지붕에 소 올리기' 다.가장의 터무니없는 지시도 가족이 믿고 따라야 집안이 화목해진다는 내용이다.또 부지런한 사람이 성공한다는 '근자성공' 은 4대째 내려오는 두산가의 좌우명이다.

박 초대 회장은 경성중을 거쳐 1932년 경성고상을 졸업하기 전인 1931년 서울 서린동에서 저포전(모시가게)을 경영하던 명태순의 딸 계춘씨와 결혼했다.이어 조선은행에서 4년간 근무하다가 박승직상점에서 본격적인 2세 경영수업을 받았다.

그는 해방 후 동양맥주를 인수해 두산그룹의 토대를 쌓았다.60년대 들어 한양식품(코카콜라 · 환타 제조)과 윤한공업사(현 두산메카텍),동산토건(현 두산건설) 등을 설립했으며,한국병유리(현 ㈜두산테크팩)를 인수하며 그룹의 외형을 크게 확대했다.

두산 1번은 용곤 명예회장

두산가의 위계질서는 엄격하기로 유명하다. 장유유서 원칙이 철저히 지켜진다. 현역에서 은퇴했지만 장자인 박용곤(75) 명예회장은 여전히 '두산의 1번' 이다. 전화번호도 '1~2번' 을 쓴다. 용성(67) 회장(5~6번), 용현(64) 회장(3~4번), 용만(52) 부회장(7~8번) 순이다.

두산가는 사실 2005년의 사태가 있기 전까지 재계에서 형제간 최고의 화음을 자랑했다.이는 박 초대 회장의 철저한 자식 교육에서 비롯됐다.박 초대 회장은 형제간 말썽이 나면 잘못이 있든 없든 무조건 장자를 혼냈다고 한다.동생들을 잘못 이끌었기 때문이다.이는 장자를 중심으로 형제들이 자연스럽게 뭉칠 수 있도록 했다.

인화와 관련된 박 초대 회장의 이야기는 지금도 입에 오른다. "가정이 평화로워야 모든 일이 잘 이뤄진다.그러자면 형은 우애하고,아우는 공손하고,지아비는 화하고,지어미는 순해야 한다.이럴 때 한 푼의 재산이 없어도 그 가정은 언제나 평화스럽다."

박 부회장의 설명이다. "부친은 인화가 깨질 수 있다는 이유로 직원들이 설날 세배하는 것도 못하게 했다고 하더라고요. 미풍양속 차원에서 권장할 일이지만, 개인 간에 친소관계가 만들어지면 조직이 공평해질 수 없다고 본 거죠."

두산가는 지금도 한 달에 한 번 가족 모임을 갖는다. 명계춘 여사를 중심으로 3대(3~5세)가 함께 모여 식사를 하며 친목과 화합을 다진다.

"남의 눈칫밥 먹어봐야…."

두산가는 기업의 오랜 역사 만큼이나 자녀 교육도 독특한 전통이 있다. 박 초대 회장은 자식들에게 "도둑이 와서 재물을 훔쳐갈 수는 있지만, 머리에 들어 있는 것은 절대 훔쳐갈 수 없다."며 지식의 중요성을 강조했다고 한다.

박 부회장이 들려준 부친의 자식 교육은 이렇다. "우선 남의 눈칫밥을 먹어봐야 한다고 했습니다. 특히 은행 근무를 적극 권했습니다. 또 최강대국인 미국을 알아야 한다며 미국 유학을 꼭 다녀오라고 했습니다. 여기에 용곤 명예회장이 일본을 강조해 일본어 공부가 추가로 들어갔죠."

이같은 방침에 따라 용곤 회장은 한국은행, 용성 회장은 한국투자금융, 용만 부회장은 외환은행에서 각각 사회생활을 시작했으며, 6형제 모두 미국에서 공부했다. 이들은 미국 유학생활 동안 용돈이 넉넉지 않아 자취 생활을 하면서 직접 음식도 해먹고, 짬짬이 아르바이트를 해 생활비를 충당했다고 한다.

두산가는 경영수업도 다른 재벌가와 차이가 있다. 밑바닥부터 출발해 모든 계열사를 거치게 한다. 또 30대 초반에 계열사에 배치해 평균 1~2년에 한번씩 승진시킨다. 4세도 예외없이 이런 과정을 거쳤다. 4세 중 장자인 용곤 명예회장의 장남인 박정원(45) 두산건설 부회장은 일본 기린맥주에서, 차남인 박지원(42) 두산중공업 부사장은 미국 매켄에릭슨에서 근무했다. 용성 회장의 장남인 박진원(39) 두산인프라코어 상무는 대한항공에서 사회의 첫발을 내디뎠다. 용현(64) 두산건설 회장의 장남인 박태원(38) 두산건설 상무는 효성에서 시작했다.

"정략 결혼은 피하라"

오랜 전통에도 불구하고 두산가의 혼맥은 의외로 담백하다. 정·관계 집안과 직접적인 사돈 관계가 없다. 대부분 평범한 집안과 통혼했으며, 간혹 재계 집안이 눈에 띈다. "자녀 혼사에 정략 관계를 두지 마라."는 박 창업주의 당부를 후손들이 잘 지켰기 때문으로 풀이된다.

2005년 6월 박용만 부회장의 장남 서원(28)씨와 구자철 한성 회장의 딸 원희(28)씨 결혼은 두산가에서 눈길을 끌 만한 혼사였다. 구 회장은 범 LG가로 구태회 LS 명예회장의 4남이자, 구자홍 LS그룹 회장의 막내동생이다. 이 때문에 박 부회장은 집안의 첫 경사였지만 '재벌가 정략 결혼'이라는 시선 탓에 다소 부담스러워했다는 후문이다.

그러나 박 부회장과 구 회장은 경기고 동기생으로 양가가 예전부터 서로 교류를 해온 것으로 알려졌다. 또 서원씨와 원희씨도 어린 시절부터 알고 지냈으며, 미국에서 공부하다 관계가 급진전된 것으로 전해졌다.

박두병 초대 회장은 모두 6남1녀를 뒀다. 장녀 용언(74)씨는 당시 실력파 검사였던 김세권(76)씨와 백년가약을 맺었다. 김 변호사는 대검찰청 차장과 서울고검 검사장을 지냈다.

3남 용성 회장은 66년 김선필 전 삼성물산 사장의 딸인 김영희(64)씨와 혼례를 올렸다. 4남인 박용현 두산건설 회장은 68년 이화여대 음대를 나온 엄명자(작고)씨와 인연을 맺었다.

5남 용만 부회장은 바깥에 잘 알려진 집안과 혼인했다. 당시 '증권업계 대부'로 통했던 강성진 전 증권협회 회장이 그의 장인이다. 박 부회장은 79년 강 전 회장의 장녀인 신애(52)씨와 혼례를 치렀다. 그는 강 전 회장의 차남 홍구씨와 동기생으로 집에 놀러갔다가 신애씨를 만나 결혼하게 됐다.

6남 박용욱(47) 이생그룹 회장은 이건 전 대호건설 회장의 딸인 상의(47)씨와 인연을 맺었다.

3·4세 MBA출신 많아… 며느리는 '이화의 딸'

'가방 끈'이 긴 두산 가문에서 MBA(경영학 석사) 학위는 당연히 따야 할 자격증처럼 보인다. 없는 사람이 이상할 정도다. 오너 집안인데다 미국 유학이 일종의 통과의례인 만큼 3세 '용'자 돌림과 4세 '원'자 돌림 대부분은 경영학을 전공했다. 3세 가운데 장남 박용곤 명예회장은 경동고-워싱턴대를 출신이고, 용성-용현-용만 3형제는

'KS(경기고-서울대)'를 나왔다.

3세 가운데 MBA 학위를 딴 사람은 3남인 박용성 두산 회장과 5남 박용만 두산인프라코어 부회장이다. 박 회장은 경기고와 서울대 경제학과를 졸업한 뒤 미국 뉴욕대에서 MBA 학위를 취득했다. 박 부회장은 보스턴대에서 MBA 학위를 땄다.

4세로 넘어가면 MBA는 그야말로 흔하디 흔하다. '원' 자 돌림 15명 가운데 박용곤 회장의 장녀인 박혜원 ㈜두산 매거진 상무를 뺀 9명이 MBA 학위를 갖고 있다. 또 박 부회장의 장남 박서원씨 등 학업 중인 4세가 5명이나 돼 앞으로 MBA 학위 소지자는 더 늘어날 전망이다.

집안에 MBA 출신이 많다 보니 동문들도 적지 않다. 박용곤 명예회장의 장남인 박정원 두산건설 부회장과 숙부인 박용만 부회장은 보스턴대 MBA 출신이다. 또 박 회장과 박 명예회장의 차남인 박지원 두산중공업 부사장, 박용성 회장의 장남 박진원 두산인프라코어 상무, 차남 박석원 두산중공업 부장, 박용현 두산건설 회장의 장남 박태원 두산건설 상무 등 6명은 모두 뉴욕대 MBA 동문들이다.

이밖에 박용현 회장의 차남인 박형원 두산인프라코어 부장은 조지워싱턴대 MBA 출신이며, 박인원 ㈜두산 전자BG 차장은 하버드대 MBA 학위를 땄다.

반면 며느리들은 '이화의 딸'들이 많다. 이상의(박용욱 이생 회장 부인·한양대 기악과)씨를 빼면 대부분 이대 동문들이다. 맏며느리인 고 이응숙씨를 비롯해 김영희(셋째 며느리), 고 엄명자(넷째 며느리), 김소영(박정원 두산건설 부회장 부인), 서지원(박지원 두산중공업 부사장 부인) 등 두산가의 3,4세 며느리들은 이대 선후배 관계로 맺어져 있다.박지원 부사장과 부인은 공교롭게 이름이 같다.

4세대의 결혼

두산가 장손인 박정원(45) 두산건설 부회장은 공군 참모총장과 민자당 국회의원을 지낸 김인기 전 의원의 딸 소영(42)씨와 결혼했다. 부친인 박 명예회장과 김 전 의원은 경동고 선후배 사이로 동창회 모임에서 두 사람의 혼담이 오간 인연으로 맺어졌다는 후문이다.김 전 의원은 포스데이타 사장을 역임하기도 했다.상민(17)양과 상수(13)군 등 1남1녀를 두고 있다.

장녀 박혜원(44) ㈜두산 매거진 상무는 의사인 서경석(47)씨와 인연을 맺었다.자녀는 주원(20)양과 장원(17)군으로 학생이다.박지원 (42) 두산중공업 부사장은 평범한 집안 출신인 서지원(38)씨와 혼인했다.아들 상우(13)군과 딸 상진(7)양이 있다.

용성 회장의 장남 박진원(39) 두산인프라코어 상무와 차남 박석원 (36) 두산중공업 부장은 모두 평범한 가문의 딸들인 김선영(36)씨와 정현주(37)씨를 배필로 맞아들였다.상효(8)-상인(4)과 상현(9)-상은 (4) 등 각각 딸만 두고 있다.

용만 부회장의 장남 서원(28)씨는 2005년 구자철 한성 회장의 딸 원희(28)씨와 결혼했다.구 회장은 범 LG가(家)로 구태회 LS 명예회장의 4남이자,구자홍 LS그룹 회장의 셋째 남동생이다.박용훈(전 두산건설 부회장)-구선희(고 구철회씨의 4녀) 부부에 이은 두산가와 LG 구씨가의 두번째 사돈이다.

▲2005년 6월 30일 서울 하얏트호텔에서 열린 박용만 두산그룹 부회장의 장남 서원씨 결혼식. 신부는 구원희씨로 범 LG가(家)인 구자철(구태회 명예회장 4남) 한성 회장 딸이다. 아래 두 번째 줄 왼쪽부터 박용성 회장의 부인 김영희 여사, 박 회장, 박용곤 명예회장, 박용만 부회장, 신부 구원희씨, 신랑 박서원씨, 박 부회장 부인인 강신애 여사, 고 박두병 두산 초대 회장 부인 명계춘 여사.

숨은 그림자 박용욱 회장

'용'자 돌림 가운데 막내인 박용욱(47) 이생그룹 회장은 두산가에서 독특한 영역을 구축하고 있다. '공동 소유, 공동 경영'이라는 집안의 원칙을 가장 먼저 깨뜨리고 독자사업에 나섰을 뿐 아니라 'KS(경기고-서울대)'가 수두룩한 두산가에서 박 회장은 서울고-인하대를 나왔다.

또 그룹에서 경영수업을 받을 수 있었지만 박 회장은 대학생 시절부터 홀로 무역상을 했던 것으로 알려졌다. 박 회장은 당시 부친으로부터 받은 지분을 종자돈으로 삼아 지난해 매출액 1000억원대의 소그룹으로 키웠다.

반면 용곤 명예회장의 사촌동생인 박용훈(65·박우병 전 고문의 장남) 부회장은 두산건설에 근무하다가 퇴직했다. 박 부회장의 부인은 LG 구인회 창업주의 동생인 구철회씨의 4녀 선희(63)씨다. 구철회씨는 1999년 LG화재를 갖고 LG에서 독립했다.박 부회장은 두산식품 부사장을 거쳐 92년부터 두산건설 부회장직을 맡아 오다가 2007년에 두산건설에서 물러났다.

박두병 초대회장 등 3명 상의 회장 역임

　　두산그룹과 대한상공회의소는 특이한 공통점이 있다. 두산이 재계에서 최고(最古)의 기업이라면 상의도 경제5단체 가운데 가장 오래된 단체(1905년 한성상업회의소 설립)다. 두산그룹 회장은 묘하게도 상공회의소 회장을 역임했다. 대한상공회의소가 1954년 공식 출범한 이후 배출한 회장은 12명. 이 가운데 두산그룹 회장 출신은 무려 3명이나 된다.

　　고 박두병 초대 두산그룹 회장이 1967~73년 상의의 회장을 맡았다. 전문경영인 가운데 재계 최초로 그룹 회장직에 오른 정수창 전 두산 회장도 1980년부터 88년까지 상의 수장을 역임했다. 박용성 두산 회장도 2000년 이후 상의 사령탑을 맡았다. 상의의 반백년 역사 가운

▲2000년 5월 대한상공회의소 회장 이·취임식에서 박용성(오른쪽) 당시 신임 회장이 김상하 전임 회장에게 공로패를 전달하고 있다.

데 총 20년을 두산측에서 집권한 셈이다.특히 대(代)를 이어 경제단체의 수장을 맡은 곳은 두산 박씨가(家)가 재계에서 유일하다.그래서 4세에서도 상의 회장이 나올지 주목된다.

30년간 상의에서 근무한 전 임원은 박두병−용성 부자에 대해 "성격 급하고,타성에 젖은 일들을 뒤집어 버리는 게 꼭 붕어빵"이라고 했다.

사실 두산과 상의의 인연은 이보다 더 거슬러 올라간다.두산그룹의 창업주인 고 박승직씨가 1906년부터 5년간 상의의 전신인 경성상업회의소 상의원으로 활동했다.무려 3대가 상의와 깊은 인연을 맺은 것이다.박용성 전 회장은 '미스터 쓴소리'로 불리며 역대 회장 가운데 상의의 위상을 한 단계 끌어올렸다는 평이다.

1장

재벌家 맥(脈)-下

누가 한국을 움직이는가

■ 한화가(家 · 그룹) 총괄 인맥도

05. 한화가(家) 총괄 인맥도

김종환·77
임은숙·76

김종식·72
(전 국회의원)
문영숙·61

김종숙·66
김영일·72
(전 경인에너지 부사장)

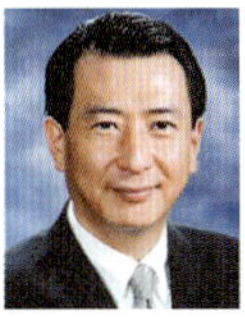

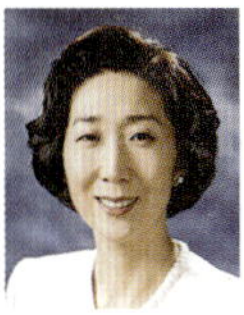

동환·24   정화·23   동만·20

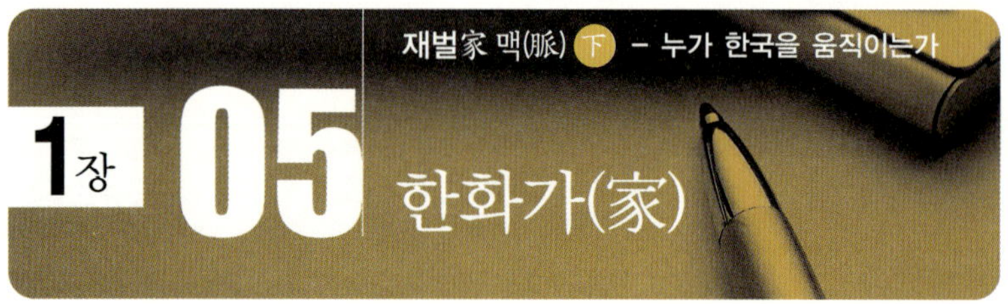

김승연 회장가(家)

1981년 '걱정 반 기대 반' 속에 등장한 20대의 젊은 총수가 사반세기를 거치면서 이제는 중년의 관록이 물씬 풍기는 회장이 됐다. 재벌가(家)의 어린 도련님에서 '산전수전' 다 겪은 노련한 경영자로 바뀌었으며, 패기만만하고 저돌적인 성격은 다소 무뎌진 대신 기다림의 여유를 알게 됐다.

김승연 한화그룹 회장이 경영 전면에 나선 지 27년째. 당시 국내 최연소 10대그룹 총수로, 풋내 나는 젊은이로 알려진 김 회장의 이미지는 싹 가시고, 어느덧 성공한 2세 경영인, 구조조정의 마술사, 의리파 총수 등의 수식어가 따라붙었다.

김 회장은 재계에서 2세 경영의 성공적인 착근을 넘어 제2의 창업을 했다는 평을 들을 정도로 뛰어난 경영 수완을 보여줬다. 선친인 고 김종희 창업주 때보다 규모면에서 20배 이상의 성장을 이뤘으니 세간의 평가가 그리 터무니없지는 않아 보인다. 그러나 시행착오와 시련도 적지 않았다. 또 그의 성공을 시대상황의 결과로 보는 시각도 없지 않다.

개인적으로는 검찰과 악연이 있기도 했으며, 생존을 위해 선친의 손길이 잔뜩 묻은 우량 계열사들을 매각해야 했다. 또 한화의 부활을 알리는 대한생명 인수 때에는 로비 의혹에 시달려야 했다. 그럼에도 불구하고 외환위기 시절에 '필사즉생(必死則生)'의 각오로 어둡고 긴 터널을 빠져나왔던 김 회장의 성공 스토리는 2세 경영인의 실패가 다반사인 요즘 시사하는 바가 크다.

'다이너마이트 김'

"몇십 배가 남는다고 해도 난 설탕이나 페인트를 들여올 달러가 있으면 단 얼마라도 화약을 더 들여올 겁니다. 나는 솔잎을 먹고 살아야 하는 송충이이며, 화약쟁이가 어떻게 설탕을 들여옵니까? 난 갈잎이 아무리 맛있어도 솔잎이나 먹고 살거요."(실록 김종희)

한화그룹(옛 한국화약그룹) 김종희 창업주가 얼마나 다이너마이트 국산화에 집착했는지 가늠할 수 있는 대목이다.

남들이 선뜻 하려 하지 않는 사업이었지만 나라를 일으켜 세우기 위해서는 반드시 필요한 사업이 화약업이라는 것이 그의 신념이었다.

그는 이름보다 '다이너마이트 김'으로 통했다. 그가 다이너마이트를 독점 생산하는 기업인이라는 점도 있었지만, 그의 외곬 성격과 경영 방식이 정해진 시간에, 정해진 장소에서 정확히 터져야 하는 다이너마이트의 속성과 닮았기 때문이다.

대표적인 사례가 이리역 폭발사고. "이리역 폭발사고는 창업 이후 가장 심각한 경영위기에 봉착한 상황이었습니다. 선친은 모든 책임을 지고 그룹 전체를 내놓겠다고 선언했습니다. 정부가 당시 이리시 재건에 총예산 130억원을 잡았는데, 한화가 내놓은 돈이 91억원이었으

니 선친의 책임감이 얼마나 대단했는지 알 수 있는 부분입니다."(김
승연 회장)

김 창업주는 1922년 충남 천안에서 부친 김재민(작고)옹과 모친
오명철(작고) 여사의 차남으로 태어났다.

그는 원산상업학교를 졸업한 후 조선화약공판에 입사,화약과 첫
인연을 맺었다.1952년 부산 피란 시절에 한국화약을 창업했으며,이
를 바탕으로 무역과 건설,정유,기계 등 기간산업으로 영역을 넓혔다.

김 창업주가 손을 댄 회사 가운데 성격이 다른 유일한 기업은 대
일유업(현 빙그레)이다.여기엔 그럴만한 사정이 있었다.

내일유업의 거듭된 적자로 골치를 썩던 정부는 한국화약(현 한화)
에 대일유업 인수를 요청했지만 김 창업주는 기간산업이 아닌 탓에
인수를 꺼려했다.그러나 축산농가가 쓰러지고 있다는 정부의 집요한
설득에 못 이겨 그는 대일유업을 떠안았다.

김 회장의 뚝심경영

패기만만한 김승연 회장의 뚝심 경영은 1982년 한양화학(현 한화
석유화학) 인수와 합작사인 경인에너지(현 SK인천정유)의 경영권 확
보에서 시작됐다.

모든 임원들이 당시 한양화학 인수에 반대했지만 김 회장은 혼자
서 밀어붙였다.이 때문에 '젊은 혈기로 무리한다.' 는 우려의 목소리
가 적지 않았다.

그러나 김 회장은 대주주인 다우케미칼의 한양화학 철수는 본사
의 재무구조를 개선하기 위한 방편이지,석유화학 업계의 불황은 아

▲언론에 첫 공개된 김승연 한화그룹 회장 가족. 2002년 새해를 맞
아 서울 가회동 자택 거실에서 온가족이 모여 기념 촬영을 하고 있
다. 앞줄 왼쪽부터 김회장 부인 서영민씨, 모친 강태영 여사, 김 회
장, 뒷줄 왼쪽부터 3남 동선군, 장남 동관씨, 차남 동원씨.

니라고 판단했다.여기에 가계약으로 협박하던 다우케미칼측을 '편
지' 한장으로 저지한 김 회장의 놀라운 협상 전략이 더해지면서 한화
는 당초보다 싼값에 한양화학을 인수하게 됐다.

이는 불안하게 바라보는 주변의 시선을 잠재우며 '김승연 체제'를
안정시키는 역할을 했다.또 미국 유니언오일사와 합작해 설립한 경
인에너지의 경영권 확보에서도 김 회장의 '뚝심'은 잘 드러난다.

한화측에 불리한 계약서를 고치기 위해 동분서주했던 김 회장은
유니언오일의 한국 경영진을 대상으로 '을사보호조약 같은…' 이라
는 격한 발언도 서슴지 않았다.

김 회장의 성공 스토리는 5공 시절에 더욱 화려해진다.

명성그룹 5개사를 인수해 콘도를 비롯한 레저산업에 진출했다.또
한양유통(현 한화갤러리아)을 인수,유통 분야로의 사업 확장도 꾀했

다. 전광석화와 같은 공격경영의 연속이었다.

91년에는 빙그레와 제일화재가 계열 분리되면서 2세들의 분가도 이뤄졌다. 이 과정에서 형제간 재산 분쟁으로 세간의 관심이 집중되기도 했다.

"나는 가정 파괴범"

이렇게 승승장구하던 김 회장도 외환위기 파고는 쉽게 넘지 못했다. 생존을 위해서는 계열사를 팔아야만 했다.

그는 매각 금액을 줄이더라도 고용은 100% 승계를 원칙으로 했지만 모든 것이 뜻대로 이뤄지지는 않았다.

김 회장은 구조조정으로 50~60명의 직원이 일터를 잃게 되자 사내 방송에서 "선대 김종희 회장이 한화를 창업한 이래 이런 대규모 구조조정은 없었다."면서 "나는 그들의 가정에 많은 고통을 준 가정 파괴범이며, 만일 내가 경영을 잘 했다면 이런 일은 없었을 것"이라며 비참함을 토로하기도 했다.

김 회장은 당시 "모든 것을 잊기 위해 집에 러닝머신을 설치해서 발에 물집이 생겨 터질 정도로 뛰어보기도 했다."면서 "스트레스로 인한 고통 때문에 체중이 5kg 이상 빠졌다."고 밝혔다. 이어 "그때는 정말 회장직에서 물러날 각오로 경영에 임했다."고 설명했다.

성공적인 구조조정이 끝나면서 그에게 '구조조정 마술사'라는 애칭이 붙었지만 그는 이에 대해 가슴 아픈 별명이라고 했다.

한화는 2000년 동양백화점 인수를 시작으로 2001년 대덕테크노밸리 설립, 2002년 대한생명을 인수했다. 외환위기 시절 위축됐던 사세를 크게 확장시킨 것이다.

이로써 한화는 석유화학을 중심으로 한 제조업과 대한생명의 금융, 한화리조트와 한화갤러리아가 포진한 유통·레저산업을 3대 축으로 하는 성장엔진을 마련하게 됐다.

강태영 여사의 외유내강

강태영(80) 여사를 옆에서 지켜본 이들은 '조용하지만 강단있다.'고 평한다.

2004년 4월 김호연 빙그레 회장이 '한국의 경영자상'을 수상할 때다. 김호연 회장은 이 상에 자부심이 유독 컸다고 한다. 한때 '경영자로서 자질이 의심된다.'는 비난에 마음 고생이 심했던 탓이었다.

강 여사는 작은 아들의 수상 소식에 들떠 서울 소공동 롯데호텔 시상식장을 직접 찾아 격려할 정도였다. 강 여사는 특히 90년대 초 형제간 재산 분쟁으로 우의가 상했던 탓에 형제가 화목하게 지내기를 간절히 바라고 있다고 주변에선 전한다.

강 여사는 또 남편인 김 창업주와 사별한 이후 한번도 생일 잔치를 벌인 적이 없다고 한다. 김 회장의 설명이다. "2003년 어머니가 희수를 맞을 때 온 가족이 뜻을 모아 잔치를 해드리려고 한 적이 있었습니다. 그러나 '아버지가 돌아가신 이후 내 생일 잔치는 하지 않겠다.'는 모친의 뜻을 꺾지 못했습니다."

뜻을 굽히지 않는 강 여사도 김 창업주 생전에 큰 목소리 한번 내는 일 없이 묵묵히 내조를 했다고 한다. 두 아들의 평은 한결같다. "어머니는 유교적인 태도를 간직한 전형적인 현모양처 스타일"이라고.

김 창업주와 강 여사는 1946년 장남인 김종철 전 국민당 총재가 결혼을 차일피일 미룬 덕분에 인연을 맺었다.

차남인 김 창업주가 부친의 강요에 못 이겨 집안간 혼처가 결정난 곳으로 먼저 상투를 틀었기 때문이다.

백두진 국회의장 부인의 중매로

김 창업주 생전에 치른 혼사는 맏딸 영혜(59)씨 밖에 없다.

영혜씨의 남편은 이후락 전 중앙정보부 부장의 차남인 이동훈(59) 전 제일화재 회장이다.

김 회장은 부친 타계 1년 후인 1982년 서정화 당시 내무부장관의 장녀 영민(46)씨를 배필로 맞았다. 영민씨는 당시 김 회장보다 아홉 살이나 어린 신부로, 서울대 약대 3학년 재학중인 학생이었다. 김 회장과 영민씨의 만남은 국회의장을 역임했던 백두진씨 부인인 허숙자 여사의 중매로 맺어졌다.

서 전 장관과 김 회장 양가를 잘 알고 있는 백의장쪽에서 적극적으로 나서서 연결된 것이다. 이를 계기로 김 회장과 영민씨는 교제를 시작했고, 82년 10월에 식을 올렸다. 동생인 김호연(52) 회장도 형이 결혼하자 곧 백범 김구 선생의 손녀인 김미(50)씨를 배필로 맞아 혼례식을 치렀다.

영민씨는 결혼 후에도 공부를 계속해 약대를 수석 졸업했다. 현모양처 스타일로 자식 뒷바라지에 애쓰며, 바깥 활동은 거의 없는 편이다.

영민씨 친가도 만만치 않은 유력 가문이다. 부친인 서 전 장관은 29세 때 군수를 지냈으며, 중앙정보부 차장을 거쳐 내무부 장관을 역임했다. 또 민정당과 신한국당, 한나라당에서 국회의원을 지냈다.

서정신 전 대검찰청 차장은 서 전 장관의 친동생이며, 고 서정귀 호남석유 사장은 6촌형이다. 영민씨의 조부는 이승만 정권 시절에 법무부 장관을 역임한 고 서상환 장관이다.

천안의 명문가

김 회장의 방계도 화려하다.

백부인 고 김종철 의원은 전 국민당 총재로 천안에서 6선 의원을 지냈다. 한화 계열사인 한국베어링(현 FAG베어링)과 태평물산(현 한화무역) 회장을 맡기도 했지만 경영엔 관여치 않은 것으로 전해졌다. 부인 유성은(85) 여사 사이에 요섭-신연-수연-진연-규연-광연 등 5남1녀를 뒀다.

둘째 숙부인 김종식(72) 전 의원은 큰 형인 김종철 전 총재가 작고하자 선거구인 천안을 물려받아 국회의원을 지냈다. 부인 문영숙(61) 여사 사이에 정연-서연-도연-원필 등 3남1녀를 뒀다.

고모인 김종숙(66) 여사는 미국에서 UCLA에서 지형학 박사학위를 취득한 김영일(72)씨와 결혼했다. 김씨는 경인에너지(현 SK인천정유) 부사장을 맡는 등 그룹 경영에 참여했지만, 김 회장 취임 이후 경영 일선에서 물러났다.

친인척 가운데 현재 한화 계열사 경영에 참여하는 인사는 김신연 한화폴리드리머 대표가 유일하다. 김 대표는 김종철 전 국민당 총재의 차남이다.

'한화호'를 이끄는 전문경영인

총자산 37조원의 '거함' 대한생명을 이끄는 신은철(60) 대표이사 부회장은 보험업에 30년을 몸담아온 생명보험업계의 대표적인 전문경영인이다. 사내에서는 '따뜻한 카리스마'로 통한다.

취임 직후 대전 영업현장을 방문, 처음 만나는 지점장 20여명의 이름을 외우고, 친근한 선배처럼 대화를 나눠 참석자들이 헹가래를 쳐주기도 했다.

신 부회장은 평소 '3선(先) 경영'(선견, 선수, 선제)을 강조한다. 사전에 미리 예측하고 준비해, 신속하게 실행하는 조직만이 경쟁에서 앞설 수 있다는 판단에서다. 서울 출신으로 삼선고와 한국외대 독일어과를 나왔다.

김현중(57) ㈜한화건설 대표는 건축 기사에서 최고경영자(CEO)에 오른 '실전형 경영인'이다. 2000년 개발사업 전문가로서 한화건설로 스카우트된 김 사장은 아파트 브랜드 '꿈에그린'과 주상복합 브랜드 '오벨리스크'를 내놓아 화제를 불러일으켰다. 4년만에 회사 규모를 4배로 키워냈다. 인천 태생으로 서울고와 서울대 공업교육학과를 나왔다.

허원준(61) 한화석유화학 대표는 68년 한화석유화학의 전신인 한국프라스틱㈜에 입사한 이후 줄곧 석유화학 한 분야에 매진한 전문가이다.

엔지니어와 연구실장 등 다양한 분야를 거쳤다. 외환위기 이후 한화석유화학의 구조조정 실무 책임자로서 비핵심사업을 과감하게 정리했으며, 해외 자본을 유치해 재무구조를 향상시켰다. 경남 출신으로

<한화그룹 대표 CEO>

▲신은철
대한생명 부회장
삼선고
한국외대 졸

▲김현중
한화건설 사장
서울고
서울대 졸

▲허원준
한화석유화학 대표
부산고
연세대 졸

▲김관수
한화 S&C 대표
경기고
한양대 졸

▲양욱
한화갤러리아 대표
경기고
고려대 졸

▲남영선
(주)한화 대표
배재고
연세대 졸

부산고와 연세대 화학공학과를 졸업했다.

김관수(56) 한화S&C㈜ 대표는 79년 태평양건설 입사 이후 제일화재 총무부장, 한화종합화학 기획실장, 한화석유화학 관리담당 임원, 여천 NCC 관리 임원, 한화건설 기획담당 임원, 한화리조트 대표 등 다양한 직무를 수행했다. 그는 변화와 혁신을 추구할 뿐 아니라 스킨

십 경영을 중시한다. 서울 출신으로 경기고와 한양대 전기공학과를 나왔다.

양욱(59) 한화갤러리아 대표는 기계학을 전공했지만 화학분야에서 잔뼈가 굵었다. 한화석유화학 뉴욕지사 대표를 시작으로 미주법인 담당을 거쳤다. 오랫동안 해외에서 쌓은 풍부한 경험을 바탕으로 2005년 한화갤러리아 대표이사에 올랐다. 평범한 백화점이 아닌 색깔있는 백화점을 강조한다. 한화타임월드의 대표도 겸직하고 있다. 경기고와 고려대 기계학과, 연세대 경영대학원을 졸업했다.

남영선(54) ㈜한화 대표는 78년 한국프라스틱(주)에 입사해 인사와 총무, 기획 등 관리업무를 두루 거쳤다. 또 그룹 홍보팀장으로 재직할 때에는 폭넓은 대외 활동과 원만한 관리능력을 인정받았다. 충남 출신으로 배재고와 연세대 행정학과를 졸업했다.

"공부뿐 아니라 지·덕·체 갖춰야"
– 김승연 회장의 자식교육관

"눈에 꿈이 담겨 있지 않으면 산 너머가 보이지 않고, 그 곳에 도도히 흐르는 강을 바라볼 수 없다는 것이 평소 저의 생각입니다. 아이에게 꿈과 희망을 갖도록 하는 것이 부모로서 갖춰야 할 최고의 미덕이라고 여깁니다."(김승연 회장)

김 회장은 동관(24)–동원(22)–동선(18) 등 3세에게 공부하라는 말을 안 한다. 다양한 경험과 문화, 체육활동을 오히려 권한다. 이는 선친에게서 받은 자식 교육에서 비롯된다.

김종희 창업주는 평소에 "남자는 술도 먹고, 담배도 피워보고 그래야 해. 어차피 될 놈은 무엇을 하든 간에 나중에 제대로 되니까. 남자의 과정은 여자와 다르지."라고 했다고 한다.

선친의 기대 때문일까. 자식들 모두 수재인 데다 성공한 기업인이 됐다. 김 회장은 경기고를 다니다가 미국으로 유학, 드폴대에서 국제정치학 석사 학위를 받았다. 김호연 회장도 경기고와 서강대, 일본 히도쓰바시 대학원을 나왔다.

김 회장은 또 전인교육을 강조한다. "교육 문제는 집사람이 더 큰 관심을 갖고 있어 저는 큰 방향만 잡아줄 뿐 간섭을 많이 하는 편이 아닙니다. 그래도 공부뿐 아니라 지·덕·체를 고루 갖췄으면 하는 것이 아버지의 바람입니다."

▲김승연 한화 회장의 3남 동선군이 전북 장수읍 월곡승마장에서 열린 광복 60주년 기념 전국 승마 대회에 출전, 승마를 하고 있다.

3형제도 김 회장의 기대대로 공부뿐 아니라 체육과 문화 활동에 관심이 크다.특히 막내 동선은 취미로 시작했던 승마에 본격적으로 매달려 2006년 도하아시안게임 승마 국가대표로 출전해 금메달을 목에 걸었다.

장남 동관은 미국 하버드대를 졸업하고,현재 군 복무 중이다.차남 동원은 예일대,막내 동선은 미국에서 고등학교에 다니고 있다.

재계에서 손꼽히는 2대째 미국통

고(故) 김종희 한화 창업주와 김승연(55) 한화 회장은 국내에서 손꼽히는 '미국의 마당발'이다. 그룹 모체인 화약부문이 방위산업과 연관이 많은 데다 창업주 특유의 친화력으로 주한미군 및 미국 대사관 관계자들과 돈독한 관계를 맺어왔기 때문이다.

또 김 회장은 한·미교류협회 회장으로서 선친의 인맥을 미국 정계로 더욱 발전시켰다. 부자는 자연스럽게 '다이너마이트 김과 다이너마이트 주니어'로 불렸다.

리처드 워커 전 주한 미국 대사와의 2대(代)에 걸친 약속은 한화 김씨 부자의 미국 인맥 관리를 잘 보여준다.

창업주는 워커 전 대사의 60세 생일 잔치를 한국식 환갑 잔치로 열어주기로 했지만 1981년 지병으로 타계하면서 이를 지키지 못했다.

그러나 아들인 김 회장이 82년에 환갑 잔치를 열어줌으로써 선친의 약속을 지켰을 뿐 아니라 워커 전 대사의 팔순 잔치도 2002년 서울에서 열어 주위를 놀라게 했다. 20년 이상의 약속을 대를 이어 지킨 셈이다.

김 회장의 설명이다. "선친은 1960년 말부터 워커 전 대사와 인연을 맺었습니다. 워커 전 대사가 두세달 빨리 태어나 워커 대사는 한국의 미풍양속에 따라 자신이 형님이라고 말하곤 했다고 합니다. 선친은 또 리처드 스틸웰 전 주한 미군사령관과도 가까운 사이였습니다.

▲2003년 11월 한·미교류협회 초청으로 방한한 빌 클린턴 전 미국 대통령이 서울 프라자호텔에서 김승연 한화그룹 회장과 악수를 나누고 있다.

세 사람은 자주 만났고, 만남의 횟수만큼 우정도 깊었던 것으로 알고 있습니다. 워커 전 대사의 아내였던 세니도 모친(강태영 여사)과 친하게 지냈습니다."

김 회장은 한·미교류협회를 만들어 미국 인맥을 더욱 넓혔다는 평가를 받고 있다.

그는 키신저 전 국무장관을 비롯해 에드윈 퓰너 헤리티지재단 이사장, 데니스 헤스터트 하원 의장, 톰 대슐 민주당 상원 원내총무, 딕 체니 부통령, 얼 포머로이 민주당 의원, 클린턴 전 대통령 등과 꾸준히 친분을 이어가고 있다. 이런 인연은 2002년 미국 하원에서 한·일월드컵 성공 개최를 기원하는 결의서가 통과되는 성과를 올리기도 했다.

또 2006년에는 유엔한국협회 회장으로 취임해 민간 외교관의 역할을 수행하고 있다.

1장 05 한화가2-빙그레가(家)

한화 김종희 창업주의 동생
김호연 빙그레 회장가(家)

'한번 들어서면 뒤를 볼 수도, 뒤로 돌아갈 수도 없다.'는 김호연 (52) 회장의 경영 '일방 통행론'이 진행된지 횟수로 15년째. 1992년 '미운오리 새끼'였던 빙그레는 2005년부터 확실한 '백조'가 됐다.

당시 부채 비율 4000%대는 30%대로, 230억원대의 시가 총액은 무려 20배 가까이 늘어난 4500억원대로 껑충 뛰었다. 10년간 누적적자 100억원은 놀랍게도 2005년에 순이익 387억원으로 바뀌었다.

이같은 변신은 빙그레와 김 회장이 처했던 극한의 조건들이 이뤄낸 절묘한 조화 덕분이다. 그룹 신규 투자에서 항상 '찬밥 신세'였던 빙그레는 김 회장이 취임한 이후부터 한화와의 단절을 통해 자력 갱생의 계기를 만들었고, 한때 경영능력에 대한 오해를 뒤집어쓴 김 회장은 처절한 구조조정으로 수익성과 성장이라는 두마리 토끼를 잡았다.

특히 빙그레의 뛰어난 경영 성적표는 일방적으로 제기됐던 김 회장의 '자질 오해'를 깨끗이 불식시켰다. 내성적이며 말수가 적은 '충청도 양반' 스타일인 김 회장에게 10년 이상의 기나긴 구조조정을

05-2. 빙그레가(家) 총괄 인맥도

■ 빙그레가(家 · 그룹) 가계도

성공케 한 원동력은 뭘까.불명예를 안고 무너지기엔 너무나 억울해서 였을까.아니면 성공해서 반드시 보여줘야만 했던 오기였을까.

형제 분가

김승연-호연 형제의 분가 과정에서 적지 않은 진통이 있었다.92년 빙그레가 한화그룹에서 분리될 당시 시작된 형제간의 재산권 분할과 관련된 소송은 여론의 큰 관심을 불러일으켰다.

사건의 발단은 당시 한양유통(현 한화갤러리아)의 사장인 김호연 회장을 '경영 능력이 부족하다.' 는 이유로 불명예 퇴진시킨 것이 직접적인 도화선이 됐다.

김 회장으로서는 공격적으로 유통업을 확장시키려는 순간에 경영감사에서 이런 사실을 통보받자 너무나 어이없어했다고 한다.한양유통은 인수 시절부터 재무구조가 좋지 않은 데다 증자가 없어 한층 악화됐기 때문이다.

김 회장은 당시를 이렇게 회고했다.“분노를 참을 수가 없었습니다.다른 것도 아니고 경영 능력이 부족하다는,말도 안되는 이유로 회사에서 저를 밀어낸 것은 사실상 해서는 안되는 일이었습니다.”

김 회장은 이 사건 이후 6개월 가량 두문불출했다. '경영능력이 부족하다.' 는 낙인 때문에 고개를 들고 다닐 수가 없어서였다.이 때문에 그는 2004년 4월에 수상한 ‘한국의 경영자상’ 에 유독 애착이 간다고 했다.

김 회장은 일련의 사태 이후 재산권 반환 소송을 제기했다.부당함에 대한 저항이자,약자로서 가만히 있을 수 없다는 이유에서였다.

그러나 지루하고 끝이 보이지 않는 3년 6개월의 법정 공방을 거치면서 김 회장은 모친인 강태영(80) 여사를 비롯한 가족과 지인들을 생각하지 않을 수 없었다.

때마침 강 여사의 칠순을 맞아 대학 은사인 박홍 전 서강대 총장이 형제간 화해를 권유하자 김 회장은 이를 받아들여 소송을 취하했다. 강 여사는 당시 "칠순 잔치보다 가족들의 화합이 더 중요하며, 형제들의 잔치 비용을 무의탁 노인들을 위해 사용해달라."는 뜻을 밝히기도 했다.

김 회장은 "당시 좀 서먹해진 것도 있었지만 과거 형님과의 갈등은 해소됐다."면서 "집안 행사가 있을 때마다 형제간 모임을 갖고 있다."고 말했다.

김 회장의 10년 구조조정

92년 빙그레가 한화그룹에서 분리될 때 빙그레의 부채 비율은 4183%, 10년간 누적적자가 100억원이나 되는 자본잠식 상태였다. 당시 기업 평균 부채비율이 420%대였던 점과 비교하면 무려 10배나 높은 수치였다.

한때 한화그룹의 '캐시카우(현금창출원)'로서 그룹의 투자 자금을 조달했던 옛 위용은 사라지고, 그야말로 껍데기만 남았다. 생존을 위한 구조조정을 시작할 수밖에 없는 구조였다.

"가장 중요한 것은 수익성이다. 시장 점유율 1위는 의미가 없다. 수익성을 개선시킬 여지가 없는 사업은 과감히 잘라야 한다."는 김 회장의 경영판단 아래 강도높은 사업 구조조정이 진행됐다.

김 회장은 우선 가지치기를 시작했다. '썬메리' 베이커리 사업을 삼립식품에 매각했으며, 냉동식품과 초코케이크 등 비주력 사업은 시장 철수를 단행했다. 특히 초코케이크 사업 철수로 인해 유휴 상태였던 생산라인을 가동시키기 위해 아이스크림 경쟁사인 롯데제과의 OEM(주문자상표부착생산)도 받는 '적과의 동침'도 서슴지 않았다.

빙그레 구조조정의 핵심은 주력 사업인 라면과 스낵사업 부문이었다. 80년대 중반 겨울철 비수기 주력 사업으로 시작한 라면과 스낵사업은 매년 30억~40억원씩의 적자를 기록하는 빙그레의 '두통거리'였다.

김 회장은 2003년 3월 라면사업 철수와 스낵사업의 국내 영업권 위탁이라는 고강도 처방으로 마침표를 찍었다. 적자를 감수하면서까지 매수자를 찾을 이유가 없다는 판단에서였다.

김 회장의 이같은 구조조정과 현금 흐름의 개선 노력은 92년 부채비율 4183%에서 외환위기 당시인 98년 360%, 2004년에는 53.7%로 줄어든 괄목할 만한 성장을 이뤘다. 덕분에 2001 은탑산업훈장, 2004 프랑스훈장, 2006 국민훈장 동백장을 수상했다.

학구파에서 몽골 인연까지

김 회장은 재계의 학구파로 유명하다. 경기고와 서강대 무역학과를 나온 김 회장은 일본 히도쓰바시(一橋) 대학원에서 경제학 석사 학위를 받았으며, 연세대 행정대학원에서 외교안보 석사 학위와 서강대 경영학 박사 학위를 받았다.

그의 독서량은 경영인들 중에서도 다독으로 손꼽힌다. 하루에 한 권 이상을 읽는 편이니 그야말로 '독서광'이다.

또 빙그레의 구조조정이 만들어준 김 회장과 몽골의 인연은 각별하다.

서울 압구정동 사옥을 매각하고 남양주시 도농동으로 본사를 옮긴 빙그레는 남양주가 몽골 수도인 울란바토르와 자매결연을 맺은 덕분에 자연스럽게 몽골 정부 관계자와 정치인 등의 잦은 방문이 이어졌다.이를 계기로 김 회장은 김구재단을 통해 몽골 유학생들을 지원했고,몽골 정부는 2001년 김 회장을 명예영사로 임명했다.

김 회장은 또 '몽골 사랑의 집짓기 운동' 을 후원했으며,특히 최근에는 차남 동만의 아이디어로 몽골 수흐바토르 테뮤렐 종합학교에 어학실습실 설비를 지원하기도 했다.여기에 김 회장은 바가반디 몽골 전 대통령의 딸인 바야르마씨와 서강대 동문이기도 하다.

김 회장은 2005년 3월 한국과 몽골의 우호 협력 증진에 기여한 공로로 몽골 최고 훈장인 '북극성 훈장' 과 몽골국립대에서 명예박사 학위를 받았다.북극성 훈장은 몽골 국가 발전에 기여한 공이 큰 외국인에게 수여하는 훈장이다.

'러브 레터로 결혼하다.'

김 회장과 김미(50)씨는 떠들썩한(?) 연애 결혼으로 유명하다. '끼리 문화' 가 지배적인 재벌가에선 이례적이다. 보통 정략 결혼의 냄새를 지우기 위해 더러 연애 결혼으로 포장하는 경우가 적지 않지만 이 커플은 정말 뜨거운 사이였다.한화 김종희가(家)의 2세 가운데 유일한 연애 결혼 케이스다.

김 회장과 김미씨의 인연은 대학 시절로 거슬러간다.서강대를 다

▲언론에 첫 공개된 김호연 빙그레 회장 가족. 2003년 새해를 맞아 서울 이태원동 자택 거실에서 온가족이 모여 기념촬영을 하고 있다. 앞줄 왼쪽부터 김 회장 부인 김미씨, 뒷줄 왼쪽부터 차남 동만군, 장녀 정화씨, 장남 동환씨.

니던 김 회장과 이화여대를 다니던 김미씨는 명문가의 자제로서 서로 얼굴은 알고 있었던 사이. 호감을 갖고 데이트를 즐기다가 김 회장의 공군장교 입소 훈련으로 한층 각별해진 사이로 발전했다.

김미씨의 '러브 레터'로 김 회장은 당시 연애편지를 가장 많이 받는 훈련생으로 부대 내에서 모르는 사람이 없을 정도. 편지와 함께 김미씨가 곱게 접어 보낸 종이학은 김 회장의 군 생활 내내 함께 했다고 한다.

이들은 5년 넘게 연애를 했다. 김 회장의 군 생활이 길었던 이유도 있었지만 형인 김승연(55) 회장의 '싱글'도 이들 연애를 길게 했다.

김 회장의 얘기다. "훈련소에서 저의 연애 스토리는 꽤 유명했습니다. 아내에게 답장을 쓰는 것도 중요한 하루 일과였죠. 지금도 우리가 주고받은 편지나 종이학들은 아내가 추억으로 잘 보관하는 것으로 알고 있습니다. 당시엔 형님 결혼이 어서 이뤄지기를 기다린 적이 많았습니다."

김승연 회장이 백두진 전 국회의장의 부인인 허숙자 여사의 중매로 1982년 10월 서영민(46)씨와 결혼식을 올리자, 김 회장도 그 다음해 2월 김미씨와 백년가약을 맺었다.

김 회장과 김미씨는 장남 동환(24)-장녀 정화(23)-차남 동만(20) 등 2남1녀를 뒀다. 모두 미국에서 공부하고 있다.

처가는 독립운동가(家) 산실

김 회장의 처가는 국내 독립운동가(家)를 대표할 만한 명문가다. 김미 여사의 조부가 민족 지도자인 백범 김구 선생이며, 큰 어머니가 안중근 의사의 조카인 고 안미생 여사다.

김 여사의 부친은 교통부 장관과 타이완 대사, 공군 참모총장, 국회의원 등을 지낸 김신(85) 백범 김구 선생 기념사업협회 회장이다.

김신 회장은 임윤연(작고) 여사 사이에 김진-김양-김휘-김미 등 3남1녀를 뒀다.

김진(58)씨는 동서통상과 글로볼씨스텍 대표이사를 거쳐 DJ정권 시절인 98년 대한주택공사 감사를 역임했다. 또 참여정부 들어서는 대한주택공사 사장에 임명되기도 했다. 미국 남가주대에서 경영학을 전공했으며, 행정학 석사 학위를 땄다.

차남 김양(54)씨는 주중국 상하이 총영사로 활동하고 있다. 이로써 그의 집안은 4대째 상하이와 인연을 맺게 됐다.

김구 선생은 1919년 독립운동을 위해 상하이로 건너갔으며, 이듬해는 선생의 모친인 고 곽낙원 여사와 부인인 최준례 여사가 상하이로 갔다. 김 총영사의 부친 김신 백범 기념사업협회 회장 역시 상하이

■ 처가 가계도

김순영 (작고)
곽낙원 (작고)
최준례 (작고)
백범 김구 (작고)
임시정부 주석
김인 (장남 · 작고)
독립운동가
안미생 (작고)
안중근 의사 조카
임윤연 (작고)
김신 (차남 · 85)
전 교통부 장관
김효자
김진 (장남 · 58)
전 주택공사 사장
김양 (차남 · 54)
상하이 총영사
김휘 (3남 · 52)
(주)에이블리 대표
김미 (장녀 · 50)
김호연 빙그레회장
부인

에서 태어났다.

김 총영사는 영어와 중국어에 능통하고, 외국계 회사 근무와 기업체 운영 등으로 경제 경험이 풍부한 데다 상하이가 갖는 독립운동의 상징성을 감안해 발탁했다는 후문이다.

그는 젖소 사료를 제조·판매하는 코스닥 등록기업인 EBT 네트웍스의 대표이사로 활동했다. 연세대 정치외교학과를 졸업하고 미국 조지워싱턴대에서 국제관계학을 공부했다. 시티뱅크 서울지점 부장과 컴퓨터 코리아 부사장 등을 거쳤다.

3남 김휘(52)씨는 광고인으로 나라기획 이사와 멕켄 에릭슨 상무를 거쳐 지금은 광고대행사 ㈜에이블리 대표를 맡고 있다. 그는 한국관광공사 비상임 이사를 역임하기도 했다. 연세대 경영학과와 미국 샌프란시스코 대학원을 나왔다.

김 회장은 김구 선생의 손녀사위라는 인연으로 독립운동가 추모사업에 열정적으로 활동하고 있다.

김 회장은 백범기념관 건립위원회 이사로 활동하며 서울 효창동에 위치한 백범기념관 건립에 큰 역할을 했으며, 현재 백범 김구선생 기념사업협회 부회장으로 일하고 있다. 백범 사상의 학술연구과 관련 출판물 발간도 지원하고 있다.

김 회장은 또 후손 없이 서거한 이봉창 의사의 기념사업회도 후원하고 있다. 그는 이봉창 의사의 업적을 알리고, 애국심을 고취시키기 위해 2005년 10월9일 '광복 60주년 기념 이봉창의사 마라톤 대회'를 창설했고, 매년 이 의사의 서거일인 10월10일을 전후해 마라톤 대회를 열고 있다.

이밖에 김 회장은 사재를 출연해 설립한 김구재단을 통해 매년 150여명에게 장학금을 전달하고 있다.

"천재보다 따뜻한 사람으로 커라."

"자식을 사랑하는 부모의 마음은 다 같지 않겠습니까. 좋은 것을 주고 싶고, 좋은 환경을 만들어 주고 싶고…. 하지만 저는 부모가 자식에게 물려줘야 할 가장 큰 자산은 균형 잡힌 가치관이라고 생각합니다. 똑똑한 천재로 키우기보다 평범하지만 주위를 둘러볼 줄 아는 따뜻한 사람으로 키워야 하지 않을까요."(김호연 회장)

김 회장과 김 여사는 자식들에게 유난히 사회봉사 활동을 강조한다. '우리'라는 단어의 참 의미를 깨우쳐주기 위해서다. 독립운동가(家)의 후손다운 자녀 교육법이다.

큰 아들 동환군이 초등학교 4학년 여름방학을 보낼 때다. 김 여사가 아들 손을 잡고 찾은 곳은 서울 방배동에 위치한 한 맹인교회. 설거지나 청소 등 맹인들이 하기 어려운 일들을 도우며 '더불어 사는 세상'이 어떤 것인지를 아들에게 가르쳤다.

모자(母子)는 동환군이 중3이 될 때까지 6년간 매년 여름을 맹인교회에서 봉사하며 지냈다.

또 외환위기가 한창인 98년에는 성공회 '푸드뱅크' 주관의 노숙자 돕기 자원봉사에 김 여사와 3남매가 함께 참가해 서울역 광장에서 석달간 식사 배식과 설거지 등을 하기도 했다.

김 회장도 해비탯(사랑의 집짓기) 운동에 자녀들을 참여시켜 함께 집을 짓기도 했다.

6년간 맹인교회 도우미 등 '선행'
- 김구 선생 손녀 김미 여사

"평범한 가정주부입니다. 사치 안 하고, 겸손하고, 애들 교육에 관심 많고요. 또 독립운동가 후손답게 사회봉사 활동에 적극 나서는데, 일은 조용히 하려고 해요. 남들 앞에 나서는 것을 굉장히 쑥스러워하고 꺼려합니다."

김호연 회장이 보는 부인 김미 여사의 평이다. 김 여사도 국내 여느 재벌가의 며느리처럼 공식적인 바깥 활동을 거의 안한다.

김 여사가 가장 중요하게 여기는 봉사 활동도 '왼손이 하는 일, 오른손도 모르게' 하는 식이다. 그만큼 조심스럽게 대외 활동을 한다. 6년간 맹인교회의 도우미로서 활동했고, 여전히 어린이 교육사업에 앞장서고 있지만 남들 눈에 띄는 것을 좋아하지 않는다.

김 여사의 이런 배경에는 국내 대표적인 독립운동가(家)로서 사회의 모범을 보여야 한다는 것과 조부 백범 김구 선생의 명예에 혹시나 흠집이 생기지 않도록 몸가짐을 조신하게 해야 한다는 이유에서다.

또 김 회장과 자녀들이 사회봉사 활동에 적극 나서는 것도 김 여사의 영향이 크다. 특히 김 여사의 봉사 활동은 살아있는 자녀 교육이 됐다.

김 여사는 자녀들에게 명문가의 사회적 책임을 가르치며, 균형 잡힌 가치관을 지녀야 한다고 강조한다.

김 여사를 오랫동안 지켜본 한 지인의 설명이다. "김 여사의 모친인 임윤연 여사가 일찍 돌아가신 탓에 김 여사는 중2 때부터 집안 살림을 챙긴 것으로 알고 있습니다. 사실상 어린 시절부터 주부 역할을 해오신 거죠. 그래서 그런지 차분하고, 조용할 뿐 아니라 일처리도 깔끔합니다."

▲김호연 빙그레 회장 부인인 김미 여사가 서울 이태원동 자택 정원에서 여유로운 한때를 보내고 있다.

김 여사는 현재 국내·외 아동의 건강과 교육을 비롯해 결손·빈곤 가정 어린이 지원사업 등을 펼치는 국제 어린이 보호재단인 '세이브 더 칠드런(Save The Children)'의 이사를 역임하고 있다.

한편 백범 김구 선생은 서울신문 전신인 대한매일신보의 지사장으로 활동하기도 했다. 그는 1905년 11월부터 1907년 2월까지 황해도 장연에서 대한매일신보 지사장으로 민족신문 보급에 애썼다.

1장

재벌家 맥(脈)-下

누가 한국을 움직이는가

■ 금호아시아나가(家 · 그룹) 총괄 인맥도

금호아시아나

고 **박인천**
금호아시아나 창업주

고 **박성용**
금호아시아나
전 명예회장

마거리트 클라크 박
(75)

박경애 (73)

배영환 (7 ﬌)
삼화고속 회장

고 **박정구**
전 그룹 회장

김형일 (61)
김익기 전 국회의원

박강자 (66)
금호미술관 관장

강대균 (6
대한전자재료

박미영 (여, 41)

박재영 (37) ── **구문정** (32)
　　　　　　　　구자훈 LIG 손해보험 회장 3녀

박준명 (6)

박은형 (여, 37) ── **김선협** (38) 포천아도니스 CC 사장
　　　　　　　　　　김우중 전 대우그룹 회장 차남

박은경 (여, 35) ── **장세홍** (41) 한국철강 전무
　　　　　　　　　　장상돈 한국철강 회장 차남

박은혜 (여, 31) ── **허재명** (36) 일진소재산업 대표 겸 누브인터내셔
　　　　　　　　　　허진규 일진그룹 회장 차남

박철완 (29)

06. 금호아시아나가(家) 총괄 인맥도

1장 06 금호아시아나가(家)

창업주 박인천 회장가(家)

"잠깐이면 될 것이다. 아주 잠깐. 이 쇳줄을 넘어 몸을 던지면 될 것이여. 눈 깜짝할 사이면 저 파도에 휩쓸려 들어가 아주 사라져 버리고 말 것잉게." 문화부장관을 지낸 작가이자 영화감독인 이창동씨가 지은 금호아시아나그룹 창업주 박인천(朴仁天) 일대기인 '집념-길위의 길'에는 1923년 당시 23세이던 박씨의 실패담이 고스란히 담겨져 있다. 지금의 초등학교에 해당하는 보통학교 2학년 중퇴가 학력의 전부인 박씨는 어려서부터 이런저런 장사에 손을 댔지만 실패의 연속이었다. 일본 오사카에 돈을 벌러 갔지만 일주일만에 빈손으로 돌아오며 자살을 염두에 뒀을 정도로 그의 젊은 시절은 상처투성이였다.

이창동씨는 박씨의 일대기를 소설 형식으로 묘사하면서 "박인천의 일생은 우리 역사의 엄정한 상징"이라고 평가했다.

택시 2대로 운수사업 시작

박씨는 나이 30세를 넘어 정규 교육을 이수하지 못했으면서도 독학으로 지금의 행정고시에 해당하는 보통문관시험에 합격하는 등 놀랄 만한 집념으로 인생의 반전을 이뤘다.이런 그의 의지는 해방 이후 당시로선 노인 취급을 받고 은퇴할 만한 나이인 46세에 광주에서 미국산 중고택시 두 대로 회사를 차려 광주고속이라는 고속버스 회사를 출범시킨다.박 회장은 이를 기반으로 금호타이어(전 삼양타이어),석유화학으로 사업영역을 넓히며 현재 재계서열 7위 그룹으로 키워 냈다.특히 금호아시아나그룹은 5공시절 예상을 깨고 제2민항사업자로 선정되면서 성장가도를 달리며 대표적인 호남재벌로 자리매김했다.

이처럼 박씨가 택시 두 대에서 아시아나항공까지 키워온 대재벌의 창업주로 성장하기까지에는 뼈아픈 실패들이 밑거름이 되었다. 남달리 고집이 세고 남한테 지기 싫어하는 '승부욕'이 오늘날의 금호아시아나그룹을 탄생시킨 것이다.그야말로 박씨의 삶은 좌절과 성공을 향한 몸부림,해방 후 맨주먹으로 출발해 한국 굴지의 재벌을 이루는 과정으로 이어지며 한편의 드라마를 연상시킬 만큼 극적이다.그래서 한국 현대사의 축소판과 닮은꼴이라는 평가가 많다.

아호가 '금호'(錦湖)인 박인천 회장은 1901년 7월5일 전남 나주군 죽포면 동산부락 일명 신기(新基)마을에서 태어났다.빈농에서 태어난 박 회장은 열 살이 될 때까지 별다른 교육을 받지 못하다가 어머니 손에 이끌려 서당에 다녀야 했다.또래들보다 늦게 시작한 한학이지만 열다섯살 때 팔현강당에서 개최된 강경(講經)시합에 출전해 최우수상을 받는 등 재능을 발휘했다.

그러나 박 회장은 곧 한문공부에 흥미를 잃고 말았다.자동차가

신작로 위에 먼지를 일으키며 달리는 시대에 한문 공부를 해서 뭘 하겠느냐는 생각이 들었던 것이다. 결국 열일곱살 되던 해 지금의 초등학교격인 나주 공립보통학교 1학년에 입학했다. 하지만 신식공부에 대한 열의도 2년을 넘지 못했다. 고등학교에 다녀야 하는 나이에 초등학교를 다니며 '애늙은이' 취급을 받는 것이 무엇보다 싫었기 때문이다.

박씨는 공부에 대한 미련을 접어 버리고 열아홉살 때부터 면화수집상, 대금업, 싸전업 등의 장사를 했지만 손을 대는 족족 손해만 입었다.

이처럼 실패만 거듭해온 박씨가 인생의 전환기를 맞은 것은 일본으로 건너간 직후였다. 일본 오사카에서 보았던 어마어마한 공장 굴뚝 앞에서 조선 사람으로서의 무력감과 좌절감이 그를 바꿔 놓았다. "일본놈들이 어떻게 돈을 벌고 공장을 짓는지 알고 싶다."는 일념으로 일본 순사 시험을 준비해 합격한 뒤 5년 만인 1929년 보통문관시험에 합격한 이후였다. 그리고 같은 해 이순정 여사를 배필로 맞았다.

박 회장은 8·15 해방을 맞자 택시 두 대를 구입해 운수사업에 뛰어들었다. 17만원(圓)의 자본금으로 포드 디럭스 세단 5인승 택시 두 대를 사들였다. 그때 이 돈은 80kg들이 쌀 44가마를 살 수 있는 액수였다. 3남인 삼구 현 금호아시아나그룹 회장은 창업주의 집념, 도전, 개척정신을 본받는다는 취지로 그룹 창업의 모태가 됐던 택시와 똑같은 모델을 구입해 용인 금호아시아나 인재개발원 1층 로비와 광주 U스퀘어(금호고속)에 전시하고 있다.

사업수완이 있었던 박 회장은 2년여의 짧은 기간에 어느 정도 자본을 축적, 48년에 광주여객을 세워 버스운수업으로 사업을 확장했다.

그러나 6·25전쟁은 탄탄대로를 걷던 그의 모든 것을 앗아가 버렸다. 하지만 박 회장은 온갖 역경을 극복하고 50년대에 광주여객을 전라남도 최대의 여객운송업체로 키워냈다. 이 과정에서 이순정 여사의 내조가 결정적인 힘이 됐다. 올해 95세인 이 여사는 아직도 광주여객을 운영하

▲박인천 창업주가 생전에 부인 이순정 여사와 다정한 한때를 보내고 있다. 금호아시아나그룹이 재계 7위로 도약하기까지는 이 여사의 내조가 결정적인 힘이 됐다.

던 광주시 금남로 212번지에 거주하고 있다. 광주여객을 경영하던 당시 '안집' 이라고 불렸던 이 집에서 친척, 조카, 버스 차장과 정비공 등 50명의 식솔을 손수 챙길 정도로 남편의 사업을 헌신적으로 도왔다.

1984년 남편과 사별한 이후에도 이 여사는 900명에 이르는 학생들에게 매년 1억원 이상의 장학금을 지급하는 등 사회복지시설에 수용된 불우이웃을 돕고 봉사단체를 육성하는 데 앞장서 왔다. 이 여사는 이런 공로를 인정받아 2002년 대한적십자사로부터 민간부문 최고 권위의 '적십자 박애장 금장' 을 받기도 했다.

제2 민항 선정 '제2 도약'

광주여객을 업계 최고의 반열위에 올려 놓은 박 회장은 이후 방적회사인 전남제사,고려도자를 비롯해 금호타이어(전 삼양타이어)를 설립,금호아시아나그룹 창업의 기틀을 다져나갔다.

그러던 박 회장은 1972년 어느 날 서강대 경제학과 교수로 재직 중이던 큰 아들 성용에게서 중대한 제안을 받는다.서울 종로구 관철동에 있던 사무실로 찾아 온 아들은 "경영성과를 높이고 효율적 운영을 위해 지주회사 설립이 필요하다."는 건의를 했다.

박 회장은 이를 받아들였고,같은 해 10월 10일 박성용 교수 등 7명이 발기인으로 참석해 지주회사인 '금호실업' 설립을 결의했다. 박 회장은 또 박 교수를 금호실업 부사장으로 전격 영입했다.

1973년 1월1일 금호아시아나는 박 회장이 초대 그룹 회장에 취임하면서 금호아시아나그룹을 출범시켰다.금호는 그룹체제 출범과 함께 계열사별로 경영관리체제를 정비했다.금호실업은 장남인 성용,광주고속은 2남인 정구,금호타이어는 3남인 삼구,삼화교통은 첫째 사위인 배영환에게 경영을 책임지도록 했다.

1984년 6월6일 타계한 박인천 창업회장의 뒤를 이어 장남인 박성용 부회장이 그룹 2대 회장에 올랐다.서강대 교수 재직시절부터 자문역으로 그룹경영을 도와온 박 회장은 금호실업 사장과 그룹 부회장을 거쳐 10년 만에 2세 경영시대를 연 것이다.

박성용 회장은 88년 정부로부터 제2민항 설립업체로 선정되는 경영능력을 발휘했다.계열사간 합병과 비수익 사업정리 등 과감한 구조조정을 진행해 취임 당시 6900억원이었던 그룹 매출을 1995년

4조원으로 끌어올렸다.

이후 박성용 회장은 1996년 4월 바로 아래 동생인 정구 회장에게 회장직을 물려 주었다. 형제간 친족간 경영권 분쟁이 끊이질 않고 있는 작금의 경영계에 교훈이 될 '형제간 화합경영'의 모델을 제시한 셈이다.

박정구 회장이 2002년 지병인 폐암으로 세상을 뜨자 3남인 박삼구 회장이 그룹 4대 회장으로 취임하며 금호아시아나그룹은 형제경영의 전통을 이어나가고 있다.

박인천 회장은 슬하에 5남3녀를 두었다. 성용, 정구, 삼구에 이어 4남 찬구 그룹 화학부문 회장, 5남 종구 과학기술부 과학기술혁신본부장 등이다. 딸은 경애, 강자, 현주씨 등 3명이다.

금호아시아나그룹의 혼맥은 박인천 회장이 생전에 아들딸의 혼사에 매우 신경을 썼기 때문에 정·관·재계 유력 집안과 화려한 혼맥을 맺고 있다. 박 회장은 직접 유력 집안에 줄을 넣어 "사돈을 맺자."고 청한 적도 있을 만큼 자식들의 혼사를 중요시했다. 특히 호남재벌이면서도 정구, 삼구, 찬구 3형제를 모두 영남 유력 집안에 장가 보냈다.

3세들 결혼도 삼성, LG, 대우그룹과 사돈을 맺는 등 화려한 혼맥이 이어지고 있다. 이처럼 박 회장이 자식들의 결혼을 직접 챙기는 등 혼사를 중요시 여겼지만 유독 큰아들 성용은 부친의 뜻을 어기며 연애결혼을 강행했다. 큰 아들 성용은 미국 예일대에서 유학하던 시절에 미국인 마거릿 클라크를 만나 열애 끝에 1964년에 결혼했다. 박성용 회장은 클라크 여사와 1남 1녀를 뒀다. 장손녀 미영(41)씨는 아직 미혼으로 캐나다에서 머물며 불교 관련 일을 보고 있다.미국에서 영화 공부를 하고 있는 재영(37)씨는 구자훈 LIG손해보험 회장 3녀인 구문정(32)씨와 결혼해 1남을 두고 있다.창업주의 큰딸인 경애(73)씨는 제헌의원 출신 배태성씨의 장남 배영환(74) 삼화고속 회장에게 시집을 갔다.슬하에 배정철·승현·동철·홍철 등 4형제를 낳았다.2남인 정구 회장은 경북 안동에서 국회의원을 지낸 김익기 전 국회의원의 딸 김형일(61)씨를 배필로 맞았다.김익기씨는 해태그룹의 창업주였던 박병규씨와 사돈관계이고,박병규씨는 민병권 전 교통부 장관과 사돈이기도 하다.정구 회장은 슬하에 은형·은경·은혜씨 등 세 딸과 외아들인 철완씨를 두고 있다.세 딸은 모두 시집을 갔는데,재계 유력 집안과 혼사를 맺었다.장녀 은형(37)씨는 김우중 전 회장의 차남 김선협(포천아도니스CC 사장)씨와 결혼했고,은경(35)씨는 장상돈 한국철강 회장 차남인 장세홍(한국특수형강 이사)씨와,3녀 은혜(31)씨는 허진규 일진그룹 회장의 차남 재명(일진소재산업 대표 겸 누브인터내셔널 대표)씨와 혼인했다.아들 철완(29)씨는 미국에서 MBA과정을 밟고 있다.금호미술관장으로 있는 2녀 강자(66)씨는 대한전자재료 회장인 강대균(66)씨와 결혼했다.강씨는 서울대 정치학과를 나와 미국에서 경제학 박사학위를 받았다.미국 LSE대 출신인 아들 재원(27)씨와 지은과 지영 등 두 딸이 슬하에 있다. 3남인 삼구 회장의 부인 이경렬씨는 한국은행·산업은행 총재,재무장관을 지낸 이정환씨의 둘째 딸이다.이정환씨는 금호석유화학 회장을 지내기도 했다.삼구 회장의 장남 세창(32)씨는 2003년 3월 교육자 집안 출신인 김현정(31)씨와 결혼했다.세창씨는 지난 2005년 MIT공대를 졸업하고 현재 그룹 전략경영본부에서 이사로 재직 중이다. 딸 세진씨는 유학 중에 있다. 4남 찬구 그룹 화학부문 회장은 위창남 전 광주투금 사장 딸인 위진영씨와 결혼했다. 장남 준경씨는 고려대를 졸업한 뒤 중동 관련 무역회사에서 근무하다 지금은 유학준비 중이다. 딸 주형씨는 미국에서 공부를 마치고 국내 기업체에서 일하고 있다.

3녀 현주씨 삼성과 사돈

금호가(家)의 화려한 혼맥은 3녀인 현주(54)씨에서 절정을 이뤘다. 현주씨는 대상그룹 임창욱(58) 명예회장과 결혼했다. 현주씨는 1998년 큰딸 세령(30)씨를 이건희 삼성그룹 회장의 외동아들인 이재용 삼성전자 전무(39)와 결혼시켜 삼성가와 사돈 관계로 맺어졌다. 세령씨와 이 전무가 만나게 된 것은 두 사람의 어머니인 현주씨와 홍라희 여사가 불교신도 모임인 '불이회'에서 친하게 지낸 게 계기가 됐다. 연세대 경영학과 2학년에 재학 중이던 세령씨는 결혼과 함께 휴학하고 미국 하버드대학에서 박사과정을 밟던 남편을 따라 유학길에 올랐다. 세령씨는 유학 중 2000년 장남 지호를 얻었고, 이듬해 귀국해 이건희 회장 부부와 함께 살면서 지난해에는 딸 원주를 낳았다. 둘째 딸 상민씨는 이화여대를 나와 미국 유학 중이다. 5남 종구(49) 과학기술부 과학기술혁신본부장은 ㈜삼흥복장 사장 이명선씨의 장녀 이계옥(49)씨와 결혼했다. 슬하에 건호, 도윤 등 1남1녀를 두고 있다. 박씨는 미국 시러큐스대에서 경제학 박사학위를 받은 뒤 아주대 경제학과 교수를 지내다 1998년 기획예산위원회(현 기획

예산처) 공공관리단장(별정직 2급)으로 공직을 시작했다. 2002년 수질개선기획단 부단장으로 자리를 잠시 옮겼다가 2003년 국무조정실 경제조정관,지난해 국조실 정책차장을 거쳐 올해부터 과기부에서 일하고 있다.금호아시아나그룹은 형제경영을 펼치면서도 유독 종구씨만 경영에 일체 관여하지 않는 점도 재계에 비상한 관심거리다.이에 대해 금호아시아나그룹 관계자는 "박씨는 막내 아들이지만 경제를 전공한 전문가로서 그룹 일에 뜻을 두기보다는 공직에서 자신의 능력을 펼치는 것으로 집안 내에서도 정리가 된 것으로 알고 있다."고 말했다.

'벽안의 맏며느리' 클라크 여사

'벽안(碧眼)의 재벌 며느리'

박성용 전 금호아시아나그룹 명예회장의 부인 마거릿 클라크 박 여사는 미국인이면서도 한국인보다 더 한국인에 가까웠다.보수적인 재벌가에서 조용히 남편을 도우며 맏며느리로서 시동생과 동서들을 챙기는 평범한 주부로 살아왔다.

예일대 수학중 만나 교제

마거릿 클라크 여사는 남편인 박 전 명예회장을 1963년 미국 예일 대에서 만났다.그녀는 대학원 경제학부에서 박사과정을 밟고 있던 박 전 회장을 눈여겨봤다.동양인이면서도 이지적인 이미지에 항상 '제 니스' 라디오의 이어폰을 귀에 꽂고 클래식 음악을 듣던 박 전 회장 에 대한 호감이 컸다는 게 박 전 회장의 이종 사촌인 서구 금호아시아 나그룹 고문 등 친인척들의 전언이다.박성용 전 회장도 미국인이지만 키도 그리 크지 않고 조신하게 생긴 클라크 여사의 매력에 흠뻑 빠졌 다.그러나 두 사람의 사랑이 커갈수록 고통이 더했다.당시로선 유교 적 전통이 강한 밀양 박씨의 장손으로 외국인을 맏며느리로 들인다는 것은 상상을 초월하는 일이었기 때문이다.번민의 세월을 보내던 박 전 회장은 아버지에게 클라크와의 결혼을 허락해 달라는 편지를 보내 면서 그녀와 나란히 찍은 사진을 동봉했다.그러나 아버지 박인천 회장은 그 사진을 둘로 찢어서 봉투에 넣어 아들에게 다시 돌려보냈다. 그것이 박 회장이 할 수 있는 가장 분명하고 단호한 의사표시였다.그러나 부모에게 효자로 소문난 박 전 회장은 난생 처음 부모의 뜻을 거역했다.1964년 둘이서 법적 절차만을 갖춘 최소한의 결혼식을 올리고 아버지와 사실상 '의절' 상태에 들어갔다.물론 박 회장은 두 사람의 결혼을 허락하지도 않았고,결혼식에 참석하지도 않았다.그러나 자식 이기는 부모 없는 법.박 회장은 큰 아들 성용이 결혼한 지 2년이 지난 때에 둘째딸 강자가 미국 필라델피아에서 결혼식을 올리게 되자 아들 집을 방문하게 됐다.당시 박 전 회장은 예일대경제학박사를 받은 뒤 클리블랜드시에 있는 게이스 공대 조교수로 재직하고 있었다. 박인천 회장은 클리블랜드 공항에 마중나온 파란 눈의 며느리와 그녀가 품에 안고 있던 장손녀 미영씨를 맞닥뜨린 뒤 얼었던 마음을 풀었다.미국인이었지만 수수하면서도 정이 가는 인상을 가진 맏며느리를 보고는 굳게 닫혔던 마음을 2년반 만에 연 것이다.

자녀들에 한국식 교육

서구 고문은 "성용 형님이 결혼한 뒤 페기(마거릿 클라크의 애칭) 형수에게 집안의 법도 등 예절교육을 많이 시켰다."면서 "아버님에게 며느리로서 인정받기 위해서는 한국의 며느리가 지켜야할 예절에 대해 귀가 닳도록 얘기를 했다는 말을 형님으로부터 들었다."라고 회고했다.실제로 클라크 여사는 미국인이지만 미영씨와 재영씨를 이화여고와 구정고까지 졸업시킨 뒤에야 미국으로 유학을 보냈을 정도로 한국식 자녀교육을 고수했다.그녀의 한국말은 서툴렀지만 상대방이

▲고 박성용 금호아시아나그룹 명예회장과 부인 마거리트 클라크 여사의 젊은 시절 모습.

하는 얘기를 어느 정도 알아듣는 수준이었다. 클라크 여사는 박 전 회장 사후에 미국 친정에 기거하고 있다. 캐나다와 미국에 있는 미영씨와 재영씨를 가끔씩 만나는 것으로 외로움을 달래고 있다고 한다. 그렇지만 국내에서 집안의 대소사가 있으면 미국에서 달려와 직접 챙기는 등 아직도 맏며느리로서의 소임을 게을리 하지 않고 있다. 박인천 회장도 한국 집안에 시집온 뒤로 별 탈 없이 큰 며느리의 역할을 해내는 미국 며느리에 대해 뒤늦게 만족감을 표시했다. 박 회장은 금호아시아나그룹이 제작한 탄생 100주년 기념 영상물에서 한 지인에게 "우리 큰 자부(며느리)가 미국 여자입니다. 나도 잘 이해를 하고 또 역시나 데리고 있어 보니까 똑같아요. 한국 며느리나 외국 며느리나. 그리고 이해심도 있어요. 자기들끼리 좋으면 좋은 것이기 때문에 이해하고 잘 지내고 있습니다."라고 말했다.

창업주 父子 '금연 전도사'

금호아시아나그룹은 금연운동에 관한 한 타의 추종을 불허한다.1986년 금연 캠페인을 시작해 1991년부터는 자체 사업장뿐만 아니라 일선 영업장에까지 금연을 실시하고 있다.금호아시아나의 이런 금연 노력은 창업주와 2세 경영인들의 건강과 무관하지 않다.박인천 회장은 1938년 심한 폐병을 앓아 2년 가까이 투병생활을 했다.지금이야 폐병이 심한 병이 아니지만 당시 폐병을 앓는 환자는 세 명 중 두 명이 죽어나갔다.경찰관이었던 박 회장은 요양을 위해 순천경찰서에서 보성경찰서로 직장을 옮기고,몸에 좋다는 각종 약과 치료를 받았지만 별반 차도가 없었다.결국 경찰서에 사직서를 제출하고 목포에서 개업 중이던 김보형이라는 한의사로부터 1년 동안 녹용을 복용한 이후에야 건강을 되찾을 수 있었다.박 회장은 이후 장수를 누려 84세에 별세했다.박성용 명예회장도 폐가 좋지 않았다.1985년까지 하루에 담배 두갑을 피울 정도로 애연가였다.그러나 담배가 건강에 해롭다고 생각하여 흡연운동을 전사적으로 전개했다.1986년 8월 박 회장을 비롯한 142명의 임직원들이 금연운동에 동참해 매일 담뱃값 대신 푼돈을 모아 만든 '금호건강복지기금'을 조성해 금연 캠페인을 시작했다.1991년 서울 중구 회현동에 있던 그룹 본사 사옥인 아시아나 빌딩을 포함한 전 사업장에 완전금연을 실시했다.박 명예회장은 이런 공로로 1991년 8월 세계보건기구(WHO)로부터 금연메달을 받

▲창업주의 도전정신을 기리기 위해 용인 인재개발원에 전시된 '1933년형 포드 딜럭스세단5인승' 옆에서 박삼구(왼쪽) 회장과 박찬구 그룹화학부문 회장이 기념촬영을 하고 있다.

기도 했다. 그러나 박 명예회장은 이런 노력에도 불구하고 폐암으로 운명을 달리했다. 박 명예회장은 평소에도 허리디스크가 있어서 딱딱한 단화를 신지 못하고 스폰지 단화나 등산화 등을 신고 다녔다. 박정구 회장도 폐병으로 2년여 투병생활을 했다. 2001년 미국 텍사스주 휴스턴 MD앤더슨암센터에서 폐기종 치료를 받아 한때 건강을 되찾아 경영 일선에 복귀했으나 2002년 7월 일산 국립암센터에서 폐암으로 별세했다. 그룹 관계자는 "창업주를 비롯한 2세 경영인들이 공교롭게도 폐가 좋지 않아 고생을 했지만 가족병이라기보다는 경영인으로서 심한 스트레스로 인해 병을 얻은 것 같다."고 말했다. 실제로 정세영 현대산업개발 회장, 최종건 SK그룹 선대회장과 최종현 회장, 양회문 대신증권 회장 등이 폐암으로 운명을 달리했다.

지분·경영권 '교통정리'

금호아시아나그룹은 '형제경영'의 모범을 보이고 있는 기업이다.재계 일각에서 '피도 눈물도 없는' 친족간 지분다툼을 벌이고 있는 것과 사뭇 대조적인 모습이다.

금호아시아나그룹의 잡음없는 형제경영은 박인천 창업주 회장이 생전에 그룹경영 원칙을 세우고,2세들이 이를 충실히 따른데서 비롯됐다.

박 회장은 2세들의 지분 분배와 관련해 ▲여러 사람이 관여하면 분란이 생기기 쉬우므로 남자들에게만 상속하고 ▲4자(5남 가운데 4남 종구씨를 제외한 성용·정구·삼구·찬구씨)합의 경영 형태로 형제간 합의아래 회장을 선임하고 ▲주요 사안에 대해서도 4자 합의가 최우선이지만 합의가 안되면 다수결 원칙에 따르고 그래도 결정나지 않으면 가장 손윗사람이 결정권을 갖는다는 원칙을 세웠다.

"동생에게 물려주겠다"

1984년 그룹 총수에 취임한 고 박성용 명예회장은 평소에도 입버릇처럼 "동생에게 자리를 물려주겠다."며 형제경영 실천의지를 보였다.박 명예회장의 말에 반신반의하는 사람들도 많았지만 그는 실제로 65세가 되던 1996년 그룹창사 50주년을 맞아 동생 정구 회장에게 '대권'을 물려줬다.

이후 정구 회장이 65세이던 2002년 폐암으로 갑작스레 세상을 뜨자 3남인 삼구 현 회장이 회장직을 물려받았다.결국 그룹의 두 형제는 65세에 동생에게 회장직을 물려주는 전통이 우연히 만들어진 셈이다.

올해 한국 나이로 63세인 삼구 회장이 65세가 되는 2009년에 회장직을 4남인 찬구(59) 그룹 화학부문 회장에게 넘겨줄지 아직 미지수다.그러나 대부분의 그룹 관계자들은 박 회장이 동생 찬구 부회장에게 회장직을 이양하는데는 별다른 문제가 없을 것으로 보고 있다.

재계 10대 기업으로 키워내

성용 명예회장은 박인천 창업회장의 49재를 지낸 1984년 8월3일 제2대 그룹 회장으로 조용히 취임했다.선친이 타계한 지 얼마되지 않은 탓도 있지만 성격대로 요란한 취임행사나 이미지 구축을 위한 경영전략 발표도 일절 갖지 않았다.

서강대 교수로 재직했던 박 명예회장은 일찍부터 그룹 경영을 자문해 왔다.그러다가 1973년 10월 부친의 '명령'에 따라 교단을 떠나 금호실업 사장으로 본격적인 경영참여를 시작했다.이후 1979년 10월 그룹 부회장을 거쳐 10년만에 그룹 총수를 맡게 된 것이다.

성용 회장은 누구에게도 뒤지지 않을 만큼 경영이론에 밝은 '총수'였다.미국 예일대에서 경제학 박사학위를 받고 버클리대에서 조

교수로 일했다.당시 3회 이상 논문 게재시 노벨상 수상도 가능하다던 세계적인 논문 권위지인 '인터내셔널 이코노믹 리뷰'에 두 차례에 걸쳐 논문이 실리는 등 미국에서 계량경제학자로 왕성한 연구활동을 벌였다.그러다가 박정희 대통령 당시 해외 고급두뇌 유치정책에 따라 1968년 귀국행 보따리를 쌌다.

성용 회장은 부친의 권유로 정부에 몸담게 된다.창업주 회장이 버스조합 이사장으로 있으면서 요금인상 문제로 당시 알고 지내던 이후락 청와대 비서실장과 김학렬 경제수석을 만나 성용 회장을 소개했고 그 자리에서 비서관으로 채용케 했다.

그는 대통령 경제비서관,부총리 특별보좌관으로 재직하다 1971년 평소 원해 왔던 학계로 다시 옮겼다.서강대 교수로 재직하며 부총리를 지낸 남덕우 전 총리,이승윤 전 부총리 등과 함께 경제학계의 탄탄한 학맥인 '서강학파'를 형성했다.이 때 교단에서 만난 제자들을 회사에 입사시키기도 했다.

이러한 박 명예회장의 독특한 경력은 당시 재계의 2세 경영인 중에는 찾아보기 어려웠다.이런 '아웃사이더'로서의 삶이 오히려 그룹을 경영하는 데 많은 도움을 받는 광범위한 인맥들을 형성했다.

그러나 박 명예회장이 취임한 1984년 그룹은 안팎으로 어려움을 겪고 있었다.1980년 초 일어난 삼양타이어 분리파동과 때마침 불어닥친 경기불황의 여파 때문이었다.그는 경제이론의 대가로서 현실 경영인으로서는 결심하기 힘든 단안을 내린다.

한보철강의 전신인 극동철강과 금호섬유를 매각하고,삼양타이어와 금호실업을 통합해 상호를 ㈜금호로 바꿨다.흑자기업인 광주고속은 금호건설을 합병했고, 금호화학과 한국합성고무를 합쳐 금호석유화학으로 재탄생시켰다.

취임 당시 9개사인 계열사를 4개로 줄이고, 비주력부문을 과감히 매각하는 등 경영내실화에 박차를 가했다. 또 석유화학분야를 그룹 주력 업종으로 성장시켰다. 당시에는 '구조조정'이라는 말 대신 '합리화'라는 표현을 썼다. 박 명예회장은 1997년 국제통화기금(IMF)체제 이후 한국경제의 최대 화두였던 구조조정의 선구자인 셈이다.

박 명예회장은 아시아나항공을 출범시키면서 취임 당시 6900억원이었던 그룹 매출을 1995년 4조원대로 끌어올리는 등 금호아시아나를 국내 10대 그룹 반열에 올려놓았다.

두세 발 먼저 앞서간 이상적인 경영인

박 명예회장은 현실에 치우치기보다는 이상적인 경영관을 실현하려고 애썼다. 지금은 누구나 갖고 다니는 휴대전화가 '대박'을 터뜨릴 것이라는 예상을 했고, 집앞까지 배달해 주는 택배회사의 성공을 예견했다.

장성지 금호아시아나그룹 전무는 "명예회장님이 1990년대 초반에 이미 인터넷을 능수능란하게 다뤄 임원들에게 이메일로 지시사항을 보내놓고 답신 시간을 일일이 확인하셨다."면서 "어떤 전자서류는 새벽 2, 3시에도 결재하셨다."고 회고했다.

박 명예회장의 이상적인 경영스타일은 음악, 미술 등 문화사업으로 이어졌다. 1990년 금호 현악4중주단을 창단하고, 고가의 세계적인 명품 고악기를 사들여 한국을 빛낼 가능성이 높은 연주자에게 무상으로 대여해줬다.

비수익사업에 힘을 쏟는 박 명예회장의 경영스타일에 비판도 적지 않았지만 그는 "우리 기업도 미국의 카네기재단이나 일본의 소니 그룹처럼 사회문화사업에 뛰어들어야 한다."며 "당장은 돈이 부담스럽지만 장기적으로는 그룹 이미지를 높이는 계기가 될 것"이라고 뜻을 굽히지 않았다.

박 명예회장은 일선에서 물러난 뒤 1998년 예술의전당 이사장과 2002년 통영 국제음악제 이사장을 맡는 등 문화 · 예술 사업에 전념했다.

1997년 국민훈장 무궁화장, 2002년에는 기업메세나 대상(대통령상)을 받았다. 박 명예회장의 예술사랑 덕분에 2005년 5월 장례식에서는 예술인들이 그의 죽음을 누구보다 더 애통해 했다. 박 명예회장은 이 같은 공로로 사후에 금관문화훈장을 추서받았다. 2006년 3월에는 고인으로는 처음으로 서울대에서 명예철학박사 학위를 받았다.

박 명예회장의 친구인 이승윤 전 부총리는 "박 회장은 단순히 선친으로부터 기업을 물려받은 2세 기업인이 아니라 전문지식을 지닌 뛰어난 전문경영인이었다."고 회고했다.

발로 뛰는 경영인

박 명예회장은 1993년부터 동생 고 박정구 회장에게 회장직을 넘기겠다는 뜻을 밝혔다. 박 명예회장은 "미국 CEO들은 환갑만 지나면 경영 일선에서 물러난다."며 동생에게 총수직을 맡아줄 것을 수차례 요구했다. 형의 요구를 고사하던 정구 회장은 1996년 그룹 창사 50주년이 되는 해 박 명예회장이 "65세에 회장직을 물려주겠다는 약속을 지키고 싶다."는 뜻을 거듭 밝히자 회장직에 올랐다.

순조로운 경영권 이양에 대한 보답 차원이었는지는 몰라도 정구 회장의 형에 대한 예우는 남달랐다. 성용 명예회장은 그룹의 자금사정이 좋지 않은 상태에서도 문화·예술 사업 등 이상적인 아이디어를 곧잘 제기했다. 수요와 공급 원칙에 철저히 따르는 동생 정구 회장으로선 형의 제안이 별다른 실익이 없다는 사실을 누구보다 잘 알고 있으면서도 "그렇게 하시죠."라며 무조건 따랐다.

그러나 정구 회장은 형과는 사뭇 다른 경영스타일을 보였다. 경제이론을 중요시했던 형과 달리 본능적인 감각과 불도저식 추진력을 발휘하는 현장중심의 경영방식을 택했다.

이는 연세대 법학과를 졸업하자마자 22세에 광주여객 영업과장으로 회사에 몸 담으며 철저히 경영수업을 받아온 당연한 결과이기도 했다.

정구 회장은 취임하자마자 아주생명을 인수, 금호생명으로 변경해 보험업에 진출했다. 강원 설악과 전남 화순, 경남 충무, 제주 남원에 잇달아 콘도를 개장, 미래의 유망분야인 관광·레저사업 부문을 확대했다.

정구 회장이 재임때 가장 역점을 둔 사업은 중국 진출이었다. 항공·타이어·고속버스 분야를 중심으로 중국 시장을 개척했다.

정구 회장의 불도저식 경영은 1997년 이후 IMF 위기에서도 발휘됐다. 계열사간 합병·지분매각·청산 등을 통해 한계사업과 비주력 사업부문을 과감히 접었다. 1997년 당시 32개였던 계열사를 2001년 15개로 축소했다.

자본유치, 부동산 및 유가증권 매각, 유상증자 등을 통해 97년 말

966%에 달했던 그룹 부채비율을 2001년 말 360%로 낮추는 등 재무구조를 개선시켰다.

대부분의 그룹 임직원들은 3대 정구 회장이 풍부한 경험과 의리를 앞세우며 선 굵은 경영을 펼쳤던 경영인으로 기억하고 있다.

'폭탄주'를 즐기던 정구 회장은 특유의 뚝심으로 IMF 파고를 넘었지만 2002년 폐암으로 운명을 달리했다.

아버지를 쏙 빼닮은 셋째아들

정구 회장에 이어 4대 회장에 취임한 삼구 회장은 5남3녀중에서도 아버지 박인천 회장을 가장 닮은 아들로 꼽힌다.수리에 밝고 매사에 적극적인 성격을 갖고 있다.

나이에 비해 생각하는 것이 젊어 '영원한 39(삼구)세'라는 별칭도 갖고 있다.높은 결단력과 추진력을 겸비해 한번 결정하면 물러서지 않는 원칙론자이기도 하다.이런 그의 성격은 그룹 창사 이래 최고의 실적을 내는 업적을 이뤄냈다.연세대 경제학과를 졸업한 뒤 약관 22세의 나이에 한국합성고무를 차릴 정도로 경영인으로서의 '끼'를 발휘했다.그룹 총수이면서도 재무·관리·세무회계 등에 정통해 그룹의 세세한 재무상태까지도 훤히 꿰고 있다.서구 금호아시아나그룹 고문은 "회장님이 업무면에서는 섬세하고 치밀해 한치의 오차도 허용하지 않지만 형님들을 모시거나 동생들을 보살피는 데는 넓은 포용력을 발휘한다."고 말했다.형들을 생각하는 박 회장의 정성은 극진했다.2004년 박성용 명예회장이 세계문화예술 발전에 공헌한 공로로 독일의 몽블랑 문화재단으로부터 '몽블랑 예술후원자상'을 받자 밤 11시에 형에게 달려가 깜짝 축하파티를 열어주기도 했다. 웬만한 주요 행사에는 바로 아래 동생인 찬구 그룹 화학부문 회장을 반드시 동행토록 해 사소한 의사결정때도 동생의 의견을 듣는다. 삼구 회장은 잔정이 많다는 게 그룹 임직원들의 대체적인 평가다. 지난 1998년 당시 아시아나 사장이던 삼구 회장은 IMF를 맞아 전년도 입사자들이 1년간 무급휴가를 마치고 회사로 복귀하는 행사장에서 5분간 말을 잇지 못하고 계속 눈물만 흘린 사실은 아직도 회자되고 있다.

그룹 제2의 중흥기 맞아

2002년 9월2일에 4대 회장에 취임한 삼구 회장은 IMF 이후 2004년까지 4조 9961억원의 구조조정 실적을 이뤄내는 자구노력으로 기업을 회생시켰다. 이 구조조정 기간에 공적자금을 지원받지 않고, 직원 감축없이 그룹을 살려냈다는 평가를 받고 있다. 2006년 대우건설 인수 등 금호아시아나 창립 이래 최대 도약 발판을 마련했다. 박 회장은 앞으로도 항공·고속 등 운수분야와 타이어, 석유화학 계열, 관광·레저, 금융 등의 기존 사업분야는 경영합리화를 통해 수익성을 극대화한다는 방침이다. 여기에 미래성장동력인 물류와 관광레저사업 중심의 신규사업에 대한 투자를 확대해 지속적인 성장기틀을 마련해나간다는 전략이다.

뒤에서 묵묵히 보좌하는 4남

4남 박찬구 그룹 화학부문 회장은 미국 아이오와 주립대 통계학과를 졸업해 수치에 밝고 경제의 맥을 잘 짚는다는 평가를 받고 있다.혹시.형인 삼구 회장에게 누가될까봐 뒤에서 묵묵히 돕고 있다.전공을 살려 회사내의 재무상황을 꼼꼼히 챙기고 재무구조 개선에 앞장서 왔다.찬구 회장은 지난 1992년부터 2003년까지 구조조정본부 역할을 하는 비전경영실의 사장을 겸직하며 그룹에서 추진되고 있는 구조조정 사안들을 일일이 챙겼다.그는 유연한 조직체계 및 관리체계를 구축해 금호석유화학을 합성고무부문에서 국내시장 점유율 1위,세계 3위의 생산능력을 보유하는 기업으로 키워냈다.

금호아시아나그룹 전문 CEO

박찬법(62) 항공부문 부회장은 2001년 1월 내표이사직에 취임해 대규모 흑자 전환,세계 최대의 항공제휴망인 '스타얼라이언스' 가입 등의 성과를 올렸다.철저한 원칙주의자로 정평이 나있다.

국내 손꼽히는 CIO출신 CEO 신훈 부회장(62)은 뛰어난 경영수완으로 금호건설 경영정상화를 주도하였고 현재 금호아시아나그룹 건설부문 부회장으로 금호건설과 대우건설을 통솔하고 있다.금호산업 건설사업부 이연구 사장(57)은 30년 금호맨으로 합리적이고 도전적인 경영마인드로 22년만에 재개한 해외사업을 적극 추진하는 등 금호건설의 중흥기를 이끌고 있다.

대우건설 박창규(58)사장은 1977년 대우건설에 입사하여 요직을 두루거친 정통 건설맨으로 업무에 있어서는 맺고 끊는 것이 분명하고 추진력이 강한 덕장으로 통한다.

금호타이어 오세철(60) 사장은 1974년 금호타이어 입사 후 연구·생산분야에서 잔뼈가 굵은 엔지니어 출신이다. '현장중시' 의 경

▲박찬법 부회장

▲신훈 부회장

▲이원태 사장

▲김성산 사장

▲박병욱 사장

▲오세철 사장

▲이삼섭 사장

▲류명렬 사장

▲박근식 사장

▲기옥 사장

▲ 김종호 사장

▲ 유병률 사장

영철학을 실천하고 있다.

금호산업 고속사업부 이원태(62) 사장은 그룹내 손꼽히는 중국 전문가로 통한다.1993년부터 금호아시아나의 중국사업 전진기지인 북경대표처에서 근무하며 타이어,항공,고속 등 그룹의 중국 진출을 이끌었다.금호석유화학 기옥(58) 사장은 재무통으로 금호타이어 경리부에서 출발해 회장부속실 근무중 아시아나항공 설립과 함께 직원 1호로 발탁되기도 했다.

금호피앤비화학 류명렬(61) 사장은 비상경영을 통한 획기적인 원가절감과 생산성 향상으로 연속 적자에 시달리던 회사를 1년이 채 지나지 않아 흑자로 전환시켰다.

금호미쓰이화학 김완재(61) 사장은 그룹내 화학 부문인 금호석유화학,폴리켐 등을 두루 거친 그룹내 화학분야 전문가로 통한다.금호폴리켐 길병위(59)사장은 1976년 금호실업 입사 후 아시아나항공 재무 부문 부사장을 거친 그룹내 재무전문가이다.

금호산업 고속사업부 직행부문과 터미널 대표이사인 김성산(61) 사장은 1960년 광주고속에 입사하여 40년 이상 장기근속한 금호아시아나그룹의 산증인이다.

금호렌터카 이삼섭(57) 사장은 종합무역상사인 금호실업에 입사, 금호건설을 거친 후 비전경영실부사장을 지냈다.타이어,항공,고속, 건설,화학 등 그룹 전 분야에 해박한 지식을 갖고 있다.아시아나IDT 박근식(61) 사장은 IT출신이 아니지만 2003년부터 그룹 IT전문회사인 아시아나IDT대표를 맡고 있다.사이버대학 IT관련 학과에 다니는 노력 끝에 전문가를 능가하는 실력을 갖췄다는 평가를 받고 있다.

한국복합물류 김종호(59) 사장은 외국어에 능통해 해외영업을 총괄하는 등 타이어 해외수출의 선봉장 역할을 해왔다. 인천공항에너지 류병률(61) 사장은 아시아나항공 서울지점장과 여객담당 임원 등 영업에서만 10년이상 근무한 영업통이다.

아시아나항공을 이끌고 있는 강주안(58)사장은 원어민 수준의 영어 실력을 갖추고 있고 뉴욕 지점장 등을 지낸 항공 영업전문가이다. 서울고속버스터미널 윤영민(60)사장은 1972년 광주고속 입사 후, 금호산업 고속사업부 부사장을 거친 국내·해외영업 전문가이다.

아스공항 박병욱(60) 사장은 금호생명 대표이사를 거치는 등 그룹 내에서 재무통으로 손꼽힌다. 지난 2003년에는 한양대에서 경영학 박사 학위를 받을 정도로 이론과 실무에 능한 수재형 CEO다. 아시아나레저 김창규(52) 대표이사 부사장은 골프장, 리조트, 테마파크, 호텔사업 등 그룹 내 레저사업을 책임지고 있다. 평소 현장경영을 중시하여 해박한 실무지식을 보유하고 있으면서도 상하구분 없이 친화력을 높이 평가받는 CEO이다.

금호생명 최병길(54)대표이사 부사장은 조직의 턴어라운드 전략을 통해 효율적인 조직을 이끌고 있는 전략통 CEO다.

그룹 전략경영본부 오남수(59) 사장은 현재 구조조정본부 역할을 하고 있는 그룹 전략경영본부의 실무 총괄 책임자다. 1997년 시작한 그룹의 구조조정 작업에 줄곧 몸담아 왔다. 재계에서 손꼽히는 와인 애호가 및 전문가로 '어너더 와인, 어너더 테이스트(Another Wine, Another Taste)' 란 제목의 와인 가이드 포켓북을 발간하기도 했다.

재벌 혼맥의 허브… 삼성·LG 등 사돈

　박인천 금호아시아나그룹 창업주와 2세인 5남3녀는 자식들의 혼사에 각별히 신경써 화려한 혼맥을 형성하고 있다.금호아시아나가(家)는 2,3세들의 혼인을 통해 삼성,LG,대우,대상그룹과 사돈을 맺는 등 '재벌가 혼맥의 허브'로 부상했다.

　박 창업주 회장의 장남인 고 박성용 명예회장은 아들 재영(37)씨를 구자훈 LG화재 회장 3녀인 문정(32)씨와 결혼시켰다.재영씨의 장인인 구자훈(60) 회장은 구인회 회장의 손밑 동생 철회(75년 작고)씨의 3남이다.박 명예회장과 구 회장이 자식들의 혼사로 인해 '사

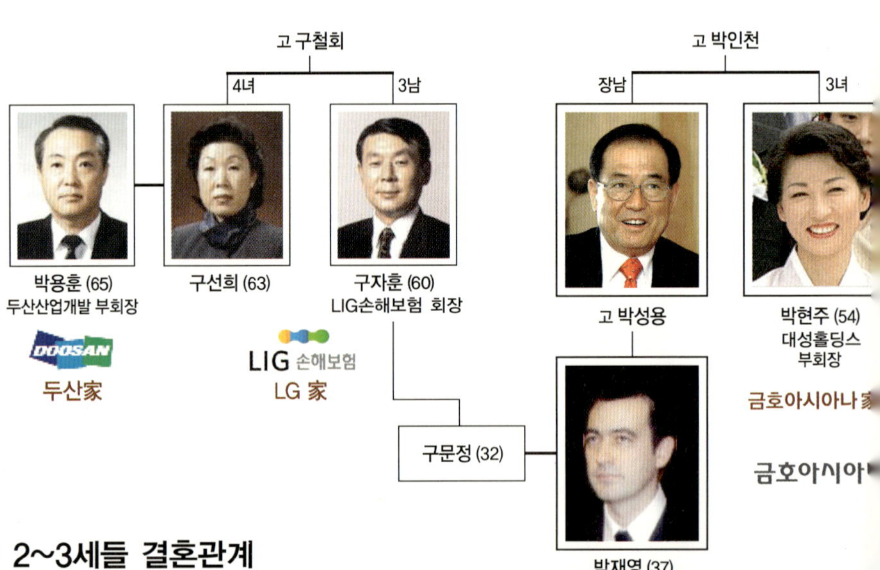

■ 2~3세들 결혼관계

돈' 관계를 맺게 된 것이다.

금호아시아나가의 장손인 재영씨의 처고모부인 박용훈(65)씨는 두산산업개발 부회장이어서 금호아시아나그룹은 두산그룹과도 혼맥으로 연결돼 재계 명문가의 위상을 이어갔다. 박 부회장은 박우병 전 두산산업 사장의 장남이다.

2남 정구 회장의 장녀 은형(37)씨도 김우중 전 회장의 차남 김선협(38·포천아도니스CC 사장)씨와 혼인해 일가를 이뤘다.

금호아시아나가의 혼맥은 뭐니뭐니해도 3녀 현주(54)씨를 통해 빛을 발한다. 현주씨는 임창욱(58) 대상그룹 명예회장에게 시집갔다. 또 큰 딸인 임세령(30)씨를 삼성그룹 이건희 회장의 아들 이재용(39) 삼성전자 전무와 결혼시켰다.

세령씨와 이재용 전무간의 결혼은 호남 집안인 금호아시아나가와 대상그룹,영남집안인 삼성가가 사돈을 맺었다는 점에서 재계의 화제가 됐다.또한 '미원-미풍 전쟁'을 벌였던 삼성과 대상그룹이 혼맥으로 합쳐졌다는 점에서 지대한 관심을 끌었다.

세령씨는 시어머니인 홍라희(62) 여사가 보광그룹의 장녀여서 홍석현(54) 전 중앙일보 회장과 홍석규(51) 보광그룹 회장을 시외삼촌으로 모시고 있다.

특히 박현주씨는 금호아시아나가가 남자들에게만 지분을 상속한다는 대원칙을 고수해 친정에서는 경영참가가 원천 봉쇄됐었다.하지만 결혼 이후 전문 경영인으로 변신하고 있다.

박씨는 현재 대상그룹의 지주회사인 대상홀딩스 부회장직을 맡고 있다.

3대째 이어지는 원칙

금호아시아나그룹의 철저한 동등지분 원칙이 3대째 이어지고 있다.장자승계 원칙이 일반적인 다른 그룹과 달리 창업 2세 가구별로 똑같은 지분을 확보,경영권을 공유하고 있는 것이다.고 박성용 명예회장 등 금호 경영에 참여한 4형제는 공교롭게도 아들을 1명씩 두고 있다.

금호아시아나그룹은 지난 2005년 8월 고 박 명예회장이 보유해온 계열사 지분 전량을 장남인 재영(37)씨가 상속했다고 공시했다.이에 따라 박성용-정구-삼구-찬구로 이어져온 금호아시아나그룹의 형제경영 체제가 3세에서도 이어질 수 있는 틀이 마련됐다.

금호아시아나그룹의 지분구조는 특이하다.지주회사인 금호석유화학을 기준으로 창업 2~3세들의 지분구조가 9.24%로 똑같다.2세 경영인 중 회사 경영과 무관한 5남 종구(과학기술혁신본부 본부장)씨를 빼고는 4명의 형제가 동일한 지분을 갖고 있다.

2세들이 작고하면 이 지분은 고스란히 3세 경영인들에게 상속돼 지분구조를 둘러싼 분란이 생길 틈이 없다.

재영씨는 그룹 지주회사인 금호석유화학의 보통주 136만 2512주와 우선주 8만 3251주,금호산업의 보통주 35만 5000주,금호종합금융의 보통주 3만 9070주,금호페이퍼텍의 보통주 2585주와 우선주 4만 1087주를 받았다.이로써 재영씨는 금호석유화학 지분 9.24%를

<《금호석유화학 지분 구조》>

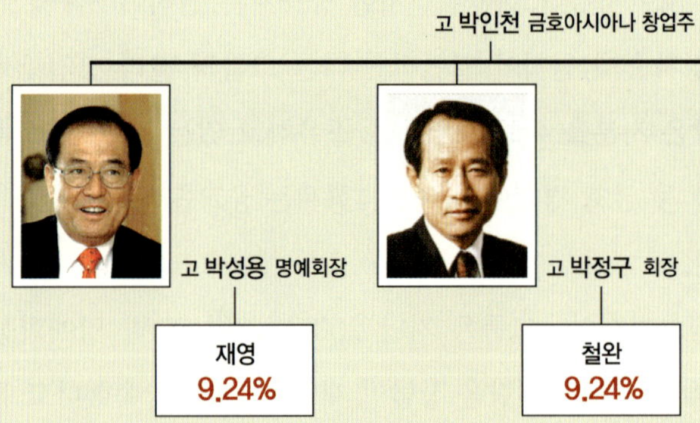

소유하게 됐다. 2002년 작고한 정구 회장의 장남 철완(27)씨도 부친 지분 9.24%를 그대로 상속받았다.

이로써 사촌지간인 재영씨와 철완씨는 나란히 금호아시아나그룹의 대주주로 떠올랐다.

그룹의 지주회사격인 금호석유화학의 최대 주주는 자사주 19.8%를 보유한 금호석유화학이고 재영,철완씨는 2대 주주가 된 것이다.

이들은 금호산업과 금호종합금융의 지분도 똑같이 보유하고 있다. 금호산업 지분은 42.49%를 보유한 금호석유화학이 최대 주주로 있으며 재영,철완씨가 1.87%씩 갖고 있다. 두 사람은 금호종합금융의 지분도 1%씩 보유했다.

이처럼 철저한 동등지분 원칙이 적용되는 것은 창업 2세 형제들이 그룹 지분을 똑같이 나눠 갖고 형제경영을 하는 것처럼 3세도 이같은 전통을 이어가겠다는 뜻에서다.

금호아시아나가(家) 3세들의 경영참여 시점도 관심거리다. 재영씨는 미국 LA에서 영화 공부를 하고 있고, 철완씨는 미국에서 MBA과정을 밟고 있다.

금호아시아나 그룹 관계자는 "재영씨와 철완씨가 지분 승계로 대주주가 됐지만 당분간 경영에는 관여하지 않고 학업에 전념할 것으로 알고 있다."고 말했다.

1장

재벌家 맥(脈)-下

누가 한국을 움직이는가

■ 동부가(家 · 그룹) 총괄 인맥도

동부그룹 가계도

고 김진만
전 국회의원

고 김숙자

김숙진 · 71

임주웅 · 67
전 동부생명 사장

김명자 · 65

김준기 · 63
동부그룹 회장

김정희 · 59
고 김상준
삼양염업사회장 딸

김평우 · 62
전 대한변협 사무총장
고 김동리 소설가 아들

김명희 · 60

김택기 · 57
전 국회의원

윤순균 · 41 개인사업
+
임경미 · 40

윤재현 · 14
윤대현 · 12

임준석 · 39 고려대 박사과정
+
윤희성 · 37

임성재 · 9
임성은 · 7

이성진 · 38 연세대 의대교수
+
임수정 · 37

이시학 · 10
이시연 · 7

김주한 · 37
메릴린치
애틀랜타지사

김주원 · 34

김지후 · 6
김정후 · 4

김동만 전 해동화재회장 손자
김효일 전해동화재부회장 아들

김남호 · 32
미국 유학

차원영 · 28
차경섭 차병원이사장 손녀
차광열 포천중문의대교수 딸

김병직 · 35 미국 유학
김병은 · 31 유학 준비중

이양희 · 51
~~~~ 전 의원 딸

김무기 · 54
서울디지털경제 발행인

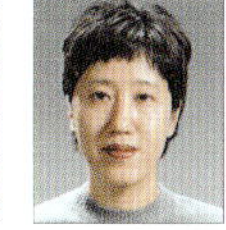

이지은 · 48

김홍기 · 48
미국 개인사업

오남선 · 48

신동윤 · 49
율촌화학 사장
신춘호 농심회장 아들

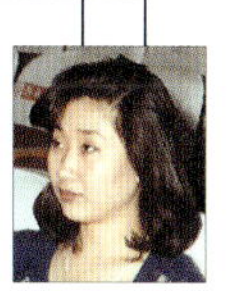

김희선 · 47

김현기 · 41
개인사업

김남선 · 30 미국 유학
김두연 · 27 아리랑TV 기자

김홍지 · 21 미국 유학
김현지 · 19
김혜지 · 10

김남윤 · 19
김남훈 · 15

신은선 · 19
신시열 · 17

~~~~

김준기 회장가(家)

약관(弱冠)에 창업… 이순(耳順)에 재계 10위권 진입

국내 10대 그룹이 대부분 1930~1940년대 출범한 것과 달리 동부는 이 보다 한 세대 가량 늦은 산업화시대인 1969년, 대학생인 김준기 회장이 세운 후발기업이었다. 선발 창업 기업은 사업참여 기회가 많았지만 동부는 후발기업이어서 사업참여에 어려움을 감수할 수밖에 없었다.

대우 율산 등 1960년대 말을 전후해 함께 등장했던 기업들이 부실 문제로 몰락한 것과 달리 동부는 성장과 안정을 기치로 삼아 꾸준히 사세를 키워 현재 재계 순위 12위까지 성장했다.

사우디 최초·최대의 사업단지인 주베일에서 신화를 창조하다

"나는 죽고 싶었다. 아니 죽으려 했다. 공사도 시작하기 전에 나라에 큰 손해를 끼친다는 죄스러운 마음에서 눈앞이 깜깜했다. 중동 진출 꿈은 날아가고 동부건설이 무너지는 소리를 들었다. 피사의 사탑 앞에서 양주를 한 병이나 마셨다. 이 탑에 올라가 뛰어내려야겠다고 생각했다.그러나 막상 죽으려니 그동안의 고생이 너무 아까웠다.이탈리아 말도 모르면서 이탈리아 귀신들 속에서 고생할 것 같다는 쓴웃음도 나왔다.그리고 죽더라도 고국에 돌아가서 죽자고 마음을 바꿔 먹었다.죽기로 마음 먹으니 다시 한번 부딪쳐 보자는 각오가 섰다."

1974년.동부의 중동 진출 시발탄인 주베일 해군기지 공사를 내정가에도 못 미치는 가격에 입찰받자 회사와 국가에 큰 손해를 끼치게 했다는 자책감과 함께 김 회장은 일생일대의 위기를 맞게 됐다.유복한 집안에서 고생 없이 자란 덕에 김 회장의 창업은 밥벌이와 무관했지만 그렇다고 그룹을 이루는 일이 쉽지만은 않았음을 보여주는 대목이다.

그는 죽는 대신 죽을 각오로 다시 일어섰다.발주처를 끈질기게 설득한 끝에 재입찰을 성사시키면서 동부의 중동시대를 열었다.김 회장이 현장 반장이 되어 섭씨 50도가 넘는 사막을 전세 택시로 오가며 말뚝을 박고 공사를 지휘했다.사우디 최대의 산업단지인 주베일에 한국 건설 업체 최초로 동부건설이 대형 복합공사(4800만달러)를 따냈다.그 이후 사우디 제다 해군기지,사우디 국방부 청사,리야드 국제공항 등 20억 달러 이상의 대형 공사를 잇따라 따냈다.그 때 벌어들인 돈이 오늘 날의 동부를 일군 종자돈인 일명 '오일 머니' 다.건설사 창업 10년도 안돼 도급 순위가 1978년 6위까지 오르는 기염을 토했다.

미국에서 착안한 기업가의 길

고려대 경제학과 4학년에 재학중이던 1969년.만 24세의 나이로 직원 둘을 데리고 동부그룹의 전신인 '미륭건설' 을 창업했다.제대

후 선진국 시찰단의 일원으로 40일간 미국을 돌아보고 그는 자본주의의 위대성과 시장경제체제의 합리성에 눈을 떴다.좋은 기업을 만들어 국가와 사회에 기여하겠다는 젊은 포부에서 동부의 창업 이념도 '좋은 기업'으로 정했다.

건설업은 리스크가 크고 엄청난 노력이 필요하지만 설비 하나 없이 시작할 수 있다.이같은 이점을 살려 창업 업종으로 건설업을 택했다.당시 회사 이름은 아름답게 솟아오른다는 뜻의 '미륭'으로 정했다.오늘날 동부의 전신이다.아버지 고 김진만 전 의원은 대학 재학중인 어린 아들이 사업하는 것을 반대했다.창업자금 2500만원은 가까운 친척들을 통해 마련했다.

1954년 3대 민의원으로 정치 인생을 시작한 아버지 김 전 의원은 김 회장이 창업한 1960년대 후반,여당의 당 4역으로 활약하며 최고의 전성기를 구가하고 있었다.동부의 창업 과정에 아버지의 후광 이야기가 운운되는 것도 이 때문이다.7선 의원인 김 전 의원은 지난 2006년 5월 숙환으로 별세했다.

동부그룹 관계자는 "김 회장은 동부그룹을 창업하는 과정에서 아버지로부터 도움을 받지 않았겠느냐는 오해를 받기도 했다."면서 "정치는 후광으로 가능하지만 기업은 자본주의 시장경제에서 평가받는다는 평범한 사실을 이해하지 못하는 과정에서 발생하는 오해"라고 설명했다.

김 전 의원은 1972년 항명파동으로 당권의 핵심에서 멀어져 간 인물이다.오늘날 동부그룹을 이룬 기반은 1975~1983년 중동에서 벌어들인 외화였다는 것이다.

1980년 전두환 정권은 권력에 의존해 축재 혐의가 있는 정치인들을 조사, 재산을 몰수했다. 이 과정에서 아버지 김 전 의원으로 인해 동부건설 계열 3사가 연루된 적도 있다. 아들인 김 회장은 조사를 받았지만 무혐의로 풀려났다. 동부건설 계열 3사가 직면한 일대 위기였지만 결과적으로 동부의 창업 과정과 김 전 의원이 무관하다는 점을 입증한 계기가 되기도 했다는 설명이다.

동부그룹 관계자는 "동부(당시 미륭)를 창업한 1969년 당시 이미 600여 선발 업체들이 포진한 상태였고 도급 순위에 따라 수주 한도가 정해졌기 때문에 미륭은 정부 발주 공사는 넘보지도 못했다."며 후광설을 일축했다. 그는 또 "그래서 요즘 말로 우리만의 틈새시장인 이른바 '블루오션'을 개발해 성공한 케이스"라고 설명했다.

예컨대 연세대학교 이공대 건물 등 민간 발주공사와 영국대사관, 독일문화원, 용산미군기지와 같은 외국인 발주공사를 집중 공략했다. 이는 국제적인 공사 표준이 엄격하게 요구되던 사우디 건설시장에서 성공 신화를 이룬 밑거름이 됐다고 덧붙였다.

계획된 사업다각화로 재계 10위권 진입

5남3녀 가운데 장남인 그는 서울 경기 중·고등학교를 졸업했다. 김 회장 일가는 경기고와도 인연이 깊다. 광복후 청년운동을 펼쳤던 그의 숙부 고 김진팔씨가 경기고 27회, 김 회장이 60회, 그의 아들 김 남호(32)씨가 90회 졸업생으로 3대가 경기고를 졸업했다. 지난 2005년 6월 말 서울 하얏트 호텔에서 열린 아들 남호씨의 결혼식에서 김 회장 재학 당시 화학 선생님이자 남호씨의 교장 선생님으로 재직했

▲2005년 7월 서울 신라호텔에서 열린 김진만 전 의원의 미수연(米壽宴)에서 김준기 회장가(家)의 3대가 함께 자리를 하고 있다. 왼쪽부터 김 회장, 부인 김정희씨, 부친 김 전 의원, 며느리 차원영씨, 아들 김남호씨.

던 송길상씨가 주례를 맡기도 했다.

고등학교 동창 중 사업을 가장 크게 하고 있는 사람 역시 김 회장이다. 동창들은 김 회장에 대해 "고등학교 시절에 공부도 잘했지만 술 담배는 물론 주먹도 무지 센 친구였다."고 회고한다. 김 회장의 경기고 동기동창 중에는 어윤대 전 고려대학교 총장, 포스코 이구택 회장, 최창영 고려아연 회장, 최경원 전 법무장관, 원정일 전 법무차관, 송옥환 전 과학기술부 차관, 양수길 전 OECD 대사, 한남규 전 중앙일보 부사장, 손욱 전 삼성SDI 사장, 이연수 전 외환은행 부행장 등 쟁쟁한 유명인사가 많다.

동부그룹에서는 김 회장에 대해 "일밖에 모르는 탁월한 기업가"라고 평한다. 일을 위해 그 좋아하던 술 담배도 끊고 걸음걸이까지 바꿨다. 다양한 분야에 걸쳐 독서를 즐긴다. 주요 사업 현안에 대해 합리적인 결론을 얻을 때까지 임직원들과 마라톤 회의를 벌인다.논리에서 밀리지도 않고 지독하다 싶을 만큼 마음 먹은 일은 꼭 이루는 성격이다.

1970년대 말까지만 해도 건설 운송사업에 머물던 동부가 재계10위권 그룹으로 거듭난 것도 동부가 중동신화를 창조했을 때와 마찬가지로 그의 집념과 추진력 때문이다.반대를 무릅쓰고 중동에서 벌어들인 돈으로 부실 기업들을 속속 인수해 경영을 정상화시킨 주인공이 바로 김 회장이다.사업다각화는 초기부터 큰 밑그림을 갖고 계획적으로 추진됐다.

예컨대 1984년 '장영자 사건' 여파로 부도가 난 일신제강을 인수,4000여억원을 투입해 민간 최대의 냉연강판회사로 탈바꿈시켰다.이어 1998년 1조 3000억원을 들여 아산만에 제2 냉연공장을 건설,오늘날 동부제강을 세계적인 냉연철강회사로 탈바꿈시켰다.

80년대에는 울산석유화학과 영남화학을 인수,양사를 합병해 동부화학(현 동부하이텍)을 출범시켰다.1983년에는 만년 적자인 한국자동차보험(현 동부화재)을 인수해 오늘날 손해보험업계 '빅3' 인 동부화재를 만들었다.

형제들의 화려한 혼맥

어머니에 대한 사랑도 일에 대한 열정 만큼 극진하다.경기도 남양주시 금곡에 있는 어머니 고 김숙자씨의 묘소 옆에 별장을 지어놓고 수시로 다녀가고 있다.사업 구상이나 고민에 빠질 때도 그가 찾는 곳은 늘 어머니 곁이다.어머니 김씨는 서울 명성여학교에서 유학,일제시대 삼척 송정국민학교에서 교편을 잡은 최초의 여교사다. 전형적인 현모양처였다는 평이다.

동부는 80년대 중동 경기가 악화되기전 이미 중동에서 철수했다. 사우디에서 벌어들인 '오일머니'로 회사를 속속 설립, 인수하면서 그룹 시대를 열었다. 몇 안 되는 친인척들은 이무렵 동부그룹에 합류했다.

혼맥은 정치인이던 아버지 슬하에서 이뤄진 혼사여서 화려하다는 인상을 주기도 하지만 연애 결혼도 의외로 많다.

누나인 김명자(65)씨의 남편인 임주웅(67)씨는 결혼과 함께 김 회장의 권유로 동부에 합류해 한국자동차보험 이사, 동부생명보험 사징 등을 지냈다. 누나 김명자씨는 김 회징을 대신해 가족들의 대소사를 챙기는 역할을 한다. 매형인 임 전 사장의 아버지는 한국 최초의 치약 제조회사였던 동아특산약화학의 창업자인 고 임형복씨다. 임 전 사장의 형인 임주용(73)씨는 동국제강 고 장상태 회장의 막내 동생인 장복혜씨와 결혼했다. 중앙투금 부사장을 지냈다. 임 전 사장의 아들 준석(39)씨의 장인 윤호중씨는 흥아해운 창업주인 고 윤종근씨의 아들이다.

김 회장의 큰 동생이자 고 김진만 전 의원의 차남인 김택기(57)씨는 90년대 동부화재 사장을 지내면서 만년 적자이던 한국자동차보험(현 동부화재)을 흑자 전환시킨 것으로도 유명하다. 그러나 정계 진출을 위해 사표를 내고 2000년 4월 16대 민주당 의원(강원 태백 정선)으로 당선됐다. 17대 총선에서는 낙마했지만 그룹으로 돌아올 계획은 없다. 부친과 절친했던 이철승(85) 전 의원의 딸인 이양희(51) 성균관대 아동학과 교수와 사이에 두 자녀를 두고 있다.

김 회장의 둘째 남동생인 김무기(54)씨는 80년대 초반 동부그룹에 합류했다.동부제강 상무,동부증권 부사장 등을 역임하다 1990년대 말 벤처 창업을 위해 회사를 떠났다.지금은 IT전문 경제지인 서울디지털경제의 발행인 겸 편집인으로 활약 중이다.성격이 호방한 데다 주량이 세고 입담이 뛰어나 그룹 내에서는 일명 '핵무기'로 통했다.자유연애로 만난 부인 이지은(48) 씨는 인테리어 디자이너로 서울대 문리대 학장을 지낸 고 이종진씨의 딸이다.친구의 소개로 만났으며 금슬이 좋기로 유명하다.

가족 · 친지 · 동업자의 동반 없이 재계 정상에 오르다

동부는 창업에서부터 궤도에 오르기까지 창업자 단독으로 그룹을 일궈낸 보기 드문 사례라고 강조한다.

그룹을 이루는 과정에서 한때 일했던 매형과 동생들은 모두 각자의 길로 떠났다.남아 있는 사람은 김 회장의 동서인 윤대근 제조분야 부회장과 외삼촌인 김형배(73) 고문 둘이다.

김형배 고문은 상공부(현재의 산업자원부 전신)에서 기획관리실장,경공업 차관보를 거친 경제관료 출신으로 중소기업진흥공단 이사장 등을 거쳐 1994년 김 회장의 권유로 동부에 합류했다.제조부문 회장을 지내기도 했다.지금은 동부제강,동부하이텍,동부정밀화학 등 동부 주력 제조업체들의 경영방향을 제시하는 역할을 하고 있다.

김 회장의 '오른 팔'로 통하는 윤 부회장은 문교부(교육부 전신) 장관과 서울대 총장을 지낸 고 윤천주씨의 아들이다.김 회장의 부인인 김정희(59) 여사의 여동생 김정림(58)씨의 남편이다.70년대 초반 미국 유학 당시부터 그룹 일을 도와 가장 먼저 그룹에 참여한 친·인척으로 꼽히기도 한다.

측근들은 김준기 회장과 윤대근 부회장은 코드가 통해 지금도 손발을 맞추고 있다고 말한다. 동부그룹 관계자는 "소머리 국밥집에서 냄비에 눌어붙은 누룽지를 긁어먹길 좋아하는 등 두 사람의 소탈함이 닮았다."고 전했다. 김 회장은 윤 부회장에 대해 "인척관계를 떠나 사업상 고락을 함께 해온 동지"라고 표현할 정도로 정이 돈독하다.

김 회장과 윤 부회장의 장인은 고 김상준 삼양염업사 명예회장이다. 고 김 명예회장은 김상하 삼양그룹 회장의 형이다. 고 김 명예회장의 2남3녀 중 둘째 딸과 셋째 딸이 나란히 김 회장과 윤 부회장에게 시집간 것이다. 지난 2005년 7월 김 회장의 아들 남호씨의 결혼식 당시 식장 맨 앞에 있던 신랑 가족석 옆에 삼양그룹 사람들을 위한 별도 테이블이 마련되기도 했다. 지난 2004년 9월 고 김 명예회장이 별세했을 당시 두 사람이 시종 빈소인 고려대병원을 지키기도 했다.

김 회장의 결혼은 친지의 중매로 이뤄졌다. 동부 관계자는 "창업 이후 사업 확장에 여념이 없던 김 회장에게 중매가 들어왔는데 신부 후보가 알고 보니 김 회장과 중·고등학교 동기인 김병휘(현 한양대 수학과 교수)씨의 동생이었다."면서 "전부터 알고 지내던 사이여서인지 자연스런 만남이 지속됐고 혼사도 순조롭게 이뤄졌다."고 말했다. 연세대 기악과 출신의 김정희(59)씨는 김상준 전 삼양염업 회장의 2남3녀 중 차녀다. 주례는 당시 동아일보 고재욱 사장이 맡았다.

이밖에 다른 형제들은 그룹에 관여한 경험이 없다.

여동생 김명희(60)씨는 '여성의 전화' 멤버로 활동하는 등 여성운동에 몸담아 왔다. 김희선 대통합민주신당 의원 등 여성계 인사들과 친분이 두텁다. 대한변호사협회 사무총장을 지낸 김평우(62) 변호사와 사이에 1남1녀를 두고 있다. 김 변호사의 양친 모두 유명한 소설가인 고 김동리 선생과 고 손소희 여사다. 김평우 변호사는 김준기 회장과 고등학교 동기이기도 하다.

김흥기(48)씨는 여동생인 희선(47)씨의 소개로 이화여대 수학과 출신인 오남선(48)씨를 만나 연애 결혼했다. 흥기씨는 고려대 정치외교학과를 졸업한 뒤 가방을 만들어 수출하는 무역업에 종사하다 지금은 미국에서 개인사업을 하고 있다.

김희선씨는 농심 신춘호(77) 회장의 둘째 며느리이자 신동윤(49) 율촌화학 사장의 아내다. 이화여대 음대 재학시절 자신이 소개해 오빠의 부인이 된 오남선씨의 주선으로 남편 신 사장을 학교 축제에서 만나 결혼했다.

막내인 김현기(41)씨는 부산에서 개인 사업을 하고 있다. 상지대 경영학과를 졸업했으며 아직 미혼이다.

동부그룹 관계자는 "현재 동서인 윤 부회장과 외삼촌인 김 고문 이외에 다른 어떤 친·인척도 동부그룹에 몸담고 있지 않다."면서 "다른 재벌들과 달리 동부는 아무리 가족이라도 능력이 없으면 경영에 참여시키지 않는 전통을 갖고 있다."고 말했다.

핵심경영인들 김 회장이 직접 스카우트

김준기 회장은 미국의 철강왕 카네기 묘비명에 적힌 "자신보다 훌륭한 사람을 부리다가 간 사람, 여기 누웠노라."(Here lies a man who was able to surround himself with men far cleverer than himself.)를 자주 인용한다.

대학 시절 카네기의 '부의 복음'을 읽고 그의 경영철학과 인재관에 깊은 감명을 받았다. 이 묘비명이 자신처럼 치열하게 세상을 살아가는 경영자의 참모습을 간결하면서도 적절하게 표현했다고 생각하고 '사람' 중심의 경영철학 및 인재관에 관한 좌우명으로 삼고 있다. 김 회장은 전문경영인들에게도 이를 실천할 것을 독려한다.

동서인 윤대근 부회장은 1977년 그룹의 미국 현지법인인 준 인터내셔널 대표로 입사했다. 당시 선진구매시스템을 구축해 중동건설에 기여했다는 평이다. 이후 1988년부터 동부제강 전무, 부사장, 사장 등을 역임하면서 아산만공장 건설을 주도했다. 동부하이텍 사장과 부회장을 거쳐 현재 제조분야 부회장을 맡고 있다.

이미 70년대부터 김 회장과 손발을 맞춰 온 윤대근(60 · 제조분야) 부회장은 물론 90년대 말 이후 합류한 장기제(63 · 금융분야) 부회장, 임동일(65 · 서비스분야) 부회장 등 오늘날 동부를 이끄는 핵심 전문경영인들 모두 이런 과정을 거쳤다.

이밖에도 2004년 6월 김순환 동부화재 사장(전 삼성화재 부사

〈동부그룹 부회장단〉

▲윤대근 부회장　　　　▲임동일 부회장　　　　▲장기제 부회장

장), 2005년 12월 조영철 동부CNI 사장(전 CJ홈쇼핑 사장), 2006년 7월 조재홍 동부생명 사장(전 삼성생명 전무) 등이 삼성에서 영입됐다. 2005년 5월에는 세계적인 반도체회사 미국 텍사스인스트루먼트(TI)의 최고기술책임자(CTO) 출신인 오영환 동부하이텍 반도체부문 사장, 대림산업 부사장 출신인 하진태 서비스분야 부사장, 대림산업 출신인 김용식 동부건설 부사장 등이 영입됐다

　같은 해 12월 동부제강 이수일 사장(62)이 현대자동차에서 영입됐고, 2007년 4월 한광희 전 포항강판 사장이 동부제강 열연부문 사장으로 합류했다.

'후계자' 김남호씨는 MBA 유학중

동부의 후계구도는 단순 명확하다. 김준기 회장의 승계자가 1남1녀 중 아들인 김남호(32)씨로 일찌감치 정해졌다. 180cm나 되는 건장한 체격이다. 성격은 겸손하다는 평이다.

남호씨는 지난 2005년 결혼 이후 부인 차원영(28)씨와 미국으로 건너갔다. 미국 시애틀의 워싱턴주립대학에서 MBA과정을 밟고 있다. 원영씨는 차경섭(88) 차병원 이사장의 손녀(차광열 포천중문의대 교수 딸)로 지난 2004년 6월 남호씨 누나인 주원(34)씨 후배의 소개로 만난지 1년만에 결혼에 골인했다. 남호씨는 MBA과정을 끝낸 뒤에도 서울로 돌아오는 대신 한동안 일본에 머물며 공부를 계속할 계획이다. 경기고를 졸업한 뒤 미국 웨스트민스터대학에서 경영학을 전공했다. 귀국해 군복무를 마쳤고 지난 2002년부터 외국계 경영 컨설팅 그룹인 AT커니 한국지사에서 미국 유학길에 오르기 직전까지 근무했다.

서울예고 출신의 원영씨는 영국에서 '유니버시티 오브 런던' 수학과를 나온 재원. 그룹의 예비 안주인으로서 자리매김하기 위해 남호씨 뒷바라지에 전념중이다.

2, 3세에 대한 지분 이양 과정에서 '편법 증여' 등 의혹이 제기되는 일부 재벌들과 달리 동부의 경우 온전히 증여세를 내고 정당하게 지분을 넘긴 것으로 알려졌다. 지분 이양은 대부분 이뤄졌지만 남호씨

가 경영에 참여하는 것은 아직 멀었다는 게 그룹의 설명이다.

동부그룹측은 "남호씨 본인이 공부를 하고 싶어 하는데다 김 회장도 평소 남호씨에 대해 국내외 경제 흐름에 대한 보다 전문적인 지식과 국제적인 안목을 쌓길 바라고 있다."면서 "경영 참여는 전혀 급할 것이 없다."고 말했다.

경영권 승계 작업은 진작에 끝났다. 김 회장은 1990년대 중반부터 2002년에 이르기까지 아들 남호씨에게 꾸준히 지분을 넘겼고, 그 결과 지난 2002년 10월 남호씨가 동부그룹의 지주회사 격인 동부화재의 최대주주가 됐다. 동부화재가 최대주주로 있는 회사들인 동부생명, 동부증권, 동부저축은행, 동부자산운용 등 금융계열사들과 동부건설 및 동부하이텍의 경영권도 확보하고 있다.

또 2004년 8월 김 회장이 아들 남호씨에게 자신이 갖고 있던 동부정밀화학 지분을 증여함으로써 남호씨는 동부정밀화학, 동부증권, 동부제강 등 주요 계열사에서 개인 최대주주 지위를 확보해 사실상 지분 승계 작업을 마무리했다.

딸 주원씨는 동부화재, 동부정밀화학, 동부제강 등에 대한 지분을 일부 갖고 있으나 경영 참여 가능성은 거의 없다는 것이 그룹측 설명이다. 친구 소개로 만나 1997년 9월 당시 해동화재 김동만(97) 회장의 손자인 김주한(37)씨와 백년가약을 맺었다. 지금은 미국 애틀랜타에서 두 아들과 함께 단란한 가정을 꾸리고 있다. 김주한씨는 메릴린치증권 애틀란타 지사에서 자산운용가로 일하고 있다.

2장

재벌家 맥(脈)-下

누가 한국을 움직이는가

08 효성가(家)

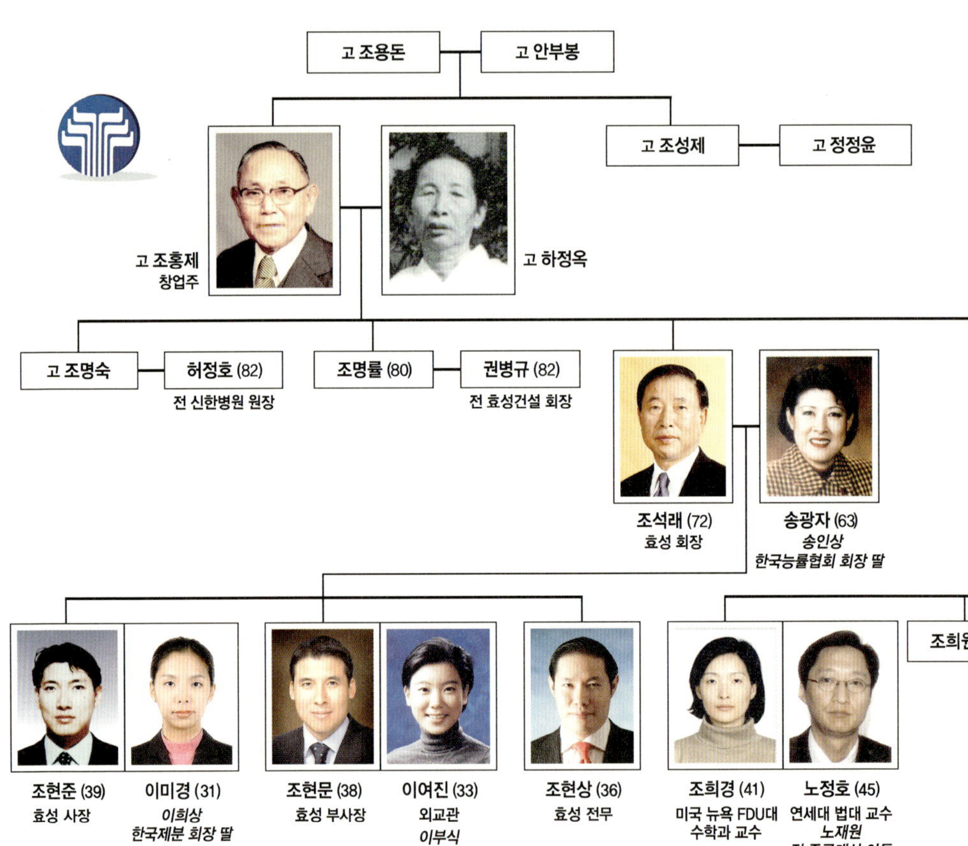
고 조용돈
고 안부봉
고 조성제
고 정정윤
고 조홍제
창업주
고 하정옥
고 조명숙
허정호 (82)
전 신한병원 원장
조명률 (80)
권병규 (82)
전 효성건설 회장
조석래 (72)
효성 회장
송광자 (63)
송인상
한국능률협회 회장 딸
조현준 (39)
효성 사장
이미경 (31)
이희상
한국제분 회장 딸
조현문 (38)
효성 부사장
이여진 (33)
외교관
이부식
전 해운항만청장 딸
조현상 (36)
효성 전무
조희경 (41)
미국 뉴욕 FDU대
수학과 교수
노정호 (45)
연세대 법대 교수
노재원
전 중국대사 아들
조희윤

08. 효성가(家) 총괄 인맥도

■ 효성가(家 · 그룹) 총괄 인맥도

창업주 고(故) 조홍제 회장가(家)

효성의 입사 면접은 깐깐하기로 유명하다. 예컨대 '한강의 물 무게는 얼마나 되나, 대한민국 바퀴벌레의 총 수는.' 등의 질문들이 쏟아진다. 그러나 '대략, 약, 수준, 정도 되지 않을까 생각합니다.' 고 불확실한 답을 내놓는다면 효성에선 그리 환영받지 못한다. 효성은 숫자에 관해 근거 없는 '적당주의'를 체질적으로 싫어한다.

이는 효성 창업주인 고 만우 조홍제 회장의 경영 스타일에서 비롯됐다. 그는 어떤 사항이든 계수화해서 보고 받기를 좋아했으며, 그래야 납득을 했다. 만우 회장도 중요한 경영상의 결재를 할 때는 철저히 계수에 입각해서 처리했다. 특히 신규 사업은 앞으로 발생할 수 있는 변수마저 계산에 넣고 사업을 추진했을 정도다.

시쳇말로 "1년간 지급하는 로열티와 그 기술을 이용해 얻은 이익을 금액으로 계산해 향후 10년간의 수지계산서를 만들라."고 한다면 요즘 실무진도 머리가 지끈지끈 아파올 것이다.

그러나 만우 회장은 40년전에 이를 당연하게 지시했으며, 당시 효성 실무진도 이에 익숙했었다. 그의 이같은 '계수 경영'은 그만의 독특한 성냥개비 계산법을 낳았다. 그가 계산하기 위해 손가락에 성냥 개비를 끼우고 슬슬 돌릴라 치면 실무자들은 계산이 혹시 틀리지 않았을까 긴장하곤 했다고 한다.

그의 꼼꼼한 경영 스타일은 창업 과정에서도 잘 드러난다. 효성의 주력 사업으로 훗날 나일론을 선택하기에 앞서 만우 회장은 공학과와 경제학과 출신의 엘리트 10여명을 뽑아 당시엔 생소한 기획부를 구성, 무려 2년간 20여종의 유망 업종을 검토하게 했다.

오늘날 효성의 제조업 전통과 실속 우선주의, 심사숙고형 기업 문화, 철저한 계산으로 돌다리도 두드리는 사업 풍토 등은 만우 회장이 효성에 남긴 유산들이다. 또 꼬장꼬장하고 대쪽같은 그의 성격은 효성을 늘 정치권과 거리를 두게 했으며, 생전에 2세들의 분가를 마무리한 것은 '돈 만큼은 가족이라도 철저해야 한다.'는 그의 오랜 경험에서 나온 것이었다. 재계의 불미스러운 일련의 일들을 보면 만우 회장의 혜안이 놀랍기만 하다.

늦되고, 어리석은 만우(晩愚)

만우 회장은 모든 게 늦었다. 신학문을 접한 것이 17세였고, 고보(중 · 고등학교)에 들어간 것이 약관(弱冠)을 앞둔 19세였다. 또 대학을 졸업한 것이 이립(而立 · 30세)이었으며, 사업에 첫 발을 내디딘 것이 불혹(不惑 · 40세)을 넘어서였다. 그리고 효성이라는 이름을 내걸고 독자 사업을 시작한 것이 이순(耳順 · 60세)을 앞둔 56세였으니, 늦어도 한참 늦었다. 그는 스스로 늦되고, 어리석다는 뜻으로 호를 '만우(晩愚)'로 지었다.

그러나 출발이 늦었을 뿐 그의 성취는 작지 않았다. 1960년대 부실 기업이었던 한국타이어와 대전피혁을 정상화시켰으며, 현재 나일론 세계 4위, 타이어코드 세계 1위인 동양나이론(현 효성)을 설립했다. 70년대엔 효성금속과 효성기계 등으로 사업 영역을 넓혀 한때 총 24개 계열사의 재계 5위 그룹으로 성장시켰다. 40~50대를 받쳐 삼성 성장에 일조를 했던 만우는 56세의 늦은 나이에 창업, 불과 10년 만에 효성을 세계적인 기업으로 올려 놓은 것이다. 1981년 포천이 뽑은 500대 기업 속엔 만우의 삶이 고스란히 투영된 효성과 삼성이 나란히 포함됐다.

진정한 가장은 애처가

늦었던 만우 회장이 빠른 것도 있었다. 그는 15세 때 집안 뜻에 따라 진주 하씨가의 차녀 정옥(작고)씨와 결혼했다. 당시 하씨가는 진주에서 쌀 2000섬 규모의 부호로 개화한 집안이었다. 부인 정옥씨는 신학문을 깨친 신식 여성이었다.

어린 시절부터 유교 생활이 몸에 밴 만우였지만 아내 사랑만큼은 각별했다고 한다. 만우는 무슨 일이든 아내와 함께 하는 것을 좋아했다. 당시엔 '팔불출' 소리를 들을 만한 행동이었다. 회사에 있다가도 아내가 아프다고 하면 아무리 바쁜 일이 있어도 열 일을 다 제쳐놓고 들어왔다. 또 틈을 내 여행도 같이 자주 다녔다.

사업에서 물러났을 때엔 매일 아침 아내와 함께 창경원 산책을 취미로 삼았으며, 함께 시장에 나가 장을 보는 것도 즐겼다. 특히 만우 자신도 말년에 몸이 불편했음에도 불구하고 항상 아내의 병수발을 자식 몫으로 두지 않았다. 78년 아내가 먼저 세상을 떠나자 만우는 아내의 상청(혼백을 모시는 제단을 마련하는 일) 돌보는 일을 1년간 직접 했다. 당시 만우 자신도 간병인의 도움을 받지 않으면 움직이는 것조차 힘들었던 심한 신부전증을 앓고 있었다.

만우는 사람을 고를 때도 이런 점을 중요하게 여겼다. 그는 사람을 쓸 때 세가지를 봤다.

첫째가 반골 유무, 둘째가 지론 출중이며 셋째가 진정가장(眞正家長)이었다. 반골 유무와 지론 출중은 누구든지 고려할 만한 요소이겠지만 진정 가장은 꽤 이채롭다. 만우는 가정이 제대로 서야 사회와 국가가 제대로 선다고 믿었다. 그래서 그는 직원 중에 바람을 피우거나, 첩을 얻는 사람이 있으면 무조건 내치라고 했다. 실제로 부장급의 한 직원은 여자 문제로 이혼을 하게 되자 그 자리에서 쫓겨났다.

"가정 하나 제대로 다스리지 못하는 사람이 회사를 어떻게 다스리겠나." 이것이 만우의 생각이었다.

고 이병철 삼성 회장과 동업

만우 회장의 회고록 '나의 회고'에 따르면 그는 1945년 해방과 함께 서울로 올라와 당시 자금난을 겪고 있던 이병철 삼성물산 사장에게 자금을 빌려준 계기로 동업을 시작했다.

만우 회장은 어린 시절 호암(고 이병철 회장의 호)의 친형인 병각 씨와 지기여서 두 사람은 이미 알고 지내던 사이였다. 만우와 호암의 동업은 사실상 삼성이라는 대그룹의 출발점이었다. 고 이 회장의 기획력과 만우 회장의 꼼꼼한 일처리는 자산규모 1700만원의 삼성물산을 설립 3년 만에 48억원이라는 순이익을 올리게 했다.

삼성물산의 성공은 제일제당(현 CJ그룹)과 제일모직 등의 제조업 진출로 이어졌다.특히 제일모직은 만우 회장이 자금 마련부터 기계 설비 발주,기술 숙련 등 모든 과정을 진두 지휘했다.제일모직의 당시 '골덴텍스'는 영국제와 마카오 복지를 대체할 정도로 큰 인기를 끌었다.이렇듯 '조·이 투톱' 체제는 불과 10년 만에 삼성을 명실공히 한국 제일의 재벌로 성장시켰다.

그러나 호사다마라고 했던가.이 회장은 돌연 만우 회장에게 동업 청산을 요구했으며,만우도 '이쯤에서 재산을 정리하는 것도 나쁘지 않으리라.'는 생각으로 흔쾌히 동의했다.그럼에도 불구하고 지분 문제에 대한 의견 조율이 안되면서 두 사람의 갈등은 점차 깊어갔다.이 과정에서 만우는 4·19와 5·16 군사 쿠데타로 이어진 급변하는 정국에서 삼성 대표로 부정 축재자라는 오명을 스스로 뒤집어쓰고 수감 생활을 하기도 했다.

정국이 점차 안정되면서 호암과 만우는 다시 재산 분배에 대한 논의를 계속했지만 합의에 이르지 못했다. '옳다, 그르다 싸우기만 하면 자기 사업을 할 수 없다.'고 판단한 만우는 결국 3억원을 받는 것으로 삼성과의 모든 정리를 마무리했다.이 때가 그의 나이 56세였다.15년간 대주주이자 경영인으로서 삼성을 국내 최고의 기업으로 키우는 데 일조를 했지만 그 '끝'은 그다지 아름답지 않았다.

만우는 '나의 회고'에서 당시 이 결정을 이렇게 밝혔다."오늘날 70년을 살아오는 동안 내가 내리지 않을 수 없었던 수많은 어려운 결단 가운데서도 가장 현명한 결단이 아니었나 싶다.그런 결단을 내

▲2003년 9월 서울 하얏트호텔에서 열린 조현문(뒷줄 왼쪽 두 번째) 효성 부사장 결혼식에서 가족이 기념 촬영을 하고 있다. 앞줄 왼쪽부터 조석래 효성 회장, 부인 송광자씨, 뒷줄 왼쪽부터 조현상 효성 전무, 조 부사장, 신부 이여진씨, 이미경(조현준 사장 부인)씨, 조현준 사장.

리지 못하고 분배받을 재산에만 연연했더라면 내 독자사업은 시작도 못해보고, 재산은 재산대로 찾지 못한 채 끝나게 되었으리라."

그러나 만우와 호암의 결별에도 양가의 인연은 대(代)를 이어 지속됐다. 만우 회장의 장남인 조석래(72) 효성 회장과 호암 회장의 차남 고 이창희 전 새한미디어 회장은 일본 와세다 대학에서 함께 공부했다. 또 조 회장의 부인인 송광자(63) 여사와 이건희 삼성 회장의 부인인 홍라희 여사는 서울대 미대 동창이다.

3세로 내려오면 인연은 더 깊고 다양해진다. 조 회장 차남인 조현문(38) 효성 부사장과 이재용 삼성전자 전무는 친구 사이이다. 장남인 조현준(39) 사장과 이 전무는 일본 게이오대학에서 같이 공부했다.

삼성가인 이재현 CJ 회장과 정용진 신세계 부회장, 김병관 전 동아일보 회장의 아들인 김재열(이건희 회장 사위) 제일모직 상무 등도 조 회장가(家)의 3형제(현준·현문·현상)와 잘 어울린다.조 사장은 "같은 또래인 데다 어린 시절부터 잘 어울려 요즘에도 운동 모임을 자주 갖는다."고 했다.

사돈들의 활약

효성은 재벌가 가운데 사돈들의 활약이 유달리 두드러진다.특히 만우 회장은 건강이 악화되면서 아들 후견인의 역할을 사돈들에게 맡겼다.

상남인 소석래 회장의 장인인 송인상(93) 한국능률협회 회장은 만우의 지기이자 조 회장의 후견인이었다.송 회장은 재무부 장관과 한국수출입 은행장을 두루 거친 경제계의 거물로 조씨가와 사돈을 맺기 전부터 만우와 친분이 두터웠다.78년 만우가 경영일선에서 물러난 이후엔 사위를 도우며 경영에 본격적으로 참여했다.

송 회장은 80년부터 16년간 동양나이론 대표이사 회장을 맡았으며,지금은 효성 고문으로 있다.

차남인 조양래(70) 한국타이어 회장에겐 처남들의 경영 참여가 눈에 띈다.외환은행장을 지낸 손위 처남 홍용희씨가 고문으로 활약했으며,또 다른 손위 처남인 홍건희 한국타이어 부회장도 경영에 참여할 정도로 한국타이어는 한때 '조·홍' 공동 경영체제를 이뤘다.

삼남 조욱래(58) 동성개발 회장도 장인인 김종대 전 대전피혁 회장의 경영 도움을 많이 받았다.만우 회장은 77년 대전피혁을 28세에 불과한 욱래 회장에게 맡기고 난 뒤,사돈인 김종대 전 농림부 장관에게 아들의 뒷일을 맡겼다. 경험이 부족한 아들의 단점을 김 전 장관에게 보완해 달라는 뜻에서다. 김 전 장관은 회장직을 맡아 경영에 나섰다.

양말 빠는 회장님

만우 회장은 자식들이 혹시나 '부잣집 아들 병'에 걸릴 것을 몹시 경계했다. 이 때문에 일부러 엄하게 대했을 뿐 아니라 확실한 경제 개념을 심어주기 위해 어릴 때부터 용돈 예산을 짜게 했다.

또 아들들이 유학을 떠날 때는 유학 기간에 필요하다고 판단한 최소 경비를 한꺼번에 쥐어주며 돈이 남든지, 모자라든지 간에 더 이상의 용돈을 보내주지 않았다. 덕분에 2세들은 유학 시절에 툭하면 접시 닦이를 해서 학비를 벌어야 했다.

그러나 만우가 늘 엄하기만 한 것은 아니었다. 한번은 중학교에 다니던 양래가 영어책을 잃어버려 난감해 할 때 친구에게 그 영어책을 빌려오게 한 뒤, 밤새 직접 필사를 했다. 또 장남인 석래가 일본에서 고등학교를 다닐 때, 사업차 방문한 만우는 장남의 하숙집에 널려 있던 양말을 깨끗이 빨아 놓을 정도로 자식에 대한 애정이 깊었다. 그는 공석에선 자식이라도 하대를 하지 않았다.

조 회장은 선친에 대해 이렇게 회고했다. "선친은 자식을 키운다고 할까, 믿어준다고 할까 하는 점이 굉장히 강해요. 당시 일반적인 가정과 달리 아들을 독립적인 인격체로 대하고, 자식들의 결정을 무척 존중해 주셨습니다." 실제로 만우 회장은 조 회장이 전공으로 경영학을 선택하기를 바랬지만, 공학을 전공하겠다는 아들의 뜻을 존중해 주었다.

만우는 "재산이라는 것은 있다가 없어지기도 하고, 없다가 들어오기도 한다. 자식에게 재산보다는 스스로 일해서 생활해 나갈 수 있는 능력을 꼭 길러주는 것이 중요하다."고 강조했다고 한다.

화려하게 뻗은 2세 혼맥

조씨가(家)의 혼맥은 여느 재벌가 못지않게 사통팔달로 뻗어 있다. 전직 대통령가(家)뿐 아니라 정·관·재계 골고루 인연이 닿아 있다.

만우와 부인 하 여사는 슬하에 3남 2녀를 뒀다. 장녀와 차녀인 명숙(작고)씨와 명률(80)씨는 만우가 고향인 함안 군북에 있을 때, 인근 대지주 집안에 시집보냈다.

장녀 명숙씨는 진주여고를 졸업한 뒤, 진양 대지주인 허정호(82)씨와 백년가약을 맺었다. 당시 세브란스의전(현 연세대 의대) 학생이었던 정호씨는 신한병원 원장을 지냈다.

둘째 딸 명률씨는 산청 대지주인 권동혁가(家)의 장남인 병규(82)씨와 인연을 맺었다. 병규씨는 한때 효성건설 회장을 역임했다.

효성의 혼맥은 장남인 조석래 회장의 결혼으로 정·재계 중심부로 들어간다. 학업 때문에 결혼이 늦은 조 회장은 그의 나이 32세 때, 송인상 회장의 3녀 광자씨를 평생의 배필로 맞아들였다. 조 회장은 처가를 통해 신명수 전 신동방 회장과 이봉서 단암산업 회장과 동서지간이 된다. 또 신 전 회장가는 노태우 전 대통령과 연결되며, 이 회장가는 이회창 전 한나라당 총재와 연이 닿아 있다.

차남인 조양래 회장은 66년 지인의 소개로 법조계 원로인 홍긍식

전 변호사협회 회장의 차녀인 문자(66)씨와 혼례를 치렀다.조 회장
은 이명박 전 서울시장과 사돈지간이다.3남인 조욱래 회장은 경기여
고 교장인 손영경씨의 중매로 김종대 전 농림부 장관의 딸인 김은주
(52)씨와 결혼했다.김 전 장관은 신명수 전 신동방 회장의 부친인 고
신덕균 전 신동방 명예회장의 처남이기도 하다.

조씨가의 혼맥은 방계도 만만치 않다.만우 회장의 동생인 고 조성
제 전 대전피혁 사장은 5남 3녀를 통해 관·재계의 명망가를 사돈으
로 맞아들였다.3남 경래(75)씨는 홍재선 전 전경련 회장의 딸 애수
(70)씨와 결혼했으며,4남 익래(72)씨는 원용필씨의 딸 정선(70)씨와
결혼했다.원용필씨는 원용석 전 경제기획원 장관의 친형이다.

장녀 장숙(70)씨는 정종철 전 서울시장의 아들 창순(72)씨와 결혼
했다.

조석래 회장의 '명문 처가'

조석래(72) 효성 회장의 처가인 송인상(93·효성 고문) 한국능률협회 명예회장의 가계도를 들여다보면 화려하다는 단어가 부족할 정도다.송씨가(家)는 고 김동조 전 외무부장관 가문과 쌍벽을 이룰 정도로 한국 상류사회의 주류를 형성하고 있다.

전직 대통령가와 사돈으로 연결되어 있을 뿐 아니라 정·관·재·법조계에 이르기까지 '그물망 혼맥'으로 촘촘히 엮여 있다.

송 회장 본인도 재무부 이재국장을 시작으로 한국은행 부총재와 부흥부장관,재무부 장관,룩셈부르크 대사,EC대사,한국수출입은행장,동양나이론(현 효성) 회장 등 관·재계를 넘나드는 화려한 이력을 자랑한다.

슬하에 1남4녀를 둔 송 회장과 최연순(93) 여사는 딸을 모두 국내 대표 집안에 시집보냈다.특히 손주들의 통혼을 통해 노태우 전 대통령과 이회창 전 한나라당 총재 집안과도 연결된다.

장녀 송원자(68)씨는 이봉서(71) 전 상공부 장관과 인연을 맺었다.이 전 장관은 경기고와 미국 펜실베이니아대 와튼스쿨을 나왔으며,현재 부동산임대업체인 단암산업 회장이다.이 전 장관의 부친 고 이필석옹은 상업은행장과 국제화재 회장을 지냈다.

이 전 장관의 3녀인 혜영(35)씨는 1997년 이회창 전 한나라당 총재의 장남 정연(44)씨와 화촉을 밝혔다.두 사람은 정연씨의 친구 소

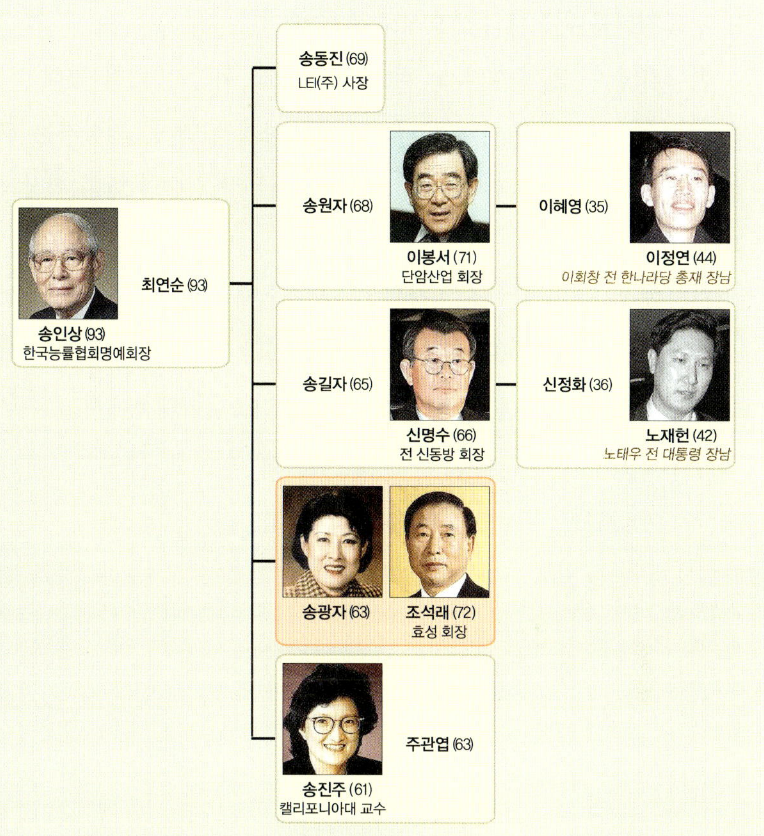

〈송인상 효성그룹 고문 가계도〉

개로 만나 인연을 맺은 것으로 알려졌다. 혜영씨는 숙명여대 대학원을 졸업했으며, 정연씨는 현재 연세대 국제대학원 교수로 재직 중이다.

송 회장의 차녀 길자(65)씨는 신명수(66) 전 신동방 회장과 백년가약을 맺었다. 신 전 회장과 길자씨는 2남 1녀를 뒀으며, 장녀인 정화(38)씨가 노태우 전 대통령의 장남 재헌(42)씨와 결혼했다. 재헌씨는 미국 조지타운대를 나와 변호사로 활동 중이다.

한나라당 이 전 총재와 노 전 대통령은 송 회장가(家)를 통해 '사돈의 사돈'인 셈이다.이렇게 가지치기를 하게 되면 송 회장가는 고 최종현 SK그룹 회장과 이후락 전 중앙정보부장,김승연 한화 회장과도 이어진다.

3녀 송광자(63)씨는 조 회장과 67년 결혼해 현준-현문-현상 3형제를 뒀다.4녀 송진주(61)씨는 주관엽(63)씨와 혼인했다.진주씨는 서울대와 예일대(박사)를 거쳐 현재 미국 캘리포니아대학에서 교수로 재직하고 있다.

평소 '구두쇠 생활', 교육사업엔 '아낌없는 투자'
— '예산 샌님' 조홍제 전(前) 회장

만우 조홍제 전 회장의 별명은 샌님과 구두쇠였다. 만우의 고향 사람들은 그를 그냥 샌님도 아닌 '예산 샌님'이라 불렀다. 미리 예산을 꼼꼼하게 짜놓고 융통성 없이 그대로 집행하는 데서 비롯됐다.

당시 도움을 받기 위해 만우 회장의 사무실 문턱을 넘는 사람들은 헤아릴 수 없었다고 한다. 그러다 보니 만우가 배정해 뒀던 예산이 바닥나기 일쑤였다. 그러면 만우는 "올해 예산이 떨어졌으니까 내년에 보자."고 했다고 한다.

만우의 먼친척 동생인 조영제씨의 회고는 이렇다. "사회봉사도 회사 경영과 마찬가지로 예산 집행을 한다 이겁니다. 요즘엔 그럴 수 있다 하지만 40년전에 그런 경비를 예산짜서 집행하는 기업가가 대한민국에 또 어디 있겠습니까."

만우는 구두쇠로도 유명했다. 그냥 구두쇠가 아닌 '통 큰' 구두쇠였다. 그가 세상을 떠나고 난 뒤, 신발장에 남은 것은 밑창이 다 닳은 구두였다는 사실은 잘 알려진 일화다.

그는 내의도 해진 것을 기워입었으며, 양복 역시 다 떨어져 못 입게 되기전까지 새 양복을 맞추는 법이 없었다. 그의 근검절약 정신은 가족들이라고 예외가 아니었다.

자식들에게 용돈을 줄 때는 늘 빠듯하게 줘 낭비하는 버릇을 갖지 않게 했으며, 손자에게 주는 세뱃돈도 천원짜리 한 장으로 때우곤 했다.

만우는 자신이 먹고, 쓰고, 입는 데에는 한없이 검소했지만 자신이 가치 있다고 믿는 일엔 수십억원을 내놓는 것을 아까워하지 않았다. 쓸 때는 쓰고, 쓰지 않을 때는 쓰지 않는, 그런 구두쇠였다.

만우가 돈을 아끼지 않은 곳은 교육 사업이었다. 대학시절 은사 권유로 교수가 될까 했던 만우는 1950년대부터 영남장학회를 통해 학생들에게 장학금을 전달했으며, 고향 함안군의 몇몇 학교에 시설을 마련해 주었다. 76년엔 운영 부실로 재정난에 빠진 동양학원의 이사장을 맡아 대규모 채부를 해결해줬으며, 학습환경 개선을 위해 당시로서는 거금인 25억원을 내놓았다.

"나는 학교에서 돈 한푼 가져가지 않을 겁니다. 모든 지원을 아끼지 않을 테니 선생님들은 오직 좋은 교육만을 해주시기 바랍니다." 만우 회장이 이사장으로서 원했던 유일한 소망이었다.

2세 경영

효성가(家)의 2세 경영이 닻을 올린 지 30여년.선친인 만우 조홍제 회장의 '유훈 경영' 방침대로 효성은 내실과 외양을 조화시키며 튼튼한 중견 그룹으로 커왔다.대신 2세들의 분가와 맞물리면서 상대적으로 축소된 사세(社勢)는 아직 옛 영광에 미치지 못하고 있다.

그러나 3세들이 본격적으로 경영에 참여하면서 효성도 변화의 바람을 맞고 있다.안정 지향의 경영 색깔에서 도전과 진취가 '경영 키워드'로 떠오르고 있는 것.효성은 '글로벌 엑셀런스를 통한 가치경영'을 모토로 글로벌 경쟁력 확보에 나서고 있다.그 선두주자에 효성의 3세 경영인들이 포진해 있으며,이들의 성공적인 착근이 '신(新) 효성'의 성공 열쇠가 될 것으로 보인다.

2세 분가

효성가(家)의 2세 분가는 자연스럽게 이뤄졌다.만우 회장이 3형제(조석래-양래-욱래)에게 일찍이 효성의 주력 기업을 하나씩 떠맡기면서 독립 경영이 시작됐기 때문이다.만우 회장은 "3형제가 장성했고, 기업의 경영책임자로서 제몫을 다하는 만큼 앞으로 지켜볼 따름"
이라며 1978년 사실상 기업경영에서 손을 뗐다.

장남인 조석래(72) 회장은 70년대부터 주력 기업인 효성물산과
동양나이론, 동양폴리에스터, 효성중공업(4개사 모두 ㈜효성으로 통
합) 등을 맡았다.

차남인 조양래(70) 회장은 자동차산업의 성장과 더불어 성장 가능
성이 높은 한국타이어를 물려받았다. 성격이 활달한 3남 조욱래(58)
회장은 27세의 젊은 나이에 대전피혁 사장에 올랐다. 3형제는 이후
분리 경영을 해오다가 1980년부터 주거래 은행까지 달리할 정도로
철저한 독립경영을 하고 있다.

조석래 효성 회장은 83년 그룹을 대대적으로 손질해 '제2의 창
업'을 선언, 화섬과 중전기, 화학, 건설, 정보통신 등으로 효성을 키워
오고 있다. 조양래 한국타이어 회장은 한국타이어와 한국전지, 한타
M&B 등을 통해 타이어사업의 수직 계열화에 성공했다.

반면 3남 조욱래 동성개발 회장은 외환위기 시절 효성기계 부도로
어려움을 겪었다. 지금은 권토중래를 모색 중이다.

만우 회장과 4자성어

2세 경영의 특징은 선친의 '유훈 경영'과 밀접하다. 만우 회장이
1978년 경영 일선에서 물러날 때다. 그는 세 아들에게 '항상 가까이
두고 뜻을 새기라.'는 차원에서 각각 휘호를 하나씩 줬다.

장남인 효성 조 회장에겐 '덕을 숭상하면 사업이 번창한다'라는
뜻에서 '숭덕광업(崇德廣業)'이란 글귀를 남겼다. 차남 한국타이어

조 회장은 '쉬지 말고 힘을 길러라' 라는 뜻에서 '자강불식(自强不息)' 이란 글귀를 받았다.막내인 동성개발 조 회장은 '유비무환(有備無患)' 이란 4자성어를 받았다.자식들의 장·단점을 누구보다 잘 아는 만우 회장의 일종의 '자식 사랑' 인 셈이었다.

2세들도 선친의 뜻에 따라 지금껏 경영을 해오고 있다.효성 조 회장은 화학과 정보통신 등으로 사업 범위를 넓혀갔고,특히 타이어코드와 스판덱스 등은 글로벌 경쟁력을 갖추고 있다.한국타이어 조 회장은 문어발식 기업 확장 대신에 타이어 '한우물 경영' 에 충실했다.

학자풍의 조석래 회장

조 회장은 학구적이며 논리적이다.유행에 편승하거나 의욕만을 앞세운 경영보다 윤리적이고,원칙적인 경영을 선호한다.이 때문에 가끔은 융통성이 없다거나 보수적이라는 평도 나온다.

조 회장은 조씨가(家)의 학자풍 스타일 면에서 선친을 가장 많이 닮았다.만우 회장과 조 회장 모두 젊은 시절엔 기업인보다 대학 교수에 관심이 더 많았다.조 회장의 이런 학자적 소양은 경영에 발을 내디딘 초기부터 많은 빛을 봤다.74년 초 오일쇼크의 여파로 나일론 원자재가 품귀 현상을 빚었을 때 슬기롭게 넘긴 것은 대표적인 사례이다.

조 회장은 나일론의 원자재인 '카프로락탐' 구입난에 직면하자,기발한 아이디어를 냈다.완성품인 카프로락탐의 직접 구입보다 매입이 더 쉬운 기초 원자재를 구입해 카프로락탐으로 만들어낸 것이다.조 회장의 광범위한 정보 획득과 주도 면밀한 연구가 없었다면 기대할 수 없었던 착상이었다.

▲2003년 8월 서울 쉐라톤 워커힐호텔에서 열린 조현문(뒷줄 왼쪽에서 세 번째) 효성 부사장과 이여진(조 부사장 오른쪽 옆)씨 약혼식에서 양가 가족이 기념촬영을 하고 있다. 앞줄 왼쪽부터 조석래 효성 회장, 송광자(조회장 부인)씨, 전원자(여진씨 모친)씨, 이부식(여진씨 부친) 전 해운항만 청장, 뒷줄 왼쪽부터 조현준 사장, 이미경(조 사장 부인)씨, 조 부사장, 이여진씨, 조현상 전무.

조 회장은 일본 와세다대를 거쳐 미국 일리노이 공과대학원에서 화공학을 전공했다. 56세의 늦은 나이에 창업해 홀로 고군분투를 하던 선친의 부름을 받고, 1966년 효성 경영에 뛰어들었다. 그는 이후 나일론 원사사업을 세계 4위까지 육성시켰으며, 1975년엔 폴리에스터 공장을 준공해 효성을 명실상부한 화섬업계의 리더로 이끌었다. 또 한·미 재계회의와 한·일 경제인 회의, 태평양 경제협의회 (PBEC) 등의 리더로서 국제 협력 증진에 이바지하고 있다. 현재 전국 경제인연합회 회장이다.

'한길경영'과 '권토중래'

조양래 한국타이어 회장은 나서기를 꺼려하고, 검소한 것으로 유명하다. 일례로 조 회장은 5년 전에 산 국산 브랜드의 구두를 여태껏

신고 다닌다. 아직 쓸 만하다는 것이다.

조 회장이 하루는 직원들과 식당에 밥먹으러 갔는데 너무 구두가 낡아서, 직원들이 회장 구두를 찾지 못했다는 일화는 잘 알려져 있다.

언론에 얼굴 내밀기를 싫어하는 조 회장은 한국타이어 사장 시절에 딱 한 번 인터뷰에 응했다. 당시 사진 기자가 인터뷰용 사진을 여러 장 찍는 것을 본 조 회장은 "무슨 전문가가 그렇게 사진을 많이 찍는가. 전문가이면 사진을 한 번만 찍으면 되는 것을. 필름만 그저 아깝게…."했다고 한다.

조 회장은 해외 출장에 수행원을 두지 않고 다닌다. 또 숙소도 일반 출장자들이 주로 머무르는 2급호텔에 투숙한다. 그의 이런 검소함과 치밀함은 한국타이어 경영에서도 잘 드러난다.

선친에게 물려받은 이후 조 회장은 줄곧 타이어사업 하나만 매진해 세계 9대 타이어 메이커로 성장시켰다. 조 회장은 1988년 "경영은 전문가가 해야 한다."면서 경영 일선에서 물러났다. 조 회장은 현재 한국타이어 복지재단 회장직을 맡아 '미신고 복지시설' 지원 등에 앞장서고 있다.

3남인 조욱래 회장은 27세의 젊은 나이로 대전피혁 사장에 취임, 10년만에 대성과 효성알미늄, 효성금속, 효성기계, 동성, 동성개발 등 총 8개 계열사로 늘리는 경영 수완을 보였다.

특히 일본 스즈키사와 제휴해 오토바이 생산업체인 효성기계를 설립, 한때 대림산업과 함께 국내 오토바이시장을 양분하기도 했다.

그러나 조 회장의 책임 · 내실 경영에도 불구하고 외환위기 한파는 효성기계를 어렵게 했다.

효성가 3세

효성가 3세(조현준-현문-현상)들은 경영수업의 첫발을 모두 외국 회사에서 내디뎠다.

장남인 조 사장은 모건스탠리를 거쳐 97년 부친인 조 회장의 부름을 받고,경영기획팀 부장으로 효성에 입사했다.차남 조 부사장은 미국 뉴욕주 변호사로 활동하다가 99년 효성 경영전략 2팀장으로 합류했다.막내 조 전무는 세계적 경영컨설팅사인 베인&컴퍼니와 일본의 세계적인 통신사인 NTT도코모에서 근무하다가 2000년 효성에 입사했다.

장남인 조 사장은 미국의 명문고인 세인트 폴 고교를 나와 예일대학에서 정치학을 전공했으며,일본 게이오 대학에서 국제정치학 석사 학위를 땄다.그는 영어와 일어뿐 아니라 이탈리아어도 자유롭게 구사한다.형제 가운데 가장 먼저 '효성맨'이 된 조 사장은 효성의 독특한 사업구조인 퍼포먼스유닛(PU) 경영시스템을 도입했다.또 섬유·산업자재·무역·정보통신 등 주요 사업군을 ㈜효성의 우산 아래로 모으면서 효성T&C(옛 동양나이론)·효성물산·효성생활산업·효성중공업을 합병시키는 등 굵직한 구조조정 프로젝트를 성사시켰다.

현재 섬유PG장 및 무역PG장을 맡아 무역 부문의 매출을 늘리고 있다.지난해까지 적자를 기록하는 등 부진을 면치 못한 섬유부문을 흑자로 전환시키는 실적 개선을 이끌고 있다.

차남인 조 부사장은 서울대 고고인류학과를 수석 입학,수석 졸업했다.고교 시절 조 부사장의 별명은 '바야바'.큰 키에 모범생인 그를 친구들은 이렇게 불렀다.그는 98년 하버드대학에서 법학박사 학위를 받았으며, 99년 효성으로 출근하기 전까지 미국 뉴욕주에서 변호사로 활동했다.

조 부사장은 국제 변호사로서 큰 역할을 해냈다. 효성 도메인(www.hyosung.com)을 돈 한푼 들이지 않고 되찾아온 것. 99년 닷컴 도메인을 선점한 사이버 '스쿼터(도메인 매점매석 행위자)' 가 수억원을 요구해 왔지만, 미국 도메인등록협회와 미 법원에 제소, '효성닷컴' 을 찾아왔다.

현재 중공업PG의 경영을 맡아 중국 변압기업체인 '남통우방변압기' 사를 인수해 중국 전력시장을 적극 공략하고 있다.

미국 브라운대 출신인 3남인 조현상 전무는 대학 졸업 후 일본에서 오랜 직장 경험을 쌓았다. 그는 사내에서 손꼽히는 일본통으로 알려져 있다.

그는 전략본부 소속으로 회사 경영 전략 수립에 관여하고 있다. 과거 경험을 살려 사내 컨설턴트로서 사업부 관련 다양한 프로젝트를 이끌고 있다. 지난해 9월에는 세계적 타이어 업체인 미국 굿이어사에 32억달러(3조 1000억원) 규모의 타이어코드 공급 및 미주, 남미, 유럽 지역의 굿이어 타이어코드 공장 4곳의 인수 계약을 성사시켰다.

3세들의 역할이 날로 확대되고 있지만 3세들의 경영 승계 시기는 시간이 걸릴 전망이다. 조 회장이 아직 정정한 데다 3세들이 배울 것이 많다는 분위기가 지배적이다.

한국타이어의 3세 경영도 관심이 쏠린다. 조양래 회장의 장남인 조현식(37) 한국타이어 부사장은 업무 권한을 팀장들에게 대폭 위임, 역량을 발휘하게 하는 덕장 스타일로 알려져 있다. 차남인 조현범

(34) 부사장은 치밀한 분석력과 폭넓은 사고를 바탕으로 문제를 풀어가는 스타일.추진력이 강하다는 평이다.

3세 혼맥

조씨가(家)의 3세 혼맥도 국내 명망가와 혈연으로 잘 엮여 있다.눈길을 끄는 대목은 전두환 전 대통령가(家)와 '사돈의 사돈'이라는 것과 이명박 전 서울시장과 사돈이라는 점이다.

또 권노갑 전 의원과도 '사돈의 사돈'이다.2세 혼맥에서 노태우 전 대통령과 이회창 전 한나라당 총재가(家)와 통혼으로 이어졌던 점을 감안하면 조씨가는 국내 내로라하는 정치 가문과 적지 않은 인연을 맺고 있다.특히 만우 회장이 일부러 정치권을 기피했다는 사실과 비교하면 이는 매우 뜻밖의 사실이다.

조석래 회장과 송광자(63) 여사는 슬하에 3남을 뒀다.장남인 조현준(39) 효성 사장은 2001년 11월 한국제분 이희상 회장의 3녀인 미경(31)씨와 결혼했다.양가가 서로 안면이 있는 데다 미경씨의 형부가 적극 나서면서 서로 인연을 맺게 됐다.두 사람은 연애 시절 테니스와 연주회 등을 관람하면서 사랑을 키웠다고 한다.결혼식은 조 사장의 모교인 세인트 폴 고교에서 했다.현재 딸 둘을 두고 있다.

조 사장의 처가인 이희상가(家)는 전두환 전 대통령과 사돈간이다.한국제분 이 회장(62)은 부인 정영화(61)씨 사이에 1남 3녀를 뒀다.장녀인 윤혜(36)씨가 전 전 대통령의 3남인 재만씨와 혼례를 치렀다.조 부사장과 재만씨는 동서간이다.

차남 조현문(38) 효성 부사장은 이부식 전 해운항만청장의 장녀 여진(33)씨와 백년가약을 맺었다.여진씨는 미국 컬럼비아대 로스쿨을 거쳐 뉴욕 변호사 자격증을 획득한 재원.노무현 대통령의 영어 통역을 맡다가 지금은 국가안전보장회의(NSC) 사무처에서 일하고 있다.

두 사람의 인연은 조 회장과 송 여사가 이어줬다.시부모와 며느리 간 첫 만남은 2001년 6월 한·미 재계회의 때로 거슬러 올라간다.여진씨는 당시 미국 로펌에서 인턴으로 근무할 때로,한·미 재계회의 엔 옵서버 자격으로 참가했다.

연례회의에서 조 회장 부부와 여진씨는 우연히 같은 테이블에 앉아 서로 안면을 트는 사이가 됐다.인연은 다음해에 또 이어졌다.하와이에서 열린 한·미 재계회의에 세 사람은 같은 일정을 보내게 됐다.당시 장남인 조 사장이 막 결혼을 한 시기여서 주변으로부터 축하 인사를 많이 받았던 송 여사는 이렇게 화답했다고 한다."아직 두명을 더 보내야 한다."고.

이후 조 회장은 조 부사장에게 여진씨를 소개해줬고,두 사람은 3개월간의 연애 끝에 결혼에 골인했다.조 회장과 여진씨의 부친인 이 전 청장과는 서로 알고 지내던 지인이었으며,조 부사장의 동생인 조현상 전무와 여진씨의 오빠는 미국 브라운대의 선후배 사이일 정도로 양가는 사돈으로 맺어지기 전부터 가까웠다.3남 조 전무(36)는 아직 미혼이다.

효성가의 방계 3세들의 혼맥도 화려함에서는 빠지지 않는다.조양래 한국타이어 회장과 홍문자(66) 여사는 2남2녀를 뒀다.

미국 뉴욕의 FDU대 수학과 교수인 맏딸 희경(41)씨는 연세대 법대 교수인 노정호(45)씨와 혼례를 치렀다.차녀 희원(40)씨는 재미교포와 결혼했다.

장남 조현식(37) 한국타이어 부사장은 차동완 카이스트 교수의 딸인 진영(30)씨와 인연을 맺었다. 진영씨의 모친은 고 설경동 대한전선 창업주의 차녀인 설영자씨다.

차남 조현범(35) 부사장은 2001년 9월 이명박 전 서울시장의 3녀인 수연(32)씨와 결혼했다. 최근에 보기 드문 정치인과 재벌의 혼사였다.

조욱래(58) 동성개발 회장의 자제는 모두 2남 1녀. 장남인 현강(31)씨는 삼정KPMG에서 애널리스트로 일하고 있으며, 차남 현우(24)씨는 미국 TUFTS대학에서 공부하고 있다. 장녀인 윤경(29)씨는 홍준기 삼공개발 회장의 아들인 석융씨와 혼인했다. 홍 회장의 딸인 지연씨가 권노갑 전 의원의 아들인 정민(37)씨와 결혼해 조씨가는 권 전 의원 가문과 한다리 건너 사돈간이다.

효성호를 이끄는 전문경영인

이상운(55) 효성 부회장은 그룹 경영을 총괄하는 전문경영인.

경기고와 서울대 섬유공학과를 졸업하고, 76년 효성물산에 입사했다. 중동 등에서 '섬유수출의 귀재'라는 명성을 떨치기도 했다. 효성물산 기획실과 시장개척실, 사업개발실 등을 거치며 업무경험을 쌓아왔다. 특히 외환위기 때에는 구조조정 차원에서 효성그룹의 주력 4개사를 통합하는 데 중추적인 역할을 했다.

김종광(63) 화학PG장(부회장)은 유화업계에 40년 가까이 몸담은 화학분야의 베테랑이다. 경험을 바탕으로 글로벌 감각과 예측력이 뛰어나다. '자율'과 그에 따른 '책임'을 강조한다. 효성의 화학분야 신

〈효성그룹 전문 CEO〉

▲이상운(55)
효성 부회장
경기고
서울대

▲김종광(63)
효성 화학PG장
한양공고
서울대

▲송형진(64)
효성 건설PG장
경기고
한양대

▲류필구(62)
효성 정보통신PG장
안동고
연세대

▲정윤택(52)
효성 재무본부장
서울사대부고
연세대

▲서승화(59)
한국타이어 사장
보성고
외대

규사업을 이끌고 있다. 서울대 화학공학과를 졸업했다.

송형진(64) 효성 건설PG장(사장)은 건설 경력 35년이 넘는 전문 경영인이다. 건설에 있어 가장 중요한 것은 사람이라며 '사람에 대한 투자'를 가장 강조한다. 특히 사람을 관리하는 팀워크를 중요시해 건설PU장 시절, 사업이 진행중인 현장을 한 번 이상은 방문해 현장 직원들과 어울리곤 했다. 경기고와 한양대 토목공학과를 나왔다.

류필구(62) 효성 정보통신PG장 겸 효성인포메이션시스템㈜·노틸러스효성㈜ 사장은 95년 효성인포메이션시스템㈜의 최고경영자(CEO)에 올라 10년째 경영을 책임질 정도로 국내 IT업계 최장수 CEO다. 현장 경영을 강조한다. 안동고와 연세대 경영학과를 나왔다.

정윤택(52) 효성 재무본부장(부사장)은 종합조정실과 재무본부 등에서 근무한 베테랑급 재무 전문가다. 추진력이 탁월하고, 금융 및 산업계의 인적 네트워크가 뛰어나다. 서울 사대부고와 연세대 경영대학원을 나왔다.

서승화(59) 한국타이어 사장은 수출과 해외영업, 헝가리 공장 건설을 진두 지휘하는 등 글로벌 마케팅에 오랜 경험과 노하우를 갖고 있다. 보성고와 한국외국어대를 나왔다. 96년 한국타이어 해외마케팅 담당 이사로 입사해 해외영업본부장, 마케팅본부장, 구주지역본부장을 거쳤다. 2007년 3월 한국타이어 사장직에 올랐다.

바깥활동 활발한 며느리들

효성가(家) 며느리들은 세련되고, 자기 일에 충실한 '커리어 우먼' 쪽에 가깝다. 경영수업을 쌓고 있지는 않지만 바깥 활동엔 꽤 적극적이다. 흔히 며느리들은 안으로 돌리고, 딸들은 출가외인으로 치부하는 국내 재벌가(家) 문화와 거리가 있다. 딸이 귀한 가문이어서 시아버지를 비롯한 남자들의 여성 후원이 남달랐기 때문이다.

조석래 회장의 부인으로 경기여고와 서울대 미대를 나온 송광자 (63) 여사는 시어머니로서 며느리들의 사회 활동을 적극 지원하고 있다. '여성도 일을 할 수 있을 때 실컷 해야 후회가 없다.'는 지론을 갖고 있다.

심지어 며느리들의 활발한 활동을 위해 보약을 다려줄 정도다. 아들만 있는 송 여사는 며느리가 모두 딸 같다고 한다.

장남인 조현준 사장의 얘기다. "2005년 9월 제수씨가 북핵 6자회담 때문에 중국 베이징에 출장을 가게 됐는데 어머니께서 열심히 하고, 꼭 좋은 결과를 갖고 오라고 북돋워주더라고요."

송 여사가 그렇다고 며느리 뒷바라지나 집안 살림만 하는 것은 아니다. 대한적십자사와 종교 활동을 통해 이웃돕기에 나서고 있다. 주한 외국대사 부인들의 모임인 서울 가든클럽에서 봉사 활동도 한다. 또 미대 출신으로 국내 미술계의 발전을 위해 미술관 지원사업이나 일반인에 대한 현대미술 교육 등에도 참여하고 있다.

3세 며느리들은 이구동성으로 "시어머니께서 무척 배려를 해주신다."면서 "일이나 공부 때문에 늦게 귀가하면 어깨도 주물러주고, 저녁도 대신해 때로는 당황스럽고, 몸둘 바를 모를 때가 적지 않다."고 했다.

송 여사의 이런 며느리 사랑은 시아버지인 고 만우 조홍제 회장의 영향이 크다. 당시 재계에서 엘리트였던 만우 회장은 며느리들에게 평생 교육을 강조했다. 예컨대 며느리들에게 앞으로 자가용 시대가 온다며 면허증을 따도록 했으며, 연료로 연탄을 주로 쓰던 시절 차세대 연료인 LPG(액화석유가스)에 관한 공부를 주문하기도 했다.

또 미술을 전공한 맏며느리인 송 여사에겐 신혼 초에 살림만 하는 것을 안타깝게 여기고, 전시회를 열어 줄 정도로 미술 공부를 독려하곤 했다. 며느리 건강을 위해 보약을 챙겨주기도 했으며, 훗날 맏며느리가 그림 공부를 그만두자 만우 회장이 이를 가장 애석해했다.

조석래(72) 회장의 맏며느리인 이미경(31 · 조현준 사장 부인)씨는 서울대 음악대학원에서 석사학위를 받은 뒤 현재 이화여대 대학원에서 식품영영학을 공부하고 있다. 조 사장은 "대학에서 음악(피아노)을 전공했지만 다른 공부에 대한 욕심이 많은 것 같다."면서 "이번엔 한국 전통음식을 본격적으로 공부한다고 해서 적극적으로 밀어주고 있다."고 했다.

둘째 며느리 이여진(33 · 조현문 부사장 부인)씨는 1997년 외무고시, 청와대 의전비서관실을 거쳐 현재 국가안전보장회(NSC) 사무처에서 일하고 있다. 조 부사장은 "굉장히 적극적이고 열심히 사는 사람"이라면서 "자기 절제가 뛰어난 것이 와이프의 강점"이라고 설명했다.

만능 스포츠맨, 대학가요제 대상
- 재주꾼인 3세들

효성가(家)의 3세들은 재주가 다양하다. 취미와 스포츠, 외국어 모두 수준급이다. 공부만 잘 하는 것이 아니라 '딴따라' 기질도 있어 보인다.

장남 조현준(38) 사장의 설명은 이렇다. "부친과 조부는 뭐든 하려면 제대로, 일정 수준 이상까지 요구했었습니다. 덕분에 운동도 종목을 바꿔가며 취미 이상으로 실력을 키웠고, 다른 분야도 비슷했었습니다. 특히 외국어는 영어, 일본어는 기본이었고, 제3외국어도 의사소통에 불편이 없을 정도로 열심히 했습니다."

조 사장은 만능 스포츠맨이다. 그는 미국의 세인트 폴 고등학교 재

▲스포츠 마니아인 효성가(家)의 3세들이 스키를 즐기고 있다. 왼쪽부터 막내 조현상 전무, 둘째 조현문 부사장, 장남 조현준 사장.

학 시절에 야구부 주장을 맡았다.미식 축구 대표선수로도 활약했다. 지금은 경영수업 틈틈이 사내 야구팀과 직장인 리그에서 선수로 뛰고 있다.스키와 스쿼시,테니스는 선수급 기량이다.

그는 한때 건축학과 교수가 꿈이어서 건축과 미술에 많은 시간을 투자했다.이탈리아의 바티칸박물관 복구 작업에 참가한 특이한 경험을 갖고 있으며,지금은 한옥살리기 운동을 벌이고 있다.문화재 보호단체인 재단법인 '아름지기'의 운영회 이사로 활동하고 있다.일본 게이오 대학에서 공부할 때에는 소믈리에(와인감별사) 자격증을 따로 취득할 정도로 와인 전문가이다.

차남 조현문(38) 부사장은 음익직 재능이 대단하다.대학 시질엔 가수 신해철 등을 비롯한 중·고교 동창들과 어울려 보컬그룹 '무한궤도'를 결성,대학가요제에서 대상을 수상했다.피아노 뿐 아니라 작곡과 가창력도 수준급이다.그의 곡들은 '무한궤도' 1집에 수록돼 있다.조 부사장은 또 축구 마니아다.미국 유학 시절에 축구클럽에 가입해 활동했으며,스키와 테니스 실력은 형인 조 사장에 못지 않다.

3남 조현상(36) 전무도 스포츠와 음악에 관심이 많다.그는 미국 브라운 대학에서 축구팀 선수로 활동했으며,브라운대 아카펠라 그룹에 가입해 밴드 리더로 활동했다.아카펠라 해외 공연을 추진하기도 했다.조 전무도 형들과 마찬가지로 '공 운동'은 모두 좋아한다.축구와 스키,스케이트 등은 한때 교내 대표선수로 활약했다.

2장

장

재벌家 맥(脈)－下

누가 한국을 움직이는가

■ 삼양가(家 · 그룹) 총괄 인맥도

창업주 **김연수** · 작고　**박하진** · 작고

김상준 · 작고　**구연성** · 87 전 삼양염업사 명예회장	**김상협** · 작고　**김인숙** · 84 전 국무총리	**김상홍** · 85　**차부영** · 81 명예회장	**김상돈** · 83　**김용옥** · 75 삼양염업사 고문	**김상하** · 82　**박상례** · 7 그룹회장

김정원 · 64
김선휘 · 70
삼양염업사　회장

김병휘 · 62
한양대 교수
전용숙 · 54

김정희 · 60
김준기 · 64
동부그룹 회장
김진만 전 국회부의장 아들

김정림 · 59
윤대근 · 61
동부그룹 부회장
윤천주 전 문교부장관 아들

김 범 · 54

김명신 · 60
송상현 · 67
서울대 법대교수
송진우 전 동아일보 사장 손자

김영신 · 58
정성진 · 60
정태섭 전 변호사 아들

김양순 · 54
이양팔 · 61

김 한 · 54
전 메리츠증권 부회장
김영란 · 53

김유주 · 58　**윤영섭** · 61
고려대교수

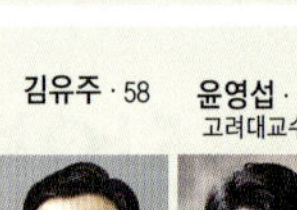

김 윤 · 55　**김유희** · 48
회장　김종규 전 서울신문 사장 딸

김건호 · 25　　**김남호** · 22

김 량 · 53　**장영은** · 48
삼양제넥스 사장　장지량 전 공군참모총장 딸

김민지 · 22　　**김태호** · 20

김영주 · 50

김병진 · 54
한혜승 · 47
한흥기 전 축구협회 부회장 딸

김영로 · 52
정은미 · 48

김희진 · 47
오광희 · 51
오영석 전 대한항공 이사 아들

김 원 · 50　**배주연** · 43
삼양사 사장　배영화 전 경희어망 시

김남희 · 19
김주희 · 15
김율희 · 11

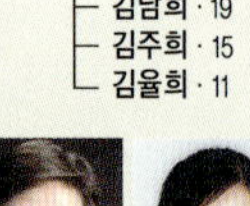

김 정 · 48　**안혜원** · 4
삼남석유화학 부사장　안상영 전 부산시

김희원 · 15
김주형 · 11
김주성 · 8

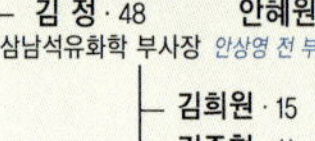

김영난 · 46　**송하철** · 47
(주)항소사장
송상석 모나미 회장

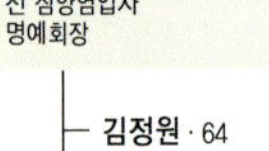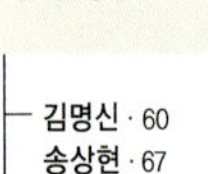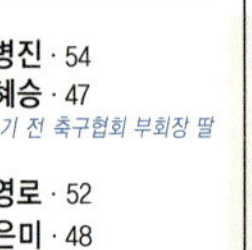

09. 삼양가(家) 총괄 인맥도

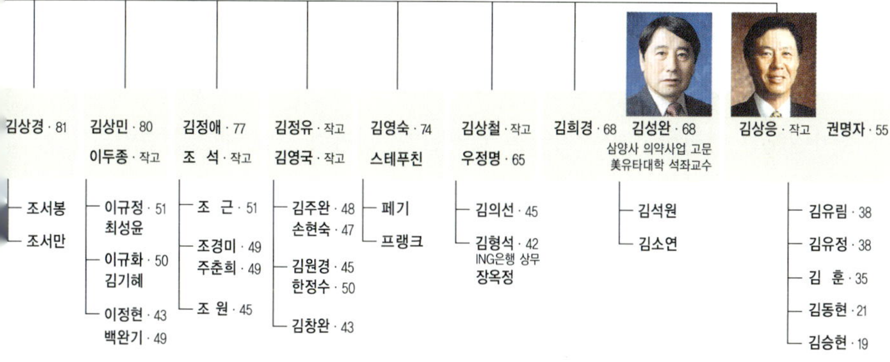

창업주 김연수가(家)

일반인들에게 '삼양설탕'(현 '큐원설탕')으로 익숙한 삼양사는 한국 근대경제사를 주도한 명문 기업이다. 호남 거부의 후예인 김연수(金秊洙) 창업주는 일제하인 1924년 순수 민족자본으로 기업을 설립, 한국기업의 명맥을 이었다. 김 창업주는 형인 인촌(仁村) 김성수씨가 동아일보를 설립하고 꾸려가도록 뒷받침했고, 여러 차례 재산을 털어 고려대와 고려중앙학원의 기틀을 마련하도록 뒤에서 도왔다.

그러나 김 창업주는 일제하에서 기업을 경영함으로써 민족문제연구소가 친일인사인명사전을 편찬하면서 친일인사로 선정하는 등 사후에 '친일' 시비에 휘말리고 있기도 하다. 때문에 근대 한국경제의 산증인인 김 창업주의 삶은 굴곡 많은 우리 근대사의 한 단면이기도 하다.

병약했던 어린 시절

김 창업주는 1896년 10월1일 전라도 고부군 부안면 인촌리(현 고창군)에서 부친 김경중씨와 모친 장흥 고씨 사이에서 2남으로 태어났다. 형의 호인 인촌은 바로 두 형제가 태어난 동네 이름을 따온 것이다. 김 창업주의 부친은 1만 5000석 지기의 호남 최대 거부였고 학문에도 조예가 깊었다. 부친은 일제하에서 나라가 영영 없어지는 것으로 알고 당시 저명한 사학자들을 몰래 불러 '조선사'를 17권이나 엮을 정도로 민족애가 투철했다는 게 삼양그룹 관계자들의 전언이다.

김 창업주는 어린 시절 외롭게 지냈다. 김 창업주의 부모는 그가 태어나기 전 세 명의 아들과 한 명의 딸을 일찍 잃었다. 여기에다 한 명뿐인 형 인촌이 큰아버지인 김기중씨가 대를 이을 아들이 없자 양자로 보내졌기 때문이다.

어릴 적 김 창업주는 몸이 허약했다. 폐가 약했으며 위도 튼튼하지 못해 일찍이 폐와 소화기 계통의 질병으로 자식을 잃은 경험이 있는 부모의 애를 끓게 했다. 이런 이유로 개구쟁이처럼 장난이 심하고 활발했던 인촌과는 달리 김 창업주는 조용한 것을 좋아했고, 과묵하고 내성적인 성품을 지녔다.

27세에 경영인으로 출발

김 창업주는 15세 되던 1910년 12월8일 자신보다 두 살 위인 박하진씨와 혼인을 맺었다. 결혼 이후 그는 일본으로 건너가 중학교와 고등학교를 거쳐 한국인 최초로 교토제대 경제학부를 졸업했다.

그는 고국으로 돌아온 이듬해인 1922년 형의 권유로 경성직뉴와 경성방직의 전무와 상무에 취임, 경영인의 삶을 시작했다. 김 창업주는 고무신과 '태극성표' 광목을 대히트시킴으로써 일본자본과 맞서는 최대의 민족회사를 일궜다.

집안 내력을 잘 아는 김재역 삼양사 상임감사는 "30년대 경성방

▲김연수 창업주와 부인 박하진 여사는 60년을 해로했다.

직은 우리나라 금융거래 절반을 담당할 정도의 민족 최대 기업이었다."고 말했다.

김 창업주는 또한 농촌재건을 위해 소작농을 협동농업 형태로 결합한 근대영농을 시작했다. 이를 발판으로 1924년 삼수사(三水社)를 설립해 호남 일대의 소유농토에 대한 근대화 작업에 나섰다. 장성, 줄포, 고창, 명고, 신태인, 법성, 영광농장을 차례로 개설해 기업형 농장으로 탈바꿈시켰다. 간척사업에도 눈을 돌려 손불농장과 해리농장의 2개 지역에 1070정보의 농토를 만들었다. 이 시기에 상호가 삼양사(三養社)로 바뀌었다. 어느 날 한 작명가가 찾아와 '물 수' (水)를 '만인의 양식' 이라는 뜻인 '기를 양' (養)으로 바꿀 것을 권했다고 한다.

김 창업주는 만주벌 개척에도 나섰다. 5개 협동농장을 개설한 데 이어 봉천에 남만방적을 설립했다. 남만방적은 한국기업 최초의 해외생산법인이다. 그러나 1945년 해방으로 만주의 사업장들을 고스란히 놓고 철수하는 아픔을 겪어야 했다.

제당업으로 재기에 나서

해방공간을 겪으면서 반민특위 사건으로 옥고를 치른 김 창업주는 한국 전쟁 이후 해체상태에 놓였던 삼양사 재건에 나섰다. 그는 재기의 발판으로 제당업과 한천제조업을 선택했다. 당시 설탕은 수입에 의존해온 대표적인 외화소비 품목이었기 때문이다. 울산 바닷가를 메워 그곳에 제당공장과 한천공장을 건설했다.

그는 1956년 제당업을 시작하면서 주식회사 삼양사를 본격적으로 출범시켰다. 자신이 대표이사 회장에 취임했고, 사장에 3남인 상홍(85)씨, 상무에 5남 상하(82)씨를 앉혔다. 3남과 5남이 삼양사를 맡는 전통은 3세에도 그대로 이어져 삼양그룹은 현재 상홍씨의 장남 윤(55)씨와 상하씨의 장남 원(50)씨가 삼양사 회장과 사장을 맡고 있다. 둘째 아들들인 량(53)씨와 정(48)씨도 각각 삼양제넥스 사장과 삼남석유화학 부사장으로 재직하고 있다.

당시 삼양사보다 수익률이 높았던 해리염전을 삼양염업사라는 별개의 회사로 독립시키고 맏아들 상준(작고)씨를 사장에 임명해 경영을 맡겼다. 3공화국때 문교부장관과 5공화국에서 국무총리를 역임한 차남 상협(작고)씨에게도 삼양염업사의 지분 25%를 떼어주어 형제간 경영권을 일찌감치 교통정리했다.

재계의 거목으로

김 창업주는 1962년 설립한 삼양수산을 통해 다양한 어종을 가공, 수출하는 등 한때 냉동선만 21척을 보유할 정도로 수산업에도 주력했다. 이처럼 제당과 수산업으로 재기에 성공한 그는 4·19혁명으로 자유당 정권이 무너지자 한국경제협의회(현 전국경제인연합회) 회장에 취임, 한국 재계의 얼굴이 되었다.

경영이 본 궤도에 오르자 김 창업주는 전주방직을 인수, 삼양모방 (주)을 설립했다. 이어 1969년 전주에 대단위 폴리에스테르 공장을 건설했다. 이로써 70년대 들어 삼양은 국내 초창기 산업의 중심이었던 제당으로 확고한 제조업체로의 변신을 이룩했다. 이 당시 삼양은 매출액에서나 기업선호도에서 상위를 차지하는 국내 정상급 기업으로 우뚝 섰다.

김 창업주는 사업에 투신한 지 만 53년이 되던 1975년 회장을 상홍씨에게, 사장에 상하씨를 임명하는 등 '2세경영'을 출범시키고 은퇴했다. 그의 나이 80세일 때였다. 그는 은퇴 후 농촌으로 돌아가 마지막 열정을 쏟다가 1979년 84세의 일기로 생애를 마감했다.

교육사업도 아낌없는 지원

그는 기업경영에만 몰두하지 않았다. 고려대와 고려중앙학원의 운영기금을 출연한 것을 비롯해 양영회와 수당장학회를 설립, 교육사업에도 힘썼다.

문성환 삼양사 부사장(현 휴비스 사장)은 "창업주는 두 재단을 통해 대학생 2만여명에게 대학등록금을 비롯해 하숙비, 책값, 소정의 용돈까지 장학금으로 대줬다."고 회고했다. 이런 김 창업주의 혜택을 받은 대표적인 인물로는 한덕수 경제부총리, 오세철 연세대 교수 등이 꼽힌다.

경성방직의 회계를 맡아 김 창업주를 도왔던 국어학자 이희승 박사는 "수당(秀堂 · 김 창업주의 호)은 돈 쓰는 데도 일가견을 가진 사람으로 만금을 쓰면서도 기업경영에는 한 푼을 아꼈다."고 그의 용전

(用錢)철학을 전했다.

김 창업주는 경쟁회사에도 관대했던 묵묵한 성격의 경영인으로도 정평이 나 있다. 1966년 삼양의 경쟁회사 창업주 이병철 회장이 운영하던 한국비료가 이른바 '사카린 밀수사건'으로 곤혹을 치렀다. 임원들이 '사카린 없는 삼양설탕'이라는 문구로 대대적인 광고전을 벌이자고 수차례 건의했지만 받아들이지 않은 사례는 그의 성품을 읽는 일화로 경영인들에게 지금껏 회자되고 있다.

방대한 혼맥… 사회 각 분야와 사통팔달

김 창업주는 부인 박씨와의 사이에 7남6녀 13명의 자녀들을 두었다. 아들로는 장남 상준(작고), 차남 상협(작고), 3남 상홍(85), 4남 상돈(83), 5남 상하(82), 6남 상철(작고), 7남 상응(작고) 등 7남과 장녀 상경(81), 차녀 상민(80), 3녀 정애(77), 4녀 정유(작고), 5녀 영숙(74), 막내딸 희경(68) 등 6녀를 두었다.

김 창업주 가문의 혼맥은 정계 · 관계 · 학계 · 언론계 · 재계 · 교육계 등과 거미줄처럼 얽힌 방대한 혼맥을 형성하고 있다. 그러나 김 창업주의 성격이 소탈해 자식들에게 정략 결혼을 요구하기보다는 평범하고 무난한 결혼을 시켰다는 게 대체적인 평이다.

김재억 감사는 "창업주의 생활철학이 권세를 배격하는 것이어서 자식들이나 3세들의 결혼에도 사돈 될 집안의 내력과 상대방의 성실성을 먼저 봤다."고 회고했다.

김 창업주는 특히 자녀들의 대부분은 중매결혼으로 짝지웠지만 사위와 며느리를 맞는 데서는 당시로는 상당히 진보적인 입장이었던 것으로 전해지고 있다. 그는 사위를 고를 때는 가문을 따지지 않고 사람됨됨이와 능력을 위주로 보았고, 며느리는 후덕한 집안 출신으로 신식교육을 받은 신여성이기를 원했다. 특히 사돈가의 위치를 보고 정혼하지 않은 것으로 유명해 그의 직접 사돈 가운데는 정관재계의 거물은 눈에 띄지 않는다. 김 창업주의 며느리들 가운데 위로 세 명은 이화여전 출신 등으로 당시의 김 창업주가 원했던 신여성들의 표본이 많았다.

반면 창업주의 형인 인촌 성수씨도 9남4녀를 두어 대가를 이뤘는데 장남인 상만(작고) 전 동아일보 명예회장의 직계 자손들은 화려한 혼맥을 자랑하고 있다. 고려대 이사장이자 동아일보 전 회장인 장손 병관씨는 장남 재호(43 · 동아일보 대표이사 전무)씨를 이한동 전 총리의 차녀인 정원(40)씨와 결혼시켰고, 2남 재열(39 · 제일모직 상무)씨는 이건희 삼성그룹 회장의 차녀인 서현(34 · 제일모직 상무보)씨와 결혼했다.

김연수 창업주 자녀들의 혼맥을 살펴보면 장남 상준씨는 당시 집안과 각별하게 지내던 이화여대 총장 김활란 박사의 소개로 이뤄져 1943년 구영숙씨의 맏딸 연성(87)씨를 부인으로 맞았다. 상준씨는 보성전문 상과를 나와 조흥은행에 근무할 때였고 연성씨는 이화여전 음대를 졸업한 직후였다.

상준씨는 3명의 딸을 출가시켜 정 · 관 · 재계 인맥을 형성했다. 장녀 정원(64)씨의 부군은 고려대와 국가대표팀에서 축구선수로 활약했던 김선휘(70 · 삼양염업사 회장)씨다. 축구를 좋아하던 상준씨는 모교인 고려대 축구팀을 지원했는데, 이 일로 선휘씨가 상준씨 집

▲ 1999년 김상홍 명예회장 일가가 모처럼 한 자리에 모여 가족사진을 찍고 있다. 앞줄 왼쪽부터 김 명예회장, 2남 김량 사장의 장녀 민지, 2녀 영주씨,부인 차부영씨, 큰 며느리 김유희씨, 장남 김윤 회장의 장남 건호. 뒷줄 오른쪽부터 김윤 회장, 김윤 회장의 차남 남호, 장녀 유주씨, 김 명예회장의 사위 윤영섭씨, 외손자 윤재용, 외손녀 윤혜연, 김량 사장, 둘째 며느리 장영은씨, 김량 사장의 장남 태호.

에 드나들면서 자연스럽게 혼사가 맺어졌다. 차녀 정희(60)씨는 5공 시절 당시 거물 정치인이었던 김진만씨의 맏며느리로 보내 동부그룹 회장인 김준기(64)씨를 사위로 맞았다. 3녀 정림(59)씨는 전 문교장관 윤천주씨의 장남 대근(61)씨와 결혼했다. 대근씨는 현재 동부아남반도체 대표이사 부회장과 동부그룹 소재분야 부회장을 맡고 있다.

상준씨의 장남 병휘(62)씨는 한양대 자연과학대 자연과학부 수학전공 교수로 재직하고 있고, 차남 범(54)씨는 독신으로 지내며 개인 사업을 하고 있다.

차남 상협씨는 해방 직후 고려대 부교수 시절, 의사 김준형씨의 2남 3녀 가운데 맏딸 인숙(84)씨와 연애결혼에 성공했다. 인숙씨도 니혼조시 대학을 나온 당시 보기 드문 일본 유학 신여성이었는데 상협씨의 도쿄제대 동창 부인의 소개로 만나 연애한 것으로 전해지고 있다.

장녀 명신(60)씨를 송진우 전 동아일보사장의 손자인 상현(67) 서울대 법대교수와 혼인시켰다. 2녀 영신(58)씨는 정태섭 전 변호사의 아들 성진(60)씨와 결혼했다. 외아들 한(54)씨는 전 메리츠증권 부회장으로 있었다.

3남 상홍씨는 구 치안국 재직시절 수원갑부 차준담씨의 2남2녀 가운데 맏딸 부영(81)씨와 백년가약을 맺었다. 부영씨는 이화여고와 이화여전을 나온 재원이었다.

상홍씨는 2남2녀 가운데 장남 윤씨를 전 서울신문사 김종규 사장의 딸 유희(48)씨와 혼인시켜 벽산그룹 김인득 회장과 한 다리 건너 사돈이 됐다. 또 차남 량씨는 장지량 전 공군참모총장의 막내딸 영은(48)씨와 백년 가약을 맺었다. 영은씨의 오빠 장대환씨는 매일경제신문 창업주 정진기씨의 사위로, 현재 매일경제신문 대표이사 회장 인쇄인 겸 발행인과 현 매일경제TV 대표이사 회장이다.

장녀인 유주(58)씨를 사업가 윤주탁씨의 2남 영섭(61·고려대 경영학과 교수)씨에게 시집 보내 윤주탁씨와 직접 사돈간인 박태준 전 민자당 최고위원과 연결되고 있다. 영섭씨의 남동생인 영식씨가 박전 위원의 장녀 진아(50)씨와 결혼했다.

4남 상돈씨는 6·25 직후 김유황 전 광장㈜ 부사장의 딸 용옥(75)씨와 결혼했다. 상돈씨는 맏형인 상준씨의 중매로 장남 병진(54)씨를 축구협회 부회장과 축구대표팀 감독을 지낸 한홍기씨의 딸인 혜승(47)씨와 맺어줬다.

차남 영로(52)씨는 사업을 하던 정형식씨의 딸 은미(48)씨와 혼인했다. 외동딸 희진(47)씨는 전 대한항공 이사 오명석씨의 외아들 광희(51)씨에게 시집갔다. 광희씨는 전 나이스정보통신 전무이사를 역임했다.

5남 상하씨는 삼양사 설탕공장 설립관계로 일본에서 일하고 있던 1953년 아버지의 부름을 받고 귀국, 바로 박상례(77)씨와 혼인을 맺었다. 상례씨는 공무원 출신인 박규원씨의 딸로 김 창업주의 친구가 중매를 섰다. 외동딸인 영난(46)씨를 송하철(47·주식회사 항소 사장)씨와 결혼시켜 송삼석 모나미 회장의 막내며느리로 보냈다. 장남 원씨를 배영화 경희어망 회장 딸인 주연(47)씨와 맺어줬다. 차남 정씨는 안상영 전 부산시장의 딸인 혜원(41)씨와 결혼했다.

6남 상철(작고)씨는 사업을 하던 우근호 씨의 딸 정명(65)씨를 부인으로 맞았다. 장남 형석(42)씨는 장학식 전 인천대학총장의 딸인 옥정(40)씨와 결혼했다. 형석씨는 현재 ING은행 서울지점 상무로 재직중이다.

7남 상응(작고)씨는 공무원 생활을 했던 권오경씨의 5녀중 셋째딸 명자(55)씨와 결혼했다.

장녀 상경(81)씨는 아폴로박사 조경철씨와 결혼 후 이혼해 조서봉(필립), 조서만(조지) 등 두 아들을 두고 있다.

차녀 상민(80)씨의 남편은 이두종(작고)씨로 활발하게 삼양사의 경영에 참여했다. 온양 지주의 아들로 자란 두종씨는 1956년 삼양사 과장으로 입사해 이 회사의 대표이사 부사장까지 올랐다.1984년 회사를 떠난 뒤에도 삼양그룹이 운영하는 재단법인 양영회와 수당장학회 이사장을 역임했다.

3녀 정애(77)씨는 교육계에 몸담았던 조종립씨의 아들 석(작고)씨와 결혼했다. 석씨는 서울대 상대 출신으로 결혼 후인 57년 삼양사에 사원으로 입사, 총무부장·경리부장·이사·상무·대표이사 부사장을 거쳐 전 삼양제넥스 상임고문까지 역임했다.

4녀 정유(작고)씨의 남편은 전 서울대 부총장인 김영국(작고)씨다. 그는 인천에서 사업을 하던 김덕창씨의 8남매 가운데 3남으로 인천이 낳은 천재로 불리었다. 이들은 김 창업주 친구의 소개로 결혼했다. 영국씨는 서울대 정치학과 총동창회장을 지낸 상하씨의 후배이자 매제인 셈이다.

5녀 영숙(74)씨는 미국인 스테푸친과 결혼, 딸 페기, 아들 프랭크를 두고 미국에서 살고 있다.

막내딸 희경(68)씨도 교육자였던 김종규씨의 아들 성완(68·삼양사 의약사업 고문)씨와 결혼, 미국에 거주하고 있다. 성완씨는 미국 유타대학 석좌교수로 인공심장 분야의 권위자다.

창업주의 친일논란

　민족문제연구소는 2005년 8월29일 친일인사인명사전 편찬을 앞두고 수록예정자 명단 3090명의 이름을 공개했다. 이 명단에는 삼양사의 창업주 김연수씨도 포함됐다.

　김씨는 전쟁협력 분야에서 ▲1939년 만주국 명예 총영사 ▲1940년 국민정신총동원 조선연맹 이사 ▲조선방적 이사장 ▲1940~1945년 중추원 참의(자문위원)를 지냈다는 이유로 선정됐다.

　이에 대해 삼양그룹측은 대응을 일절 자제한 채 구체적인 언급을 회피하고 있다. 다만 그룹의 한 관계자는 "창업주가 일제의 압제에 죽음으로 항거하는 등 깜짝 놀랄 만하게 대항하지 못한 것은 사실이지만 나름대로 일제의 폭거에 맞서 민족자본을 형성했다."며 "후세에 역사가들이 올바른 평가를 내릴 것"이라고 비교적 담담하게 말했다. 그러면서 그는 "지금보다 반일 감정이 팽배했던 1949년 반민특위 재판에서도 창업주는 무죄를 받았다."고 해명했다. 또 창업주는 창씨개명도 하지 않았다고 덧붙였다.

　김 창업주의 일대기인 '한국 근대기업의 선구자'에는 일제시대 그의 행적이 상세히 수록돼 있다.6부로 구성된 전기에는 4부 '고난의 시절' 편에 일제에 협조할 수도, 항거할 수도 없었던 고심의 일단들이 실려 있다.

　김씨는 중추원 참의 임명과 관련해 1940년 5월 조간신문에 자신이 칙임참의에 임명됐다는 기사를 보고 내무국장 우에다키에게 항의하러 갔지만 결국 그의 완력에 굴복했다고 해명했다. 그러나 그는 이후 '설사 내가 지녔던 일제치하의 모든 공직이나 명예직이 스스로 원했던 것이 아니고 위협과 강제에 의한 것이었다고 할지라도 일단 그런 직함을 지니고 있었다는 사실만으로도 조국과 민족앞에 송구스러운 일이 아닐 수 없다.' 며 통렬한 자기반성의 글을 실었다.

김 창업주는 반민특위에 검거돼 7개월간 수감됐지만 이런 반성의 자세가 참작됐는지 재판에서는 무죄 판결을 받았다.

당시 재판부는 판결문에서 "피고는 경성방직을 경영함에 강력히 일본자본과 씨웠고, 항상 한민족을 위한 경제적 기반확립에 노력했고, 경성방직의 상표를 태극기에서 모방한 것으로 보아 피고의 행위는 많이 참작할 곳이 있으며, 그 외의 관직 및 명예직은 일제의 압력에 못이겨 피동적으로 맡은 것이라고 증명되며, 또 피고는 한국의 인재를 양성하기 위해 많은 학생에게 원조를 해 그의 혜택을 본 자의 수는 현재 수백명에 달하는 것이니 이 점으로 피고가 남긴 공적은 크다고 할 것이며, 기타 증인의 증언을 통해 볼 때 피고를 단순히 친일 및 반민족행위자라고 규정할 수 없을 것"이라고 판시했다.

형 김성수와 동생 김연수

'한 배에서 태어난 형제가 이렇게 다를 수 있을까.'

인촌(仁村) 김성수와 수당(秀堂) 김연수를 아는 주위 사람들의 한결같은 평가다. 인촌과 수당은 호남갑부 김경중씨의 두 아들이었지만 성격은 딴판이었다. 수당은 어릴 때부터 말수가 적고 침착하고 내성적인 성격이었다. 반면 형 인촌은 활달하고 외향적이었다. 여기에 형제는 다섯살이나 터울이 져 어린 시절엔 서로 어울리는 일이 적었다. 그런데도 두 사람은 평생을 친한 형제로 지냈다.

인촌은 수당이 근대적 교육을 받도록 인도했다. 집안의 반대에도 불구하고 동생을 일본으로 가게 해 중·고등학교와 교토제대 경제학부를 졸업하도록 도왔다. 수당은 일본에서 유학생활을 하며 일찍이 '기업인'이 될 것을 결심했다. 오사카의 공장지대에서 받았던 강렬한 인상이 결단의 계기였다.

이처럼 수당의 행적은 형 인촌의 행적과 불가분의 관

▲일본 도쿄 유학 시절의 김성수(왼쪽)와 김연수 형제

계를 맺고 있다. 실제로 수당이 기업가로서 길을 걷는 데는 인촌이 설립하고 인수한 기업의 경영을 맡음으로써 시작됐다. 수당이 경영인으로 첫 발을 내디딘 것도 1922년 형이 운영하던 경성직뉴와 경성방직의 경영인을 맡고부터다. 이후 수당은 경영인으로서 성공하자 인촌을 적극 도왔다. 생전에 인촌은 수당이 없었으면 교육사업을 비롯한 자신의 활동이 어려웠을 것이라고 곧잘 술회했다. 수당은 언제나 인촌에게 돈 걱정은 하지 말고 마음껏 뜻을 펼치라고 말했다. 인촌이 설립한 고려중앙학원이나 고려대, 경성방직과 동아일보 등 모두 동생의 재정적인 지원을 받지 않은 것이 없었다. 특히 수당은 1940년대까지 고려중앙학원과 고려대에 기부한 재산이 연 평균 250만원에 이르렀는데, 이를 현 시가로 어림잡아 환산하면 1000억원(쌀값 기준)을 훨씬 넘는 액수다.

김성수씨 일가 가계도

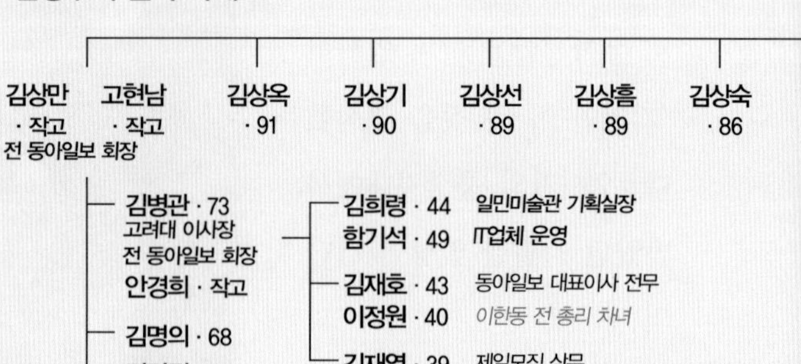

그러면서도 동생은 형이 하는 일을 뒤에서 묵묵히 돕기만 했다. 그는 "모든 것을 형님이 알아서 하시니까 나는 재정적인 지원만 하면 된다."는 입장을 견지했다. 형을 만날 때마다 "형님은 교육과 문화사업을 하세요. 저는 뒤에서 돈을 대리다."라며 든든한 후원자를 자임했다.

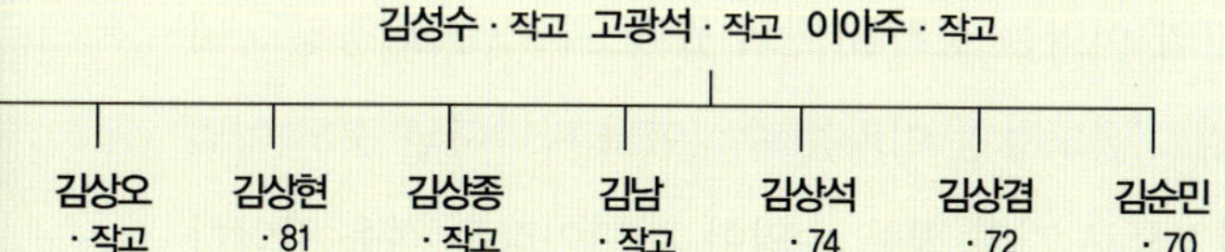

대잇는 가족경영

"재계 랭킹 몇 위 어쩌구 하는 언어의 마술에 홀려 방만한 기업경영을 해 사회에 물의를 일으키고 도리어 나라 발전에 걸림돌이 되는 그런 기업은 되지 않았다."

김상홍 삼양그룹 명예회장의 자서전 '늘 한결 같은 마음으로'에 나오는 글이다. 김 명예회장의 심정은 삼양그룹 경영의 핵심을 그대로 드러낸 말이기도 하다.

올해로 83년째를 맞는 삼양그룹은 흔히 '돌다리도 수없이 두드려 본 뒤 건너가는 기업'이라는 평가를 받아 왔다. '우보(牛步)경영' '내실경영' '보수경영' '정도경영'이라는 수식어가 따라다닌 것도 이런 맥락에서다. 세계적으로 기업 평균 수명이 30년이라는 점을 감안하면 놀라운 저력이 아닐 수 없다. 그러나 이런 수식어의 이면에는 적극적인 투자에 나서지 못해 성장동력을 놓쳐 재계 50위권으로 처져 있다는 비판의 목소리도 함께 담겨져 있다.

▲ 2000년 김상하 삼양그룹 회장 일가가 한자리에 모였다.
앞줄 왼쪽부터 장남 김원 사장의 2녀 주희, 외손녀 송지영, 김상하 회장, 부인 박상례씨, 2남 김정 부사장의 장남 주형, 장남의 3녀 율희, 2남의 장녀 희원. 뒷줄 왼쪽부터 외손자 송근화, 사위 송하철씨, 딸 영난씨, 큰며느리 배주연씨, 장남의 장녀 남희, 김원 사장, 둘째 며느리 안혜원씨, 2남의 둘째 주성, 김정 부사장.

역대 정권과 긴장관계, 성장경영 꿈도 못 꿔

삼성석유화학 허태학 사장은 강연때마다 삼양사의 사례를 들곤 한다. 허 사장은 "삼양사가 일제시대와 해방 이후 국내 최고의 기업 중에 하나였지만 적극적인 경영을 하지 못해 중견기업으로 뒤처졌다."며 삼양식의 경영방식에 부정적 평가를 내린다는 게 주위의 전언이다.

그러나 삼양그룹의 시각은 이와는 다르다. 삼양사는 역대 정권과 갈등 관계를 유지하느라 회사를 크게 키울 수 없었다고 반박한다. 실제로 삼양사는 이승만 대통령 재직시 창업주 김연수 회장의 형인 '인촌'

김성수씨가 부통령까지 지내며 이 대통령의 라이벌로 활동해 집중 견제를 받았다. 김 창업주는 1951년 제당공장을 짓기 위해 울산에 부지를 확보했지만 정부가 공장 공사대금으로 활용할 외화 사용 승인을 3년이나 늦게 내줘 고초를 겪기도 했다. 3공화국 때도 인촌이 창간한 '야당지' 동아일보를 지원하느라 정부의 눈 밖에 나 있었다. 정부의 금융지원 같은 특혜는 꿈도 꾸지 못했다는 게 삼양그룹측의 주장이다.

삼양사 문성환 부사장(현 휴비스 사장)은 "60~70년대 급성장한 기업들의 성장동력은 정치권과 야합해 무차별적인 차입경영에 있었다."며 "그러나 삼양사는 역대 정권과 긴장관계를 유지해 정경유착에 나설 형편이 되지 못했다."고 말했다.

전통기업을 묵묵히 지켜온 2세 기업인

이런 안정 지향적인 기업 경영은 외환위기(IMF) 때 빛을 발했다. 부채비율이 높았던 대부분의 기업은 무너졌지만 삼양그룹은 그때나 지금이나 탄탄한 재무구조를 유지하고 있다. 2004년 12월 현재 삼양그룹의 매출액은 2조 7180억원에 머물러 있지만 부채는 8537억원으로 부채비율 60%를 유지하고 있다. 같은 기간 지주회사 역할을 하는 삼양사는 매출 8902억원, 부채 2799억원, 부채비율 40%다. 이런 이유로 삼양그룹은 2004년 9월 재정경제부와 신산업경영원이 주최하는 재무경영종합대상을 수상했다.

삼양그룹이 튼실한 경영구조를 유지하고 있는 데는 김상홍(85) 명예회장의 공이 크다. 김 명예회장은 1956년 34세에 삼양사 사장에 취임했다. 부친 김연수 회장으로부터 회사를 물려받은 것이지만 80년

▲김윤 회장과 부인 김유희씨가 2004년 서울 강남구 삼성동 코엑스에서 열린 창립 80주년 행사장에 나란히 참석, 다정하게 앉아 있다. 김 회장 부부는 웬만한 행사에는 항상 동행할 정도로 돈독한 부부애를 자랑한다.

이나 넘게 기업을 온전히 지켜온 '수성'(守城)이 그의 최대 업적이다.

김 명예회장이 우리나라 대표 기업을 지켜온 데는 어렸을 때부터 부친으로부터 철저하게 받은 경영수업 덕이 컸다. 창업주는 1944년 일본 와세다대에 재학 중이던 김 명예회장을 만주로 불러 삼양사가 운영하던 매하구 농장에서 일을 시켰다. 사장 아들이라고 특혜를 베풀지 않고 농장 직원들과 똑같이 숙식하고 생활하도록 지시했다.

그는 해방 이후 고국으로 돌아와서는 호텔 경영인의 꿈을 꾸기도 했다. 이때 창업주는 "무슨 일이든 성공해 맨 윗사람이 되려면 우선 그 분야의 제일 밑바닥에서부터 시작하면서 기초를 익혀야 된다."며 조선호텔에서 접시닦기와 객실담당(벨보이)부터 맡도록 권했다.

이후 1947년 제헌의원이던 나용균씨의 추천으로 수도경찰청(내무부 치안국) 경위로 특채돼 경찰에 입문했다. 그는 4년간 경찰관으로 복무하다 1952년 큰아버지인 김성수씨가 부통령직에서 사임하자 총경직에서 퇴직했다.

이때부터 김 명예회장은 경영인으로서 길을 걷기 시작했다. 당시 창업주는 장남 상준씨를 비롯해 둘째 상엽, 넷째 상돈씨에게는 해리 염전을 포함한 '삼양염업사'를 맡겼다. 김 창업주가 직접 경영하는 삼양사는 셋째인 김 명예회장과 다섯째 상하씨가 일을 하도록 교통 정리를 했다.

밑바닥부터 배워라

김 명예회장은 부친에게 받았던 경영수업이 혹독하리만큼 철저했다고 회고한다. 회사의 맨 밑바닥 일부터 배우라고 지시했는데 주산, 부기, 기장은 물론 고용노무작업, 구매자금조달 등 실무 업무부터 맡아야 했다. 김 명예회장은 일본 와세다대, 상하 회장은 서울대를 졸업했지만 상업고교 출신처럼 주산을 열심히 배워야 했다. 이런 전통으로 인해 삼양그룹은 사무직 신입사원이 입사하면 우선 공장에서 현장 연수를 하는 것으로 회사생활을 시작한다.

김 명예회장은 50세가 넘어서도 창업주 앞에서는 의자에 마주 앉는 일조차 삼갔다고 한다. 부친을 지근 거리에서 모셨지만 "아버지 그림자도 안 밟겠다."며 어려워했다. 지금도 사무실에 부친의 흉상을 두고 '무언의 조언'을 듣고 있다고 말할 정도다.

이처럼 혹독한 '문하생' 생활을 보낸 김 명예회장은 1950년대 제당사업을 전개할 때는 부친을 그림자처럼 따라다니며 설탕 영업의 골간을 만들었다. 70년대 제당업이 정상에 오르자 경영 다각화의 일환으로 금융업에 진출, 삼양종합금융을 인수했다. 그러나 그는 삼양종합금융은 물론 1대 주주였던 전북은행에도 삼양사 직원을 단 한명도 파견하지 않는 등 자율과 원칙을 지킨 경영인으로 평가를 받고 있다.

김 명예회장은 삼양그룹의 장수비결에 대해 "욕심내지 않고 우리가 잘하는 것만, 그것도 능력이 닿는 범위내에서만 사업을 해왔다."며 "정말 힘든 일이긴 했지만 우리가 잘하는 제조업체에만 집중하면서 넘치지도 않고 부족함도 없는 중용정신을 지켜왔다."고 말했다. 이처럼 그의 경영철학은 '제조업을 통해 건전하게 돈을 벌어야 하고, 수익성이 좋다고 아무 사업이나 하지 않는다.' 는 것으로 집약된다.

전국경제인연합회 회장을 맡았던 정주영 전 현대그룹 명예회장(작고)은 부회장을 함께 맡았던 김 명예회장에 대해 "과묵 침착하며 절제를 아는 선비, 중용의 참뜻을 실천해온 외유내강형의 단아한 신사"라고 평가했다.

김 명예회장은 1996년 동생인 상하씨에게 그룹회장직을 넘겨주고 자신은 명예회장으로 물러 났다.

삼양의 제2 탄생을 마무리

김상하(82) 그룹회장은 상홍 명예회장과 함께 창업주로부터 물려받은 회사를 성장 궤도에 정착시킨 주역이다. 서울대 정치학과를 졸업한 김 그룹회장은 1949년 삼양사에 몸 담은 뒤 줄곧 부친과 상홍 회장을 도왔다. 1952년 일본 도쿄사무소 첫 주재원으로 파견돼 삼양사 공장설계와 전문가 채용을 맡으며 본격적으로 경영일선에 뛰어들었다.

상홍 명예회장과 상하 회장은 형제간이긴 해도 서로 닮은 점보다는 다른 점이 더 많았다. 상홍 회장이 조용히 지내기를 좋아하는 반면 상하 회장은 적극적인 사회활동을 했다. 상홍 회장이 사람을 가려서 만난다면 상하 회장은 이런저런 사람을 폭넓게 사귀는 성격이다. 취미도 상홍 회장은 단조로움을 즐겼던 반면 상하 회장은 스포츠와 여행을 좋아했다.

때문에 그룹 경영에 있어서는 꼼꼼한 상홍 명예회장이 관리를 맡고, 활동적인 상하 그룹회장이 영업전선에 나서는 등 형제간 역할분담을 이뤘다.

실제로 상하 회장은 유창한 일어 실력과 깨끗한 인품으로 재계에서는 국제 감각이 뛰어난 대표적인 일본통으로 꼽혔다. 특히 1988년부터 12년간 최장수 대한상공회의소 회장을 역임하는 등 많게는 100여개의 대외 직함을 수행할 정도로 전방위 활동을 벌였다.

상하 회장은 이런 왕성한 대외활동을 바탕으로 제조업 중심으로 삼양의 성장을 진두지휘했다. 폴리에스테르 사업의 경우 10년에 걸친 증설을 이끌어 국내 최대 폴리에스테르 업체로 위상을 높였다. 1980년대에 집중된 화학, 의약 등의 사업 다변화에도 주도적 역할을 수행했다.

또한 폭넓은 대외 교분을 토대로 미쓰이, 미쓰비시화학과의 각종 기술제휴 및 합작이 추진돼 삼양화성, 삼남석유화학을 설립했다.

외유내강의 기업인

상하 그룹회장은 소탈하면서 모가 없는 성품이지만 그룹경영에 있어서는 진퇴를 명확히 제시하는 '외유내강형'의 기업가라는 평가를 받고 있다.

90년대 국내 폴리에스테르 업체들이 신·증설을 활발하게 진행했지만 그는 화학섬유 사업의 한계를 감안해 대규모 증설 프로젝트를 중단했다.

또한 섬유본부에서 신사업으로 오랫동안 검토해 샘플 제작까지 끝낸 폴리에스테르 필름 사업도 사업의 구조적인 경쟁력과 취약성을 들어 사업을 중단하는 어려운 결정을 내리기도 했다.

그는 상홍 명예회장을 모시는 데도 깍듯했다. 상홍 회장이 경영 일선에서는 물러났지만 세세한 부분까지 수시로 의견을 구했다. 상하 회장은 서울 성북동에 형집과 담장 하나 사이를 두고 함께 살고 있다. 담장 중간에 쪽문을 해놓고 수시로 오갈 수 있는 '핫라인'까지 설치해 놓고 있다.

상홍 명예회장은 자서전에서 "동생과 집을 나란히 짓고 살게 된 것은 동생이 스스로 땅을 함께 사고 집도 순서대로 나란히 짓고 살아온 덕"이라며 "아우는 본래 2층집을 짓고 싶었는데 순전히 나 때문에 일조권을 염두에 두고 단층집을 짓고 산다."며 돈독한 형제애를 소개했다.

상하 회장은 2004년 3월 상홍 회장의 장남이자 조카인 김윤 삼양 그룹 부회장에게 '대권'을 물려줬다. 아들인 원씨는 삼양사 사장에 나란히 취임했다. 이로써 1975년부터 30년간 지속된 2세 형제경영에 이어 3세 사촌 형제간 공동경영 시대의 막이 올랐다.

숨은 주역들

김 명예회장과 그룹회장은 삼양그룹이 83년의 전통을 이어온 데는 동생들과 매제의 역할이 컸다고 회고한다.

김 명예회장은 "나는 아우들과 함께 회사를 경영하면서 크고 작은 일에 신중을 거듭했다. 아우들과 수시로 의견을 주고받으면서 선친께서 잡아놓은 틀을 잡는 데 힘썼다."고 말했다.

김 명예회장은 회사 발전에 공을 세운 일등공신으로 지난 2002년 작고한 김상응 막내 동생을 손꼽는다. 서울대 외교학과와 미국 유타대 경제학과를 졸업한 상응씨는 96년부터 삼양사 회장으로 재직하며 외환위기 등 창업 이래 최고의 시련기를 뚝심으로 돌파하는 경영수완을 발휘했다고 떠올린다. 부인 권명자(55)씨와 4남1녀인 자식들은 남편이 죽은 뒤 미국으로 이주해 살고 있다.

김 명예회장은 또 막내 여동생 희경(68)씨의 남편 김성완(68)씨의 공헌도 높이 평가했다. 김씨는 미국 유타대 교수로 생체고분자 및 약물전달시스템 분야에서 세계적인 권위를 인정받고 있다. 김 교수는 김 명예회장에게 "기업이 발전하려면 연구개발에 많은 투자를 해야 하는데 장래성이 좋은 분야는 의약계통에서 찾아야 한다."는 점을 수차례 강조했다. 결국 김 명예회장은 김 교수의 의견에 따라 1993년 충남 대덕 연구단지에 '삼양그룹연구소'를 설립했다. 이 연구소는 삼양그룹이 중점사업으로 키우고 있는 화학, 식품, 의약부문의 성장동력을 제공하고 있다.

이제는 공격경영

김윤(55) 회장은 부친 상홍 명예회장, 상하 그룹회장과 같이 바닥부터 경영수업을 받았다.1979년 고려대 경영학과를 졸업한 뒤 LG그룹 계열인 반도상사에 취직했다. 자신의 회사를 경영하기에 앞서 다른 회사 직원으로 영업전선을 두루 체험해 보라는 부친의 의도였다.

이를 두고 구자경 LG그룹 명예회장은 "김상홍 회장님의 큰자제가 2년간 반도상사에 근무한 일이 있었는데 내게는 그런 사실을 전혀 귀띔도 해주지 않았다."며 "나는 훗날에야 그 사실을 알고 한쪽으로는 좀 서운하면서도 또 한편으론 상홍 회장님의 인품을 새삼 느꼈다."고 회고했다.

김 회장은 이후 미국으로 건너가 MIIS(Monterey Institute of International Studies)에서 MBA 석사를 취득한 뒤 곡물회사인 루이스 드레푸스에서 2년간 근무하며 국제적인 경영감각을 익혔다. 또 삼촌인 상하 그룹회장처럼 도쿄지점에서 2년간 주재하며 삼양그룹의 해외진출 사업을 손수 챙기며 경영인으로서의 자질을 다져 나갔다.

고국에 귀국한 뒤에는 울산공장 기술수출팀을 시작으로 이사(90년)·상무(91년)·대표이사 전무(93년)·대표이사 사장(96년)·대표이사 부회장(2000년) 등을 거치며 착실히 경영수업을 쌓았다.

2004년 삼양사 회장에 취임한 김 회장은 차분하고 안정적인 경영스타일로 삼양의 전통을 중시하는 한편 보수적인 관행을 하나씩 제거해 나가고 있다는 평가를 받고 있다. 김 회장은 취임 일성으로 "삼양그룹은 보수적이고 안정 위주의 경영전략을 구사해 성장이 정체돼 있었다."며 "앞으론 사고방식을 진취적으로 전환해 그룹의 성장을 도모하겠다.”는 포부를 밝혀 재계의 주목을 받았다. 2010년까지 2조원을 투자해 매출액 6조원을 달성하고 자본수익률 20% 이상으로 끌어올린다는 청사진도 제시했다. 이를 위해 화학, 식품, 의약, 신사업 등 4대 부문을 핵심 성장 사업군으로 설정했다.

다시 세계로 진출

2004년에는 중국 상하이에 전기전자, 부품소재 등을 생산하는 삼양공정소료 유한공사를 설립, 창업주인 할아버지가 만주에 진출한 데 이어 68년 만에 중국에 현지법인 형태로 재진출했다. 향후 중국을 기점으로 인도, 중남미 등 생산기지를 다각화해 글로벌 네트워크를 형성, 세계적인 전문 화학회사로 육성한다는 복안이다. 또한 식품부문을 총괄하는 통합 브랜드로 ‘큐원’(Quality No.1)을 출범시켰다. 47년간 사용해 오던 대표 브랜드 ‘삼양설탕’을 과감히 버리고 최고의 경쟁력을 갖춘 식품소재기업으로 성장한다는 전략을 세웠다.

김윤 회장의 이런 자신감은 1996년부터 삼양사 사장과 부회장을 거치며 길러졌다. 과감한 추진력은 외환위기를 거치며 발휘됐다. 사장 시절이던 1998년 사업실적이 저조한 금융업과 무선통신사업을 포기하고 계열사를 섬유·식품·화학 등을 핵심 사업군으로 재편했다.

특히 삼양사의 주축이었던 폴리에스테르 사업부문을 과감히 정리, 2000년 SK케미칼과 통합법인 휴비스를 설립했다. 이후 삼양그룹 직원들은 단 한명의 구조조정과 한 푼의 임금삭감 없이 경영위기를 넘길 수 있었다.

김 회장은 이런 경영능력을 인정받아 2005년 10월 서울대 산학협력재단이 주최한 '제1회 한국을 빛낸 CEO'에 당시 이명박 서울시장, 정운찬 서울대 총장, 진대제 정보통신부 장관, 허동수 GS칼텍스 회장, 이지송 현대건설 사장 등과 함께 뽑혔다. 또 2001년 전경련 부회장에 선임됐고 한·일경제협회 부회장을 맡고 있다.

3세에도 공동경영

상하 그룹회장의 장남인 김원(50) 사장은 선대 회장들처럼 사촌형인 김윤 회장을 도와 삼양그룹을 이끌고 있다. 그러나 3대 경영의 주역들은 선대 회장들과는 달리 서로 상반된 성격을 지녔다.

윤 회장은 부친인 상홍 명예회장이 내성적인데 반해 활발한 활동으로 재계의 주목을 받고 있다. 반면 원 사장은 전방위 대외활동을 펼친 부친 상하 그룹 회장과는 달리 묵묵히 사촌형을 챙기고 있다.

원 사장은 연세대 화학과를 졸업하고 유타대에서 재료공학과 산업공학 석사학위를 받았다. 윤 회장처럼 도쿄지점 부장을 거쳐 삼양이 의약부문으로 사업을 확장하던 1993년 개발부장으로 자리를 옮겨 의약사업의 기초를 닦았다. 이후 연구개발 부문을 관장하면서 이사, 상무로 승진한 뒤 1997년 연구개발본부장(전무)에 오르는 등 '테크노 경영인'으로 각인되고 있다. 1999년 부사장 승진에 이어, 2000년 8월 대표이사 사장에 선임됐다. 이공계 출신으로 매사에 치밀하며 경영분석 능력이 탁월하다는 평가를 받고 있다. 대외 영업에 치중했던 부친과 달리 관리쪽에 무게가 실리는 경영스타일을 고수하고 있다.

결혼도 자식 뜻대로

상홍 명예회장과 상하 그룹회장은 창업주처럼 자식들의 결혼과 관련해 정략 결혼을 요구하기보다는 본인들의 의사를 최대한 들어주는 스타일을 지켰다. 상홍 명예회장의 장남 김윤 회장은 친구들 모임에서 부인 김유희(48)씨를 처음 만났다. 김 회장은 이화여대를 졸업한 김씨를 보고 첫눈에 반해 데이트를 신청했다고 한다. 김 회장은 김씨가 상당한 미모를 갖추고 있는데다 집안 대대로 친척들이 이대 출신이 많다는 점도 맘에 들었다고 고백한다. 김 회장은 부인을 웬만한 행사에는 동행할 정도로 '부인사랑'이 남다르다. 지금도 사석에서 김 회장의 18번인 '만남'을 두 부부가 함께 부른다고 한다.

김원 사장도 친구들끼리의 모임에서 부인 배주연(43)씨를 만나 열애끝에 결혼에 성공했다.

반면 김량(53) 삼양제넥스 사장과 김정(48) 삼남석유화학부사장은 중매로 배필을 만났다. 김량 사장은 김정렬 전 국방부 장관의 중매로 부인 장영은(48)씨와 혼인했다. 상홍 명예회장과 김 전 장관의 집안이 오래전부터 친해 자연스레 연결됐다. 김 전 장관은 영은씨의 부친인 장지량 전 공군참모총장과 막역한 사이어서 혼인을 주선했다.

김정 부사장은 어머니 박상례(77)씨가 자영업을 하는 친구의 소개로 안혜원(41)씨를 만났다. 안씨 부친이 안상영 전 부산시장이어서 흔쾌히 혼담이 오갔다.

막강한 손녀사위들

김연수 삼양사 창업주는 부인 박하진씨와의 사이에 7남6녀 13명의 자녀를 두었다.

김 창업주는 2세들보다 3세들의 혼사를 통해 혼맥을 이뤘다. 재계, 정계, 언론계, 법조계 등 매우 다양하다. 이 가운데 손녀사위들은 대학교수, 의사, 경영인 등의 전문 직업군을 이루며 삼양가(家)의 명망을 잇고 있다.

둘째아들인 김상협 전 국무총리는 1남3녀를 두었는데 3명의 사위가 모두 교수인 것이 이채롭다. 김 전 총리는 형제 중에서 공부를 가장 잘했다고 한다. 5년제였던 경복중학교를 4년 만에 졸업하고 일본으로 건너가 도쿄대(당시는 도쿄제대) 법학부 정치학과를 나올 정도의 수재였다. 이런 이유 때문인지 김 전 총리는 학자 사위들을 좋아했다.

김 전 총리의 장녀 명신(60)씨 남편 송상현(67)씨는 서울대 법대 교수로 재직 중이다. 송씨는 송진우 전 동아일보 사장의 손자다. 둘째딸 영신(58)씨는 정성진(60) 서울대 공대 교수와 결혼했다. 정씨는 정태섭 전 변호사의 아들이다. 막내딸 양순(54)씨의 부군 이양팔(61)씨도 고려대 경제학과 교수다.

또 상홍(85) 명예회장의 장녀 유주(58)씨도 윤영섭(61) 고려대 경영학과 교수와 혼인했다. 창업주의 넷째딸인 정유(작고)씨는 외동딸인 원경(45)씨를 한정수(50) 전 충남대 교수와 결혼시켰다.

손녀사위들의 '의사 파워'도 만만치 않다. 김 창업주의 둘째딸 상민(80)씨는 둘째딸인 이정현(43)씨를 백완기(49) 인하대병원 흉부외과 의사와 인연을 맺어 줬다. 김 창업주의 셋째딸 정애(77)씨 장녀 조경미(49)씨의 부군 주춘희(49)씨도 캐나다에서 병원을 운영 중이다.

그러나 삼양가가 전문 경영인 집안이어서인지 손녀사위들도 전문 경영인이 많다.

김 창업주의 장남 상준씨의 장녀 정원(64)씨의 남편 김선휘(70)씨는 삼양염업사 회장으로 재직하며 처가의 가업을 잇고 있다.

둘째딸 징희(60)씨는 김준기(64) 동부그룹 회장과 결혼했다. 또 셋째딸 정림(59)씨도 윤대근(61) 동부아남반도체 대표이사 부회장이자 동부그룹 소재분야 부회장과 결혼해 유달리 '동부그룹'과 인연이 많다.

창업주의 둘째 김상협 전 총리가 교육자 집안으로 꾸렸던 것에 비해 장남 상준씨는 전형적인 경영인 가족을 형성한 셈이다. 넷째 상돈(83) 삼양염업사 고문은 외동딸 희진(47)씨를 오광희(51) 전 나이스정보통신 전무와 결혼시켰다. 다섯째 상하(82) 그룹회장도 외동딸 영난(46)씨를 송하철(47) ㈜ 항소 사장과 혼인시켰다. 송씨는 송삼석 모나미 회장의 막내다.

계열사 사장들 '전문적 경험' 풍부

삼양그룹의 현 계열사 사장들은 경영전면에 나선 창업주의 3세들을 지원하는 것에 역할이 주로 맞춰져 있다. 분야별로 전문적 경험이 풍부해 경영 승계가 무리 없이 이뤄지도록 돕고 있다.

박종헌(68) 삼양사 사장은 40년동안 영업, 해외업무, 인사, 재무, 기획분야를 두루 거쳤다. 광주제일고와 서울대 법학과를 졸업한 박 사장은 법학도답게 매사 논리적이고 날카로운 통찰력으로 그룹을 이끌고 있다. 이영훈 전 대법원장과 서울법대 동기동창이다.

김량(53) 삼양제넥스 사장은 김상홍 명예회장의 차남으로 경방유통에서 16년간 재직하며 사장으로 퇴임할 때까지 유통부문의 핵심역량을 쌓아왔다. 2002년 삼양제넥스에 입사해 제조업 유통부문의 경영 노하우를 성공적으로 접목시키고 있다. 김 사장은 창업주의 손자이지만 직원들과 자주 소주잔을 기울이며 대화를 즐기는 소탈한 성격의 소유자다.

김경원(64) 삼남석유화학 사장은 전주 폴리에스테르 공장 설립때부터 중앙연구소 소장, 화성본부장, 삼양화성 사장 등 화학, 섬유, 폴리카보네이트 등을 두루 지낸 전문 경영인이다. 폴리에스테르 부문의 대가로 '폴리머 김'이라고 불리기도 하는 김 사장은 엔지니어 출신으로 '연구통'이다.

문현동(58) 삼양중기 대표는 마케팅팀, 기계사업팀장 등 27년 동

〈삼양그룹 사장단〉

▲박종헌
(주)삼양사 사장
광주제일고 / 서울대

▲김원
(주)삼양사 사장
중앙고 / 연세대

▲김경원
삼남석유화학(주) 사장
광주고 / 연세대

▲김량
(주)삼양제넥스 사장
중앙고 / 고려대

▲문현동
삼양중기(주) 대표
경기고 / 서울대

▲변수식
삼양데이타시스템(주) 대표
대구고 / 영남대

▲배순호
(주)삼양밀맥스 사장
경기고 / 고려대

▲박호진
삼양화성(주) 대표
광주제일고 / 연세대

▲김상익
(주)삼양웰푸드 대표
동성고 / 중앙대

안 기계사업 분야에서 수출업무를 담당해왔으며 특히 글로벌 무역업무 경험이 풍부하다. 2006년 대표로 선임되어 고객 및 협력업체와의 신뢰를 바탕으로 한 상생협조체제 구축에 중점을 두고 있다.

박호진(61) 삼양화성 대표는 동경지점을 거쳐 전주공장에서 20년 동안 현장 경험을 쌓았다. 지난 3월 대표로 선임돼 사원간에 가족적인 유대감을 높이는 데 역점을 두고 있다.

배순호(61) 삼양밀맥스 사장은 삼양사 뉴욕지점, 사료관리부장, 식품BU장 등 원료 구매와 유통분야에서 역량을 쌓아온 전문 경영인이다. 2006년 사장으로 선임돼 건전한 노사문화 정착을 토대로 새로운 전기 마련에 최선을 다하고 있다.

변수식(57) 삼양데이타시스템 대표는 전사적자원관리(ERP)팀장, IT전략팀장, 경영혁신(PI)팀장 등 프로세스 이노베이션 업무를 주로 맡았다. 변 대표는 IT부문의 다양한 인적 네트워크를 구축한 'IT통'이다.

김상익(61) 삼양웰푸드 대표는 경리부, 삼양제넥스 경영지원팀장을 거치는 등 25년 동안 경리와 관리를 맡았다. 2004년 대표로 선임돼 원칙과 현장을 중시하는 현장 밀착형 경영을 중시한다.

2장

재벌家 맥(脈) - 下

누가 한국을 움직이는가

■ 동원가(家 · 그룹) 총괄 인맥도

10. 동원가(家) 총괄 인맥도

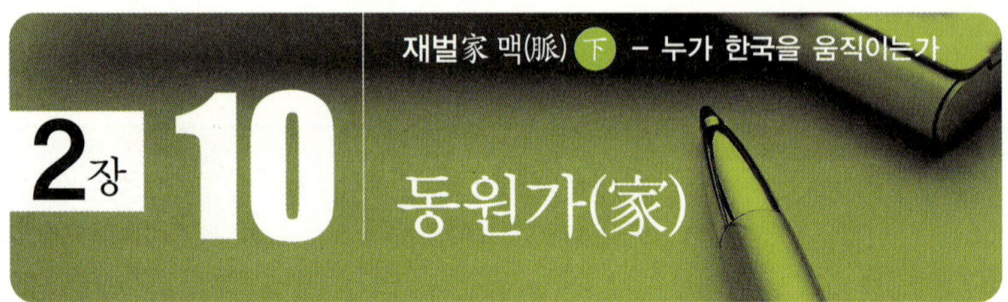

김재철 회장가(家)

"김재철(72) 회장은 자신을 장보고라고 생각하는 몽상가였다. 김 회장이 서울 농대를 포기하고 부산수산대를 지원한 것은 어쩌면 바다에 대한 동경이 아니면 힘든 선택이었을 것이다. 거칠고 험한 바다를 꿈의 대상으로, 기업의 대상으로 삼은 기업인은 우리 사회에 드물다."

소설가 최인호씨는 한 언론과의 인터뷰에서 젊은 시절 원양어선을 타고 5대양을 주름잡던 마도로스 출신의 김 회장에 대해 건전하고 꿈이 있는 몽상가라고 평했다. 2000년 당시 해상왕 장보고기념사업회를 이끌던 김 회장은 최인호씨에게 장보고를 소설로 만들 것을 제안했다. 최인호씨는 장보고가 흥미있는 인물이지만 권력을 꿈꾸다 암살(삼국사기)당했던 만큼 내키지 않았지만 김 회장의 설명을 듣고 장보고에 깊이 빠져 소설 '해신(海神)'을 쓰게 됐다.

바다와의 인연… 장보고를 꿈꾸며

김재철 동원그룹 회장은 벤처 비즈니스맨의 전형이다. 서울대 입학을 마다하고 무한한 가능성을 좇아 바다 인생을 택했기 때문이다.

성실과 불굴의 투지, 그리고 개척자 정신으로 바다와 싸워 성공을 거뒀고 식품가공업과 금융부문 등으로 그룹을 키워내며 자신의 꿈을 이뤘다.

김 회장의 삶은 이처럼 바다를 떼어놓고 이야기할 수 없다. 1935년 전남 강진 농촌에서 9남매 중 장남으로 태어났다. 큰아들이 잘 돼야 한다는 당시 시대적인 분위기에 따라 동생들 대신 학교를 다닌 셈이다. 어린 동생들은 후에 김 회장이 학비를 대주었지만 기대와 책임감을 한몸에 안고 유년시절을 보냈다. 걸어서 두 시간이 족히 걸리는 강진농고를 결석 없이 다니면서 우등생 자리도 놓치지 않았다.

진로를 고민하던 고3 시절. "바다는 무진장한 자원의 보고다. 우리 젊은이들이 무궁무진한 자원의 보고인 바다를 개척해야 한다."는 담임 선생님의 말에 이끌려 망망대해로 인생의 나침반을 돌렸다.

선생님의 이야기를 계기로 그는 수산대에 진학해 바다로 나가기로 했다. 당시 서울대 농대에 장학생으로 입학 허가를 받아놓은 상태였다. 김 회장은 당시 상황을 이렇게 회고했다.

"시골 학교에서 서울대에 들어간다면 큰 경사인데 갑자기 지방에 있는 뱃사람 학교에 가겠다고 하니 부모님을 비롯해 주위에서 반대가 많았습니다. 또 졸업하고 나서 배를 탈 때도 장애가 많았습니다. 정식 학부 졸업생이 배를 탄 것은 제가 처음이었거든요. 당시 수산대 졸업생들은 수산청이나 수산업협동조합 같은 관계기관에서 근무하거나 교사가 되는 게 일반적이었습니다. 그때 저도 여수수산고 교장으로 계시는 고등학교 은사로부터 교사로 와달라는 제의를 받았습니다. 그러나 제가 원양어선을 타겠다고 하자 처음에는 백면서생의 객

기쁨으로 받아들이는 듯했습니다. 결국 항해중에 사고가 나도 책임을 묻지 않는다는 각서를 쓰고서야 겨우 승선할 수 있었습니다."

'참치 잘 잡는 마도로스'

1958년은 우리나라가 처음으로 원양어업을 시작한 뜻깊은 해다. 김 회장은 우리나라 첫 원양어선인 '지남호'의 승선자이기도 하다. 기업가로 변신하기 전 김 회장은 8년간 실제로 마도로스 생활을 했다. 항해사로 시작한 뱃사람 생활에서 곧 능력을 인정받아 3년 만에 '지남2호'의 선장이 됐다. 파격적인 승진이다. 다른 배보다 빨리 만선을 기록한 데 대한 보상이었다. 그때부터 국내외 원양어선 업계에서 그는 '참치 잘 잡는 선장'으로 소문나기 시작했다.

그는 "우리나라 수산업을 일으켜 보겠다는 각오로 배를 탔고 한 마리라도 더 잡는 것이 애국하는 길이라는 생각으로 출어에 나섰다." 면서 "고기떼를 찾아 바다를 헤맬 때나 조업을 앞둔 새벽이면 목욕재계를 하고 기도를 드리곤 했다."고 강조했다. 할 수 있는 최선을 다하고 그 뒤의 일은 신의 섭리에 맡긴다는 진인사대천명(盡人事待天命)을 신조로 삼았던 마음 가짐 때문인지 승승장구했다. 그가 가장 싫어하는 말은 '대충대충' '괜찮아'다.

1964년 고려원양 수산부장으로 스카우트돼 물품판매, 차관업무, 선박도입 등 수산업 관련 업무를 익혔다. 당시 원양어선이 잡은 참치는 대부분 현지에서 수출됐는데 그때 외국상선들과 거래하며 쌓은 신용은 나중에 창업할 때 큰 도움이 됐다.

1969년. 바다에서 잔뼈가 굵은 그는 조업과 실무경험을 바탕으로 동원 산업을 창업했다.당시 사업 밑천은 1000만원.배는 일본 기업에서 공짜로 빌렸다.일본에서 어선 구입비로 37만달러의 차관을 도입했는데 담보나 정부·은행의 지불보증 없이 신용만으로 빌린 것이다.상식적으로는 불가능한 일이었지만 10여년간 쌓아온 신용의 결과였다.

사장이 된 뒤에도 그는 직접 배를 몰고 고기잡이에 나섰다.'참치 잘 잡는 선장' 이라는 별명이 무색치 않게 동원산업의 원양어선은 월등한 어획고를 기록했다.창업 2년만인 1970년 외화 획득의 공로를 인정받아 대통령 표창과 수산청장 표창을 받기도 했다.

물론 위기도 있었다.70년대 초 몰아닥친 1차 석유파동은 동원산업을 비롯해 모든 원양어선 업계에 타격을 주었다.불황으로 도산하는 기업체가 속출하는 가운데 감원·감량 바람이 불었다.그러나 동원은 오히려 투자를 늘리는 등 정면돌파를 시도했다.일본에서 4500t급 초대형 트롤어선을 구입했다.당시로서는 큰 모험이었지만 그는 바다생활을 통해 '위기는 또 다른 기회' 라는 소신을 갖고 있었다.

배를 타면서 죽을 고비도 여러 차례 넘겼다.당시의 심경을 다음과 같이 회고했다.

"당시만 해도 기상정보가 정확하지 않아 예보없이 폭풍우를 만나는 일도 많았지만 바람이 온다고 일일이 피해 다니다보면 고기를 잡을 수 없다.배를 삼킬 듯한 거대한 파도와 싸워 이기고 났을 때처럼 감격스럽고 벅찬 희열도 없다.폭풍우와 맞서 싸운 경험들이 인생을 성장시켰고 여물게 해준 것 같다."

그는 해양에 관한 풍부한 경륜과 해박한 지식을 바탕으로 85~91년 한국수산업 회장,90~92년 원양어업협회 회장을 지냈다.

식품과 금융업으로의 확장

다른 원양회사들이 낡은 배를 가지고 '본전뽑기'식 조업을 하는 동안 동원은 조업을 끝낸 선박은 현지에서 매각하고 최신형 장비를 갖춘 선박을 구입하는 공격적인 경영으로 업계 선두주자가 됐다.30여척의 원양어선과 함께 연간 10만t의 어획량을 자랑하는 세계 최대 수산업체로 키운 것이다.

동원산업에서 참치캔을 내놓으며 식품업계에 발을 들여놓은 것은 1982년.다랑어란 본명을 가진 참치는 참치의 일본명인 '마권(眞黑)'에서 '참(眞)'을 따고 우리나라 생선 대부분의 이름처럼 끝에 '치'를 넣어 참치로 부른 것이 유례가 됐다.참치잡이는 그가 배를 타던 지난 1958년부터 시작됐지만 참치 가격이 비싸고 일반인들에게 낯선 고기여서 전량 수출됐다.

그는 "1981년 하버드대학 최고경영자 코스에서 몇달 공부하면서 1인당 국민소득이 2000달러가 되면 참치통조림을 먹게 된다는 이야기를 들었다."면서 "그럼 우리나라도 머지않아 참치통조림을 먹게 되겠구나 하는 생각에서 참치캔을 생산하기 시작했다."고 말했다.

무엇보다 당시 어획고 전량을 일본·태국 등 외국에 전량 수출하다 보니 가격 결정권이 전혀 없었다.한국에서 소비가 된다면 동원의 힘을 키울 수 있다고 판단했다.국내 다른 업체들이 참치통조림을 만들어 팔다 실패한 뒤의 도전이었지만 과감하게 밀어붙였다.

참치가 원래 우리나라 근해에서 잡히지 않는 고기라 낯설기 때문에 통조림에 참치 모양을 그려 넣고 텔레비전 광고를 시작했다.등산로 입구에서 참치통조림 시식회를 하는 등 참치를 알리는 데 총력을

▲2005년 8월 김재철 회장 일가가 모처럼 모여 찍은 가족사진. 김 회장 일가는 5년마다 가족사진을 찍고 있다. 위줄 왼쪽부터 김재철 회장의 둘째 사위 김중성 세인투자관리 대표, 외손녀 민선양, 큰 사위 정택화 대구고검 검사, 외손자 연욱군, 큰딸 김은자씨, 큰며느리 고소희씨, 큰아들 김남구 한국투자증권 부회장, 작은아들 김남정 동원산업 경영지원실장, 아랫줄 왼쪽부터 둘째딸 김은지씨, 외손녀 현선양, 부인 조덕희 여사, 김 회장, 손녀 지윤양, 손자 동윤군, 손녀 서연양, 손자 동찬군, 작은며느리 신수아씨.

쏟았다. 출시 이후 4~5년간 적자를 면치 못했지만 88올림픽과 함께 국민 식품으로 자리잡으면서 동원은 명실공히 식품 업계 강자로 부상했다. 동원 참치캔은 국내 시장의 70% 이상을 차지한다.

식품업을 시작한 1982년. 김 회장은 증권업에도 뛰어들었다. 역시 하버드대학에서 최고경영자 과정을 공부하며 들었던 얘기가 동기가 됐다. 하버드대학 MBA출신들이 어떤 분야에 주로 취업하는가를 조사해 봤더니 우수한 사람들이 증권회사나 투자은행을 선호하는 것을 알게 되면서라는 것이다.

그는 어선을 더 사려고 준비했던 돈으로 증권회사를 샀다. 당시 국내 증권회사의 인식이 좋지 않아 원양어선 한 척 값(80억원대)으로 중견 증권회사인 한신증권을 살 수 있었다. 한신증권을 낙찰받으면서 김 회장은 본격적으로 언론의 주목을 받기 시작했다. 한신증권은 1996년 동원증권으로 개명했다.

지난 2004년 12월에는 아예 동원그룹에서 분리되어 한국투자증권을 중심으로 하는 한국투자금융지주로 재탄생했다. 김 회장은 99년 무역협회 23대 회장에 취임해 2006년 2월까지 재임했다. 현재는 여수세계박람회 유치위원장을 맡고 있다.

아들들에 밑바닥부터 경영수업

김 회장은 부인 조덕희(69) 여사와 사이에 2남2녀를 두고 있다. 선장시절인 1962년 당시 초등학교 동창이던 조 여사의 오빠 조영채(72)씨의 소개로 만나 6개월 만에 결혼했다. 조 여사의 아버지는 김 회장이 졸업한 군동초등학교 교장선생님을 지낸 분으로 김 회장을 사위로 맞는 것에 대해 매우 흡족해했다.

회장은 2004년 12월 그룹을 각각 금융과 식품의 양대 지주회사로 분리하면서 큰아들에게는 금융을, 작은아들에게는 식품을 맡도록 했다.

장남인 김남구(44) 한국투자증권 부회장은 2004년 3월 동원증권 대표이사 사장이 되면서 경영 전면에 나섰다. 이듬해인 지난 2005년 6월 자사보다 덩치가 큰 한국투자증권을 인수하며 기존 동원금융지주보다 시가총액이 두 배나 많은 1조원대의 한국투자금융지주를 설립했다.

고려대 경영학과(83학번)를 졸업하고 1987년 동원산업 사원으로 입사한 후 91년 동원증권 대리, 기획담당 상무, 부사장을 거쳐 2003년 동원금융지주 대표이사 사장에 올랐다.금융지주 지분 20.94%를 소유하고 있다.

동원F&B 등 식품 계열의 지주회사인 동원엔터프라이즈는 김 회장의 차남인 김남정(34) 동원산업 및 동원시스템즈 상무가 물려받았다.고려대 사회학과 92학번인 김 실장은 회사 지분 67.23%를 갖고 있다.1997년 동원산업에 입사,동원엔터프라이즈 과장,동원산업 부장 등을 거쳤다.아버지가 만든 참치캔 이후 업계를 선도할 새 베스트셀러를 내는 게 목표다.

동원그룹 관계자는 "김재철 회장의 장남 김남구 부회장은 입사하기 앞서 6개월간 남태평양과 베링해에 나가 참치배를 타며 동원을 이해하기 위한 혹독한 훈련 과정을 거쳤다."면서 "하루 16시간 중노동을 하면서 그물을 던지고 참치를 잡는 한편 참치를 삶고 냉동시키는 과정에서부터 갑판청소 등 온갖 허드렛일을 마다하지 않았다."고 말했다.차남 김남정 상무 역시 1997년 경남 창원 참치통조림 공장에서 생산직 근로자로 시작,동원산업 영업부 평사원으로 시내 백화점에 참치제품을 배달하는 등 밑바닥부터 배웠다.

두 아들 모두 아버지를 닮아 체구가 좋고 남들이 보면 구두쇠라는 말이 나올 정도로 근검절약 정신이 투철하다는 평이다.

정·관계로 이어지는 화려한 혼맥

건설교통부 장관부터 국정원장까지 동원가의 혼맥은 화려하다.

큰 아들 김남구 한국투자증권 부회장은 집안끼리 알고 지내던 고병우(74) 28대 건교부 장관의 딸인 고소희(39, 이대 전산학과 86학번)씨와 1992년 4월 공항터미널 에서 결혼식을 올렸다.고려대 김동기 교수가 주례를 섰다.두 사람 사이에 동윤(14)과 지윤(9) 1남1녀가 있다.

고 전 장관은 관직에서 물러난 뒤 동아건설 회장,한국경영협회장 등을 역임했다.김재철 회장과 같은 호남 출신.쌍용증권 회장 재직시절부터 김 회장과 가깝게 지냈다.김남구 커플은 '괜찮은 사람이니 한번 만나보라.'는 양가 어른들의 제안을 받아들여 8개월간 연애끝에 결혼에 골인했다.

이대 서양학과 84학번인 첫째 딸 김은자(42)씨는 1989년 서울지검에 재직중이던 정택화(46·고대 법대 79학번) 검사와 중매로 결혼했다.

김은자씨는 한때 강남구 대치동에서 사설 미술학원을 운영하기도 했으나 현재는 가정주부로 평범하게 지내고 있다.정 검사는 광주지검 부부장검사,대구지검 안동지청장,부산고검 부부장검사,의정부지검 형사1부 부장검사 등을 역임한 뒤 현재 서울 고검 검사로 재직하고 있다.올해 열네살된 외동아들 연욱이 있다.

둘째 딸 김은지(39·이대 정외과 87학번)씨는 고 김택수 전 의원의 4남인 서울 법대(81학번) 출신의 김중성(45)씨와 지난 1992년 10월 김상협 전 국무총리의 주례로 식을 올렸다.성격이 명랑하고 친정과 시댁의 집안 대소사를 두루 잘 챙겨 어머니 조덕희씨의 자랑이 자자하다.두 사람은 김 회장과 평소 친분이 있는 천신일 세중여행사 회장이 1988년 여행사에서 어린이들을 인솔하고 외국으로 떠나는 프로그램(CISV)의 대학생 리더로 참여하면서 자연스럽게 만나 부부의 인연을 맺었다. 나라종합금융 상무이사를 지낸 김씨는 지난 2001년 미국 뉴저지로 건너가 투자관리회사인 세인투자관리를 설립, 대표이사로 활동하고 있다. 민선(14)과 현선(8) 두 딸이 있다.

막내 김남정(34) 상무의 아내는 33대 법무부 차관과 25대 국정원장을 지낸 신건(66) 세계종합법무법인 변호사의 셋째 딸 신수아(35·이대 장식미술학과 91학번)씨. 대학교 4학년 때 동아리 선배의 소개를 통해 누나-동생 사이로 만난 뒤 6개월만에 연인 사이로 발전, 3년 열애끝에 결혼했다. 김상하 삼양사 회장 주례로 지난 1998년 10월 워커힐호텔에서 결혼식을 올렸다. 동찬(7)과 서연(4) 남매를 두고 있다. 사돈인 신건 전 국정원장은 김 회장의 셋째 동생인 김재국(65) 전 동해하이테크 사장의 친구이기도 하다.

'뛰어난 문장가' 김재철 회장

"재웅아! 우리는 드디어 만선(滿船)을 했다.우리 배는 지금 어창(魚倉)마다 고기를 가득 싣고 사모아로 돌아가는 길이다.푸른 하늘엔 흰 구름 떠가고 바다엔 새하얀 우리 배가 물결을 가르면서 달린다.물 위에 떼를 지어 놀던 고기들이 놀라서 달아나고 한가로이 물에 떠 있던 고래도 배를 피해 점잖게 물 속으로 자맥질을 한다.엊그제까지도 바다는 성난 파도로 꿈틀거렸는데 오늘은 우리의 만선귀항을 축하라도 하는 듯 잔잔하구나."

초등학교 4학년 교과서에 소개된 김재철 회장의 '남태평양에서'의 한 구절이다.김 회장은 책을 많이 읽는 독서광으로 유명하지만 문장가로서도 이름이 높다.젊은 시절 바다에서 생활하면서 간결하고 생동감 있는 글을 많이 썼다.이밖에 '바다의 보고', "거센 파도를 헤치고' 등 그의 글은 초·중·고등학교 국어교과서에 실리기도 했다.

소설가 정비석씨는 '사상계(思想界)'에 발표한 김 회장의 글을 보고 "이 정도 글 솜씨라면 작가로 데뷔해도 좋겠다."고 평했다.김 회장 스스로도 기업인이 되지 않았더라면 문인이 됐을 것이라고 말한다.저서로는 '지도를 거꾸로 보면 한국인의 미래가 보인다'가 있다.

그는 원양어선 선장시절 선용품을 사기 위해 시모노세키 등의 항구에 기항하면 책방에 가서 헌책들을 무게로 달아 구입해 배 안에서 끊임없이 읽었다.덕분에 김 회장은 문학적 표현을 자연스럽게 구사

▲1969년 동원산업 창업 당시 일본에서 들여온 원양어선 제31동원호 출어식을 기념하며 배위에서 포즈를 취하고 있는 젊은 시절의 김재철 회장.

할 만큼 일본어 실력이 뛰어나다. 지난 2004년 일본 미쓰비시 그룹 회장·사장단으로 구성된 모임인 '금요회'에서 '나의 인생과 바람직한 한·일관계'를 주제로 일본어 특강을 했다.

요즘도 월 평균 10~20권의 책을 읽는다. 경제·경영·역사·심리 등 분야가 다양하다. 회계학도 독학으로 배워 재무제표도 꼼꼼히 본다. 직원들에게 책을 많이 읽어야 한다고 늘 강조한다. 매제인 박인구 동원그룹 부회장도 국내 출장이나 여행 때는 반드시 KTX를 탄다. 책 읽을 시간을 확보하기 위해서다.

자식들에게도 어린 시절부터 독서를 강조했다. 1주일에 적어도 한 권씩은 읽도록 했다. 정독이 안되면 통독을 하라고 가르쳤다. 책을 주고 A4용지 4~5장 분량의 독후감도 받았다. 내용이 부실하거나 느낀

점이 부족하면 느껴야 될 점과 핵심 등을 설명해 주었다.

장남인 김남구 부회장은 오래전에 독후감 제출을 졸업했지만 김 사장보다 열살 어린 동생 김남정 상무는 불과 몇년전까지만 해도 독후감 제출 대상이었다.

김 상무는 "일본 대하소설 '대망'을 읽고 도쿠가와 이에야스가 얼마나 고생해 지도자 자리에 올랐는지 토론했던 게 가장 기억에 남는다."면서 "짐 콜린스의 '좋은 기업을 넘어 위대한 기업으로'도 기억에 남는 책이다."고 말했다.

동원출신 CEO들 '반짝반짝'

김재철 회장은 소식 금연 절주 등 절제된 생활로 유명하지만 인재 욕심만큼은 둘째가라면 서러운 사람이다.

'좋은 인재=좋은 실적' 이란 생각에서 1980년대 후반 증권업계 최초로 성과급제를 도입했고 금융권 최초로 스톡옵션제를 실시했다. 동원이 인수한 한신증권은 90년대 한번에 특별성과급을 400%씩 지급, 업계의 부러움을 샀다. 참치를 많이 잡으면 선장에게 돌아가는 몫이 많듯 선장을 지낸 그의 삶에 성과주의가 깊이 배어있는 것이다.

때문에 동원증권 출신들 중에는 스타급 인사가 많다. 동원이 배출한 최고의 스타 CEO(최고경영인)는 김정태 전 국민은행장. 대신증권에서 김 회장에게 한신증권으로 스카우트된 그는 1998년 동원증권 사장 재직 당시 금융권 최초로 10만주의 스톡옵션을 받았다. 임기를 채우지 못하고 주택은행장으로 영전돼 권리 행사는 하지 못했다. 오너와 전문경영인이 즐겁게 일한 뒤 행복하게 헤어진 모범 케이스다.

박현주 미래에셋 회장은 동원이 놓아주지 않으려 애를 먹은 것으로 유명하다. 나이 마흔이 되면 창업을 할 수 없을 것 같다며 이사 재직 시절인 서른 아홉이 되던 해에 동원증권을 나왔다. 그를 놓아줬다는 이유로 화가 난 김 회장이 김 전 행장과 무려 6개월 동안 말도 하지 않고 지낸 일화는 아직도 금융권에서 회자되고 있다. 김 전 행장은 한신증권 이사로 일하면서 박 회장을 동원에 영입했다. 두 사람은 절

▲김정태 씨

▲박현주 씨

▲박인구 씨

▲서두칠 씨

친한 광주일고 선후배 사이다.

재경부 공무원 출신의 정태석 광주은행장(전 동원증권 상무),장인환 KTB 자산운용 사장(전 동원증권 차장),송상종 피데스 투자자문 사장(전 한신증권 대리),조승현 전 교보증권 사장(전 동원창업투자 사장)도 모두 한때 동원증권에 적을 뒀다.

김범석 한국투자신탁운용 대표는 금융관료 출신으로 2002년 합류했다.금융감독위원회에서 은행구조조정팀장과 구조개혁기획단 은행팀장을 지냈다.2000년 초 키움닷컴 사장을 지냈다.

김 회장의 두 아들을 제외하고 동원에서 일하는 친인척은 김 회장의 첫째 동생 김재운 동영콜드프라자 대표이사 회장,둘째 매제인 동영콜드프라자 최재열 상무와 셋째 매제인 동원그룹 박인구 부회장 등이다.

박 부회장은 1997년 산자부 상무관 시절 동원정밀 부사장으로 동원에 합류했다.외환위기 당시 이익을 낸 공로를 인정받아 2000년 동원F&B 사장이 됐다.2006년 동원그룹 부회장으로 승진했다.박 부회장은 "김 회장은 항상 동생들과 가족들에게 남에게 피해주지 말고 우리가 희생해야 한다고 강조한다."고 말했다.박 사장의 부인이 아직 다이아몬드 반지 하나 없이 사는 것도 그런 맥락에서라고 덧붙였다.

2장

재벌家 맥(脈)-下

누가 한국을 움직이는가

이원만 · 작고
창업주

이위문 · 작고

이동찬 · 85
명예회장

신덕진 · 84

이봉필 · 74
임승엽 · 작고

이애란 · 65
노영태 · 65

이미자 · 63
박성기 · 68

이동보 · 58

이경숙 · 61

이문조 · 67
영남대 교수
고 이효상
전 국회의장 3남

이상희 · 58

고석진 · 작고

이혜숙 · 55

이동혁 · 60
고려해운 회장
고 이학철
고려해운 창업주 장남

11. 코오롱가(家) 총괄 인맥도

■ 코오롱가(家 · 그룹) 총괄 인맥도

이미향 · 53
허영인 · 58
SPC그룹 회장

이은주 · 53

신영철 · 57
의사
고 신병현
전 부총리 장남

이웅열 · 51
회장

서창희 · 47
서병식
동남갈포공업회장
장녀

이경주 · 48

최윤석 · 48
개인사업

이규호 · 23   이소윤 · 20   이소민 · 18

이웅열 회장가(家)

코오롱의 역사는 한국 섬유산업의 역사와 궤를 같이한다. 이 땅에 가장 먼저 나일론을 들여와 의생활에 혁명을 가져왔으며, 한때는 수출 한국을 이끌기도 했다. 그러나 성숙산업에 따른 한계로 인해 코오롱은 재계서열이 점점 밀려났다. 섬유산업의 위상이 갈수록 위축되는 모양새와 별반 다르지 않다.

코오롱의 3세 경영이 닻을 올린지 올해로 12년째. 이웅열(51) 회장은 2007년 4월 3년만에 기자간담회를 갖고 "환경 · 바이오 · 차세대 디스플레이 등을 미래 성장동력으로 삼아 매출 6조원을 달성하겠다."고 밝혔다. 2005년 흑자 전환에 이어 2010년 재계 10위권 진입을 선언한 이 회장의 강도높은 체질 개선과 성장 전략이 주목된다.

풍운아 이원만 창업주

코오롱 창업주인 고 이원만 회장과 이동찬(85) 명예회장은 부자간이면서도 사업 동지이자, 인생의 동반자였다. 이 창업주가 그룹의 외연을 넓히고 사업의 '바람막이' 가 돼 줬다면, 이 명예회장은 그룹의 안살림을 챙겼다.부자는 동업자로서 40년 가까이 함께 일하며 코오롱의 기틀을 만들었다.이 명예회장이 2세이면서 창업 1.5세대로 불렸던 까닭이다.

부자는 사업 파트너로서 환상의 듀엣이었지만 가정적으론 한때 애증의 관계였다.기업가보다 정치가로서 더 알려진 이 창업주는 워낙 풍류를 즐기는 성격인 데다 이 명예회장이 초등학교 4학년 때 남은 전답마저 처분하고,사업을 위해 훌쩍 일본으로 떠나버렸기 때문이다.이 명예회장은 어린 나이에 모친과 누이동생을 돌보며 가장 역할을 해야만 했다.

그러나 선친은 이 명예회장에게 부러움의 대상이기도 했다.선친의 호방한 성품과 능숙한 화술 등은 당시 정·재계에서 유명했다.이 창업주는 술을 많이 하는 편은 아니었지만 술자리에선 재담으로 좌석을 압도했으며,투박한 경상도 사투리는 '문화재'로 불리울 정도였다.

이 창업주는 1930년대 초 일본으로 건너가 사업 기반을 닦았으며, 해방 후에는 국내 최초로 나일론을 들여와 국내 섬유산업을 개척했다.1957년엔 국내 첫 나일론사 제조 공장인 한국나일론(현 (주)코오롱)을 설립했으며,63년엔 나일론 원사 공장을 지었다.그는 또 한국산업수출공단 창립위원회 위원장을 맡아 오늘의 구로공단과 구미공단을 조성하는 산파역할을 했다.이 창업주는 정계에도 발을 들여 대한민국 초대 참의원과 6,7대 국회의원을 지냈다.이를 기반으로 그는 인맥 만들기에 탁월한 수단을 발휘했다.이 때문에 이 창업주는 1960~70년대 정·재계의 대표적인 인물로 꼽혔다.

1.5세대 창업주 이동찬 명예회장

"이 명예회장은 숙박비를 아끼기 위해 항상 비서와 한 방에서 잡니다.비서들에게 해외 출장은 그야말로 곤욕이었죠.회장이 바로 옆에서 주무시는데 잠이 편히 옵니까.출장에서 돌아오면 몸무게가 3~4kg은 그냥 빠져요.그렇다고 1달러가 아쉬운 나라에서 잠자는 곳에 돈낭비를 할 필요가 있느냐는 말씀에 뭐라고 할 수도 없고요." 코오롱 비서 출신의 한 임원 얘기다.

'가장의 짐'을 일찍 떠안은 탓에 이 명예회장은 근검 절약이 몸에 배어 있다.한 번은 이 명예회장이 1947년부터 50여년 이상 신었던 슬리퍼를 비서실에서 새 것으로 바꿨다가 된통 야단을 맞고,쓰레기통을 뒤져 간신히 찾았던 적도 있다.또 이 명예회장의 점심 메뉴는 주로 된장찌개와 칼국수,수제비 등이었으며,삼복 더위도 부채와 선풍기로 보냈다.

그는 15세 때 경리사원으로 부친의 사업을 도운 지 35년 만인 1977년 코오롱 회장에 올랐다.그는 등산식,마라톤식으로 표현되는 꾸준한 내실 경영으로 그룹의 체질을 다져놓은 이후 섬유와 무역에 치우친 사업구조를 건설과 화학으로 확대했다.1980년대는 전자소재와 합성섬유 등 신업종으로 영역을 더욱 넓혔다.

이 명예회장은 과외 활동에도 관심이 많았다.그는 1974년 한국경영자총협회 부회장직을 맡은 이후 1975년 농구협회 부회장,전국경제인연합회 이사 등으로 다양한 단체에서 활약했다.1980년에는 대한농구협회 회장을 맡았으며,대한올림픽위원회 위원으로서 스포츠 외교에도 일익을 담당했다.경총 회장은 82년부터 무려 14년간이나 했다.

▲2004년 1월 13일 서울 하얏트호텔에서 열린 이동찬–신덕진 코오롱 명예회장 부부의 회혼례에서 온가족이 모여 기념촬영을 하고 있다. 왼쪽부터 이웅열 회장의 부인 서창희씨, 이 명예회장의 첫째딸 경숙씨, 첫째 사위 이문조 영남대 교수, 둘째딸 상희씨, 이 명예회장의 부인 신덕진씨, 넷째 사위 신영철 의사, 이 명예회장, 셋째딸 혜숙씨, 넷째딸 은주씨, 다섯째딸 경주씨, 이 회장, 셋째 사위 이동혁 고려해운 회장.

1996년 1월 이 명예회장은 10년 이상 경영수업을 받은 장남인 이웅열 회장에게 그룹 경영권을 물려주고 선친처럼 명예회장으로 물러났다.

'3박4일' 이웅열 회장

이웅열 회장은 5명의 누이들 속에서 컸지만 성격은 대단히 남성스럽다. 특히 스포츠를 좋아해서 축구와 야구, 테니스, 탁구, 당구, 골프 등 종목을 가리지 않는다. 또 시작하면 프로(?)수준이 될 때까지 멈추지 않는다.

그의 별명이 '3박4일'로 불린 이유는 무엇이든 한 번 시작하면 끝장을 보는 성격 때문이다. 그의 학창 시절은 남들이 생각하는 것과 달리 그다지 풍족하지 않았다.부친인 이 명예회장이 박하지 않을 정도의 용돈만 줬기 때문에 친구들로부터 재벌 아들이 '짜다'는 소리를 수시로 들었다.그는 고려대 경영학과를 거쳐 미국 조지워싱턴대 경영학 석사(MBA)를 받았다.

이 회장은 활달하고 사교적이다.전경련 e비즈니스 위원장을 맡아 재계 2~3세의 리더로서 활동하기도 했다.그는 최태원 SK㈜ 회장과 신동빈 롯데 부회장,류진 풍산 회장,정몽규 현대산업개발 회장과 가깝게 지낸다.그의 이같은 사교적인 성격은 조부인 이원만 창업주의 성품과 닮았다.호방하고 풍류를 즐겼던 이 창업주는 사업가보다 정치인으로 이름이 더 질 알려졌다.

1989년 그룹 기획조정실장으로 그룹 경영에 참여한 이 회장은 이동통신사업을 직접 진두지휘하면서 그룹의 변화를 이끌었다.그러나 외환위기 파고로 계열사 매각과 신세기통신(현 SK텔레콤) 지분(1조 700억원어치)을 팔아야하는 아픔을 겪었다.이 회장은 당시 "우리는 우리의 미래를 위해 미래를 팔았다."고 표현할 정도로 침통해 했다고 한다.

이후에도 화섬산업의 경쟁력 상실로 어려움이 찾아왔지만 이 회장은 그룹을 화학·소재,건설·환경,패션·서비스 등의 3대 사업군으로 재편,기존 사업의 경쟁력 극대화를 통한 질적 성장과 인수합병(M&A)을 통한 외적 성장을 추진하고 있다.

경영권 장자 승계

코오롱 가문은 재계에서 보기 드물게 아들이 귀한 집안이다.창업주인 이원만 회장은 슬하에 2남4녀를 뒀고, 이 명예회장은 1남5녀, 이웅열 회장도 1남2녀다. 그룹 경영은 장남만 참여하고, 딸들과 사돈가의 경영참여는 철저히 배제한다. 장자일계(長子一系)의 경영 형태를 띠고 있는 것이 코오롱가의 특징이다. 다른 그룹들이 사돈을 비롯한 친인척들로 방대한 족벌 경영체제를 이룬 것과는 사뭇 다른 모습이다.

이 명예회장과 숙부인 이원천 전 사장간의 경영권 분쟁이 친인척 배제를 가져온 것으로 보인다. 이 창업주가 그룹경영을 맡고 있을 때는 사위들의 경영 참여가 적지 않았지만, 이 명예회장이 경영권을 승계하면서 이같은 장자 승계의 원칙이 정해졌다.

이 명예회장은 그의 자서전 '벌기보다 쓰기가 살기보다 죽기가' 에서 "우리 집 여자들은 아버지 사업이나 남편이 하는 일에 개입하는 법이 없다. 사위들이 처가 덕을 보고 한자리 하겠다면 득보다 해가 된다는 것을 잘 알고 있다. 전문경영인에게 방해가 될 뿐 아니라 잘 해내는 경우에도 열등감이 생긴다. 능력이 없다고 '백년손님' 이라 쫓아낼 수는 없는 일이니 난처해질 것이고, 훗날 내가 일선에서 물러날 땐 조용해지기 어렵다."고 했을 정도로 철저히 장자일계의 경영구조를 갖춰 경영권에 대한 소모적인 논쟁이나 다툼을 미리 차단했다.

김종필 전 총재와 한때 사돈

이원만가(家)의 혼맥은 국내 재벌가의 최정점 가운데 하나로 평가될 정도로 화려하다. 이 창업주의 넓은 정계 인맥과 국내 굴지의 섬유그룹인 코오롱을 기반으로 정 · 관 · 재계 곳곳에 혈연 관계를 맺었다.

이 창업주와 이위문(작고) 여사는 2남4녀를 뒀다.이 창업주의 영향력이 정·재계에 미치기 전에는 자녀들을 평범한 집안과 통혼시켰지만,사업 성공에 이어 정치가로서 본격적인 활동을 하던 시기엔 국내 내로라하는 집안을 사돈으로 맞았다.이 때문에 정략 결혼이라는 비판도 적지 않았다.

장남 이동찬 명예회장은 1944년 '학병으로 끌려가기 전에 장가부터 들라.'는 부친의 강요로 맞선을 본 지 1주일 만에 평산 신씨가(家)의 무남독녀 덕진(84)씨와 결혼했다.이 명예회장 부부는 2004년 1월 결혼 60주년을 맞아 회혼례를 올리기도 했다.

장녀 봉필(74)씨는 54년 고향 인근 임병진씨의 아들 승엽(작고)씨와 백년가약을 맺었다.승엽씨는 삼경물산 사장을 거쳐 그룹 부회장까지 역임했다.차녀 애란(65)씨는 노영태(65)씨와 혼인을 치렀다.

3녀 미자(63)씨는 포항지주인 박문학가(家)의 장남 성기(68)씨와 결혼했다.성기씨는 한국바이린 사장을 역임했다.

차남 이동보(58) 전 코오롱TNS 회장과 막내딸 미향(53)씨의 결혼으로 코오롱가는 재계 혼맥도의 핵심으로 올라선다.이 전 회장은 74년 제3공화국의 2인자였던 김종필 전 총재의 장녀 예리(56)씨와 결혼했다.이를 통해 코오롱가는 박정희 전 대통령과 한 다리 건너 사돈이 됐으며,최고 권력가와 혈연의 끈으로 이어졌다.이들의 결혼은 육영수 여사가 주선한 것으로 알려졌다.그러나 이들은 성격 차이로 갈라섰다.이동보 전 회장은 1988년 코오롱그룹으로부터 분가했지만 부도와 구설수에 휘말려 고초를 겪기도 했다.

막내 미향씨는 삼립식품 창업자인 허창성 집안으로 출가했다.식품종합그룹인 SPC의 허영인(58) 회장이 그의 남편이다.

정략결혼과 3세 혼맥

코오롱가의 혼맥은 3세로 내려가면 더욱 빛이 난다. 이 창업주가 자신의 입지와 뜻을 펼치기 위해 손주들을 정략 결혼시킨 경우가 있어서다.

이 명예회장과 신 여사는 슬하에 경숙, 상희, 혜숙, 은주, 웅열, 경주 씨 등 1남5녀를 뒀다. 장녀인 경숙(61)씨는 1969년 당시 공화당 의장 서리였던 고 이효상 전 국회의장의 3남 문조(67)씨와 화촉을 밝혔다. 이 전 국회의장은 도쿄대를 나와 경북대 교수로 있다가 1960년 정치에 투신해 5선 의원을 지냈다. 정계에선 대구·경북(TK) 인맥의 대부로 통했다. 국회의장을 비롯해 공화당 총재, 영남학원 이사장 등을 역임했다. 문조씨는 현재 영남대 교수로 재직중이다.

차녀인 상희(58)씨는 국내 대표적 '송상(松商)'으로 불렸던 고 홍명 한국빠이롯드 회장 집안으로 출가했다. 1973년 고 회장의 장남 석진(작고)씨와 결혼했다. 석진씨는 코오롱제약(옛 삼영신약) 사장을 거쳐 빠이롯드전자 회장을 지냈다. 하지만 부도로 인해 고통을 겪다가 98년 별세했다.

3녀인 혜숙(55)씨는 고 이학철 고려해운 창업주의 장남인 동혁(60)씨와 결혼했다. 현재 고려해운 회장인 동혁씨는 서울대 경제학과와 미국 컬럼비아대학 석사 출신이다. 해운선사로서는 처음으로 타이완과 홍콩 등 동남아 항로에 진출해 해운업계의 프런티어 경영인으로 이름이 높다.

4녀인 은주(53)씨는 테니스 인연으로 신병현 전 부총리 겸 경제기획원 장관의 장남 영철(57·의사)씨와 결혼했다. 신 전 부총리는 한국은행 총재와 상공부 장관, 무역협회장, 은행연합회장 등을 지냈다. 이들 부부 결혼식은 신 전 총재가 직접 주례를 맡아 화제가 되기도 했다.

이웅열 회장은 큰 누이 경숙씨의 소개로 1983년 황해도 출신인 서병식 동남갈포공업 회장의 장녀 창희(47)씨를 아내로 맞이했다. 서 회장은 1962년 고급벽지의 대명사인 갈포벽지를 만들어 1960~70년대를 풍미했던 인물이다.

부인 창희씨는 이화여대에서 불문학을 전공했다. 이 회장 부부는 규호(23)와 소윤(20), 소민(18) 등 1남2녀를 두고 있으며, 규호씨는 미국 코넬대에서 호텔경영학을 공부하고 있다. 5녀인 경주(48)씨는 개인사업을 하는 최윤석(48)씨와 결혼했다.

딸·며느리 모두 이대 동문

장자 경영과 친인척 경영 배제의 원칙 때문인지 코오롱가의 딸과 며느리는 가정이라는 울타리를 잘 벗어나지 않는다. 대외 활동보다 가정주부로서 남편 뒷바라지와 자식 교육에 애쓴다.

이 명예회장의 부인인 신 여사는 지금껏 바깥 사교모임에 한번도 참석지 않은 것으로 유명하다. 신 여사는 집안에서 살림하는 것이 가장 큰 행복이라고 한다. 3세들도 이와 다르지 않다. 이는 이 명예회장의 모친인 고 이위문 여사가 남편인 이 창업주의 호방한 성격과 바깥 활동으로 마음 고생이 매우 심했지만 결코 내색하지 않고, 자식들을 바르게 키운 선례 때문이다.

코오롱가의 딸과 며느리들은 또 모두 이화여대 동문들이다. 장녀 경숙씨가 생활미술과를 나왔으며, 상희씨는 기악과, 혜숙씨는 가정학과, 은주씨는 도서관학과를 나왔다. 이 명예회장은 평소에 딸들을 이렇게 평했다고 한다. "장녀는 걷는 모양부터 급한 성격까지 나를 제일 많이 닮았으며, 둘째는 시댁에서 살림만 하는 편이지만, 항상 밝고 착한 데다 쓸데없이 친정에 오는 일이 없다. 셋째는 공부도 제일 잘했고, 바른 소리도 잘했다. 악바리면서 의리가 강하다. 넷째는 활동적이고 운동을 좋아해서인지 덜렁이라는 별명이 잘 어울린다."

며느리 창희씨도 코오롱가의 여자답게 대외 활동보다 조용히 집에서 자녀 교육과 남편 내조에 열심인 한국적인 주부다. 사교 모임에 나서기를 싫어하는 창희씨지만 코오롱그룹 간부 부인들로 구성된 '코오롱가족사회봉사단' 활동엔 적극 나서고 있다.

섬유재벌 일군 코오롱의 李트리오

　지금의 코오롱그룹 토대를 쌓은 주역 가운데 한 명이 고 이원천 전 한국나일론(현 ㈜코오롱) 사장이다. 창업주인 고 이원만 회장의 동생이며, 이동찬 명예회장에겐 숙부가 된다.

　이 전 사장은 일제시대 때부터 일본에서 형님인 이 창업주의 사업을 도왔다. 1957년에는 한국나일론 사장직에 추대돼 코오롱의 '섬유시대'를 이끌었다. 당시 이원만–이원천–이동찬 3인은 코오롱에서 '이 트리오'로 불릴 정도였다.

　그러나 이 전 사장은 조카인 이 명예회장과 회사 분할을 놓고 첨예하게 맞서면서 나중엔 경영권 분쟁에 빠졌다. 이 전 사장은 결국 1976년 한국나일론의 경영에서 손을 떼고 자신의 지분을 챙겨 원진레이온이라는 회사를 설립했지만 무리한 사업 확장으로 1년만에 쓰러졌다. 이 창업주는 이후 장남인 이 명예회장에게 경영권을 맡겼고, 회장에 오른 이 명예회장은 동생인 이동보 전 코오롱TNS 회장을 분가시켰으며, 매제들도 계열사 경영에서 손을 떼게 했다.

　이 명예회장은 그의 자서전에서 "숙부에 대한 회한이 커지는 요즘에도 회사 분할에 반대한 것은 옳은 일이 아닌가 싶다….숙부와의 경영권 분쟁은 결국 조카가 숙부의 세력을 완전히 퇴치해 버린 것 아니냐는 평판이 존재한다는 것을 안다. 그것이 그룹을 살리는 데에 도움이 된 것이라면 나는 굳이 부인하고 싶지 않다."고 밝혔다.

▲1985년 서울 성북동 자택에서 열린 이웅열 코오롱 회장의 장남 규호군 돌잔치에서 직계 4대(代)가 모여 기념촬영을 하고 있다. 앞줄 왼쪽부터 이원만 창업주, 이 창업주 부인 이위문 여사, 뒷줄 왼쪽부터 이 회장 부인 서창희씨, 이 회장, 이동찬 명예회장, 규호군, 이 명예회장 부인 신덕진 여사.

사업엔 실패했지만 이원천가(家)의 혼맥은 어디에도 빠지지 않을 정도로 화려하다. 형님인 이원만 창업주가 제3공화국의 실력자 김종필 전 총재와 인연을 만들었다면, 이 전 사장은 또다른 실세였던 정일권 전 총리와 혈연관계를 맺었다.

이원천가(家)는 육군참모총장 출신으로 국무총리와 국회의장을 지낸 정일권 집안과 사돈간이다. 고 정 총리의 딸 희경씨가 이 전 사장의 아들과 결혼했다. 또 이원천가(家)와 영풍그룹은 한 다리 건너 사돈간이다. 고 정 총리의 장남인 세훈씨가 장병희 영풍그룹 창업주의 딸 현주씨와 인연을 맺었다. 영풍그룹은 또 60년대 박정희 정권에서 한국은행 총재를 지낸 김세련씨 가문과도 연이 이어진다.

코오롱 이끄는 전문경영인들

'코오롱호'를 이끄는 대표 최고경영자(CEO)는 누가 있을까.

배영호(63) ㈜코오롱 대표는 그룹의 간판 CEO다.그는 엔지니어로서는 드물게 미국 뉴욕지사에서 근무했다.아무도 도와주지 않는 해외 영업에서 살아남는 방법은 죽기 살기로 부딪치는 것이라고 강조하는 배 대표는 당시 직원 가운데 한국으로 되돌아온 유일한 직원이라고 한다.첫 직장에 대한 신의와 열정은 특유의 사업 감각과 합쳐져 코오롱제약을 흑자로 전환시켰다.또 코오롱유화를 종합화학 회사로 도약시켰다.2007년 4월 ㈜코오롱 창립 50주년을 맞아 노조와 함께 '항구적 무분규 선언'을 이끌어냈다.6월에는 코오롱유화와 합병을 통해 ㈜코오롱을 매출 2조원대의 종합 화학·소재 메이커로 새롭게 출발시켰다.

원현수(58) 코오롱건설 대표는 2003년 상무보로 입사,3년 만에 상무,부사장,대표이사로 전격 승진했다.평소 끊임없는 변화와 성실을 추구하는 원 대표는 2010년까지 코오롱건설을 업계 10위권으로 진입시킬 계획이다.그는 평소 직원들과 함께 어울리고 노래 부르기를 좋아한다.

제환석(61) FnC코오롱 대표는 현장주의자다.2003년 대표이사에 취임한 이후 800개에 이르는 매장을 서울에서 제주까지 하나하나 찾았다.지금도 주말을 이용해 매장을 방문하고 있다.제 대표는 또 CEO

▲배영호 대표

▲원현수 대표

▲제환석 대표

▲김종근 대표

명함 외에 '열사모'의 방장 직책을 갖고 있다. 열사모는 제 대표가 만든 모임으로 오프라인의 단체나 장소를 의미하는 것이 아니라 열정적인 사원 모두의 마음속에 있는 가상의 모임이다. "스스로 열정적으로 일하고 있다고 생각하는 사원 모두가 열사모의 열사"라고 말하는 제 대표는 열사모 방장의 이름으로 직원들과 곧잘 의견을 교환한다.

김종근(57) 코오롱글로텍 대표는 직원들과의 커뮤니케이션을 중요하게 여긴다. 직원 이름을 기억하고, 애로와 고충을 들어주며, 중요한 정보는 경영에 곧바로 반영한다. 또 직원들에게 책상에 앉아있지 말고 현장을 돌면서 문제와 해결방안을 찾으라고 한다.

2장

재벌家 맥(脈) - 下

누가 한국을 움직이는가

■ 태평양가(家 · 그룹) 총괄 인맥도

AMORE PACIFIC

12. 태평양가(家) 총괄 인맥도

창업주 고(故) 서성환 회장가(家)

태평양그룹 창업주 고 서성환(1924~2003) 회장은 화장품업계의 신화가 됐다. '미와 향을 파는 마케팅의 귀재'인 서 창업주는 어려서부터 북한 개성에서 혹독한 경영수업을 받았다. 이후 기업경영에서 개성상인의 맥이 면면히 흘렀다. 서 창업주는 이윤의 사회 환원이라는 기업가의 사회적 책무도 게을리하지 않았다. 태평양이 직접 운영하는 비영리 재단이 3개이며 후원 단체는 셀 수 없이 많다. 신용과 근검절약을 가장 큰 밑천으로 삼는 개성상인의 기질, 이윤의 사회 환원이라는 기업윤리는 2세 경영으로 넘어온 지금도 이어지고 있다.

아름다움을 추구하는 가업

태평양은 2006년 6월 지주회사체제로 전환되면서 투자회사인 태평양과 사업회사인 아모레퍼시픽으로 분할됐다.

태평양(현재의 아모레퍼시픽)은 1945년 9월5일 창립됐지만 연원은 좀 더 거슬러 올라간다. 태평양의 역사를 알려면 서성환 회장의 가족사부터 살펴봐야 한다. 서 회장은 1924년 7월 황해도 평산군 적암

면에서 부친 서대근(1890~1973)씨와 모친 윤독정(1891~1959)씨의 3남3녀 가운데 차남으로 태어났다.

서 창업주 가족은 소학교 시절인 1930년 좀 더 나은 생활을 찾아 개성으로 이사를 했다. 개성에서 서울로 향하는 길목인 동현동에 정착했다. '상인의 도시' 개성 생활은 소년 서성환에게 이후 기업 경영에 지대한 영향을 끼쳤다.

개성에 정착한 가족들의 생계는 어머니 윤 여사가 책임졌다. 전 재산을 털어 조그마한 상점을 열고 잡화를 취급하다가 화장품 제조에 눈을 돌렸다. 윤 여사는 당시 대부분의 여성들처럼 정규교육을 받지 못했으나 비상한 머리를 지녔다. 이웃으로부터 '여중군자'라고 불릴 만큼 활동적이고 사교적이었다. 인삼 매매업에 종사하는 사람들이 많은 개성지방은 소득수준이 높아 우수한 품질의 동백기름이 잘 팔린다는 것을 간파한 윤 여사는 직접 동백기름을 짜 만든 머릿기름을 팔았다. 당시 서민들은 피마자 기름을 썼지만 상류층은 고가의 동백기름을 애용했다. 참빗으로 곱게 빗어 쪽진 머리에 머릿기름을 자르르 바른 모습은 아름다운 여인으로 보이도록 하는데 필수적이었다.

태평양 모체는 어머니의 '창성상점'

동백기름에서 자신을 얻은 윤 여사는 차츰 사업영역을 확대했다. 1932년부터 민간에서 전해 내려오던 미안수를 자가(自家) 제조법으로 만들어 판매를 시도했다. 또 구리무(크림), 가루분(백분) 등으로 화장품 제조의 종류와 품목을 넓혔다. 소년 서성환도 물건을 도매상에 배달해주는 등 잔심부름을 하며 가업에 참여했다.

당시 제조방식은 물론 가내 수공업이었다.솥을 걸어놓고 그안에 물과 기름을 섞어 손으로 직접 젓는 수준이었다.하지만 품질은 우수하다는 평을 얻어 수요를 따르지 못할 정도로 인기를 끌었다.자신감을 얻은 윤 여사는 '창성상점(昌盛商店)'이라는 생산자 명칭을 표기했다.제품에 대한 자부심이 높아 상품에 '창성당제품' '오리지날' 등을 표기했다.

가업에 참여한 소년 서성환의 경영 수업은 계속됐다.보통학교시절부터 소년 서성환은 하루 끼니인 도시락 세개를 자전거에 싣고 해뜨기 전에 개성을 출발,화장품 제조에 필요한 물건을 사오곤 했다.중경보통학교를 졸업한 1939년부터 화장품 사입에 본격 뛰어들있다.거래 도매상에게 물건을 납품하거나 예성강 20리를 따라 형성된 상로(商路)를 따라 직접 팔기도 했다.자전거로 화장품을 팔러 다니면서 유통에도 눈을 떴다.10대 소년 서성환은 개성에서 자전거를 타고 내려와 서울 남대문시장에서 글리세린과 향료,빈 병을 사는 일을 도맡았다.

창성상점의 제품은 1941년 개성 최초의 백화점인 3층 양옥의 김재현백화점에도 들어갔다.백화점에 작은 코너를 개설,자사의 제품뿐만 아니라 인기가 높던 다른 회사의 제품도 위탁 판매했다.제조와 판매를 함께 할 뿐만 아니라 다른 회사 제품도 함께 판다는 서성환의 생각은 당시로서는 획기적인 일이었다.그러면서 화장품 제조법도 어머니 윤 여사로부터 직접 배웠다.물과 기름의 혼합비율,열을 가하는 강약 정도,가성소다(수산화나트륨)의 비율 등에 따라 화장품의 품질은 천차만별이었다.화장품 유통에 이어 제조까지 현장 경험을 쌓았

▲지난 94년 서울 한남동 자택에서 열린 창업주 서성환 회장의 고희연 가족사진. 앞줄 가운데가 서 창업주와 부인 변금주 여사, 차녀 혜숙(오른쪽 두 번째), 4녀 미숙(맨 오른쪽)씨, 뒷줄 왼쪽부터 셋째 사위 최상용씨와 부인 은숙(3녀)씨, 둘째 사위 김의광씨, 맏며느리 방혜성씨와 장남 영배씨, 차남 경배씨와 작은 며느리 신윤경씨, 외손자 최환석(은숙씨 장남)군, 장녀 송숙씨, 외손자 김우종(혜숙씨 차남)군, 김근종(혜숙씨 장남·맨 오른쪽)군.

지만 스물한살이던 1944년 강제징용되면서 그의 화장품 수업은 중단됐다.

'블루오션' 태평양으로

광복을 맞아 다시 개성으로 돌아온 청년 서성환은 화장품에 집중했다. 어머니가 세운 창성상점을 '태평양상회'로 이름을 바꿨다. 태평양만큼이나 큰 기업으로 만들겠다는 웅지와 태평양을 건너 세계로 진출하겠다는 도전의지를 담은 이름이다.

광복정국의 혼란속에서 서성환은 1947년 개성을 떠났다. 서울로 이주, 회현동에 새 터전을 마련했다. 청년 서성환은 당시 누님 한분이 내려오지 못한 이산가족의 한을 평생 간직하고 살아야 했다.이 즈음 부인 변금주(79) 여사를 만나 결혼했다.

모조품과 위조 화장품이 기승을 부리던 50년대 서성환은 "남보다 월등한 제품을 만들어야 제 값에 팔 수 있다."며 시종일관 품질을 강조했다.이때 내놓은 메로디크림은 태평양 1호 제품의 영예를 안았다.성장의 발판을 마련하는 듯했지만 6·25가 터졌다.

그는 피란길에도 화장품 원료를 싣고 부산으로 내려갈 정도의 집념을 보여줬다.임시수도 부산에서 1951년 순식물성의 ABC포마드를 시장에 내놓았다.대단한 인기를 끌며 화장품 시장을 석권했다.당시 멋쟁이들의 필수품이었다.서성환 회장이 직접 작명한 ABC포마드는 60년대까지 대히트 브랜드로서 태평양의 성장 기틀이 됐다.

청년 서성환은 환도 이후 1954년 후암동시대를 열면서 기술력에 대한 갈증에서 업계 최초로 연구실을 만들었다.1953년 처음 열린 미스코리아 선발대회 등을 통해 화장문화가 태동한 것도 성장의 밑거름이 됐다.

향기나는 밥, 그리고 최초의 연속…

서성환은 후암동 시절 잘 팔리던 화장품을 구해 직원들과 함께 실험을 거듭했다.생산직 여종업원들과 함께 밥을 지어 먹었다.가내 수공업에 실험기구가 부족한 것은 당연지사.향료가 밴 솥과 물바가지를 이용해서 밥을 하면 향내 나는 밥이 되고,크림을 만들었던 도구를 쓰면 구리무 향밥이 됐다고 한다.

56년 용산으로 이전한 이후 성장가도에 들어섰다.서성환은 57년부터 해마다 기술자들을 독일과 일본에 유학시켰고,58년엔 동양 최초로 고성능 미분기를 도입했다.59년 주식회사 체제로 출범했고 프랑스 코티사와 기술제휴를 통해 장업사의 새 장을 열었다.60년 장업계 최초의 해외방문,64년 오스카 브랜드로 최초의 화장품 수출,당시 획기적인 방문판매제와 아모레화장품 개발 등에 힘입어 급신장했다.68년 매출이 14억 2800만원으로 창업 이후 처음 10억원대를 돌파했다.

당시 태평양의 품질은 어느 정도였을까?지난 71년 브뤼셀에서 열린 세계화장품 콘테스트에서 3개의 금상을 수상했다.화장품 제조 능력을 세계적으로 인정받았다.74년 장업계 최초의 소비자과를 신설, 정부의 소비자 기본법안보다 3년 빨리 소비자 중심을 지향했다.

순항하던 태평양은 90년대 들어 무한경쟁시대를 맞았다.서 창업주는 창업 50년을 맞은 95년을 '세계화의 원년'으로 선포하고 글로벌 기업으로 성장을 다짐했다.

태평양에 순항중인 2세 경영

서 창업주는 개성상인 특유 기질을 두 아들에게 물려줬다.

서 창업주는 지난 82년 장남 영배(51)씨를,87년 차남 경배(44)씨를 입사시키면서 2세들에게 경영수업을 시작했다.영배씨는 태평양화학에 입사해 도쿄 및 뉴욕 지사를 거쳐 태평양증권 부사장 태평양종합산업의 회장을 지냈다.지금은 태평양개발 회장으로 기업의 일가를 이루고 있다.영배씨는 태평양개발을 연매출 1000억원대의 중견 건설업체로 키웠다.

차남인 경배씨는 재경본부를 시작으로 그룹 기획조정실장을 맡아 과감한 구조조정을 지휘했다.태평양증권·태평양패션·프로야구단 돌핀스·여자농구단 등 계열사를 정리했다.97년 3월 대표이사 사장으로 취임하면서 태평양에 2세 경영의 배를 띄웠다.2006년 매출은 1조 2730억원.후계작업이 부드럽게 진행되던 2003년 1월 장원 서성환 회장은 영면했다.

노블레스 오블리주를 실천하는 기업가

태평양은 해마다 50억원 가량의 이윤을 사회에 환원하고 있다. '여성으로부터 받은 사랑을 여성에게 되돌려준다.'는 취지에서 주로 여성의 삶의 질 향상에 집중하고 있다.

이윤의 사회환원은 기업윤리 이전에 창업주 서성환 회장의 소신이라는 게 한 측근의 설명이다.그는 "창업주는 '사회에 기여하면서 돈을 버는 게 바로 우량기업'이라고 자주 언급했다."고 말했다. '불쌍한 사람을 보고는 그냥 지나치지 못하는' 후덕함도 있었다.그러나 창업주 자신의 일상 생활에서는 개성상인의 '짠돌이'가 느껴질 정도였다.

서 창업주는 지난 63년 중앙대학교에서 처음으로 '성환 장학금'을 만들었다.중앙대 최초의 외부장학금이다.당시의 기업가치고는 사회적 책무를 빨리 깨달은 편이었다.첫 수혜자는 리대룡(64) 중앙대 광고홍보학과 교수.

이후 75년부터 가정 형편이 어렵지만 학업 성적이 좋은 여고생 9700여명에게 17억원의 장학금을 지급했다.2005년 9월부터 태평양 학술문화재단으로 이름을 바꿔 학술연구사업으로 방향을 잡았다.

여성들에게 유방은 모성의 상징이자 여성답게 해주는 상징적인 기관이다.여성의 건강과 가정의 행복을 지키기 위해 태평양은 2000년 9월 한국유방건강재단을 만들었다.태평양이 전액 출자한 재단은 국내 최초의 유방암 전문 비영리 공익재단이다.

지금까지 1만 2000여명의 여성들에게 수술비를 지원하거나 무료로 검진받을 수 있도록 했다.

사회 환원은 태평양이 출연한 재단으로 국한되지 않는다.지난 2003년 6월 서 창업주가 타계한 다음 태평양 주식 7만 4000주와 이익배당금 전액 등 50억원(현시가 160여억원)을 아름다운 재단에 전달했다.

지도층의 '노블레스 오블리주' 실천은 아들 서경배 사장으로 이어졌다.서 사장은 선친의 고향이 북한인 것을 감안,북한 어린이와 여성을 돕기 위해 유니세프에 2004년부터 매년 1억원을,2006년에는 1억 5000만원을 기부했다.

정 · 관 · 재계로 연결된 화려한 혼맥

창업주 서성환 회장은 1947년 변금주씨와 결혼했다.슬하에 2남 4녀,송숙(60),혜숙(57),은숙(54),영배(51),미숙(49),경배(44)를 두고 모두 성혼시켰다.

서 창업주의 사돈가는 한마디로 쟁쟁한 집안들이다.정 · 관계를 비롯해 기업인과 언론인으로 인연이 이어진다.

방우영(79) 조선일보 명예회장을 비롯해 신춘호(75) 농심그룹 회장,최두고(86) 전 국회의원 등의 기업인과 사돈관계를 맺고 있다.을유문화사 정진숙(95) 회장,최주호(작고) 전 우성그룹 회장,박세정(작고) 대선제분 회장과는 혼맥을 쌓았다가 끊어졌다. 서 창업주는 또 사돈가의 방우영 조선일보 명예회장을 통해 정재문(71) 대양산업 회장(전 의원), 신춘호 농심 회장을 통해 서봉균(81) 전 재무장관과는 '사돈의 사돈'으로 간접 혼맥을 이루고 있다. 김치열(86) 에이오에스 회장(전 법무·내무장관)과는 신춘호 농심 회장을 거쳐 박남규(작고) 조양상선 회장을 통해 연결된다. 서 창업주는 이같은 순환 혼맥을 통해 김일환(작고) 전 내무장관, 정운갑(작고) 전 농림부 장관, 김영생(작고) 전 의원, 김도창(작고) 전 법제처장 등 정·관계 가문과 직·간접적으로 연결된다.

이같은 현상은 서 창업주 특유의 신중함과 무관하지 않다는 분석이다. 이는 자녀 혼사를 사람 됨됨이를 중시하여 중매 형식을 택한 서 창업주의 성격에서도 잘 나타난다.

사돈가의 '유명세'와 관련해 정략적이라는 세인의 오해를 받기 쉬우나 태평양측은 이를 극구 부인한다. 정관계의 발판을 만들 필요도 없었거니와 '정경유착'의 시선을 받고 싶지도 않았다는 게 서 창업주 측근의 설명이다.

관계(官界)의 집안과는 모두 현직에서 물러난 뒤 맺어졌고, 재계 인사들과는 업무와는 전혀 관계가 없으며 대부분 양쪽 집안 가장들의 친분으로 혼사가 이뤄졌다고 전한다.

혜숙씨는 이화여대 사회생활과 출신으로 김일환씨의 3남인 의광(58)씨와 지난 74년 결혼했다. 김일환씨는 6·25전쟁 당시 국방차관을 역임한 전형적인 무관 출신으로 상공·내무·교통장관 등 요직을 두루 거쳤다. 의광씨는 연세대 정외과 출신으로 태평양 계열사의 장원산업 회장으로 활동하다 물러났다.4명의 사위 가운데 유일하게 장인 회사의 경영에 참여했다가 서울 인사동에서 목인갤러리를 운영하고 있다.이들 부부는 회사에 다니고 있는 근종(31)씨와 LG전자에 다니는 우종(29)씨를 두고 있다.

3녀 은숙씨는 국회 건설위원장을 지낸 최두고씨의 차남인 상용(55)씨와 지난 77년 결혼했다.상용씨는 고려대 의대를 졸업하고 은숙씨와 결혼,미국에서 7년간 수련의 생활을 끝내고 귀국해 현재 고려대 외과 교수로 재직중이다.부부에겐 공부하고 있는 환석(29)씨와 미국에서 학업중인 양희(25)씨 등 1남1녀가 있다.

서 창업주의 두 아들인 영배씨와 경배씨의 혼사도 많은 관심을 끌었다.

장남인 영배씨는 고려대학교 경영학과를 졸업하기 직전에 이미 그룹경영에 참가했다.그는 일본 와세다대학 대학원을 수료한 후 증권회사로 자리를 옮겨 90년도 태평양증권 부사장을 거쳐 태평양개발 회장을 맡고있다.영배씨는 조선일보 방우영 명예회장의 1남3녀 가운데 장녀인 혜성(47)씨와 지난 83년에 결혼했다.미모와 실력을 겸비한 재원인 혜성씨는 이화여대 영문과를 마친 후 조선일보에 입사,문화부 기자로 근무하다가 서씨 집안의 맏며느리가 됐다.혜성씨는 태평양학원(성덕여중 · 성덕여상)의 상임이사로 활동 중이다.영배씨 부부는 2남1녀를 두고 있는데 모두 학생이다.

차남인 경배씨는 지난 90년 11월,농심 신춘호 회장의 막내딸인 윤경(39)씨와 화촉을 밝혔다.서 창업주와 신춘호씨는 같은 용산구 관내에서 평소 자주 만나 인사를 나누던 사이로 지내고 있었다.이러한 인연이 훗날 사돈으로 연결된 것.경배씨는 경성고·연세대 경영학과를 마친 뒤 미국 코넬대학에서 석사학위를 받은 수재로 87년 태평양화학 과장으로 그룹에 첫발을 내디뎠다.90년 태평양그룹 기획조정실 실장을 지내는 등 아모레퍼시픽 대표이사 사장 및 대한화장품협회 회장직을 맡고 있다.경배씨는 학생인 두딸 민정(16),호정(12)을 두고 있다.

오늘의 태평양 일군 3인방

오늘날의 태평양을 일군 데는 창업주 서성환 회장을 그림자처럼 보필한 3인방이 있다. 태평양의 사사에 남을 정도로 혁혁한 공을 세웠다. 이들은 한국 여성의 아름다움을 재인식시키고, 국민 생활양식을 한층 높인 신화 창조의 주역이다.

오원식(71) 전 부사장은 40년이 넘게 입에 오르내리는 브랜드 '아모레'를 1961년 작명했다. 당시 절정의 인기를 끌었던 이탈리아 가곡 '아모레미오(난 당신을 사랑합니다)'에서 따왔다. 상금으로 당시 거금인 1만원(당시 월급 7000원)을 받았다.

오 전 부사장은 1967년부터 한방미용법을 연구, 지난 73년 인삼 사포닌을 이용한 화장품 아모레 진생삼미를 탄생시켰다. 진생삼미는 브랜드 진화를 거듭하다가 가장 한국적인 명품 '설화수'의 탄생으로 이어졌다. 설화수는 단일 브랜드로 매출이 2000년 1000억원을 달성했으며, 2006년에는 국내 최초로 4000억원을 돌파했다. 화장품 사상 유

▲오원식 씨

▲구용섭 씨

▲김창규 씨

래가 없는 기염을 토했던 브랜드다.82년 대한화장품학회 회장을 지낸 오 부사장은 87년 기술연구소 초대 소장을 맡아 기술개발에 힘썼다.이후 90년대 초까지 연구부문을 총괄하면서 태평양 40년 연구와 생산 분야의 산증인으로서 화장품 기술의 과학화에 큰 획을 그었다.

그 어렵던 50년대의 태평양 생존 기틀을 닦은 데는 구용섭(83)초대 연구실장의 공을 빠뜨릴 수가 없다.좋은 원료 확보를 위해 암거래 시장에서 발품을 팔았다.서울 환도이후 후암동의 가내 수공업 시절의 '향기나는 밥'과 '구리무밥'을 먹으면서도 제품개발을 진두 지휘했다.이같은 노력 덕분에 태평양은 독자적인 기술 개발과 화장품에 대해 과학적으로 접근하는 발판을 마련했다.68년 한국화장품 화학자회 창립회장에 취임,80년까지 회장을 지내면서 한국의 화장품 발전에도 공이 크다.

머리를 감을 때 비누에서 샴푸로 바꾸게 한 사람이 김창규(68) 고문이다.파리이화학에 재직중 태평양에 스카우트됐다.그가 73년 개발한 브랜드 '타미나'는 70년대를 대표하는 히트 상품이 됐다.78년엔 우리 역사상 처음으로 세계화장품학회 국제회의에서 인삼사포닌이 모발에 미치는 효과에 대한 논문을 발표,학계의 비상한 관심을 끌었다.

김 고문은 80년대 태평양의 생활용품 사업을 일궜다.당시 공전의 히트를 기록했던 리도 푸로틴 샴푸는 시장 점유율 70% 이상을 기록했다.무엇보다도 비누로 머리를 감던 국민들의 생활양식을 샴푸로 머리를 감게 바꿨다.88년 가정용품을 연구하는 기술연구소장과 92년 태평양중앙연구소 초대 소장을 지냈다.91년부터 대한화장품학회장을 연임하면서 화장품학계 발전을 위해 여전히 노익장을 과시하고 있다.

2 (故) 서성환 회장의 차사랑

"기다리는 시간의 맛도 있고, 잔의 맛도 있고, 차 맛도 있다."

창업주 고 서성환 회장을 모신 회의에서 손수 차를 우려드렸던 서경배 사장의 회고담이다.

요즘 차는 단순한 기호식품이나 전통 이상의 의미를 지닌다. 상상력을 뛰어넘는 초스피드 시대에서 여유를 찾아주는 음료이다. 철학이 담긴 고급 문화로 이해된다.

이런 차가 화장품 회사 태평양과 어떻게 이어졌을까?

서 창업주는 60년대 일본 등 외국을 방문할 때마다 그 나라 고유의 차를 대접받았다. 일본 거래처를 찾았을 때 가루차가 늘 나왔다. 하지만 우리가 정작 손님에게 대접하는 것은 미군부대에서 흘러나온 커피가 고작이었다.

특히 서 창업주는 일본 거래처 사람들이 고려·조선왕조의 다구(茶具)에 열광하는 것을 보고 충격을 받았다. 이에 차에 관심을 기울여 70년대 후반부터 녹차사업을 시작했다.

"차밭을 조성하되 반드시 불모지를 개간해야 한다." 80년 녹차밭을 구상하면서 서 창업주는 이렇게 마음먹었다. 당시 차밭 개간은 무모한 사업으로 비쳐졌다.

80년대 초 우리나라는 차의 불모지나 다름 없었다. 부족한 전문인력과 제주도 땅의 척박함 등 그 어느 것 하나 녹록지 않았다. 골프장

▲창업주 서성환(왼쪽) 회장과 아들 서경배 사장이 지난 2001년 9월 제주도 남제주군 안덕면 서광리에서 열린 오'설록 개관식에 참석, 박물관 옥상에서 차밭을 둘어보며 포즈를 취하고 있다.

을 짓는다거나 땅투기를 한다는 등의 오해까지 받았다. 축적된 기술과 자료도 없었다. 주위에서는 회사 전체가 어려워질 것이라며 모두 만류했다. 그러나 서 창업주는 뚝심을 발휘해 밀어붙였다.

대한농구협회 회장 시절인 80년 중국을 방문, 공안(公安)을 설득해 황제차로 유명한 용정차(龍井茶)의 고향 항저우를 둘러봤다. 차가 거대한 산업임을 확인했지만 차 박물관은 그저 형식만 갖춰 크게 도움이 되지 못했다.

해결의 실마리는 우연히 풀렸다. 90년대 초 사업을 위해 찾았던 그는 미국 하와이의 파인애플농장 안에 있는 돌(Dole)사의 파인애플하우스, 즉 파인애플박물관에 들렀을 때 무릎을 탁 쳤다. 그러나 겨우 손익분기점에 도달할까말까 하던 차사업을 차박물관으로 견인하기에는 너무 힘들었다. 그래서 차박물관은 가슴에 고스란히 묻어두었다.

말년, 몸이 쇠약해진 서 창업주는 휴양을 위해 하와이에 머물면서 파인애플하우스를 가보곤했다. 지난 99년 아들 서경배 사장이 부친 문병을 위해 하와이에 들르자 그는 짐을 풀던 아들을 다짜고짜 차에 태우고 돌사의 파인애플농장으로 데려갔다. "바로 이거야, 이렇게 만들어봐라." 와병중이던 아버지의 말은 그게 전부였다. 이렇게 해서 설록차박물관 오' 설록이 탄생했다.

지난 2001년 9월 남제주군 안덕면 서광리에 문을 연 오' 설록에는 삼국시대부터 조선시대에 이르기까지의 각종 찻잔 등 다구가 잘 진열되어 있다. 차에 관한 명상의 최적 공간으로 소문나면서 연간 50여만명이 찾는다. 장원 서성환의 정성과 숨결이 고스란히 스며있는 곳이다.

2장

재벌家 맥(脈) - 下

누가 한국을 움직이는가

■ 애경가(家 · 그룹) 총괄 인맥도

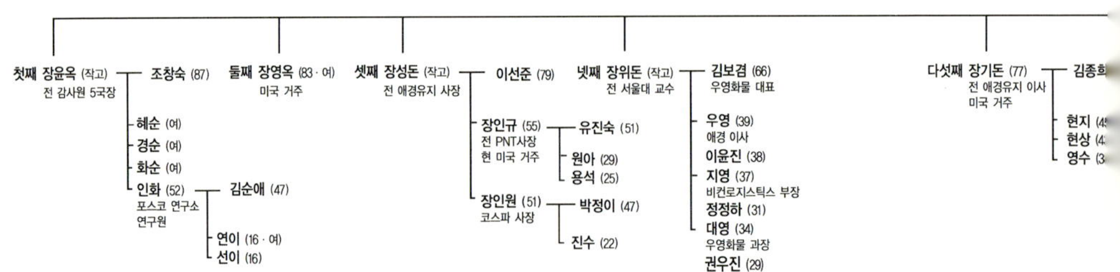

13. 애경가(家) 총괄 인맥도

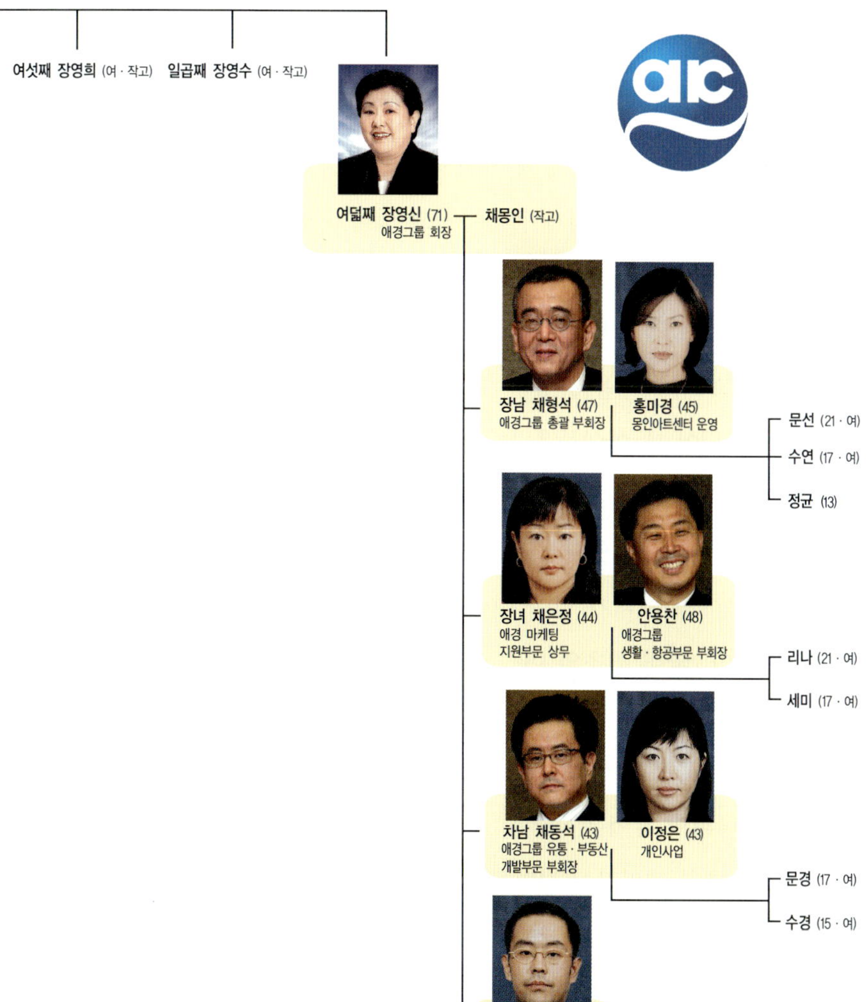

장영신 회장가(家)

"엄마, 걱정 마. 이 앞에서 학생들 상대로 뽑기장사하면 되잖아!" 어린 마음에도 아버지가 돌아가시고 엄마가 실의에 빠져 있는 모습이 안쓰러웠던 모양이다. 자기도 잘 먹던 뽑기장사해서 먹고 살면 되니 엄마보고 걱정 말란 것이다. 너무나 대견하고 안쓰러워 큰아들을 끌어안고 그때 처음 울었다. 그리고 그때부터 울지 않는 엄마, 강한 엄마가 되어 내 아이들을 누구에게도 부끄럽지 않은 자랑스러운 아버지의 자식들로 키울 것을 결심했다. 아이들이 클 때까지 아버지의 유업을 잘 지키고 있다가 성년이 되면 물려주리라. 이렇게 생각을 발전시켜 애경을 내가 맡아 아이들과 똑같이 건실하게 성장시키기로 다짐했다. 국내 최초의 여성 최고경영자(CEO)인 장영신(71) 회장이 자서전 '밀알심는 마음으로'에서 남편이 죽고 회사를 떠맡게 된 이야기를 이렇듯 생생하게 되짚었다. 아이들을 잘 키워야겠다는 강한 모성, 남편의 유업을 버려둘 수 없다는 아내로서의 의리, 애경 종업원들에 대한 책임감이 경영참여 이유라고 덧붙였다.

암탉이 울면 집안이 망한다?

장 회장은 1970년 막내 아들을 낳은 지 사흘 만에 남편 고 채몽인 사장을 심장마비로 잃으면서 인생의 전환점을 맞는다. 3남1녀의 어머니로 살림만 하며 지내던 12년차 주부가 국내 대표 생활용품 브랜드의 수장으로 거듭난 것이다. 애경 창립 17년 만의 일이다.

장 회장은 1971년 남편 타계 1주기가 끝나자마자 경리학원에서 복식과 부기를 배웠고 이듬해인 1972년 8월 1일부터 출근했다. 1954년 6월 남편 고 채몽인씨가 5000만환으로 세운 '애경유지공업주식회사'가 현재 LG그룹의 모태인 비누제조사 락희화학과 경쟁을 벌이며 사업확대에 박차를 가하던 시기다. 장 회장이 경영참여를 선언하자 시댁과 친정 가족은 물론 회사 임원들까지 반대하고 나섰다. "암탉이 울면 집안이 망한다."는 말부터 "그만두겠다."고 협박하는 임원들도 있었다. 주변에서는 "애경이 얼마 가지 않아 망하겠다."는 말도 했다. 남편이 죽은 뒤 사장 자리를 맡고 있던 둘째 오빠 고 장성돈씨는 장 회장이 취임하자 회사를 나가버리기도 했다.

당시의 심경에 대해 장 회장은 "잠자리에 들면서 '이대로 영영 깨어나지 않았으면 좋겠다.' 고 생각한 적이 한두 번이 아니었다."고 회고했다. 매일 일감을 집으로 가져와 밤늦도록 공부했고, 관청에선 담당공무원의 질문에 솔직하게(?) 답한다는 이유로 동행했던 회사 임원으로부터 책상 밑으로 구둣발에 차이기도 했다. 경제인 모임에서는 홀로 여자라는 자격지심에 기둥 뒤에 숨어 몇시간이나 서 있다 오는 일도 다반사였다.

잘해보겠다는 일념으로 겁없이 뛰어들었지만 기업환경도 나쁜 것뿐이었다. 경영에 참여한 1972년 말부터 오일쇼크에 따른 전반적인 경기 침체가 시작됐다. 그러나 장 회장은 더욱 힘을 냈다.

'불황에 투자하라.'를 모토로 공장을 지방으로 확대 이전하는 한편 남편이 계획만 했던 석유화학 원료제조 분야를 애경의 미래 지표로 삼아 애경유화 · 애경화학 · 애경PNC(전 애경공업) · 애경정밀화학 · 코스파 등 관련 회사를 속속 설립했다. 비누 산업에는 한계가 있지만 본격적인 화학공업은 가능성이 무한하다고 판단했기 때문이다. 이 분야는 지금까지도 애경에서 매출 비중 40%를 차지하는 주력 사업군이다.

남편이 설립한 비누회사도 소홀하지 않았다. 제품을 고도화시키는 데 집중했던 만큼 히트 상품도 꾸준히 내놓았다. 1975년에는 분말 합성세제인 '크린업'을, 이듬해에는 액체세제 '써니'를, 1980년 들어서는 세제 '스파크'를, 90년 들어서는 클렌징 화장품인 '포인트' 등을 잇달아 히트시켰다. 트리오도 이름은 같지만 세척력을 높이고 공해도를 낮춰 지금까지도 1등 주방 세제로 자리매김하고 있다.

수줍은 소녀… '터프우먼 마담 장(張)'으로

장 회장은 어머니 고 문금조씨와 아버지 고 장회근씨의 4남4녀중 막내딸이다. 1936년 7월22일 서울에서 태어나 종로구 명륜동 1가 등에서 부유한 어린 시절을 보냈다. 아버지는 당시 일본 와세다대에서 영문과를 졸업한 대지주의 아들. 어머니 문 여사도 당시 일본 귀족학교인 쓰다여대 영문과를 나온 재원이다. 장 회장은 혜화동성당 유치원을 나온 뒤 혜화국민학교를 다녔다. 노래를 잘해 전국 콩쿠르에서

▲2005년 7월말 장영신 회장의 칠순 잔치 일주일을 앞두고 서울시내 한 호텔에 모여 찍은 가족 사진. 뒷줄 왼쪽부터 장남 채형석 총괄 부회장의 차녀 수연, 채 총괄 부회장, 3남 채승석 사장, 큰며느리 홍미경, 장녀 채은정, 둘째 며느리 이정은, 사위 안용찬 부회장의 차녀 세미, 차남 채동석 부회장, 안 부회장, 채 부회장 장녀 문경. 앞줄 왼쪽부터 채 부회장 차녀 수경, 채 총괄 부회장 장녀 문선, 장 회장, 채 총괄 부회장 장남 정균, 안 부회장 장녀 리나.

상도 자주 받았다. 건강하고 공부도 잘해 반장을 도맡기도 했다.

부모님의 학구열이 강한 덕에 형제들 모두 공부를 잘했다. 큰오빠 고 장윤옥씨는 일본대 전문부 상과를 졸업한 뒤 감사원에 들어가 5국장(부이사관)까지 지냈고, 미국으로 이민간 큰언니 장영옥(83)씨는 서울대 음대에서 피아노를 전공했다. 서울대 화학과를 졸업한 둘째 오빠 고 장성돈씨는 애경유지 사장을 지낸 바 있고, 서울대 정외과 출신의 셋째 오빠 고 장위돈씨는 서울대 정외과 교수, 고 박정희 대통령 시절 청와대 정치담당특별보좌관, 이집트 총영사, 에콰도르 대사를 지내는 등 이력이 화려하다. 애경유지 이사를 지낸 넷째 오빠

장기돈(77)씨는 성균관대 상대 출신이다.

장 회장의 집안은 일제시대 유학을 갔을 정도로 부유했지만 광복 후 실시된 토지개혁으로 가세가 기울었고 6·25가 터지자 집안 형편은 더욱 어려워졌다. 아버지마저 사망하자 경기여중을 졸업하고 경기여고에 재학중이던 그는 돈 안들이고 대학을 갈 수 있는 방법을 모색했다. 마침 고등학교 시절부터 외국어 재능을 인정받아 교장선생님이 일찌감치 유학을 준비시켰다. 전액 장학금을 받는 조건으로 1955년 미국 필라델피아 체스넛 힐 대학 화학과에 진학했다. 대학시절에도 합창단원으로 활동했고 당시 교내에서 오페라 하우스와 협연한 나비부인의 프리마돈나를 맡기도 했다. 애경이 쉘, 유니레버 등 다국적기업과의 합작을 무리없이 진행했던 배경에는 유학 생활로 다져진 영어실력과 당시 익혔던 외국 풍습에 대한 이해가 뒷받침하고 있는 것이다.

그는 피란시절 여고생 신분으로 부산에서 사과장사를 한 적도 있다. 좌판을 벌여놓고 사과를 예쁘게 쌓아놓았지만 막상 손님이 와서 얼마냐고 물어보면 먼산 바라보기 일쑤였다. 부끄러움이 많았던 탓에 장사꾼이 아닌 척한 것이다. 그러나 애경을 경영하면서 그에게는 '호랑이' '터프우먼' '마담장' 등의 수식어가 따라붙었다.

80년대 들어 새로운 돌파구로 외국계와 합작에 집중했을 당시 그쪽에서 공동대표를 요구하면 그는 "여기는 한국 회사다. 너희가 한국에 대해 뭘 아느냐. 한국 문화를 이해할 때까지 너희들은 뒤에서 지켜봐라."고 충고했다. 합작 기념식에서 태극기를 달지 말라고 요구받으면 애국가 봉창, 국기에 대한 맹세까지 순서대로 진행했다. 당시 외국인들은 이런 장 회장을 놓고 '마담장 터프우먼' 이라고 외쳤다.

사내에서는 '호랑이'로 통했다. 화가 나면 직설적으로 퍼붓는 성격과 한번 결정하면 매몰차게 추진해 나가는 돌파력 때문이란 설명이다. 물론 풀어주는 것도 그의 몫이다. 그래서 '너그러우면서도 불 같다.'는 평을 받는다.

남편과는 어릴 적 이웃사촌

장 회장과 남편 채몽인씨는 이웃사촌으로 어렸을 때부터 알고 지내던 사이다. 고 채씨는 장 회장이 미국으로 유학가기 전부터 애정 공세를 퍼붓다 미국까지 따라가 무려 3년 11개월 동안 구애 공세를 펼쳤다. 공개청혼으로 남편의 존재는 대학내에도 다 알려져 수녀 교수들로부터 "왜 저 좋은 사람과 결혼하지 않느냐, 이해를 못하겠다." 는 소리를 듣기도 했다. 그는 졸업후 약속대로 서울로 돌아와 23세 이던 1959년 6월 신당동 성당에서 결혼식을 올렸다.

자식들(3남1녀)의 혼사는 장 회장보다 더 빠르다. 대부분이 대학시절에 결혼을 모두 끝냈다는 공통점을 갖고 있다. 모두 연애 결혼이다.

큰아들인 채형석 애경그룹 총괄부회장(47)은 1982년 성균관대 경영학과 3학년 재학 당시 학교에서 만난 홍미경(45)씨를 보고 첫눈에 반했다. 친구로부터 소개받아 교제 1년 만에 결혼했다. 당시 부인은 2학년에 재학중인 생활미술학과 학생. 채 총괄부회장은 1983년 졸업후 미국 보스턴대에 MBA를 받은 뒤 1985년 애경산업 생산부 마케팅부 등을 섭렵했다. 부인 홍씨도 함께 유학을 떠나 보스턴대에서 미술을 전공했다. 홍씨는 전공을 살려 삼청동에서 몽인아트센터를 운영 중이다. 불혹을 넘긴 나이가 믿기지 않을 정도로 출중한 미모가 인상적이다.

장 회장을 잘 아는 사람들은 그가 평소 "우리 큰애(큰며느리)는 얼굴도 예쁘고 마음도 정말 착하다."는 말을 자주 한다고 전한다. 인천교대 음대 교수를 지낸 장인 고 홍종수옹은 서울시립교향악단, KBS교향악단 등에서도 활약한 음악가다. 장 회장의 맏손녀이자 큰아들인 채 총괄부회장의 딸 문선(21)양은 할머니의 성악 실력과 외할아버지의 음악 재능을 모두 물려받아 현재 미국 맨해튼 음악학교에서 성악을 공부하고 있다.

유통부문을 맡고 있는 둘째 아들 채동석(43) 애경그룹 유통·부동산개발부문 부회장은 성균관대 철학과 3학년 때 미팅으로 만난 동갑내기 이정은(43)씨와 결혼해 졸업하기 전 1년 동안 학생 부부로 지내기도 했다. 채 부회장은 미국 조지 워싱턴대 국제경영학 석사 과정을 마친 뒤 1991년 애경에 합류했다. 현재 애경백화점, AK면세점, 수원 애경역사, 평택역사, 삼성플라자 등 애경의 유통부문을 맡고 있다. 서울대에서 서양화를 전공한 이씨는 현재 서울 강남구 청담동에서 프랜치 퓨전 레스토랑을 운영하고 있다. 이씨의 아버지 이병문(77)씨는 고 박정희 대통령 시절에 예편한 4성 해병대 사령관 출신으로 아세아시멘트 회장을 지냈다.

큰딸 채은정(44)씨는 외숙모가 같은 아파트에서 살던 안용찬(48) 애경그룹 생활·항공부문 부회장을 소개해줘 결혼한 경우다. 안 부회장이 미국 펜실베이니아대 와튼스쿨 MBA과정 재학 당시 잠시 한국에 들렀을 때 채씨 외숙모의 권유로 은정씨를 만났다. 은정씨도 대학 3학년때 결혼했다. 은정씨는 이화여대 조소학과를 나와 미국 애크리하트대에서 그래픽을 전공한 뒤 1998년 애경산업에 들어왔다. 애경 마케팅지원부문 상무를 맡고 있다.

채형석 총괄부회장과 연세대 경영학과 77학번 출신인 안 부회장은 이미 대학시절부터 알고 지내던 사이다. 채 총괄부회장은 "안 부회장이 나의 고등학교 동창들과 친구 사이여서 이미 대학시절부터 안 부회장을 알고 지냈다."면서 "성실하고 훌륭한 사람이라고 생각하고 있었는데, 어느날 보니 여동생의 남자친구가 되어 있었고 유학을 끝낸 뒤 애경으로 꼭 와줄 것을 내가 청했다."고 말했다. 안 부회장은 1987년 애경산업 마케팅부에 입사하기 이전 유학을 마치고 미국 폰즈사에서도 마케팅 담당 업무를 맡았다. 통역 장교 1기 출신인 안 부회장의 아버지 안상호(78)씨는 육군 참모총장 수석 보좌관, 미국 엔지니어링 회사 플로 코리아의 한국 대표 등을 지냈다.

막내 아들 채승석(37) 애경개발 사장은 50만평 18홀 규모의 경기도 광주시 중부 컨트리클럽을 운영하는 애경개발을 맡고 있다. 애경개발은 1987년 출발 당시부터 애경의 계열사중 유일하게 주력인 세제·화학과 동떨어진 업종이다. 단국대 사학과 89학번인 채 사장은 형제들 중 유일하게 어머니를 닮아 노래를 잘한다.

당초 친정에서 장 회장의 경영참여를 반대했지만 앙금은 남아 있지 않다. 조카들도 여럿 애경에 몸담고 있다. 둘째 오빠인 고 장성돈 전 애경유지 사장의 큰아들인 장인규(55)씨는 과거 애경PNT(전 경신산업) 사장으로 일하다 미국으로 이민갔고, 둘째 아들 장인원(51)씨는 계열사인 코스파 사장으로 재직 중이다.

장 회장의 셋째 오빠인 고 장위돈씨가 낳은 3형제 중 큰아들인 우영(39)씨는 애경 이사로 있다.

애경백화점에 남다른 애착

장 회장은 회사를 맡은 이후 많은 시련을 겪었지만 한번도 울어본 적이 없다. 그러나 큰아들 채 총괄부회장이 1993년 9월10일 애경백화점 개점식 인사말에서 "이 백화점을 돌아가신 아버님께 바칩니다."라고 말한 순간 '마음이 온통 눈물로 범벅이 됐다.'고 회고했다.

애경백화점 본점인 서울 구로본점은 창업자인 남편 고 채몽인씨가 타계하는 순간까지 비누를 만들었던 창업 터전이다.1958년 우리나라 최초의 미용 비누인 '미향'을 만든 곳으로 70년대까지 '트리오' 등 세제를 만들다 공장이 대전으로 옮겨가면서 계속 창고로 써왔다. "아버지가 물려준 땅이니 잘 연구해서 활용해보라."고 맡긴 지 3년 만에 1만평 부지가 백화점으로 거듭났다. 장 회장은 애경백화점을 두고 '아버지와 아들의 만남'이라고 정의한 바 있다. 지금도 두 아들이 사이좋게 이 백화점 5층에서 함께 사무실을 쓰고 있다. 장 회장이 시간이 날 때마다 백화점을 다녀갈 정도로 남다른 애정을 보이는 이유다.

장 회장은 즐기는 인생을 살아본 적이 없다. 채 총괄부회장은 장 회장에 대해 "희생하는 삶만 사신 분"이라면서 "항상 어머니를 가장 존경하는 인물로 꼽아왔다."고 말했다. 장 회장은 여름휴가를 가본 적이 없고 남들이 취미를 물으면 '빨래'라고 대답할 정도로 아직도 집안 일을 혼자 한다. 말년에 잠시 정치에 참여했던 것도 따지고 보

면 크게 어긋나는 길은 아니란 평이다. 1997년 고사해 오던 여성경제
인연합회 회장직을 맡으면서 여성들이 기업하기 불편한 환경을 고쳐
야 한다고 마음먹었다. 1999년 민주당 신당창당 준비위원 공동대표
로 영입된 뒤 백화점이 있는 구로를 텃밭삼아 16대 국회의원으로 나
선 것도 이 때문이다. "왜 정치를 하느냐. 이미지 버린다."는 우려가
많았지만 여성경제인들을 도와야 한다는 선배로서의 책임을 피할 수
없었다고 회고한다. 그러나 더이상 정치에 참여할 뜻은 없다.

가족간 우애는 애경의 힘

장 회장은 경영에서 손을 뗐다. 애경 창사 50주년을 맞았던 지난
2004년 구로동 본사 회장실을 비웠고 결재도 큰아들에게 모두 맡기
고 중요한 사안만 보고를 받는다. 애경복지재단 일에 관여하며 구로
문화원 초대원장직만 맡고 있다. 개인적으로는 취미삼아 중국어를
배우고 있고, 순환기계통이 안 좋은 탓에 홍콩에 침을 맞으러 다니고
있다. 살아오면서 가장 보람된 일로는 "아이들이 잘 자라주고 화목하
게 지내고 있는 것"이라고 말했다.

가족간 볼썽사나운 재산 분쟁이 많은 재계에서 애경가문 형제들
은 함께 회사를 키워가며 우애있는 모습을 보여 주고 있다. 채 총괄
부회장과 동생 채동석 부회장은 10년 넘게 한 사무실을 쓰고 있다.

채 총괄부회장은 "인맥이랄 만한 사람들을 알지도 못하고 술을 먹
거나 함께 어울리는 대상이 모두 형제들이다."면서 "네 남자가 모여 술
을 자주 먹는다."고 말했다. 며느리들도 친하다. 큰동서와 작은 동서도
단짝 친구 같다. 형제들이 화목할 수 있는 주요 원인이란 지적이다.

채 총괄부회장은 1985년 입사한 뒤 점차 그룹의 덩치를 키우는 데 주력했다.1993년 애경백화점 구로본점을 열며 유통업계에 뛰어든 뒤 AK면세점(2001년) 애경 2호점인 수원애경역사(2003년)로 확대했고 3호점 평택역사는 2009년 완공된다. 2007년 삼성플라자를 인수했고, 제주도와 함께 설립한 ㈜제주항공을 통해 2006년 6월부터 민간항공 사업에도 진출했다. 채 총괄부회장은 그룹 전체를 아우르는 역할을 맡고 있으며, 동생 채동석 부회장은 유통·부동산개발부문을, 처남인 안용찬 부회장이 생활·항공부문을 키우고 있다.2세대에 와서 생활용품과 기초화학의 양축을 키워가는 한편 유통과 항공으로까지 영역을 확대하고 있는 것이다.

채 총괄부회장은 거의 매주 등산을 즐기고 있다. 유아세례를 받고 결혼식도 명동성당에서 올린 천주교 신자이지만 산을 자주 찾는 탓에 항상 절을 찾아 기도를 드리는 습관이 생겼다. 그는 산사를 찾을 때마다 "가족 모두 건강하고 화목하게 지내는 것에 항상 감사드린다는 내용으로 기도를 드리고 있다."면서 "애경의 힘은 형제간의 우애에서 나온다고 해도 과언이 아니다."고 말했다.

장 회장 '유별난 시간개념'

애경가(家) 사람들은 시간관념이 유별나다.

장영신 회장은 약속 시간보다 최소한 10분 먼저 도착하는 습관을 갖고 있다.

"나는 사업상으로나 개인적으로 약속을 하면 꼭 10분 전에 나가 상대방을 기다린다. 약속 시간보다 단 5분이라도 늦는 사람은 첫 대면부터 뭔가 부족한 사람이란 평가를 하게 된다. 나는 부하 직원들을 평가할 때도 시간관념을 하나의 척도로 삼는다. 시간 하나 제대로 못 지키는 사람이 무슨 일을 할 수 있겠느냐는 게 내 생각이다. 시간은 비즈니스를 포함한 모든 인간 관계에서 성패를 좌우하는 첫 관문이다. 약속 시간을 지키는 작은 사실 하나가 그 사람의 성격과 인격을 대변한다."(자서전 '밀알심는 마음으로' 에서)

그가 경영일선에 있을 때는 '나인 투 파이브' 원칙을 지켰다. 9시에 출근해 5시에 퇴근하는 게 아니라 늦어도 10시에 잠자리에 들어 새벽 5시면 기상하는 것이다. 일어나자마자 조간 신문을 읽고 그날의 주요 업무를 점검하고 계획했다. 새 사업이나 프로젝트를 기획하는 것도 아침 시간을 이용한다. 회의도 결재도 오전에 처리한다. 관청과 은행이 문을 여는 아침 9시 이전에는 하루 계획을 세워야 한다. 일을 놓은 지금도 새벽에 일어나는 습관은 그대로다.

철저한 시간관념은 애경가 사람들에게도 그대로 배어 있다. 아들

딸은 물론 며느리 사위 모두 새벽형 인간이다. 채형석 총괄부회장은 한술 더 떠 새벽 4시면 일어나 아침밥을 꼭 챙겨먹고 출근한다.

약속 시간을 지키는 것도 마찬가지다. 식구들끼리 밥을 먹기로 하거나 아버지 산소에 가기 위해 모일 때는 아예 30분 먼저 나갈 정도다.

채 총괄부회장은 "식사 시간을 통해 가족 모임이 주로 이뤄지는데 식당 문을 여는 시간이 바로 우리 가족이 만나는 시간"이라면서 "예컨대 6시에 모이기로 해도 식당이 문을 여는 오후 5시 30분이면 한 사람도 빠짐없이 모여 있다."고 전했다. 급한 성격 탓에 식사를 시작하면 1시간내에 모두 끝내고 일어선다.

한 번은 막내인 채승석 사장이 아버지 산소에 가기 위해 약속한 정시에 약속 장소에서 기다리고 있었더니 이미 식구들이 모두 제사를 지낸 뒤 산에서 내려오고 있더라는 일화도 있다.

장영신 회장과 제주와의 인연

장영신 회장의 '제주 사랑'은 남다르다.

그의 제주 인연은 1970년 창업주인 남편 고 채몽인 사장이 타계하면서 더 각별해졌다. 장 회장은 남편의 조의금 전액을 제주도 재경장학회에 기증했다. 장학회는 이 돈으로 지금까지 매년 30명, 모두 1300여명의 제주 출신 대학생을 후원했다. 제주도는 고 채 사장의 고향이다.

큰아들 채형석 총괄부회장도 최소한 1년에 세차례 이상 제주도에 간다. 선산이 모두 중문 색달동에 있다. 꼭 성묘가 아니더라도 아이들과 함께 가끔 간다.

▲지난 1983년 클렌징 화장품인 폰즈 제품 발매 기념식에서 귀빈들과 환담을 나누는 젊은 시절의 장영신 회장(가운데).

채 총괄부회장은 "제주는 아버지의 고향이지만 저도 국민학교 3학년 때 아버지가 건강이 안 좋아 제주도에 요양을 가셨을 때 동행했기 때문에 한동안 지낸 기억이 있어 친근하다."면서 "할아버지가 조선시대 제주도에서 현감을 지내기도 했다는데 증조 할아버지까지만 기록이 있어 뿌리를 찾아보고 싶다."고 말했다.

장 회장도 제주에서 지낸 시절이 있다. 경기여고 재학시절 6·25 때 제주로 피란가 1년간 지냈다. 장 회장은 한 언론사와의 인터뷰에서 "당시 제주도 여성들을 보면서 여성이 얼마나 강한지를 깨달았다."고 회고한 바 있다.

애경은 제주도와 손잡고 노빈의 숙원인 저가항공 시대 대열에 동참했다. 애경은 제주도와 합작해 저가항공사인 ㈜제주항공을 만들었다.㈜제주항공의 왕복 비용은 기존 항공비용의 70% 수준. 채 총괄부회장은 "이윤이 크게 나는 사업은 아니지만 중국과의 경쟁에서 영향을 받지 않을 영역이라고 보고 사업을 결심했다."고 말하지만 주변에서는 "장 회장의 제주 사랑과 무관치 않다."고 평가했다.

2장

재벌家 맥(脈) - 下

누가 한국을 움직이는가

■ 동양가(家 · 그룹) 총괄 인맥도

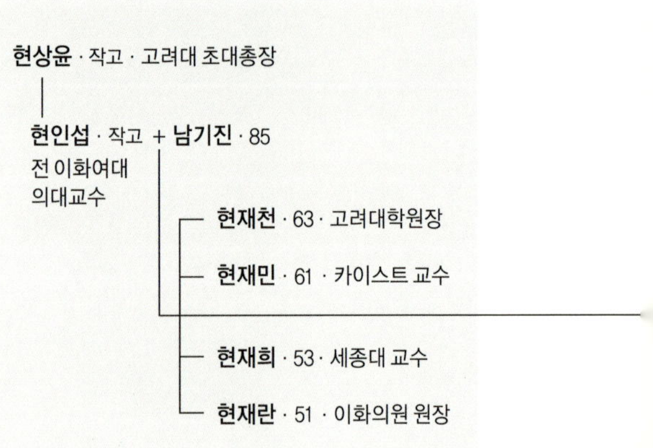

14. 동양가(家) 총괄 인맥도

이양구 · 작고   **+**   **이관희** · 78
동양 창업주   서남재단 이사장

현재현 · 58   **+**   **이혜경** · 55
동양 회장   동양레저 부회장

담철곤 · 52   **+**   **이화경** · 51
오리온 회장   오리온사장

정담 · 30 · 여   **승담** · 27   **경담** · 25 · 여   **행담** · 20 · 여   **경선** · 22 · 여   **서원** · 18

창업주 고(故) 이양구 회장가(家)

동양은 국내 재벌가(家)에서 최초로 사위가 승계한 그룹이다. 동양 창업주인 고 이양구 회장이 1945년 북에서 혈혈단신으로 월남한데 다 이관희(78)여사 사이에 딸만 둘을 둔 것과 무관치 않다.

이 창업주의 차녀인 화경(51)씨가 일찍이 경영에 참여해 현재 오리 온 사장직을 맡고 있지만 동양의 '경영 대권'은 맏사위인 현재현(58) 동양 회장과 둘째 사위인 담철곤(52) 오리온 회장에게 돌아갔다.

가족 구성원이 단출한 만큼 이 창업주가(家)의 혼맥도는 정·관· 재계에 든든하게 뿌리를 내린 국내 여느 재벌가와 달리 단순하다. 또 이 창업주가 딸들의 통혼을 통해 사돈가(家)의 후광을 기대하기보다 자신의 유업을 이어갈 사위들의 '사람 됨됨이'를 우선적으로 고려한 것도 혼맥의 단순함을 더했다. 특히 오리온 담 회장의 집안이 화교 출 신이어서 더욱 그러하다.

'설탕왕·시멘트왕' 이양구 창업주

동양 창업주인 서남(瑞南) 이양구 회장은 1916년 함경남도 함주군의 작은 농가에서 부친 이교흠(작고)씨와 모친 김성자(작고)씨의 차남으로 태어났다.

부친이 25세의 젊은 나이로 병사하면서 서남의 어린 시절은 힘겨운 생활로 점철됐다. 15세의 늦은 나이에 보통학교 졸업장을 받은 서남은 상급학교 진학 대신 '함흥물산'이라는 일본인이 운영하는 식료품 도매상에 취직했다. 서남은 훗날 이곳에서 '정직과 신용'이라는 상도를 배웠다고 밝혔다.

8년간 악착같이 돈을 모은 서남은 1938년 식품도매상인 '대양공사'를 시작으로 6·25전까지 수차례의 회사를 세우며, 막대한 부를 축적했지만 그때마다 역사의 수레바퀴에 치여 뜻을 제대로 펼치지 못했다. 고향에 수십만평의 토지와 1억원에 가까운 거금도 삼팔선과 전쟁으로 잃었다.

그러나 그는 부산에서 설탕도매업을 기반으로 재기에 성공했다. 전시의 특수 경기와 생필품 부족이 거꾸로 그에게 기회를 준 것이다.

서남은 부산과 마산, 대구 등에서 이른바 '설탕왕'으로 불렸다. 서남은 당시 국내 유일하게 설탕을 생산했던 고 이병철 삼성 회장, 고 조홍제 효성 창업주와 가까운 사이였다.

서남은 1955년 삼성 이 창업주와 풍국제과의 배동환씨 3인의 공동 출자로 동양제당공업주식회사를 설립했으며, 풍국제과의 경영에도 참여해 오늘날 오리온(옛 동양제과)의 기틀을 다졌다. 또 동양제당이 국내 최고의 역사를 지닌 삼척시멘트를 인수하면서 서남은 자연스럽게 시멘트 사업에 진출하게 됐다.

서남은 1957년 삼척시멘트를 동양시멘트공업주식회사로 사명을 변경한 뒤,노후시설 교체와 증산을 통해 한때 시멘트 왕국을 건설하기도 했다.

그러나 기업 경영은 그리 호락호락하지 않았다.신규 업체의 대거 진입으로 시멘트가 남아돌았고,정부의 금융 긴축정책으로 동양은 뿌리부터 흔들리기 시작했다.결국 서남이 훗날 '운명의 날'이라고 밝혔던 1971년 9월10일 법원에 회사보전신청을 제출해 세인으로부터 온갖 비난을 받았다.

그러나 눈덩이처럼 불어난 사채에도 불구하고 동양은 살아났다. 정부의 사채동결조치가 사실상 동양의 구명줄이었으며,평상시 쌓아온 정직과 신용도 큰 도움이 됐다.

운명적인 만남

서남과 이관희 여사의 인연은 그야말로 드라마틱하다.6·25가 이들을 만나게 하고,또 헤어지게 만들었지만 결국은 거제도에서 부부의 인연을 맺게 했다.

6·25 발발로 3년 5개월만에 공군 소속으로 귀향한 서남은 모친의 부탁에 이관희씨와 약혼했다.그의 나이 34세였다.

관희씨는 당시 함흥의 명문인 영생고녀(永生高女)를 나와 교편을 잡고 있었다.그러나 중국군의 전쟁 개입으로 두 사람은 결혼식도 못 올리고 생이별을 하게 됐다.

부산으로 내려온 서남은 가족 소식을 알기 위해 백방으로 뛰어다니다가 뒤늦게 피난선을 타고 월남해 거제도에 머물던 관희씨와 극적으로 만났다.이 여사는 현재 서남재단 이사장으로 남편의 유업을

▲1992년 고 이양구 동양그룹 창업주 일가가 한자리에 모여 정다운 모습으로 가족촬영을 하고 있다. 앞줄 왼쪽부터 이화경 오리온 사장, 앉아있는 어린이가 이 사장의 장남 담서원군, 이 사장 바로 뒤가 장녀 담경선양, 현재현 동양 회장의 차녀 경담양, 이 창업주의 부인 이관희 서남재단 이사장, 현 회장의 3녀 행담양, 이혜경 동양레저 부회장, 뒷줄 왼쪽부터 담철곤 오리온 회장, 현 회장의 장녀 정담양, 장남 승담군, 현 회장.

기리고 있다.

서남과 이 여사는 슬하에 장녀 혜경(55)씨와 차녀 화경씨 등 2녀를 뒀다.이화여대 미대와 동대학원을 졸업한 혜경씨는 평소 집안끼리 잘 알고 지내던 고 김옥길 이화여대 총장의 중매로 1976년 현재현 회장과 결혼했다.

현 회장은 당시 부산지검 검사로 재직중이었다.그는 경기고와 서울대 법대를 졸업했으며,대학 3학년 때 12회 사법시험에 합격했다. 혜경씨는 현재 동양레저 부회장으로 활동하고 있다.

현 회장의 집안은 전형적인 선비 가문이다.고려대 초대 총장을 지내고 '유학계의 마지막 거두'로 알려진 고 현상윤 총장이 그의 조부이며, 이화여대 의대 교수를 역임한 고 현인섭씨가 그의 부친이다.

그는 고 현 교수의 3남2녀 가운데 셋째다. 첫째는 고려대 대학원장인 현재천(63)씨이며, 둘째는 현재민(61) KAIST 교수, 장녀는 현재희(53) 세종대 교수, 차녀는 현재란(51) 의사로 현재 이화의원 원장이다.

현 회장과 이 고문은 '정담(30·여)-승담(27·남)-경담(25)-행담(20)' 등 1남3녀를 두고 있다. 2세 모두 미국 스탠퍼드대를 다녀 현 회장과 동문이다.

첫째인 정담씨는 스탠퍼드대에서 심리학과 경제학을 복수로 전공하고 MBA(경영학 석사) 과정을 거쳐 2006년 10월부터 동양매식 과장으로 근무하고 있다. 장남 승담씨는 컴퓨터 사이언스와 경제학을 전공한 뒤, 군 복무 중이다. 차녀 경담씨는 커뮤니케이션을 공부하고 2006년 10월부터 동양온라인 과장으로 일하고 있다. 막내딸 행담씨는 스탠퍼드대에 재학중이다.

서남의 둘째 딸 화경씨는 이화여대 사회학과 출신으로 1980년 뜨거운 열애끝에 담철곤 회장과 부부의 인연을 맺었다.

담 회장의 선친은 대구에서 한의원을 운영했으며, 타이완 국적으로는 한의원 경영이 쉽지 않아 일찍이 한국 국적을 취득했다.

화경씨와 담 회장은 슬하에 경선(22)씨와 서원(18·남) 1남1녀를 뒀다. 경선씨는 미국 뉴욕대에서 인문학을 전공하고 있으며, 서원군도 학업 중이다.

서남가(家)의 혼맥은 이처럼 단순하지만 그나마 현 회장 집안을 통해 정·재계에 인연이 이어진다.

현 회장의 조부인 현상윤 전 총장은 6~8대 국회의원이었던 김봉환 전 국회법사위 위원장과 사돈지간이다. 김 전 법사위원장은 손경식 대한상공회의소 회장과 사돈으로 연결된다.

잉꼬 부부

이 고문과 현 회장은 중매로 만났지만 두 사람의 사랑은 애틋하고 각별하다.

결혼 이후 경영수업을 위해 미국 스탠퍼드대에 홀로 유학한 현 회장은 이 고문에게 자주 편지를 보냈고, 편지 첫 머리에 늘 '사랑하는 당신' 이라고 적었다.

담 회장과 이 사장은 서로가 첫 사랑이다. 대구에서 서울로 유학온 담 회장은 중학교 3학년 때 이 사장을 같은 반 친구로 처음 만났다. 이 때부터 서로에게 끌린 두 사람은 10년 이상 연애했다.

담 회장이 미국 조지워싱턴대로 유학간 4년이 유일하게 떨어진 시간이었다. 이 때도 두 사람은 태평양을 사이에 두고 수백통의 편지를 주고 받았으며, 하루가 멀다하고 비싼 국제전화를 하는 탓에 꾸중도 많이 들었다. 이제는 눈빛만 봐도 서로 무엇을 생각하는지 알 수 있을 정도다.

그러나 친구에서 연인, 다시 부부로 인연이 이어지기까지 두 사람은 험난한 과정을 거쳤다. 오랜 만남을 지속했던 두 사람이었지만 막상 결혼때는 집안 반대가 만만치 않았다는 후문이다.

담 회장과 이 사장은 국내 재계에서 보기 드문 '부부 CEO(최고경영자)' 다. 담 회장은 현재 이 사장이 총괄경영을 맡고 있는 오리온의 엔터테인먼트사업 아이디어를 추진한 주역이다. 이 사장은 "나는 다소 감성적인 반면 담 회장은 실용적이어서 상호 보완이 된다."면서 "시간이 갈수록 서로에 대한 이해의 폭이 넓어져 이제는 이 세상에 가장 친한 친구이자, 동시에 더없이 훌륭한 사업 파트너"라고 곧잘 언급한다.

혹독한 경영 수업

서남은 사위들을 후계자로 키우기 위해 더 철저하게, 더 강하게 경영 수업을 시킨 것으로 유명하다. "내 딸, 내 사위라고 해서 특혜는 없다."는 것이 서남의 '후계자론'이다.

현 회장은 75년 부산지검 검사로 입문한 뒤 결혼과 함께 경영자로 변신했다. 그는 77년 동양시멘트 이사로 재계의 첫 발을 내디뎠고, 초고속 승진을 통해 동양의 후계자로 대내외에 알려졌다.

그러나 후계자의 길은 그리 녹록지 않았다. 이 창업주는 타계하는 날까지 두 사위와 작은 딸에게 이론과 실전으로 혹독한 경영자 수업을 시켰다.

현 회장은 스탠퍼드대 경영대학원에서 국제금융을 전공한 이후, 이 창업주로부터 직접 경영수업을 받았다. 낮에는 현장을 같이 누비며 실전과도 같은 수업을 받았고, 밤에는 새벽까지 수십년동안 쌓아온 이 창업주의 경영 노하우를 전수받았다. 이 창업주의 경영수업은 이틀 정도 잠을 안재우는 일이 허다할 정도로 강도가 높았다.

이화경 사장은 동양제과(현 오리온)에서 인턴사원으로 일을 시작했으며, 담철곤 회장도 유학을 마친 후 동양시멘트 구매부 과장으로 입사했다.

이 창업주는 '경영자가 되려면 기본부터 충실해야 한다.'며 두 사람 모두 구매부로 발령냈다.이후 이 사장은 영업부를 제외한 각 부서를 돌며 업무를 익혔다.특히 마케팅담당 시절엔 획기적이고 신선한 광고로 광고담당자들을 놀라게 했는데,가장 대표적인 것이 초코파이의 '정(情) 시리즈' 광고다.

그는 입사 26년만에 오리온그룹의 외식과 엔터테인먼트사업을 담당하는 CEO에 올랐다.이 사장은 최근 경제전문지 포브스코리아가 발표한 한국의 여성부호 50인 가운데 8위(1652억원)에 올랐다.

담 회장도 81년부터 동양제과로 자리를 옮겨 구매부장과 사업,관리,영업 상무 등을 거치며 89년 동양제과 CEO에 올랐다.

동양·오리온의 분가

이 창업주가 1989년 타계한 이후 동양의 경영권은 가족간 협의를 통해 맏사위인 현 회장이 승계했고,둘째 사위인 담 회장은 동양제과를 맡았다.

현 회장과 담 회장은 13년간 각각 시멘트·금융,제과·엔터테인먼트 등의 사업영역에서 독자 경영을 해왔다.이 때문에 사위간에 기업 분할은 자연스럽게 이뤄졌다.여기에 동양제과가 영상미디어 분야에 투자와 외자유치를 추진하는 과정에서 30대 기업집단으로 제한을 많이 받아 계열분리가 빨라졌다.

동양제과는 2001년 9월1일 동양에서 분가했다.동양그룹 32개 계열사 가운데 제과와 엔터테인먼트 계열의 16개사가 떨어져 나간 것이다.

그러나 동양과 오리온(옛 동양제과)은 여전히 그룹 CI(기업이미지)를 함께 사용할 정도로 뿌리에 대한 깊은 유대감을 이어가고 있다. 현 회장은 "동양과 오리온의 분가는 미래 지향적인 경영을 위해서이며, 한 뿌리에서 나온 두 그룹이 한국경제의 거목으로 성장하기 위해 가지를 펼치는 과정"이라고 말했다.

계열분리 이후 동양은 금융분야에 집중하고 있다. 동양종합금융증권은 증권·종금·투신업을 아우르는 종합금융사로 거듭났으며, 동양생명은 연속 흑자를 내고 있다. 동양의 총자산은 16조여원 수준이다.

오리온그룹은 케이블 방송과 영화 등 엔터테인먼트 사업에 집중해 계열사를 32개사로 늘렸다. 2006년 매출액은 1조 5000억여원을 기록했다. 특히 영화투자 배급사인 쇼박스는 '말아톤'과 '웰컴투 동막골', '가문의 위기' 등을 잇달아 흥행시켜 설립 3년만에 업계 1위로 올라섰다. 여기에 베니건스를 중심으로 한 외식사업 등도 견고한 성장세를 보이고 있다.

동양·오리온의 대표 CEO

노영인(61) 동양시멘트 부회장은 30여년을 시멘트업계에 종사한 산증인이다. 98년 동양시멘트 대표이사로 취임한 그는 외환위기 한파를 수출로 돌파했다. 그동안 시멘트 수출은 채산성이 안 맞고, 선진국의 품질검사가 까다로워 시늉만 내왔다.

그러나 노 부회장은 특유의 카리스마로 밀어붙여 99년에는 창사 이래 최대 물량인 171만t을 세계 각국으로 수출했다. 덕분에 579억원의 순익을 기록해 기나긴 적자의 늪에서 빠져나왔다. 노 부회장은 동양의 실질적인 지주회사인 동양메이저의 대표이사도 겸직하고 있다.

〈동양 · 오리온 CEO〉

▲노영인
동양시멘트 부회장
대구 계성고
연세대 행정학과

▲박중진
동양생명보험 부회장
경기고
서울대 경제학과

▲전상일
동양종합금융증권 사장
경기고
서울대 무역학과

▲오일호
스포츠토토 사장
부산고
서울대 경영학과

▲김상우
오리온 대표
서울사대부고
홍익대 경영학과

박중진(56) 동양생명보험 부회장은 금융업계에선 신사로 통한다. 친근한 말투가 트레이드 마크. 그는 조지워싱턴대 MBA 출신으로 미국 공인회계사(AICPA) 자격증을 갖고 있다. 탄탄한 이론을 바탕으로 동양증권과 동양생명, 동양종금을 거치며 10년이상 실전 금융을 익혔다.

전상일(54) 동양종합금융증권 대표는 폭넓은 시야와 친화력,결단력을 두루 갖춘 CEO다.항상 멀리 내다보고 흐름을 정확하게 읽는다.86년 증권업계에 입문한 이후 자산운용업무를 비롯해 경영지원,기업금융,리테일 영업분야를 두루 거쳤다.동양선물,동양투신운용 대표이사를 역임했다.

오리온그룹을 이끄는 전문 경영인으로는 김상우(50) 오리온 대표이사를 꼽을 수 있다.김 대표는 1987년 오리온(옛 동양제과)에 입사한 이후 줄곧 마케팅 분야를 맡았다.농심이 장악한 국내 스낵시장에 포카칩과 스윙칩 등을 출시해 오리온의 돌풍을 일으켰다.

오일호(55) 스포츠토토 사장은 1987년 오리온 마케팅부 과장으로 입사해 오리온그룹과 인연을 맺었다.2004년에는 스포츠토토 사령탑을 맡아 차별화된 마케팅으로 초기 난관을 극복했다.특히 가라앉은 '토토'를 최근 '토토 붐'으로 확산시킨 것은 그의 공이 컸다는 평이다.

'닮은 듯 닮지 않은 두 자매.'

이혜경(55) 동양레저 부회장은 국내 '재벌가(家)의 딸'들이 그러하듯 나서기를 좋아하지 않는다.

전공(이화여대 미대)을 살려 동양매직 고문으로 활동하다 지금은 레저 업무를 맡고 있지만 가정에 더 충실한 편이다.그러면서도 장녀로서 모친인 이관희(서남재단 이사장) 여사를 도와 부친의 뜻을 기리는 서남재단의 이사로서 사회봉사 활동에 적극적이다.

반면 이화경(51) 오리온 사장은 1975년 동양제과(현 오리온) 인턴 사원으로 입사해 밑바닥을 두루 거친 뒤 26년만에 오리온 사장에 올랐다.약력에서 알 수 있듯 이 사장은 그동안 '경영자의 길'을 걸어왔다.

언니와는 다르게 '바깥 일'을 더 중시한다.이 때문에 자매를 잘 아는 지인들은 보통 언니를 '살림꾼'으로,동생을 '여장부'로 부른다.

이 부회장은 소박하면서 다정다감하다.살림을 손수 챙기며,요리 실력이 수준급이다.미술 감각을 살려 실내 장식과 정원 등은 손수 꾸민다.또 혼자서 곧잘 동대문 시장에 나가 살림 도구나 가족 옷을 산다.

자녀 교육에도 각별한 정성을 쏟는다.1남3녀를 모두 미국의 명문 대학인 스탠퍼드대에 진학시킨 것은 이 부회장의 노력과 관심 덕분이다.이 고문은 자녀들과 많은 시간을 보내기 위해 한때 사회활동을

▲이혜경 부회장

▲이화경 사장

극도로 자제했으며, 수년간 미국에 머물며 자녀 뒷바라지를 했다.

현 회장도 틈틈이 아이들의 영어와 수학을 직접 가르쳤다. 막내딸 행담씨가 올해 대학에 들어가면서 이 부회장은 건강 관리를 위해 처음 골프채를 잡았다.

이 사장은 경영인, 아내, 엄마의 '1인3역'을 소화하느라 늘 시간에 쫓긴다. 그렇다고 어느 하나 소홀한 법이 없다. 자녀(1남1녀)와 함께하는 시간을 갖기 위해 업무 외의 약속은 잡지 않는다.

경영인으로서 이 사장은 어떨까. 호탕하고 도전정신이 강해 부친을 빼닮았다는 평가를 받는다.

월간 현대경영이 2003년 8월 100대 기업 비서들을 대상으로 조사한 결과에 따르면 '신세대 여비서들이 모시고 싶은 CEO'에 뽑히기도 했다. 그 만큼 업무상의 유연함과 직원 배려가 돋보인다는 것이다.

이 사장은 인턴사원으로 출발해 구매부, 조사부, 마케팅부 등 주요 부서를 거쳐 누구보다 현장 분위기와 실무진의 고충을 잘 알고 있다.

오리온의 외식 및 엔터테인먼트 계열사 직원들은 이 사장을 열정적인 CEO로 평가한다. 이 사장이 전담하는 계열사는 온미디어와 외식 사업부문인 롸이즈온 등이다. 일주일을 나눠 각각의 회사에 출근한다.

이 사장은 현장 경영을 중시한다. 직원들과 직접 회의를 하는 것도 같은 맥락이다. 이 사장은 "내가 재밌고, 감동을 받아야 관객들에게 권할 수 있는 것 아니냐."고 말한다.

'외유내강 VS 실용주의'
– 현재현 동양 회장과 담철곤 오리온 회장

사위들이 경영권을 승계하다 보니 현재현(58) 동양 회장과 담철곤(52) 오리온 회장은 곧잘 비교의 대상이 된다. 재계 안팎에선 현 회장을 선 굵은 외유내강형으로, 담 회장을 철저한 실용주의형으로 분류한다.

기업의 성장세로는 담 회장의 오리온이 빠르다. 1989년 매출액 1360억원에 불과했던 동양제과(현 오리온)를 2006년 1조 5000억여원으로 10배 이상 키운 것은 신규 사업을 진두지휘한 담 회장의 공이 크다.

현 회장은 그룹 구조조정에 매진했다. 금융계열사를 통합, 매각하면서 부채비율을 낮추는 데 주력했다. 이 덕분에 1000%를 웃돌았던 부채비율은 어느 정도 안정궤도에 진입했다. 최근 금융사업의 고성장과 한일합섬 인수를 계기로 새롭게 도약하고 있다.

현 회장은 2005년 '아시아·태평양경제협력체(APEC) CEO 서밋'에서 유창한 영어 실력을 과시하며, 재계의 '스타 CEO'로 떠올랐다. CEO 서밋 의장으로서 각국 CEO(최고경영자)들과 토론 및 기자회견을 깔끔하게 소화해 화제가 됐다.

그는 이처럼 남들이 멍석을 깔아주지 않는 한 자신의 진면목을 잘 드러내지 않는다. 외유내강형 CEO로 불리는 까닭이기도 하다.

▲현재현 회장

▲담철곤 회장

현 회장은 화를 내지 않는다. 늘 입가에 미소를 머금는다. 그룹 총수가 화를 내서 임직원들의 기를 꺾으면 차후 일 진행이 쉽지 않다는 생각에서다. 대신 원칙에 따라 결정된 내용은 남들이 주저해도 과감하게 추진한다.

현 회장이 경영자로서 평가받은 첫 사업은 1984년 일국증권(현 동양종합금융증권) 인수다. 당시만 해도 증권사는 대형사고와 부실경영의 대명사로 인식됐던 터라 임직원들의 증권사 인수 반대는 만만치 않았다. 그렇지만 현 회장은 자본금 20억원에 지점이 덜렁 하나뿐인 일국증권을 불과 5년만에 10대 증권사로 키워냈다.

이를 계기로 동양은 30년간 지속된 시멘트와 제과 사업에서 탈피해 금융업 중심으로 업종 다변화를 일궈냈다. 현 회장의 취미는 바둑. 중학교 시절 바둑을 배워 고등학교 때는 적수가 없을 정도였고, 대학 때는 교내 대회에서 수차례 우승을 했다. 장수영 9단에 2점으로 버티는 아마 고수다.

현 회장의 고교 · 대학 동기들은 그를 '티없는 친구'로 기억한다.

"품성이 맑고 깨끗하며 원만할 뿐 아니라 일처리까지 깔끔하다."는 것이다.

담철곤 회장은 실용주의자이자 '일벌레' 라는 평가를 받는다. 요즘도 시간이 아깝다는 이유로 골프를 치지 않는다. 대신 스키 등 다이내믹한 스포츠를 좋아한다.

그렇다고 냉혹한 스타일도 아니다. 직원들은 잔정이 많은 CEO라고 얘기한다. 한 임원의 설명이다. "부장 시절에 기획안을 제출했다가 담 회장으로부터 '이건 아닌 것 같다' 는 말을 들었어요. 그런데 그 다음날 회장으로부터 휴대전화가 왔습니다. '다시 생각해 보니 일리가 있다' 는 내용이었죠. 직원의 기를 꺾시 않으려는 회장의 배려였지요."

담 회장은 인재에 대한 투자를 아끼지 않는다. 90년대 초반에는 20대 중심의 신규 사업팀을 구성한 뒤 수십억원을 투자했다. 그러나 여러 분야의 사업에 진출해 쓴맛을 많이 보기도 했다. 그렇지만 이들은 훗날 오리온의 케이블 TV사업과 외식사업 등으로 진출해 현재의 그룹 규모를 갖추는데 일조했다.

담 회장은 위기를 기회로 잘 엮는다. 국내 제과사들이 90년대 안방시장에 안주하며 저성장의 어려움을 겪을 당시, 해외시장을 개척하며 오리온의 고성장을 주도했다. 2003년엔 남들이 모두 망했다고 평한 체육복표 사업체 스포츠토토를 인수해 그룹의 미래 성장동력으로 바꿔 놓고 있다.

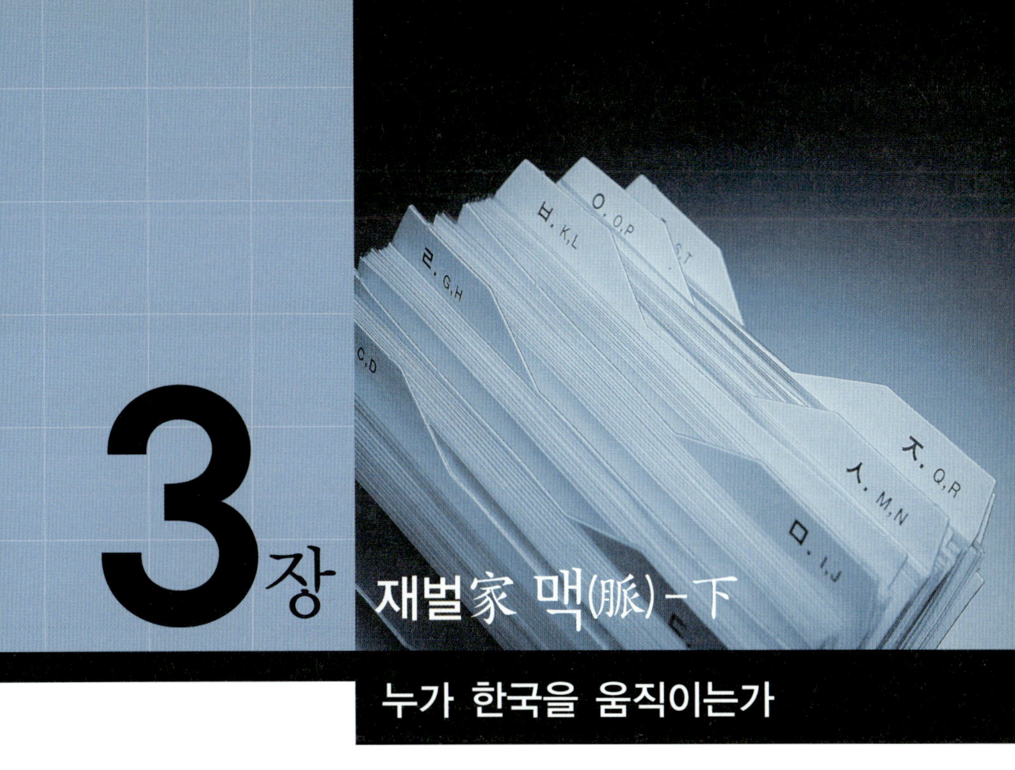

3장

재벌家 맥(脈)−下

누가 한국을 움직이는가

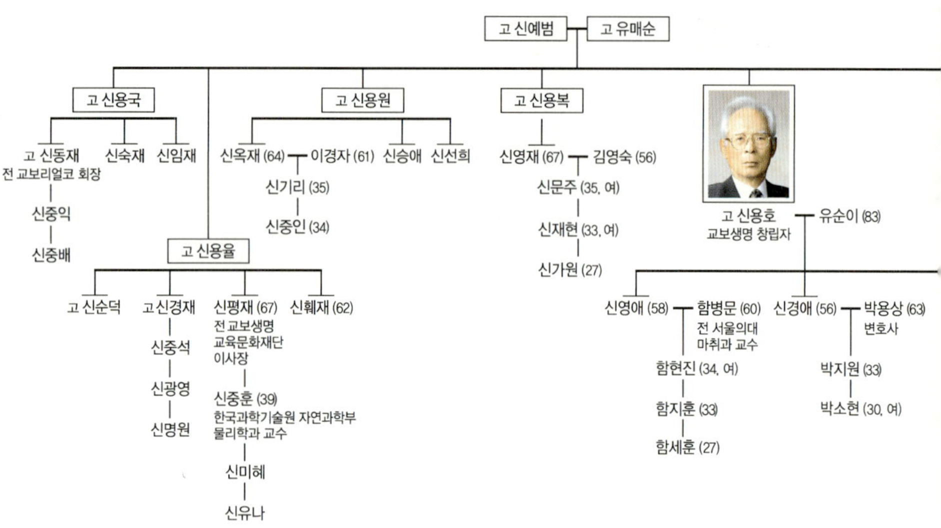

■ 교보생명가(家 · 그룹) 총괄 인맥도

15. 교보생명가(家) 총괄 인맥도

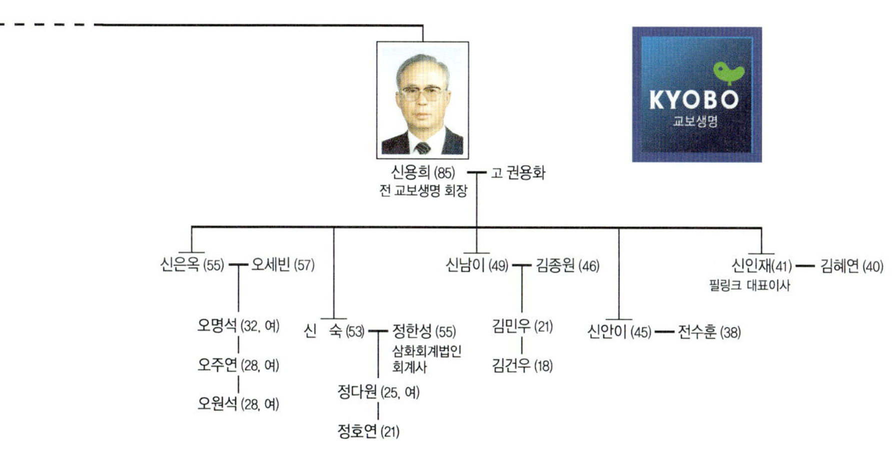

재벌家 맥(脈) 下 – 누가 한국을 움직이는가

3장 15 교보생명가(家)

고(故) 신용호 창립자가(家)

"이 사통팔달, 한국 제일의 목에 방황하는 청소년을 위한 멍석을 깔아줍시다. 와서 사람과 만나고, 책과 만나고, 지혜와 만나고, 희망과 만나게 합시다. 이곳에 와서 책을 서서 보려면 서서 보고, 기대서 보려면 기대서 보고, 앉아서 보려면 앉아서 보고, 베껴 가려면 베껴 가고, 반나절 보고 가려면 반나절 보고, 하루종일 보고 싶으면 하루종일 보고, 그리고 다시 제자리에 꽂아 놓고 사지 않아도 되고, 사고 싶으면 사 들고 가도 좋습니다." 고 신용호 교보생명 창립자는 '대산(大山) 신용호'라는 평전에서 당시 세인의 반대를 무릅쓰고 금싸라기 땅인 종로 1가 1번지 교보빌딩 지하에 교보문고를 세운 일에 대해 이같은 논리로 동의를 이끌어냈다고 밝혔다. 한국의 미래를 모토로 만든 교육보험에도 청소년들의 지적 수준과 나라의 성장은 비례한다는 확신이 담겨 있다. 창업 이념도 국민교육진흥과 민족자본 형성이다.

독립운동 집안에서 태어난 다섯째 아들

신 창립자는 1917년 8월 전남 영암군 덕진면 노송리 솔안 마을에서 부친 신예범 선생과 모친 유매순 여사의 6남 중 5남으로 태어났다.아버지가 독립운동을 하며 잦은 옥살이를 하는 바람에 어머니가 가장 노릇을 했다.엎친 데 덮친 격으로 일곱살 때는 폐병에 걸려 죽는다는 선고도 받았다.열살 즈음 병이 나았지만 학교를 가진 못했다. 형편이 어려운 데다 형들이 각종 애국 운동으로 집안을 돌보지 않아 어린 마음에도 그가 살림을 도와야 한다고 생각했기 때문이다.

낮에는 밭에서 일하는 대신 '책속에 길이 있다.'는 어머니의 가르침에 따라 밤에는 책을 읽었다.동생의 책은 물론 주변에 보이는 책은 닥치는 대로 가져다 보았다.겨울엔 잠과 싸우기 위해 방에 불도 때지 않고 책을 읽다 동상에 걸리기도 했다.당시 '천일독서'를 목표로 각종 위인전,철학서,고전,사서를 섭렵했다.비록 학교 문턱에는 가지 못했지만 '사람은 책을 만들고 책은 사람을 만든다.'는 독서철학으로 스스로 내실을 다졌다.

함께 교보생명 창업을 도운 막내 동생 신용희(85) 전 회장을 제외하고 다른 형제들은 대부분 애국운동에 몸담았다.

큰형인 고 신용국옹은 일제시대에 항일운동을,광복 후에는 청년노동운동을 했다.그 큰 아들인 고 신동재씨가 2000년까지 교보의 부동산관리 전문 자회사인 교보리얼코의 회장을 지낸 바 있다.

둘째 형 고 신용율씨도 항일운동에 몸담았으며,그의 둘째 아들 신평재(69)씨는 한일은행 상무로 재직하다 1991년 제의를 받고 교보생명 사장 등을 역임했으며,2007년 6월까지 교보생명 교육문화재단 이사장도 지냈다.

셋째 형 고 신용원 옹은 도쿄 음악학교를 졸업한 뒤 항일음악가로 활동하다 납북됐다.넷째 형 고 신용복옹은 일제 당시 조선생명지사장을 지냈다.

막내 동생 신용희(85) 전 회장은 목포상고를 나와 산업은행에서 일하다 한국전쟁 이후 줄곧 신 창립자를 도와 함께 일했다.1958년 교보생명(당시 이름 태양생명보험주식회사) 창립 이후에는 30년간 교보에 몸담으며 부사장,회장 등을 지냈다.그의 아들인 신인재(41) 필링크 대표이사 사장(6%)과 함께 교보생명 지분 10.07%를 갖고 있다.신 사장은 고 신 창립자로부터 경영권을 승계받은 큰아들 신창재(54) 교보생명 회장으로부터 함께 일하자는 제의를 받기도 했지만 자신의 길을 고집했다.필링크는 이동통신사에 솔루션을 공급하는 코스닥 상장업체다.

교육열을 사업으로 연결한 기지… 교육보험의 탄생

문학가를 꿈꿨지만 집안을 일으키기 위해 사업에 뜻을 세웠다.약관이 되던 해에 서울로 갔고 이어 1936년 중국에서 양곡 수송 사업을 벌였지만 광복과 함께 10년간 닦은 기반을 버리고 빈손으로 귀국했다.1946년.귀국후 첫 사업으로 전북 군산에 '민주문화사' 란 출판사를 냈으나 외상 책값이 회수되지 않아 간판을 내렸다.

그렇게 몇 차례 사업에 실패한 뒤 문득 중국에선 아이들을 학교에 보내지 않지만 한국에서는 논 한 떼기 없어도 아이들을 학교에 보내는 강한 교육열이 있다는 생각이 떠올랐다.한국 부모들의 교육열은 무형원자재인 것이다. '생 · 로 · 병 · 사' 중 유일하게 보험이 빠져 있는 '생' 부문에 교육보험을 끼워넣어 상품화하기로 했다.

당시 보험에 대한 인식은 형편 없었다. 일제시대 보험은 수탈 방식이자 보신(保身) 방편이었다. 더욱이 당시 1인당 국민소득이 50달러도 미치지 못해 보험에 들 여유가 없었다. 1954년 정부가 보험업을 재개시켰으나 기존 생명보험 회사들이 대부분 휴면상태에 있을 만큼 보험업은 쑥대밭이었다.

그러나 세상이 험난해서인지 국민의 80%가 담배를 피우고 있었다. 그때 그의 재기가 번뜩였다. 담배를 피우는 사람들을 찾아가 "담배를 끊고 그 돈으로 보험을 들면 아들을 대학에 보낼 수 있다."고 설득한 것이다.

창업 당시에는 '교육보험' 이란 이름을 넣지 못했다. 1958년 1월 종로1가 60번지 2층짜리 건물에서 직원 46명과 함께 먼저 '태양생명보험주식회사' 를 창립했다. 교육보험이란 업종상 생명보험으로 분류돼 상호에 교육보험이란 이름을 넣을 수 없었다. 교육열을 자원으로 만든 상품이었고 당시 생명보험에 대한 인식도 열악해 '교육보험' 이란 이름을 포기하지 않았다. 이후 관계 공무원을 끊임없이 설득, 1958년 7월 상호변경 승인을 얻어 '대한교육보험' (현 교보생명)을 출범시켰다.

슬하 2남2녀의 혼맥

1943년. 중국에서 한창 양곡수송 사업을 크게 벌이던 신 창립자는 당시 아버지가 위독하다는 전보를 받고 급히 귀국했다. 도착해 보니 아버지는 건강한 모습으로 그를 맞아주셨다. 더욱 놀라운 것은 "내일모레가 네 장가가는 날이다."는 아버지의 한마디. 결혼을 시키려고 거짓 소식을 보낸 것이다. 당시 남자 26세는 혼기를 놓친 나이였지만 그는 벌인 사업 때문에 아직 결혼할 때가 아니라고 여겼다. 도망칠 마음까지 먹었다고 고백하며 배려를 바랐으나 아버지가 식음을 전폐하고 드러눕는 바람에 결혼식을 치렀다.

부인 유순이(83)씨는 당시 보통학교를 졸업하고 2년제 전수학교까지 마친 명문가 출신 규수. 사업에 전력을 쏟느라 가정에 소홀했던 남편을 탓하지 않고 어려운 형편 속에서 묵묵히 2남2녀를 길러냈다.

자녀들의 혼사도 그와 비슷하다. 막내 아들을 제외하고 모두 중매결혼이다. 명문 대가와의 정략 결혼은 눈에 띄지 않는다. 큰딸 신영애(58)씨는 전 서울대학교 의과대 의학과 마취과학교실 교수 함병문(60)씨와의 사이에 현진(34), 지훈(33), 세훈(27) 등 2남 1녀를 두었다. 신영애씨는 아버지로부터 상속받은 지분 평가로 지난 2004년부터 단번에 350억원대 자산을 보유, 연말마다 언론에서 선정하는 여성 부호 명단에 이름을 올리고 있다.

둘째 딸 신경애(56)씨는 법조인에게 시집가 1남1녀를 낳았다. 남편 박용상(63)씨는 서울대 법대에서 박사학위를 받은 뒤 사법시험에 합격, 서울고등법원 등에서 판사로 활약한 뒤 방송위원회 위원, 헌법재판소 사무처장, 국회 공직자윤리위원장 등을 역임했다. 현재 변호사박용상법률사무소를 운영중이다. 박용상씨의 큰형 용설씨는 내외빌딩관리㈜ 대표, 동생 용삼씨는 내외엔지니어링 대표다.

고 신 창립자의 자리를 이어받은 큰 아들 신창재(54) 교보생명 회장은 부인 정혜원(50) 봄빛여성재단 이사장과의 사이에 중하(26)·중현(24) 두 아들을 두고 있다. 서울대 의대 교수 출신인 신 회장은 불혹이던 지난 1993년 교보에 발을 들여놓은 뒤 현재 직계 중 유일하게 교보에서 일하고 있다. 정 이사장은 이화여대 영문과를 나왔다.

막내 신문재(46)씨는 이정숙(46)씨와의 사이에 딸 혜진(20)을 두고 있다. 형제들 중 유일한 연애 결혼이다. 미국에서 산업디자인을 전공한 그는 1991년부터 2005년 8월까지 광화문 교보문고내 문구 액세서리 음반 팬시용품 등을 판매하는 400여평 매장의 문보장을 비롯해 전국 6개 교보문보장을 운영해 왔다. 교보문고가 직접 문보장을 운영하기 위해 신씨로부터 지난 8월 문보장 사업권을 넘겨 받았다.

지독한 완벽주의와 파격 인사

고 신용호 창립자는 지독하다 싶을 만큼 완벽하고 집요하다는 평을 받는다. 땅을 고를 때도 좋은 날, 궂은 날, 비온 다음날 등 두루 살피는 완벽주의자다. 77년 명예회장, 85년 창립자 등으로 경영 일선에서 물러난 뒤에도 1990년대 후반까지 신입사원 면접에 직접 들어왔다.

사업을 시작한 지 3년이 지나도 실적이 저조해 본사 부장, 실장, 중역까지 나서 손을 들라고 권하자 그들을 나가게 한 뒤 '급료는 후불로 주겠다.' 는 광고를 통해 간부 사원을 다시 구한 일화는 아직도 회자된다.

창업 10년 만인 1967년 회장으로 물러난 뒤 2000년 아들 신창재씨가 교보생명 회장에 취임하기까지 33년간 무려 사장이 19번이나 바뀌었다. 평균 수명이 1.7년이었다. 경영 안정을 위해 최고경영진을 쉽게 바꾸지 않는 업계의 관행과는 다른 것이다. 교보의 임원 인사는 상식을 뛰어넘어 기발하고 파격적이란 평이 나오는 이유다.

신창재 회장의 인사 스타일도 재계 안팎의 주목을 받고 있다. 지난 2002년 5월 취임한 장형덕 대표이사 사장의 경우 사장직을 폐지하는 형식으로 취임 10개월 만에 퇴임시켰다. 단일 지도체제가 더 효과적이라며 사장을 없애고 대신 부사장 3명을 임명해 집단경영체제로 개편했던 것. 그때부터 '대표이사 회장' 밑에 '대표이사 사장' 없이 '대표이사 부사장' 체제로 가고 있다. 이어 지난 2004년 2월 박성규 부사장을 선임, '집단경영체제'는 다시 자취를 감추고 말았다.

'맨손으로 생나무를 뚫어라'

고 신용호 창립자는 '죽고 나면 손해'란 보험에 대한 당시 인식을 바꾸는데 초점을 맞춰 교육보험 1호인 '진학보험'을 세계 처음 내놓았다. 죽어야 혜택을 주는 게 아니라 부모가 돈을 적립해 자녀가 초·중·고등학교를 진학할 때마다 학자금을 주는 상품이다.

먼저 단체들을 공략했다. 군인 단체 저축성 보험인 일명 '화랑계약'을 고안했다. 잦은 군의 이동에 탈락계약이 늘어 성과는 없었지만 포기하지 않았다. 군 이동에도 추적·관리되는 시스템을 도입, 1967년 육군과 170억원의 단체 계약을 맺었다. 파죽지세로 해군·한전 등 대형 단체들과 꾸준히 계약하는 개가를 올리며 승승장구했다.

판매 창구도 강화했다. 종로기독청년회관(YMCA)에서 대학생을 모아 보험강좌를 실시한 것을 계기로 대학지부를 설치, 대학생도 판매 채널로 끌어들였다. 지방유지를 직접 찾아다니며 기관장으로 영입하기도 했다.

상품에도 그의 기지가 엿보인다. 암 상품은 그가 처음 개발했다. 뿐만 아니라 보편적인 성인병도 하나씩 보험상품으로 만들었다. 보험업계 전산화 발상을 추진한 최초의 인물도 바로 그였다. 1974년 학자금 선지급 업무를 처음 전산화했고 "컴퓨터를 모르면 간부가 될 수 없다."며 전 사원을 상대로 '컴퓨터 활용능력 자격인증제' 도 실시했다.

그가 인생을 이야기할 때 전반은 '맨손가락으로 생나무를 뚫는 과정' 이고 후반은 '생나무 뚫는 것을 많은 사람들 앞에서 보인 과정' 이라 비유했다. 인생은 장애의 연속이지만 강한 정신력만 있다면 아무리 높고 힘든 목표라도 달성할 수 있다는 게 그만의 철학이다.

이같은 열성과 집념으로 1958년 당시 6대 생보사 중 막둥이로 태어난 교보생명은 창립 5년 만에 보유계약 56억원으로 업계 3위, 1964년엔 보유계약 100억원 돌파로 업계 2위에 오른 뒤 1967년 설립 9년 만에 업계 정상에 섰다. '맨손가락으로 생나무를 뚫은' 쾌거가 아닐 수 없다.

인생의 다른 한 축… 교보문고

교육 보험은 대세가 아니었다. 80년 들어 경제성장과 함께 늘어나는 사교육비를 감당할 수 없는 시절이 오면서 보험만으로 교육비를 해결할 수 없게 됐다. 변하는 고객 욕구에 따라 양로보험, 종합보장생활보험 등 일반 생명보험 상품의 비중이 커졌다. 교육보험만으로 경쟁력이 떨어지자 1995년 '교보생명' 으로 사명을 바꾸었다. 삼성생명의 약진으로 교보는 1974년부터 업계 1위에서 2위로 밀려났다.

자산이 늘어나면서 관련 계열사도 속속 설립했으나 모두 보험으로 맡긴 고객의 돈을 운용하기 위한 금융 계열사였다. 부동산관리 전문화사인 교보리얼코(1979), 교보증권(1994) 등 총 6개 자회사를 세우면서 교보를 2007년 7월 기준 43조원 규모의 금융 자본으로 성장시켰다. 그 중 금융과 동떨어진 업종이 하나 있다. 바로 교보문고(1980)다. '국민교육진흥'과 '민족자본형성'을 창업 이념으로 삼고 있는 만큼 따지고 보면 업종의 본질은 같다는 설명이다.

1980년 종로 1가 1번지에 사옥 교보빌딩이 세워지자 그는 지하에 서점 설립을 제안했다. 온갖 연줄을 동원하며 지하아케이드 자리 쟁탈전이 벌어지던 때였다. 간부들은 채산성이 약하다며 서점이 들어서는 것은 상식적이지 않다는 의견을 냈고, 손해가 나면 보험회사에 악영향을 미친다는 이유로 당시 허가관청인 재무부도 반대하고 나섰다.

"우리 회사가 돈벌이를 목적으로 한다면 이 자리에는 당연히 으리으리한 고급상가를 들여야 합니다. 하지만 이 값진 땅에 책방을 크게 열어 청소년과 시민이 자유롭게 이용토록 한다면 그 효과가 어느 정도나 될지 상상해 보시오."

손해가 나더라도 청소년의 정신역량을 키우는 일인 만큼 자신이 떠맡겠다고 설득했다. 1985년에는 일반 독자뿐 아니라 학자들을 위해 80만종의 세계적인 논문도 공급했다. 지방사옥이 세워질 때마다 학생과 시민들이 교보문고 지점 설치를 요구했을 정도다. 대전, 성남, 대구, 부산, 부천, 강남 등에 속속 지점을 열었다. 광화문에 있는 교보문고를 찾는 고객 수는 일평균 4만 5000여명, 연간 1500만명에 달한다. 삶의 두 축이 교보생명과 교보문고라고 지적했을 정도로 애착도 컸다.

그러나 말년을 맞아 또다시 병마가 찾아 왔다. 77세가 되던 1993

년.회사 정기건강 검진에서 간 기능에 석연치 않은 증후가 발견됐다. 담도암이었다.의사들은 그에게 맛있는 음식 많이 먹고,기운 있을 때 여행을 다녀오라는 처방을 내렸다.사형 선고였던 셈이다.그는 암과 싸우며 여생을 보내느니 살든 죽든 결판을 내겠다고 마음먹고 불가능하다는 담도암 수술을 감행했다.

수술후 그는 중환자실에서 목에 구멍을 뚫고 2개월이나 암흑 속에서 지내야 했다.중환자실에서 나온 뒤 재활물리치료 반년 만에 골프장에 다시 나갈 수 있었다.근력운동과 식이요법으로 건강을 유지하면서 90년대 후반까지 업무를 보고받는 등 경영에 관여했다.그러나 8년 뒤 암이 간으로 전이되면서 몸이 약해졌다.결국 2003년 9월 19일 오후 6시1분 서울대병원에서 노환으로 숨을 거두었다.그의 나이 86세였다.

신창재 회장과 정혜원 여사

"내조만 하며 살아온 탓에 사회공헌 사업은 꿈도 꿔본 적이 없습니다. 그런데 남편의 제의로 사회공헌 사업을 시작하게 됐지요. 내조와 아이들 뒷바라지에도 벅차지만 소명으로 여기며 열심히 하고 있어요."

신창재(54) 교보생명 회장의 부인 정혜원(50)씨는 요즘 사회활동에 바쁘다. 그는 남편과 두 아들을 돌보는 일에 전념해온 전업 주부였다.

남편 신 회장으로부터 사회공헌 사업을 해보라는 제의를 받고 2004년 4월 성매매 피해여성 보호단체를 지원하는 봄빛여성재단을 창립, 이사장으로 일하고 있다. 순전히 남편 신 회장의 사재로 시작한 사회공헌 사업이다. 서울 종로구 적선동 사무실로 매일 출근하면서도 아이들이 완전히 홀로서기할 때까지 마음이 놓이지 않는다며 걱정이 많다.

그는 한사코 취재를 거부했다. 사회 활동은 하고 있지만 언론 대응 능력이 부족하다는 이유에서였다. 이화여대 영문과 출신인 그는 소탈하면서도 적극적인 성격으로 책임감이 강하다는 평을 받는다. 중매를 통해 남편을 만났다고 밝혔다. 평범한 집안에서 데려온 며느리라고 스스로를 소개했다. 고 신용호 창립자의 수수함이 엿보이는 대목이다.

그는 남편 신 회장이 양복도 맞추러 갈 시간이 없을 만큼 바쁘다고 했다. 실제로 신 회장은 아버지의 유업인 교보문고와 교보생명을 어떻게 발전시킬 지 고민이 많다. 아버지 만큼 골프를 좋아하지만 교

▲모나코에서 열린 세계보험경영인회의에서 신창재 교보생명 회장과 부인 정혜원 봄빛여성재단 이사장이 함께 포즈를 취하고 있다.

보로 옮긴 이후 거의 필드에 나가지 못할 만큼 마음의 여유가 없다. 교보생명은 지난 2000년 5월 신 회장 취임과 함께 보험료 수익 기준 업계 2위에서 3위로 밀려난 뒤 2007년 현재 여전히 회복하지 못하고 있다.

가장 큰 과제는 교보생명의 '증자'와 '상장'이다. 교보생명 주식 41.48%(자산관리공사)를 보유한 정부에서는 교보생명이 증자를 통해 재무건전성(자기자본비율)을 개선시킨 뒤 하루 빨리 상장하라는 입장이다. 지급여력비율(192.3% 2007년 3월말 기준)이 업계 평균을 밑돌기 때문이다. 증자할 경우 지급여력비율은 220% 수준으로 높아질 것으로 보인다.

교보는 이에 따라 최근 '주주배정' 방식으로 유상증자를 결의했다. 업계 관계자는 "신 회장이 유상증자에 참여할 만큼 자금력이 충분하지 못한데, 만약 증자에 참여하지 못할 경우 신회장 일가 지분이 53%에서 47.8%로 줄어든다."면서 "실권주를 받아줄 우호 세력을 구하지 못하면 경영권 방어에 문제가 생길 여지도 없지 않다."고 지적했다. 증자가 이뤄질 경우 2008년까지 상장할 수 있다.

교보문고는 교보생명이 증자해 전자책 등 문화 콘텐츠를 생산하는 지식문화 전문회사로 거듭난다는 계획이다. 출판업이 사양산업으로 전락하다 보니 새로운 돌파구가 필요하다는 판단에서다. 그러나 교보문고는 2006년말 현재 부채비율이 409%로 은행으로부터 신규 여신이 어려운 처지다.

교보생명의 한 임원은 신 회장에 대해 "아버지를 닮은 완벽주의자"라고 말했다. 경기고, 서울대 의대를 나와 서울대 의대 산부인과 교수로 살아오다 불혹이던 지난 1993년 아버지 고 신용호 창립자의 뜻에 따라 그간 배운 의학 공부를 포기하고 대산문화재단 이사장으로 교보생명에 발을 들여놓았다. 1996년 11월 교보생명 부회장, 2000년 5월 교보생명 회장으로 취임한 뒤 변화와 혁신을 기치로 삼고 전력 질주 중이다.

박성규 전 교보생명 부사장은 "과연 의사 출신이 기업을 어떻게 경영할지 의아하게 생각할 수 있겠지만 그를 보면 답이 나온다."고 말했다. 책을 많이 읽는 때문인 지 멀리, 그리고 넓게 보는 안목이 있다고 평가했다.

교보 사옥 '광화문 글판' 15년째 명물

서울 종로 1가 1번지에 위치한 교보생명 사옥은 2007년이후 대대적인 리모델링을 할 계획이다.

지난 1980년 준공 이후 처음이다.27년이란 세월의 흔적이 믿기지 않을 만큼 여전히 세련된 멋을 풍기는 이 빌딩 곳곳에는 고 신용호 창립자의 아이디어와 손길이 묻어 있다.

답답한 도심속 명상의 여유를 제공한 '광화문 글판'은 17년째 이 지역 명물로 자리잡고 있다.기업 홍보 플래카드나 걸었을 법한 시대적 배경을 감안하면 창립자의 글판 아이디어는 매우 독특하지 않을 수 없다.

그가 문학과 예술분야의 타고난 기질을 경영에 접목시킨 '감성경영의 선도자'란 평가를 받는 이유다.

그는 유달리 건축에 관심이 많았다.사옥 설립 계획을 세우며 외국 건축물 견학에 나서기도 했고,아예 전문통역관을 두고 외국의 유명 건축가들을 초청해 강의를 듣기도 했다.

광화문 교보생명 빌딩 3층의 집무실 책상에는 생전에 즐겨 봤던 건축 관련 도서들과 습지에 그렸던 설계도면들이 그대로 보존되어 있다.실제로 그는 사옥의 엘리베이터 자재까지 일일이 챙기는 열성을 보였다.

세계 10대 건축가인 마리오 보타에게 1987년 맡긴 강남 교보타워

▲지난 95년 3월 고 신용호(오른쪽) 교보생명 창업주가 미국 샌프란시스코 현대미술관과 삼성 리움박물관을 설계한 이탈리아 출신 건축가 마리오 보타를 만나 서울 강남 교보타워의 건축 설계방식을 협의하고 있다.

설계는 1996년에야 완성될 수 있었다는 일화는 유명하다. 깐깐한 관여와 완벽성 때문에 무려 열일곱 번이나 전문가의 설계를 퇴짜놓은 일은 건축에 대한 그의 전문성과 집착을 짐작케 하는 대목이다.

어릴 땐 병마와 싸우느라 고향 친구를 사귀지 못했고 학교 문앞에도 가보지 못해 동창생이랄 만한 이도 없었지만, 고 이병철 삼성그룹 창업주가 이끌었던 골프모임인 '수요회'를 통해 각계 인사들과 친분을 쌓을 수 있었다.

그곳에서 만난 고 월전 장우성 화백은 교보빌딩의 색깔을 정해준 그의 40년 지기로 꼽힌다.예술을 사랑해 이육록 화백의 후원자로 활동하며 골프장 회원권까지 선물로 주었을 정도다.이육록 화백이 그린 436점의 수채화는 광화문 교보빌딩과 연수원인 천안 계성원 곳곳에 걸려 있다.

그는 말년까지 170㎝의 올곧은 서구적 체형을 유지하며 색조와 무늬가 유별날 만큼 깔끔하고 똑 떨어진 옷차림으로 눈길을 끌었다. 그에게 심미적 감각이 배어 있다는 평가가 그래서 나온다.

3장

재벌家 맥(脈)-下

누가 한국을 움직이는가

■ 대림산업가(家 · 그룹) 총괄 인맥도

이규응 · 작고
양남옥 · 작고

┌─ 이인출 · 작고
│　이창복 · 작고 ────── 이준원 전 풍림산업 회장

├─ 이임출 · 작고
│　임의순 · 작고 ────── 임경자 윤원영 윤영구 일동제약회장 아들

├─ 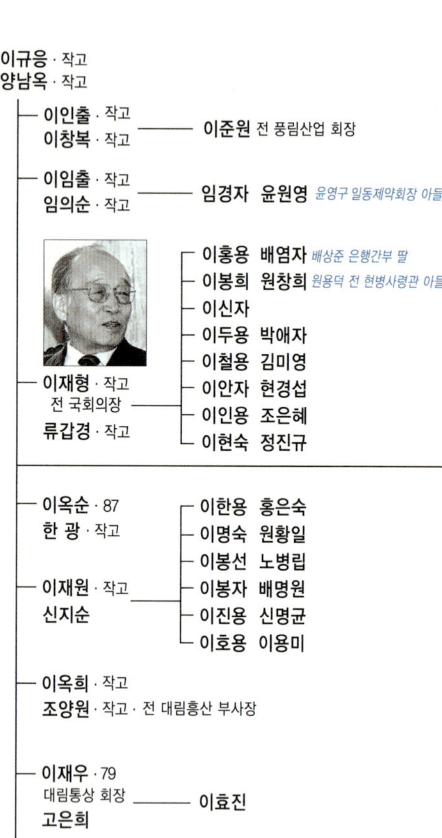 이재형 · 작고
│　전 국회의장
│　류갑경 · 작고
- 이홍용 배염자 배상준 은행간부 딸
- 이봉희 원창희 원용덕 전 현병사령관 아들
- 이신자
- 이두용 박애자
- 이철용 김미영
- 이안자 현경섭
- 이인용 조은혜
- 이현숙 정진규

├─ 이옥순 · 87
│　한 광 · 작고

├─ 이재원 · 작고
│　신지순
- 이한용 홍은숙
- 이명숙 원황일
- 이봉선 노병립
- 이봉자 배명원
- 이진용 신명균
- 이호용 이용미

├─ 이옥희 · 작고
│　조양원 · 작고 · 전 대림흥산 부사장

├─ 이재우 · 79
│　대림통상 회장
│　고은희 ──────── 이효진

└─ 이재연 · 76
　 아시안스타 회장
　 구자혜 · 70
　 구인회 LG창업주 딸
- 이선용 오은주 오세중 세방회장 딸
　푸드스타 사장
- 이지용 추재연 추경석 전 건교부장관 딸
- 이혜정 김준홍

16. 대림산업가(家) 총괄 인맥도

이준용 회장가(家)

대림산업은 지난 1976년 상장 이후 주주들에게 기업 이익을 돌려주고 있다. 건설업체 가운데 오랫동안 빠지지 않고 배당을 한 기업을 찾기란 쉽지 않다. 30여 년 동안 배당을 거르지 않았다는 것은 부침이 심한 건설업계에서 대림이 오랜 전통을 지켜온 명실상부한 전문 건설업체라는 것을 의미한다. 비슷한 시기에 같은 업종으로 출발했던 현대건설이 다양한 분야로 사업을 늘린 것과 사뭇 다르다. 특히 단순 제조업에는 거의 손을 대지 않았다. 그래서 그런지 대림산업이라고 하면 많은 사람들이 보수적인 기업 이미지를 떠올린다. 대림 스스로도 이를 인정한다. 그러나 변화를 거부하는 수구는 아니다. 단지 정통 건설 기업에서 벗어나지 않고 조용하게 기업을 일구겠다는 것이 대림산업의 문화라고 할 수 있다.

1세대, 정미소에서 건설 명가로 성장

고 이재준(수암) 대림산업 창업주는 경기도 시흥(현재 산본 신도시 일대)에서 부친 이규응 옹과 모친 양남옥 여사의 5남4녀 가운데 차남(넷째)으로 태어났다.고 이재형 전 국회의장이 이 창업주의 바로 손위 형이며 이재연(76) 아시안스타 회장이 막내 동생이다.부친은 장남에게는 공부를 시켰지만,사업 기질이 보였던 차남에게는 장사를 배우라면서 보통학교만 졸업시킨 뒤 자기 밑에 두었다.수암은 이 때부터 부친이 경영하던 서울 서대문 한일정미소에서 경영수업을 받았다.이것이 오늘날의 대림을 키우는 원동력이 됐다.

대림의 태동은 1939년 부평에서 목재와 건자재상으로 문을 연 부림(富林)상회에서 출발했다.초기 부림상회를 이끈 주인공은 3명.이재준 창업주와 그의 고종 사촌형인 이석구 전 대림산업 사장,이석구의 매제 원장희로 알려졌다.사촌지간은 각각 1만 5000원씩 출자했고,원장희씨는 1만원을 출자했다는 것이다.이석구는 풍림산업 이필웅 회장의 부친.결국 대림과 풍림의 뿌리는 부림상회로 같다.

부림상회는 원목을 개발,사세를 키웠고 광복 이후 군정청으로부터 원목을 값싸게 인수해 교실을 짓는데 들어가는 목재 등을 만들어 팔기도 했다.이후 사업이 번창해 1947년 건설업에 진출하면서 상호를 대림산업으로 바꾸어 오늘에 이르고 있다.부평경찰서 신축 공사 수주는 건설업체로서 첫 걸음을 내딛는 계기였다.주한미군 공사를 수주하기도 했다.이즈음부터 우리나라 건설업이 시작됐다고 보면 된다.당시 국내 건설업계를 대표하는 기업으로는 대림산업 · 현대건설 · 삼환기업 등이었다.

49년부터는 건설업이 목재업을 앞질러 주력업종으로 자리잡았다.한국전쟁 중에는 피란민 수용소를 짓는 등 군 시설 공사를 맡았고,한국경제 재건기를 거치면서 굵직한 공사를 따냈다.58년 시작된 청계천 복구공사와 청계고가도로 건설,경부고속도로,소양강댐건설 등 굵직한 사회간접자본시설 현장마다 대림의 깃발이 나부꼈다.청계고가도로 건설은 대림이 시공하고 수십년이 지나 청계천 복원공사를 한 특이한 인연을 갖고 있다.

60년에는 풍림산업을 인수,자회사 형태로 두었다.서울 영동·잠실·반포지구 개발과 광진교,영동대교,양화교 등 한강 다리 공사에도 대림의 흔적이 많이 남아있다.지하철 시대를 여는데도 대림은 처음부터 참여했다.동시에 해외공사 수주를 늘리는 등 사세를 키웠다.54년에 설립한 서울증권은 외환위기를 겪으면서 99년 구조조정 차원에서 소로스에 매각했다.지금은 지분을 전혀 소유하지 않고 있다.대림통상은 아예 동생 재우씨에게 떼어줘 형제간 사업 분리를 마무리지었다.대림요업 역시 98년 매각하면서 지분을 대림통상에 넘겼다.창업주가 생전 계열 분리를 통해 경영권 분쟁의 씨앗을 남기지 않았다.

난형난제(難兄難弟)··· 운경 이재형

대림산업을 말할 때 흔히 고 운경 이재형 전 국회의장을 끌어들인다.수암 이재준 창업자와 비교하기도 한다.정계와 재계에서 각각 독특한 개성으로 주목받으며 거목으로 우뚝 섰던 인물이다.불의에 타협하지 않고 고집스러운 면모,흐트러짐 없는 자세와 말을 아끼는 점에서 같았다.운경은 자유당·공화당 시절 내내 골수 야당을 했다.그래서 동생이 운영하는 대림은 자주 곤욕을 치렀다.대림에서 정치자금을 대주지 않나 하는 의심과 함께 야당 정치인에 대한 압박 수단으로 대림은 수시로 세무사찰을 받아야 했다.

민정당 시절에도 운경과 수암,그리고 이준용(69) 회장은 형과 동생,백부와 조카라는 혈연 빼고는 아무런 관계를 맺지 않았다.운경이 정치한다고 자금을 요구하지 않았고,대림 역시 운경에게 베풀거나 받지도 않았다.서로 철저하게 독립된 길을 걸어온 것이다.

2세대, 건설업에 유화부문 키워 양대축 형성

수암 이재준은 열아홉 되던 해 수원지역 대지주의 딸인 이경숙과 결혼했다.이 여사는 그러나 장남 준용(현 대림산업 회장)을 낳은지 4년만에 세상을 떴다.창업주는 박영복 여사와 재혼,차남 부용(전 대림산업 부회장 · 63)을 얻었다.단출하게 두 아들만 두어 경영권 이양 등에서 큰 불협화음이 없었다.

이 회장은 부친과 달리 정규 교육 혜택을 입고 착실히 경영 수업을 받았다.경기고,서울대 상대를 졸업한 뒤 미국 덴버대에서 통계학을 전공하고 귀국했다.귀국 후에도 영남대와 숭실대에서 잠시 강의를 맡는 등 학자풍의 엘리트였다.그러면서 한경진 여사와 결혼하고 66년부터 대림산업에서 근무했다.경영 참여와 관련,이 회장은 "본격적으로 해외 건설시장을 개척할 시기였는데 해외감각과 국제업무에 정통한 사람이 필요했고,명예 회장의 강력한 요청도 있었다."고 밝혔다.

이 회장은 국내외 공사를 막론하고 창업주를 도왔다.유창한 영어는 해외공사 수주는 물론 각종 문제 해결에 큰 도움이 됐다.국내에서는 내실을 다지는데 주력했다.78년 당시 부사장이었던 그는 건설업

▲대림산업 이준용 회장 부부와 가족들이 한자리에 모인 사진이 언론에 최초로 공개됐다. 앞줄 왼쪽부터 이 회장, 장녀 진숙씨, 차녀 윤영씨, 부인 한경진 여사, 뒷줄은 왼쪽부터 차남 해승·며느리 김경애씨, 3남 해창·며느리 최영윤씨, 장남 해욱·며느리 김선혜씨, 앞줄 아이들은 이 회장 손자녀들이다.

계 최초로 업무 전산화 작업을 추진하는 등 경영정보시스템 구축에 앞장섰다. 업계는 이 회장이 미래를 내다보는 혜안을 가진 인물로 평가하고 있다.

79년에는 사장에 오르면서 색깔을 내기 시작한다. 동생 부용씨는 상무로 승진했다. 건설과 양대 축을 이루는 유화부문의 틀도 이때 마련됐다. 창업주가 목재상을 건설업으로 키웠다면, 이 회장은 여기에 유화부문을 더해 건설과 석유화학의 양대 사업을 구축해 안정과 성장을 이룰 수 있는 기틀을 마련했다.

대림산업은 66년 베트남 진출로 국내 최초 해외건설시장을 개척한 이래 중동건설붐의 주도적 역할을 하면서 지금까지 해외건설 맥을 유지하고 있다. 잠실 종합운동장 주경기장, 포항제철 3,4호기 건설공사 등도 대림의 손을 거친 건축물이다.

하지만 호사다마라고 했던가. 대림은 국내외에서 뜻하지 않은 사고로 이미지가 실추되는 아픔을 겪어야 했다. 86년 개관 11일을 앞두고 독립기념관에서 화재가 발생, 국민들에게 큰 충격을 주었다. 하지만 87년 8월까지 당초보다 더 완벽한 복구공사로 전화위복의 계기를 삼는 저력을 보여주기도 했다. 88년에는 이란-이라크 전쟁의 피해를 보기도 했다. 이란 캉간가스정제공장 현장에서 이라크 공군기의 무차별 폭격으로 13명이 죽고 19명이 부상을 당했다. 가장 큰 피해자는 대림이었다. 그런데도 대림은 여론의 뭇매를 맞고 속죄양으로 몰리기도 했다. 대림 역사상 최대 위기였다.

대림은 그 뒤 국내 아파트 공사, 관공서 건물, 평화의 댐공사 등 굵직한 일감을 따내면서 덩치를 키웠으나, 사업 다각화 등으로 몸집을 불린 다른 업체와 달리 한 우물만 고집, 업계 순위에서 상대적으로 밀렸다.

3세대, 건설 · 유화 오가면서 경영 보폭 확대중

이 회장의 장남인 이해욱(39) 대림산업 부사장은 건설과 유화부문을 오가면서 경영 수업을 쌓고 2005년 7월 전무에서 부사장으로 승진했다. 미국 덴버대 경영통계학과를 나와 부친과 동문을 이룬다. 컬럼비아대 응용통계학 석사학위를 받고 95년 대림엔지니어링에 입사했다. 2000년 건설부문 기획실장으로 자리를 옮긴 뒤 2004년부터 전무를 맡았다. 2005년 5월에는 대림산업 지분의 21%를 보유하고 있는 사실상 지주회사인 대림코퍼레이션의 공동 대표이사에도 취임했다.

대림산업은 계열사 10개를 거느린 재계 26위 규모의 대림그룹 모기업이다. 이 부사장은 현재 대림산업 0.47%, 삼호 1.76%, 비상장 종합물류 회사 대림H&L의 주식을 100% 소유하고 있다. 그러나 지분 움직임이 없어 본격적인 경영권 승계라기보다 다양한 경험 축적 과정으로 보는 견해가 많다.

혼맥 1세대는 평범, 2·3세대는 화려

이재준 창업자는 조선 선조대왕 7번째 왕자인 인성군(仁城君)의 9대손이다. 가문이 번창했기 때문에 수암의 집안은 늘 북적댔다. 생가가 서울로 향하는 길목이라서 오고 가는 손님이 끊이지 않았다. 조상으로부터 물려받은 500여섬지기 자작농 겸 지주였고 서울에서 큰 정미소를 운영하면서 경영의 덕목을 키워나갔다.

창업주 세대는 대부분 평범한 가정과 연을 맺었다. 큰 누이는 평범한 가정으로 출가했고, 둘째 누이도 작은 사업가에 시집을 갔다. 형님 이재형 전 국회의장 역시 평범한 집안의 류갑경 여사를 아내로 맞았다. 수암도 예외는 아니다. 평범한 가정에서 배필을 맞았다. 아래 동생들도 일반적인 가문과 결혼했다.

하지만 막내 이재연 아시안스타 회장의 결혼에서는 국내 굴지의 재계와 혼인을 맺는다. LG그룹 구인회 창업주의 차녀 구자혜(70)여사와 결혼하면서 대림과 LG는 사돈의 연을 맺는다. 이를 계기로 이 회장은 줄곧 LG그룹 경영에만 참여하고 있다. 자녀들도 명문가문과 연을 맺었다. LG카드 부회장을 지냈으며 LG그룹 고문으로 활동했다. 이 회장은 장인이 강세원 전 희성금속 사장 및 박동복 전 금호

전기 회장과 사돈관계를 맺고 있어 이들과는 한다리 건너 사돈지간이다.

이준용 회장의 형제로 이어진 2세부터는 본격적으로 정·관계, 재계 혼맥이 형성된다. 이 회장은 1965년 연애끝에 이화여대 출신의 한경진 여사와 혼인했다. 장인인 한순성씨는 천안 사업가 집안 출신이었다. 처음에 양가에서 두 사람의 연애결혼을 반대하는 바람에 결혼까지는 오랜 시간이 걸렸다. 차남 이부용 전 대림산업부회장도 경희대 출신의 이선희 여사와 결혼, 재계 인맥을 쌓는다. 1970년 집안 어른의 중매로 만났으며 장인이 서울주철회장과 헌정회 이사를 지낸 이종수씨다.

이 회장의 백부인 이재형 전 국회의장은 은행간부 출신인 배상준씨 집안에서 큰 며느리를 맞았다. 이어 큰 딸은 원용덕 전 헌병사령관 아들에게 시집을 보냈다. 작은 사업가와 결혼했던 둘째 고모 고 이임출의 딸은 윤용구 일동제약 회장 아들과 혼인을 맺었다. 숙부 이재연 아시안스타회장은 오세중 세방회장과 추경석 전 건설교통부장관 집안에서 며느리를 얻었다.

3세에 들어서 재계 혼맥은 더욱 두터워진다. 이 회장의 장남인 이해욱 대림산업 부사장은 LG그룹 구자경 명예회장의 외손녀인 김선혜(36) 여사와 결혼했다. 장모가 구자경 회장의 큰 딸 구훤미 여사, 장인은 희성금속 회장을 지낸 고김화중씨다. 이들은 친지의 소개로 만나 연애결혼했다. 이로써 대림산업은 LG가와 두번째 혼맥을 만들었다. 차남 이해승(38)씨의 부인 김경애 여사는 전 미국 미주리대 김현영 박사의 딸이다.

3남 이해창(36)씨의 부인 최영윤(32) 여사는 같은 건설업종인 삼환기업 최용권 회장의 큰딸이다.초창기 우리나라 토목 건설산업을 일군 두 집안이 사돈을 맺게 된 것이다.아는 사람이 소개해 연애결혼 했다.결혼 당시 양가 부모들은 청첩장에 결혼 일자만 표시하고 장소, 시간은 넣지 않았다.친지들에게 두 사람의 결혼 사실만 알리고 식장 참석과 축의금 부담을 덜어주기 위해서였다.막내딸 윤영(35)씨 남편은 외국계 금융사에 근무하고 있으며 현재 홍콩에 체류 중이다.

가족은 특별한 일이 없으면 일요일마다 이 회장 집에서 모인다.이 회장은 손자들이 보고 싶을 땐 아침 일찍 자식들 집을 찾곤 한다.

전문 경영인, 업계 최장수 베테랑

대림산업 이용구(61) 회장은 2000년부터 8년 가까이 대표이사를 맡고 있다.71년 대림에 입사,해외 · 주택 영업 담당 임원,기획조정실장,행정본부장,사우디 사업본부장,공사본부장 등 주요 보직을 거친 정통 건설맨.몇 안되는 해외건설 전문가로,국제감각이 탁월한 국제신사로 알려져 있다.2006년부터는 제14대 해외건설협회 회장직도 맡고 있다.35년간 이 회장과 함께 하면서 임직원들의 맏형 역할을 하는 등 이 회장의 신임이 두텁다. 대림산업의 한 축인 유화사업부문을 이끌고 있는 CEO는 한주희(55) 대표이사 부사장.80년 입사해 관리,기술기획 및 영업 핵심 업무를 맡았다.대림 코퍼레이션 기획 담당 임원,대림 H&L초대 대표이사를 지냈다.중국 전문가로 바이어 협상에 있어 귀재로 평가받는다.

고려개발㈜ 오풍영(65) 사장은 95년 관리인 사장으로 임명돼 10

년 넘게 장수하는 최고경영자.ROTC중앙회 부회장을 역임하는 등 대외활동도 활발하다.대림산업에 근무하다가 87년 법정관리에 들어간 회사로 옮겨 기획·재무부문을 담당했다.관리인 취임과 동시에 경영혁신에 드라이브를 거는 등 강력한 리더십을 발휘,당초 2007년까지 계획됐던 법정관리를 9년 앞당겨 끝마쳤다.

㈜삼호 신일철(58) 사장은 현장중심 경영자.2001년부터 최고경영자를 맡고 있다.81년 입사하기 전 금융기관과 제조업체에서 근무한 경력으로 기획,예산,재경 등을 담당하다가 임원 승진 이후 인사,자재,안전 등 전분야에서 경험을 쌓았다.업계 최상위 수준의 안전경영을 하고 있다.㈜대림코퍼레이션과 대림 H&L을 동시에 맡고있는 박준형(55) 사장은 76년 대림산업유화사업부에 입사했고, 여천 석유화학단지 건설의 역군이다.유화 부문 공장장,구조조정 담당 임원,석유화학사업부 대표이사를 역임했다.대림코퍼레이션은 석유화학 주력 무역회사,대림H&L은 유화 부문 물류 회사.석유화학 산업 위기를 구조조정을 통해 슬기롭게 극복했다.

대림콩크리트공업㈜ 서봉삼(63) 사장도 장수 CEO.2000년부터 대표이사를 맡고 있다.70년 대림산업 입사 이후 주요 건설 현장을 누볐다.상·하 구분없이 조직의 목소리에 귀를 기울이고 합리적인 경영을 하는 CEO로 평가받는다.지시와 통제보다 자율과 협력을 강조한다.오라관광㈜ 김부경(59) 사장은 국내 최대 관광지인 제주에서 512실 규모의 특급호텔과 국제적 수준인 36홀 규모의 골프장을 운영하는 최고경영자.83년 오라관광에 입사,국내·외 판촉,객실 운영 등 회사의 주요 업무를 두루 거쳤다.제주도 관광업계의 산증인.제주관광협회 부회장,제주지역골프협회장으로 활동중이다.

대림 I&S 김영복(48) 사장은 38세에 임원,40세 대표이사 등 대림그룹내 최연소 기록을 두루 갖고 있다.늘 새로운 발상으로 주위를 놀라게 해 '아이디어 뱅크'로 소문났다.81년 대림산업에 입사,4년 6개월간 쿠웨이트 현장에서 전산업무를 담당한 것이 인연이 돼 대림그룹의 디지털 경영을 주도하고 있다.대림자동차공업㈜ 박노균(58) 사장도 2000년부터 한 자리를 지키고 있다.73년 대림산업에 입사,사우디아라비아 현장과 대림엔지니어링 재무담당 이사 및 행정본부장을 역임했다.현장경영을 중시해 수시로 지방 사업장을 둘러본다.외환위기 이후 이륜차 산업의 극심한 침체로 인한 경영위기를 슬기롭게 이겨냈다.

'닮은꼴' 창업주 부자(父子)

대림산업 창업주 이재준 명예회장과 이준용 회장은 여러 면에서 닮은 기업인이라는 평가를 받는다. 곁눈질하지 않고 한 우물을 파는 고집쟁이라는 점에서 같다. 68년 된 회사지만 건설에서 벗어난 적이 한번도 없다. 건설이 제자리를 잡을 즈음해서 확장한 분야라고 해봤자 유화 부문 정도다.

덩치를 키우는 것을 자제한 것도 닮았다. '돌다리를 두드리고 건너라.'는 말이 있지만 대림은 돌다리를 두드려보고도 건너지 않는 회사다. 하지만 옳다싶으면 금방 정상 궤도에 올려놓을 정도로 강한 추진력을 발휘하는 장점도 지녔다.

청탁을 하지도 않고 받을 줄도 몰랐다. 창업주는 인사 청탁에 있어서는 매우 완고해 부모님이 살아 돌아와 청탁해도 들어줄 수 없다는 것이 그의 신념이었다. '빽'이나 동창생을 찾아다니면 아예 사람 취급을 하지 않았다. 고 박정희 대통령 생전에 청와대에서 들어온 인사 청탁을 거절한 일화도 있다. 그는 대통령의 부탁을 감히 거절할 수는 없겠지만, 본인이 경영일선에서 물러서 있을 때면 몰라도 당시로서는 받아들일 수 없었다고 말했다고 한다.

명예회장과 현 회장 모두 쉽게 권력을 이용할 수 있었지만 사업가로서 자기 일에만 매달렸다. 이런 분위기는 지금도 이어져 형제간 독립된 사업을 일구거나 아예 발을 들여놓지 않는다. 친인척이 배제된 전문 경영인 체제로 움직인다. 그래서 친인척들로부터는 '남남만도 못한 회사'라는 얘기를 듣기도 한다.

이 회장은 "대림은 대주주라고 무조건 경영에 참여하지 않는다. 본인의 의지와 그에 합당한 능력이 뒤따라야 경영에 참여할 수 있다."고 말한다. 친인척 경영에 있어서 창업주와 똑같은 모습이다.

이 회장의 동생 부용씨는 대림산업 부회장을 지냈지만 지금은 대림산업 경영에서 완전히 손을 뗐다. 이 전 부회장은 대림통상 지분을 놓고 숙부와 싸움을 벌이는 모습을 보이기도 했지만 지금은 일선에서 물러났다. 현재 대림요업 회장직을 맡고 있다.

이 회장 부부 '남다른 문화사랑'

서울 종로구 통의동 경복궁 옆에 위치한 대림미술관. 화려하지 않지만 멋스러운 모습으로 자리하고 있다.

대림미술관은 유난히 직장인들이 많이 찾는다. 대림산업 임직원들은 물론 점심 때는 주변 사무실 직장인과 공무원들이 단골 관람객이다. 대림 관련 업체들은 단체로 다녀간다. 회사 차원에서 직원들에게 문화활동을 적극 장려하고 있기 때문이다.

대림이 문화예술에 각별한 관심을 갖는 것은 이준용 회장 부부가 문화예술에 갖는 관심의 크기와 비례한다. 이 회장은 94년 한국기업 메세나협의회가 탄생할 때부터 부회장으로서 활발한 문화예술 활동을 지원하고 있다.

대외 직함을 좀처럼 갖지 않으려는 이 회장이지만 10년 넘게 이 단체의 부회장직을 맡고 있는 것은 상당히 이례적이다. 여기에는 문화예술에 각별한 애정을 갖고 있는 한경진 여사의 역할도 크다. 한 여사는 대림미술관을 맡아 대림의 문화공헌 사업을 실질적으로 이끌고 있다.

대림미술관은 대림이 120억여원을 출연해 문을 연 사진매체 전문 미술관. 93년부터 대전에서 운영해 온 한림미술관이 모태인데 2003년 서울로 옮겨 한 단계 발전시켰다. 이 미술관은 프랑스의 미술관 전문 건축가인 뱅상 코르뉘와 루브르 미술학교의 장 폴 미당 교수가 설

▲이준용 회장 부부(오른쪽)가 임직원들과 함께 대림미술관을 찾아 작품 설명을 듣고 있다.

계했다. 대지 253평에 지상4층, 연면적 366평 규모다.

대부분의 기업은 미술관 설립 때 한번 출연하는 것으로 끝나지만 대림은 운영에도 적극적이다. 문화에 대한 인식 수준이 낮은 현실에서 미술관이 자립운영을 해나가기에는 아직 어려운 실정이기 때문이다. 대림은 전시가 바뀔 때마다 직원들에게 전시를 관람토록 장려하고 경영전략회의나 송년회 등 사내 각종 모임을 미술관에서 열기도 한다.

예술에 대한 친숙도는 직원들의 창의적 사고를 키워주고 제품의 경쟁력으로 이어지고 있다. 최근 대림이 개발한 아파트 외벽 디자인은 미술저작권 등록을 통해 예술적 가치를 인정받기도 했다. 일반적으로 건축조형물들이 건축분야의 저작권에 등록되는데 비해 예술적 가치를 인정받아 미술분야의 저작권을 얻기는 쉽지 않다. 이 외벽디자인이 적용된 역삼 e-편한세상의 경우 외관의 차별화로 주변 다른 아파트들에 비해 가격에서 우위를 보이고 있다. 직원들은 문화적 소양과 미적 안목이 결국 다른 업체와 다른 품질 경쟁력을 가져오고 있는 것이다.

■ 대한전선가(家 · 그룹) 총괄 인맥도

설경동(작고)
대한전선그룹 창업주

이태하(작고)
유인순(작고)

설원식(85)
전 대한방직 회장

임희숙(77)
임송본 전
대한석탄공사 총재 딸

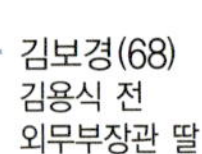

설원철(70)
전 대한방직 고문

김보경(68)
김용식 전
외무부장관 딸

설원량(작고)
전 대한전선 회장

양귀애(60)
양정모 전
국제그룹 회장 동생

설범(49)
대한방직 회장

설경화(48)

설한(41)

설훈(37)

설혜선(36)

설윤석(26)
대한전선 차장

심현진(26)
석미건설
심광일 대표 딸

설윤성

17. 대한전선가(家) 총괄 인맥도

고(故) 설원량 회장가(家)

대한전선과 대한방직,대한제당은 모두 한뿌리 기업들이다.인송 설경동(작고) 회장이 설립했던 회사들로 장남인 설원식(85) 전 회장이 1960년 대한방직과 대한산업의 경영권을 승계해 가장 먼저 계열 분리했다.3남인 설원량(작고) 회장은 1972년 인송의 실질적인 '경영 후계자' 로서 당시 대한그룹의 주력사인 대한전선과 대한제당을 물려받았다.고 설원량 회장은 이를 바탕으로 한때 25개의 계열사를 거느리기도 했지만 오일쇼크의 충격과 가전사업 매각 등으로 사세가 크게 줄었다.또 동생인 설원봉(59) 회장이 88년 대한제당을 갖고 분가하면서 옛 대한그룹은 사실상 대한전선만 남게 됐다.지금은 고 설원량 회장의 부인인 양귀애(60) 고문이 오너가의 구심점 역할을 하고 있으며,임종욱(59) 사장이 실질적인 경영을 책임지고 있다.고 설 회장의 장남인 윤석(26)씨는 대한전선 경영전략팀 차장으로 경영수업을 받고 있다.

이처럼 1950년대 재계 서열 다섯손가락 안에 들었던 대한전선그룹은 오늘날보다 과거가 더 화려한 기업이다.혼맥도도 이와 비슷하다.창업주인 설경동 회장가(家)는 지금은 흔적만 남은 옛 재벌가(家)와 적지 않은 인연으로 엮여 있다.4남2녀를 뒀던 인송은 1970~80년대 욱일승천했던 국제그룹 창업주 양태진 회장가(家)와 대농그룹 박용학 회장가(家)와 사돈지간이다.관계에서는 김용식 전 외무부장관과 임송본 전 대한석탄공사 총재가 사돈들이다.

50년대 재벌가 인송

인송은 1901년 평안북도 철산군 인송리에서 부친 설홍업옹과 모친 조성녀 여사 사이에서 외아들로 태어났다.어릴 적 이름은 정동(鄭童)이었지만 서당 스승께서 '큰 인물로 대성하라.' 는 뜻에서 경동(卿東)으로 지어줬다.

인송의 어린 시절은 그리 순탄치 않았다.그는 부친을 세살 때 여의고,모친을 따라 함경북도 부령으로 이사해 무산보통학교를 졸업했다.이후 3년간 허드렛일을 하며 집안을 돌보던 인송은 일본으로 유학을 떠났다.그는 어렵게 오쿠라 고등상업학교에 입학했지만 끝을 보지 못하고 중도에 귀국해야 했다.

인송은 이후 부령 군청에서 잠시 일을 하다가 1921년 본격적인 사업에 뛰어들었다.일본인을 동업자로 끌어들여 삼광운송점과 삼광상회를 설립,운송업과 곡물 · 해산물 위탁판매사업을 벌였다.1936년에는 동해수산공업주식회사를 설립해 청진 앞바다에서 정어리를 잡아 이를 가공해 많은 부를 축적했다.1940년대 초에는 어선 70척에 비행기로 고기를 탐지할 정도의 함경도 거부로 성장했다.

그러나 광복과 함께 북측에 공산군이 진주하면서 월남한 인송은 무역회사인 대한산업과 부동산 회사인 원동흥업을 세워 남쪽에서도 곧 거부 대열에 올라섰다.6·25전까지 그가 수원에 세운 성냥공장은 남한시장을 석권하기도 했다.인송은 53년 재벌의 터전이 된 대한방직을 인수해 근대적인 경영을 시작했다.55년엔 대한전선 인수,56년에는 대동제당(현 대한제당)을 세워 당시 국내에서 손꼽히는 재벌가로 올라섰다.

'호사다마(好事多魔)'라고 할까.인송은 54년 자유당 재정부장을 맡으며 정계에 잠깐 발을 담갔다.그러나 이로 인해 그는 60년대 초 호된 신고식을 치렀다.인송은 4·19 의거와 5·16 쿠데타로 정권이 바뀌면서 당시 내로라하는 그룹 창업주들과 함께 부정축재자로 몰려 험난한 시기를 보냈다.특히 인송은 강제로 경영일선에서 물러났을 뿐 아니라 부동산도 몰수당했다.부친의 이같은 시련을 지켜봤던 설씨가(家) 4형제는 훗날 정치와 담을 쌓은 것은 물론 부동산 투자도 꺼렸다.

인송은 검소한 생활로 유명했다.그는 종이 한 장이라도 소홀히 버리지 않았다.편지가 오면 칼로 봉투의 한 귀퉁이를 잘 도려내고,그 뒷면을 이용해 한번 더 사용했을 정도였다.인송이 송인상 효성 고문(당시 부흥부장관)에게 보낸 편지 에피소드는 잘 알려져 있다.그는 평소하던 대로 송 장관에게 소식지 '무역통신' 뒷면을 이용해 서신을 보냈다.이를 받은 송 장관은 대기업 사장의 검소함에 탄복해 서신을 양복 안주머니에 넣어두었다가 수년간이나 회의석상이나 강연회에서 이를 소개했다고 한다.

옛 영화가 가득한 혼맥

인송은 두번 결혼했다.그는 첫번째 부인 이태하(작고)씨 사이에 원식과 원철(70)씨 등 2남을 뒀다.두번째 부인 유인순(작고)씨 사이엔 원량과 명옥(61),원봉,영자(55)씨 등 2남2녀를 뒀다.4남2녀 가운데 여자 형제는 중매로,남자 형제는 연애 결혼했지만 당시 재벌가의 통혼이 그러하듯 인송은 관·재계의 명문가를 사돈으로 맞았다.

장남인 설원식 전 대한방직 회장은 일제시대 식산은행(현 산업은행) 총재와 대한석탄공사 5대 총재를 지낸 임송본씨의 딸 희숙(77)씨와 연애결혼했다.당시 원식씨는 희숙씨와 결혼하기 위해 미국에서 유학할 대학을 바꿀 정도로 열의를 보였다고 한다.설 전 회장 부부는 설범(49) 대한방직 회장과 설경화(48)씨 등 1남1녀를 뒀다.

차남 설원철 전 대한방직 고문은 김용식 전 외무부 장관의 딸 보경(68)씨를 미국 유학중에 만나 인연을 맺었다.보경씨는 코리아헤럴드 출신의 언론인이다.설한(41),설훈(37),설혜선(36) 등 2남1녀를 뒀다.

3남 설원량 회장은 1969년 동생인 명옥씨의 소개로 서울대 음대를 졸업한 양귀애 고문과 결혼했다.명옥씨와 양 고문은 친구 사이다.양 고문은 국제그룹 양태진 창업주의 막내딸이며,양정모 전 국제그룹 회장의 누이 동생이다.윤석(26),윤성(23)씨 등 2남을 두고 있다.

4남 설원봉 회장은 박용학 전 대농 명예회장의 장녀인 선영(58)씨와 혼례를 치렀다.선영씨는 이화여대 생활미술학과를 졸업했다.연세대를 다녔던 설 회장과 선영씨는 학창시절부터 오랜기간 만남을 가졌다.윤호(32)와 혜정(27)씨 등 1남1녀를 뒀다.

장녀 명옥씨는 정수창 전 두산그룹 회장 가문의 소개로 71년 김우

▲고 설원량 대한전선 회장의 모친인 유인순 여사의 고희연에서
가족들이 모여 기념촬영을 하고 있다. 왼쪽부터 설경동 창업주의
장녀 설명옥씨, 바로 뒤쪽이 김우기 서울대 의대 교수, 설 회장,
앉아있는 이가 유 여사, 뒤쪽이 설원봉 대한제당 회장, 박선영씨,
양귀애 고문, 차동완 한국과학기술원 교수, 설영자씨.

기(65) 서울대 의대 교수와 결혼했다. 동철(35)과 승철(33)씨 등 2남
을 뒀으며 장남은 의사, 차남은 대한제당에서 근무하고 있다. 차녀 영
자씨는 고 설원량 회장의 친구인 정근모 명지대 총장의 중매로 차동
완(60) 한국과학기술원 교수와 백년가약을 맺었다. 진영(30)씨와 종
현(27)씨 1남1녀를 두고 있다.

　3세들도 속속 가정을 꾸리고 있다. 설원식 전 대한방직 회장의 장
남인 설범 회장은 한연나씨와 결혼했으며, 장녀 경화씨도 차정하씨와
혼인을 치렀다. 양 고문의 장남 윤석씨는 2004년 6월 연세대 경영학
과 동기생인 심현진(26)씨와 연애 결혼했다. 현진씨의 부친은 심광일
(54)씨로 중견 건설업체인 석미건설을 경영하고 있다. 양 고문은 "오
랫동안 연애를 한 데다 아들의 판단을 믿었다."면서 "설 회장도 생전

에 둘의 결혼을 허락한 만큼 일찍 결혼을 시켰다.”고 말했다.

설영자-차동완 교수 부부의 장녀 진영씨는 조현식(37) 한국타이어 부사장과 인연을 맺었다.조 부사장은 조홍제 효성 창업주의 손자로 조양래 한국타이어 회장의 장남이다.진영씨는 대한전선 3세 가운데 유일하게 재벌가(家)와 통혼했다.

일찍 시작한 분가

설경동 가문의 기업 분가는 여느 재벌가(家)와 달리 일찍 시작됐다.창업주 사후에 2세들의 분가가 이뤄지는 것이 보통이지만 인송은 생전에 대한방직과 대한산업 등을 계열분리시켰다.1960년 정치권의 소용돌이에 휘말린 데다 가정불화마저 겹치면서 인송은 어쩔 수 없이 대한산업과 대한방직 등을 장남 원식에게 맡겨 2세 경영을 펼치도록 했다.

인송은 이후 대한전선과 대한제당을 중심으로 경영을 해오다가 72년 건강이 악화되면서 3남인 당시 설원량 전무에게 경영권을 승계토록 했다.74년 인송이 결국 타계하자 설 회장이 대한전선그룹을 이끌게 됐다.

대한전선은 88년에 또 한차례의 변화를 겪었다.창업주 인송의 유지를 받들어 설원량 회장이 계열사인 대한제당을 분가시킨 것이다. 설 회장은 동생인 설원봉 회장이 대한제당에 입사한 이래 경영수업을 충실히 받아왔다고 보고,대한제당 관련 주식을 설원봉 회장에게 모두 양도해 대한전선에서 완전 분리시켰다.대한제당은 현재 식품소재사업과 레저,외식업 등에 진출해 사업다각화를 추진하고 있다.

인송의 후계자 설원량 회장

고 설원량 회장 유족들은 2004년 9월 1355억원이라는 엄청난 금액의 상속세를 신고했다.매출 2조원이 안되는 중견기업이 사상 최대 규모의 상속세를 자진 신고하자 고 설 회장에 대한 관심이 집중됐다. 상속이나 증여세를 덜 내기 위해 갖은 편법을 동원하는 다른 재벌가(家)와 비교하면 시사하는 바가 대단했다.

그는 평소 "기업가는 사람들의 마음을 즐겁게 하는 손님이 되어야지,불청객이 돼서는 안 된다."고 했다.

그의 삶의 철학을 엿볼 수 있는 에피소드 한토막.대한전선 본사와 각 공장 구내식당에서 제공되는 한 끼 밥값은 80원이다.공짜로 주는 것이 낫겠다는 지적이 많았지만 설 회장의 지시에 따라 이같이 정해졌다.설 회장이 내 돈을 내고 밥을 먹어야 음식이 혹시라도 부실해지면 회사에 당당히 요구할 수 있다고 해서 내린 조치였다.설 회장 본인도 줄곧 구내식당을 이용했는데,이 역시 회장이 자주 이용하면 음식에 좀 더 신경을 쓰지 않겠느냐는 판단에서였다.

천문학적인 상속세를 낸 것과 달리 설 회장은 부친인 설경동 회장 못지않은 '구두쇠'였다.그는 양복을 한 벌 사면 소맷단이 해질 정도로 입었다.식당에서 사용한 휴지는 잘 접어두었다가 화장실에서 다시 사용했다.쉽게 쓰는 휴지를 만들어내기 위해 얼마나 많은 나무가 베어지는가를 생각하면 아무리 사소한 휴지라도 함부로 쓸 수 없다는 게 이유였다.

이같은 성품 때문일까.그는 4형제 가운데 부친으로부터 가장 많은 총애를 받았다.설 회장이 미국 텍사스주립대로 유학갔을 때,인송의 커다란 기쁨 가운데 하나가 아들의 편지를 받아보는 것이었다. 특히 인송의 건강이 점점 나빠지면서 설 회장에 대한 의존도는 더욱 커졌다. 설 회장은 67년 대한전선 총무부장으로 입사했다. 인송은 설 회장을 후계자로 내정하고 호된 경영자수업을 받도록 했다.

설 회장은 68년에 상무, 70년엔 전무 등 주요 사업부 수장을 거치면서 다양한 실무경험을 쌓았다.

72년 사실상 경영 대권을 이어받은 설 회장은 견실한 전선사업과 가전제품 판매 호조에 힘입어 70년대 중반 25개의 계열사를 거느린 재벌로 대한전선을 키웠다. 후계자로서 연착륙했다는 주변의 평이 적지 않았다.

그러나 그것도 잠시였다. 대한전선과 금성사(현 LG전자)가 선점한 가전시장에 삼성전자가 후발업체로 뛰어들면서 상황은 급반전됐다. 70년대 후반부터 덩치에 밀린 대한전선은 자금난으로 갈수록 어려워졌다.

설 회장은 "사업을 하면서 한 순간도 긴장의 끈을 놓은 적이 없다."고 토로할 정도로 힘든 순간이었다고 했다. 그는 부친의 유업을 일순간에 포기하는 것도 어려운 일이지만 젊은 기업가로서 그간의 도전이 실패로 끝나고 만다는 사실을 인정하는 것은 더욱 어려웠다고 했다.

대한전선 가전사업에 관심이 컸던 김우중 전 대우그룹 회장은 당시 "가전사업이 어려우면 언제라도 대우에 협력제의를 해달라."는 의중을 넌지시 전해왔다. 한동안 생각을 정리하기 위해 그림을 그리며, 혼자서 시간을 보내던 설 회장은 83년 3월 그룹 임직원들에게 가

전부문 매각을 발표했다. 매각 금액은 2억달러 규모로 당시엔 그야말로 빅딜이었다. 가전사업과 생산직원 모두 대우로 넘어갔다. 대우그룹으로 바꿔타는 직원이 무려 6000여명. 대한전선에 남는 인원은 3000명 남짓이었다. 24개 계열사 중 10개사가 대우에 속하게 됐으며, 남은 계열사는 통폐합 절차를 거쳐 7개사로 줄었다.

'풍운아' 설원식 대한방직 회장

설원식 전 대한방직 명예회장의 이력은 좀 독특하다. 50년대 국내 대표적인 재벌가(家)의 장남이었지만 그는 미국 컬럼비아대에서 정치경제학을 전공한 뒤, 55년부터 5년간 중앙대 문과대에서 강사(서양학)로 학생들을 가르쳤다. 그러다가 그는 1960년 대한방직과 대한전선 사장직에 갑자기 취임했다. 이후 3년간이나 부친인 인송과 재산 다툼을 벌였지만 그는 결국 법적으로 대한방직과 대한산업을 옛 대한그룹에서 떼어내는데 성공했다. 설 전 회장은 70년대 대한종합개발을 설립해 건설업에 진출했으며, 아세아종합금융을 세워 금융업에 손을 대기도 했다.

그러나 금융업 진출은 그에게 큰 시련을 안겨주었다. 그는 아세아종금 주가가 폭락하면서 퇴출위기에 몰리자 주식시세를 조종해 유죄판결을 받았다. 아세아종금은 이후 진승현씨에게 인수돼 한스종금으로 명칭이 바뀌었으며, 훗날 '진승현 게이트'로 불거졌다.

설 전 명예회장은 98년 장남인 설범 회장에게 대한방직 경영권을 물려주며 현장에서 물러났다.

차남인 설원철 전 대한방직 고문의 이력도 형에 못지않다. 그는 일본 게이오대 법대와 미국 조지타운대에서 경영학을 공부했지만, 그는 부친의 기업이 아닌 다른 곳에서 자신의 뜻을 펼쳤다. 그는 대한무역진흥공사에 입사해 조사부 부장과 샌프란시스코 무역관 관장을 거쳤다. 91년엔 형인 설원식 전 회장에 이어 대한방직과 대한산업 사장에 올랐다. 2년 후에 고문직으로 물러났다.

'3무 경영' 설원봉 회장

설원봉 대한제당 회장은 연세대 법대와 미국 브루클린 공대대학원을 거쳐 1976년 대한전선 종합조정실 이사로 경영에 첫 발을 내디뎠다. 83년 대한제당 부사장으로 승진했으며, 88년엔 형으로부터 대한제당을 물려받았다. 그는 형과 달리 부드럽다는 평이다. 그러나 나서기를 꺼려하는 것은 다른 형들과 똑같다. 재계에서 친한 인사로는 경기고 동기인 현재현 동양그룹 회장을 꼽을 수 있다.

설 회장은 현장과 인재 관리를 중요하게 여긴다. 이는 외환위기 극복에서 잘 드러났다. 당시 국제 원자재값 급등으로 위기에 몰렸을 때 설 회장은 직원들의 신뢰속에 감원과 임금 삭감, 노사분규 없이 힘든 시기를 헤쳐왔다. '무감원, 무감봉, 무분규'라는 대한제당 특유의 '3무(無) 경영'은 이렇게 나오게 됐다. 대한제당은 현재 의약시장 진출에 나서고 있다.

그룹 나침반 임종욱 사장

대한전선의 대표 최고경영자(CEO)인 임종욱(59) 사장은 서울생으로 선린상고, 고려대 경영학과를 졸업했다. 95년 회장 비서실장에 임명된 이후 9년간 설원량 회장의 경영 방침과 철학을 받들어 회사 경영 전반에 대해 실무관리를 해오고 있다.97년 외환위기 때에는 사업구조조정을 통해 수익성을 3배 이상 끌어올렸다.무주리조트와 쌍방울 인수,진로채권 투자에 나서는 등 사업다각화에 적지 않은 공을 세웠다.임 사장은 설 회장이 타계한 이후 회사 경영의 나침반으로서 차세대 '먹을 거리' 확보에 더욱 박차를 가하고 있다.

막 오른 3세 경영

인송 설경동(작고) 회장이 창업한 대한전선과 대한제당, 대한방직 등은 모두 3세 경영으로 이어지고 있다. 3세가 최고경영자(CEO)로 전면에 나서는 곳이 있는가 하면, 이제 실무부서에 배치돼 첫 걸음마를 시작한 곳도 있다.

가장 빨리 '세대교체'가 이뤄진 곳은 대한방직. 설경동가(家)의 장손인 설범(49) 회장이 1998년 대한방직 대표이사 회장에 취임함으로써 설씨가(家)의 3세 경영을 알렸다. 그는 85년 대한방직 이사로 출발해 91년 상무, 95년 부사장, 96년 대표이사 사장 등을 맡으며 다양한 실무경험을 쌓았다.

그러나 설 회장은 2001년 한스종금 불법대출 사건에 연루되면서 '그만두라.'는 소액주주들과 주총에서 경영권 다툼을 벌이는 등 한 차례 큰 홍역을 치르기도 했다.

주변에선 설 회장을 소탈하고 온화하다고 평한다. 집안 가풍대로 보수적이며, 사업은 '돌다리도 두드려보고 건너는' 스타일이다. 업계에서는 만능 스포츠맨으로 유명하다. 배재고와 연세대 경영학과, 미국 더 뷰크대 경영대학원을 나왔다.

2004년 설원량 대한전선 회장의 갑작스러운 타계로 학업과 경영수업을 동시에 했던 장남 설윤석(26)씨는 경영전략팀 차장으로서 본격적인 후계자 수업을 쌓고 있다. 그는 대한전선의 최대주주인 삼양

▲설범 회장

▲설윤석 차장

금속 지분의 절반 가까이를 보유하고 있다.재계에선 설 차장의 나이가 아직 어린 데다 모친인 양귀애 고문이 후견인으로 나서는 만큼 급하게 경영 대권을 잇게 하지는 않을 것으로 예상하고 있다.

임종욱 대한전선 사장이 전문경영인으로서 충분히 제 역할을 하고 있어 후계자 교육에 더욱 치중할 것으로 보고 있다.

양 고문은 "설 차장의 진로는 아직 정해진 것이 없습니다.승진이나 유학 등은 상황에 따라 이뤄질 것이에요."라고 했다.동생인 윤성(23)씨는 중학교 3년때 미국으로 유학가 현재 펜실베이니아 와튼스쿨을 다니고 있다.

설원봉 대한제당 회장의 장남인 윤호(32)씨는 경영 대권을 향해 한걸음씩 나아가고 있다.그는 2000년 6월에 입사해 현재 부사장으로 일하고 있다.언론에 노출되는 것을 매우 꺼린다.설 부사장은 경기고와 미국 클레어먼트 대학원에서 인문학을 전공했다.

"낡은 옷 입고 다닐 정도로 검소"
- 미망인이 본 설원량 회장

"그는 철저한 원칙주의자예요. 자기 자신에게 너무 엄격했어요. 자제심도 대단했고요. 남편을 사회와 일에 빼앗겼다고 말해도 지나치지 않을 겁니다. 평생 일만 하다 간 분이에요. 그림이나 음악에도 대단히 조예가 깊었는데…." 양귀애 고문은 남편인 고 설원량 회장을 이렇게 평가했다. 그는 아직도 감정이 남아있는 듯 설 회장을 언급할 때는 대단히 조심스러웠다. 설 회장은 2004년 3월 뇌출혈로 쓰러져 갑작스럽게 타계했다.

"아직도 설 회장 사진을 안봐요. 집이나 사무실에 있는 남편 사진들을 다 치웠어요. 감정이 많이 정리가 됐다고 해도 가끔은 가슴이 휑해요. 유품을 정리하는데 옷가지들이 너무 낡았더라고요. 대기업 회장이라고 말할 수 없을 정도입니다. 와이셔츠 소매는 다 헐었고, 구두는 신기 민망한 수준이었어요."

그는 일만 했던 남편이 썩 재밌지는 않았지만 그래도 둘만의 데이트는 자주 했다고 했다. "설 회장은 사업이 꼬이거나 중대한 결정을 내릴 때면 어김없이 저를 불러요. 옆에 있어달라는 뜻이에요. 그리고 한동안 생각만 해요. 그 때는 옆에서 말 거는 것을 굉장히 싫어해서, 그래서 저를 불렀던 것 같아요. 덕분에 둘이서 남산을 자주 산책했고, 가끔은 골프도 둘이서만 치고 다녔답니다."

그는 불임으로 꽤 고생했다. 장남인 설윤석 차장을 결혼 12년차에 가질 정도였다. "시댁식구들 눈치 많이 봤죠. 재벌가(家)로 시집와서 12년간 애기가 없었으니 얼마나 말들이 많았겠어요. 그때마다 남편이 바람막이가 돼 줬습니다. 참 고마웠죠."

양 고문은 시아버지인 인송 설경동 회장 얘기도 빼놓지 않았다. "아버님이 저를 특히 예쁘게 보셨어요. 항상 자신 옆에 자리를 마련해 주시고, 외출을 하면 꼭 저를 데리고 다니며, 같이 사진도 찍고 그랬어요. 한복입은 모습이 예쁘다고 해서 신혼 초에는 한복만 입은 적도 있었습니다."

설 회장은 자식을 엄하게 대했다고 한다. "남편은 아들들에게 절대 용돈을 풍족하게 주지 않았습니다. 수입도 없는 애들이 돈 쓰는 버릇부터 들이면 안된다는 것이었죠. 비행기를 탈 때도 애들은 항상 이코노미석이었습니다."

양 고문은 지금까지 남편 뒷바라지와 자식 교육에 자신의 전부를 쏟았지만 앞으로는 나를 위해 살고 싶다고 했다. 특히 시아버지와 남편이 일군 대한전선을 제대로 키워보겠다고 했다.

한편 그는 큰 오빠인 양정모 전 국제그룹 회장의 근황과 관련, "건강하시고 친구들을 만나 소일하신다."면서 "(국제그룹 해체로)당시엔 심리적인 타격이 컸지만 지금은 어느 정도 잊으신 것 같다."고 말했다.

3장

재벌家 맥(脈) - 下

누가 한국을 움직이는가

■ 유 회장가(家) 가계도

유성연 · 작고
창업주

박옥순 · 80

유명옥 · 57

이태성 · 61
삼천리 USA 대표이사

유혜숙 · 51

이민엽 · 55
미성상사 대표

유상덕 · 48
(주)삼탄 회장

이준영 · 32

이찬영 · 30

이규빈 · 27

이규환 · 23

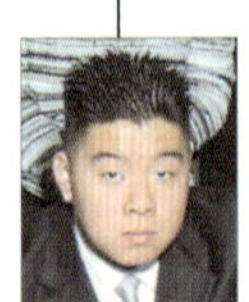

유용훈 · 20

유용욱 · 19

이천득 · 작고

유계정 · 57

이은백 · 34
(주)삼천리 사업개발 이사

정선호 · 32

이은아 · 32

김지욱 · 33

이은미 · 31

18. 삼천리가(家) 총괄 인맥도

■ 이 회장가(家) 가계도

삼천리

이장균 · 작고
창업주

김성숙 · 75

이 란 · 53

조신섭 · 55
서울대 통계학과 교수

이만득 · 51
(주)삼천리 회장

전혜연 · 52

이 단 · 49

진주화 · 54
그리니치 투자자문(주) 회장

진 · 29

조재석 · 22

이은희 · 29

김한준 · 36
롯데관광개발 상무

이은남 · 28

이은선 · 25　진경남 · 26

진나연 · 25

이만득 · 유상덕 회장가(家)

사업하는 사람의 대부분은 '동업' 얘기를 꺼내면 고개를 절레절레 흔든다. 사업 과정에서 동업자와 합의로 꾸려가기란 득보다 실이 많다고 믿기 때문이다. 이런 이유로 사업가들은 형제나 친척과도 동업을 꺼리는 편이다. 하지만 동업은 제대로 하면 혼자 때보다 훨씬 많은 경영 성과를 거둘 수 있다. 중견 그룹인 삼천리는 동업 관계로 사세를 확장시킨 대표적 기업이다. 창업 선대(先代)부터 반세기 이상 '동업 관계'를 유지하고 있다.

혈육보다 진한 동업정신

삼천리의 그룹 역사는 1955년 10월1일 고 유성연 · 이장균 명예회장이 공동으로 '삼천리연탄기업사'를 설립하면서 시작했다. 지금은 도시가스 및 해외자원 개발에 전념하면서 국내 도시가스 1위 업체로 부상한 것은 물론 세계 7위 규모의 유연탄광을 경영하는 세계 굴지의 자원개발회사를 보유한 중견기업으로 성장해 있다. 형제보다 가까웠던 두 선대 회장의 관계를 유상덕(48) ㈜삼탄 회장은 이와 같이 회고했다. "이장균 회장님 댁과 우리 집안은 내가 태어나기 전부터 이웃에서 살았고 서로 큰 집, 작은 집이라 부르며 지내 와 서로 남으로 생각해 본 적이 없었다. 어릴 때 우리 집안은 유(劉)가인데 왜 작은아버님의 성은 이(李)가인지 궁금했던 적도 있었다."

세 번에 걸친 운명적인 만남

두 창업주는 창업을 하기 전까지 모두 세번의 의미있는 만남을 가졌다. 첫번째는 해방 직후 함흥에서 소련군을 상대로 식료품 장사를 하다가 8인계 멤버로 만났다. 한국전쟁이 일어난 이후 피란 시절에는 각자 경남 거제와 경북 포항에서 생활하다가 조우했다. 세 번째는 1955년 삼천리 창업을 통한 만남이었다. 창업 당시엔 두 가정이 단칸방에서 이불 칸막이만 쳐놓고 동고동락하며 사업을 일궜다. 연탄가루를 가져와 기계틀에 넣고 찍어 말린 뒤 배달도 직접했다. 네 사람이 연탄 수레를 '끌고 밀면서' 삼천리의 그룹 역사가 시작된 것이다.

유성연 명예회장은 1917년 함남 삼평면 부흥리에서 아버지 유봉주씨와 어머니 김씨의 2남4녀 중 막내로 태어났다. 그의 가족은 부친의 사업 실패로 곤궁한 삶을 살아야 했다.

유 명예회장은 어린 시절 서당에서 '명심보감'을 공부하고 11세가 되던 해에 4년제 삼평보통학교에 입학했다. 남보다 늦은 학업이었지만 유 명예회장은 보통학교 4년을 우등으로 졸업하고 함흥 시내에 있던 함흥제일보통학교 5학년에 편입했다. 보통학교를 졸업한 뒤에는 평양사범학교에 관비(官費) 장학생으로 입학했다. 당시 평양사범 입학시험에는 함경도에서 200여명이 응시해 9명만 합격했을 만큼

▲한지붕 두 집안

2005년 9월 29일 서울 여의도 삼천리 본사에서 열린 유성연·이장균 선대 회장의 흉상 제막식에 참석한 두 집안 식구들의 사진이 언론에 처음 공개됐다. 뒷줄 왼쪽부터 이 회장의 큰딸 은희, 조카 며느리 정선호, 이 회장 차녀 은남씨, 유 선대 회장의 큰사위 이태성 사장, 둘째 사위 이민엽 사장, 이 선대 회장의 둘째 사위 진주화 회장, 유상덕 회장, 유 선대 회장의 둘째 딸 혜숙씨, 이 선대 회장의 큰딸 란씨, 이만득 회장, 부인 전혜연씨, 고 이천득 부사장의 장녀 은아, 차녀 은미씨, 가운데 줄 왼쪽부터 이 선대 회장의 둘째 딸 단씨, 유 선대 회장의 장녀 명옥씨, 유 선대 회장의 부인 박옥순 여사, 이 선대 회장의 부인 김성숙 여사, 이 선대 회장의 큰며느리 유계정씨, 아랫줄 왼쪽부터 유 선대 회장 장녀의 둘째 아들 이찬영, 둘째 딸의 장남 이규빈, 유 회장의 차남 용욱, 유 회장의 장남 용훈, 이 선대 회장 장녀의 장남 조재석, 이 선대 회장의 장손 은백씨.

어려운 관문이었다.

평양사범학교를 졸업한 유 명예회장은 함흥 부근에 있는 삼호보통학교에서 첫 교편 생활을 시작했다. 그는 이곳에서 1년간의 교사생활을 거친 뒤 함흥시내의 영정보통학교로 전근했다. 영정보통학교에서의 교직생활이 3년 지났을 무렵인 1943년 유 명예회장은 일본 유학을 추진했다. 그러나 당시 태평양전쟁이 2년째로 접어들면서 생활이 힘들어져 유학의 꿈을 포기하고 함남 피복조합 사무원으로 취직했다. 이후에도 징용 위협이 다가오자 징용 대상에서 제외됐던 교사직을 다시 선택했다.

1944년 함흥 외곽에 있는 주북공립보통학교에서 교편을 잡았다. 해방 이후 유 명예회장은 경제활동에 투신해 나라 경제를 위해 큰 일을 하겠다는 포부를 안고 사업전선에 뛰어들었다.당시 그는 함흥 선덕비행장에 주둔한 소련 공군을 상대로 미군 군수물자,초콜릿,통조림,담배,술 등 식료품 장사를 시작했다.그러나 유 명예회장은 한국전쟁 발발로 모든 것을 포기해야 했다.그는 우여곡절끝에 남한으로 가는 LST함정에 겨우 올라 타 피란민 대열에 합류했다.거제도 난민수용소에 잠시 수용됐지만 수용소를 빠져 나와 미군을 상대로 토산 기념품을 팔기 시작했다.

이만득(51) 삼천리그룹 회장의 부친인 이장균 명예회장은 1922년 6월27일 함남 함주군 상기천면에서 아버지 이황주씨와 어머니 윤윤옥씨 슬하의 6남매 중 차남으로 태어났다.조부 때부터 가세가 기울기 시작해 전답을 모두 차압당했다.이후 몇해동안 움집에서 살아야 할 정도로 궁핍한 생활을 했다.이 명예회장은 7~8세 무렵부터 '소년 지게꾼'이 돼 공사장에서 자갈을 짊어져 날라야 했다.힘든 와중에도 그는 낮에는 지게꾼으로,밤이 되면 하루도 빠지지 않고 야학에 나가 공부를 했다.이런 노력들이 결실을 거둬 주북공립보통학교 3학년에 편입할 수 있었다.이후 4년간의 학창생활은 이 명예회장이 경험한 유일한 정규 학업이었다.

보통학교를 졸업한 이 명예회장은 유담보통학교에서 촉탁 직원으로 잠시 일하다 21세에 흥남질소비료공장의 사원을 거쳐 토목건설 현장의 서기로 옮겼다.이후 함남토목회사의 하청업자로 변신해 사업가로서 첫 길을 걷게 된다.어느 정도의 사업 성공도 이룬다.소련군이 함흥에 진군하자 시내에서 '민흥상회'라는 가게를 열어 이들을 상대로 장사를 했다.그러다가 소련군이 좋아하는 통조림 제품을 구하려 수소문하던 중에 유 명예회장과의 '운명의 만남'을 갖게 됐다.곧바로 의형제 이상의 관계로 발전한 두 사람은 8인계를 조직해 더욱 가까워졌다.

유 명예회장보다 보름 앞서 흥남에서 국군이 철수하는 배를 타고 포항으로 내려온 이 명예회장은 이곳에서 원산 출신인 김성숙(75) 여사와 백년가약을 맺었다.이 회장 부부는 포항 죽도시장 중심부에 '흥성상점'을 열어 시멘트,밀가루,설탕,비료,무연탄을 취급해 큰 돈을 벌었다.특히 이 명예회장은 서민들의 연료인 신탄(숯)을 제조해 팔면서 장차 무연탄이 가정연료로 중요하게 쓰일 것이라고 판단해 1953년부터 연탄사업에 손을 댔다.

연탄사업으로 시작된 동업

이 명예회장은 1955년 서울에 있는 단성사로부터 원탄을 대량 매입하겠다는 제의를 받고 직접 강원도에 가서 560t의 원탄을 구매,서울로 수송했다.그러나 장기간의 운반 과정에서 원탄 가격이 하락하면서 단성사가 매입을 거부하자 탄을 저탄장에 쌓아 놓아야만 했다. 이 명예회장은 이때 서울로 올라와 새로운 사업을 구상하던 유 명예회장을 만나 같이 연탄사업을 하기로 약속을 했다.이 날은 삼천리그룹의 창립일인 1955년 10월1일로 유 명예회장이 박옥순(80)여사와 결혼한 날이기도 하다.

이후 아예 서울로 본거지를 옮긴 두 사람은 중구 신당동에 터를 잡아 호적에 본적지로 등록했다.유 회장이 신당동 248-1,이 회장은 건너편의 신당동 304-211에 안착했다.이때 5세 위인 유 명예회장은 연탄 제조와 판매를 담당하는 사장을 맡고,이 명예회장은 원탄 구매와 자금을 담당하는 부사장 형태로 역할 분담을 했다.그러나 이는 명목상 구분일 뿐 두 사람은 이후 어떤 일을 하든지 상의하고 양보하면서 삼천리의 역사를 일구기 시작했다.

2세에게 동업 각서 물려줘

이들은 각각 회장실 금고에 동업각서를 보관해 오다 두 집안의 2세도 간직해야 한다는 유언을 남기고 떠났다.두 창업회장은 5개 조항의 동업서약서를 쓴 뒤 가족보다 끈끈한 관계를 50년째 이어오고 있는 것이다.동업서약서에는 '한 사람이 세상을 떠나면 다른 사람이 남은 가족의 생계를 책임진다.' '투자 비율이 다르더라도 수익은 절반씩 나눈다.' '한 사람이라도 반대하면 중요한 의사결정을 할 수 없다.' 는 등 5개 조항이 담겨 있다.재계 주위에서는 두 집안의 경영 스타일이 다른 점도 동업에 큰 도움이 됐다.유 선대 회장 부자는 과묵하고 꼼꼼하고 심사숙고하는 성향인데 비해 이 선대 회장 부자는 직설적이고 외향적이며 공격적이어서 서로 보완이 됐다는 것이다.25년 전 코크스(용광로 연료) 사업에 진출할 때 이 명예회장과 유 명예회장은 공개 석상에서 한 시간 넘게 싸우는 등 첨예하게 대립했지만,이 명예회장이 유 명예회장을 17번 찾아 설득한 끝에 사업을 시작할 수 있었다.뿐만 아니라 그룹의 명운을 가름할 중요한 고비마다 두 창업자는 격렬한 논쟁을 벌였지만 일단 합의를 이루면 상대방의 뜻에 따랐다.

선대와 버금가는 2세들의 동업경영

두 집안은 이렇듯 탄탄한 동업경영을 기반으로 두 창업주의 아들인 이만득,유상덕 공동회장에 이르기까지 2대에 걸쳐 동업관계를 유지하고 있다.실제로 이들 2세 회장은 선대 회장들과 같이 서울 방배동 한 동네에 살면서 3세 자녀들이 2세 회장에게 삼촌이라고 부를 정도로 가깝게 지낸다.

1993년 이 명예회장의 둘째 아들인 이만득 회장은 유 명예회장의 외아들 유상덕 회장과 함께 경영 전면에 나섰다.이 회장이 그룹회장으로 취임하며 경영권을 물려받았지만 한번도 경영권 분쟁이 없었다.유 회장은 삼천리 모든 계열사의 지분을 이만득 회장과 동일하게 갖고 있지만 삼천리 경영에는 거의 관여하지 않고 있다.

두 사람은 7개 계열사 지분까지 50대50의 똑같은 비율로 2대에 걸쳐 공동경영을 하며 연간 2조 5000억원대의 매출을 올리고 있다. 이 회장이 그룹의 지주회사격인 ㈜삼천리(도시가스회사)와 삼천리ES(천연가스 냉난방기 판매),삼천리ENG(도시가스 배관설비)를 맡고 있다.유 회장은 해외에너지 자원 개발을 하는 ㈜삼탄(유연탄)과 삼천리제약을 책임지고 있다.

월남민 출신 창업주들, 소박한 혼맥 가꿔

창업주들은 대부분의 친인척을 북한에 두고 내려와 화려한 집안을 꾸리지는 못했다.이 명예회장은 2남2녀를 두었지만 자식들의 결혼에 대해서는 집안이나 배경보다는 며느리와 사위들의 개인 능력을 최우선으로 봤다.

며느리는 단출한 집안을 꾸릴 수 있는 '성품'을 위주로 봤고, 사위들은 '능력'을 중심으로 간택했다. 때문에 상대적으로 다른 기업들에 비해 요란한 혼맥을 이루지 않았다. 이 명예회장의 큰아들인 이천득씨는 삼천리 부사장으로 있던 1987년 지병으로 유명을 달리했다. 평범한 집안의 유계정(57)씨와 사이에 은백(34)·은아(32)·은미(31)씨 등 1남2녀를 두었다. 이만득 회장은 이 명예회장의 차남으로 고려대 경영학과를 졸업한 뒤 1981년 가발 수출을 하는 삼천리의 계열사인 미성상사에 입사, 경영에 참여했다. 형이 작고하자 경영에 본격적으로 참여했다. 이 회장은 1977년 전혜연(52)씨를 배필로 맞아 은희(29)·은남(28)·은선

▲아버지 세대
1955년 동업을 결심한 유성연 선대 회장 부부(왼쪽)와 이장균 선대 회장 부부가 처음 사들인 회사 차량 앞에서 기념사진을 찍고 있다.

▲아들 세대
유상덕 (주)삼탄 회장(왼쪽)과 이만득 (주)삼천리 회장은 선대에 이어 50년째 동업관계를 유지해 오고 있다.

(25) 등 3녀를 낳았다. 전씨의 부친은 예비역 대령 출신으로 같은 이북 출신 실향민이다. 이 회장과 부인 전씨의 결혼 스토리는 부친 이 명예회장의 성격을 그대로 읽을 수 있다. 이 회장은 친구의 소개로 부인을 만나다가 해병대에 자원입대했다. 이 명예회장은 아들이 군 복무중에도 열애 중이라는 사실을 알고는 두 사람을 불렀다. 이때는 5월5일 부인 전씨의 생일이어서 휴가나온 이 회장이 친구들과 저녁식사를 함께 하고 있었는데 두 사람이 집으로 급히 호출된 것이다. 영문을 모르고 집으로 달려간 두 사람은 이 명예회장이 전씨를 꼼꼼히 뜯어 보더니 "됐다. 결혼해라. 결혼식은 10일 후인 5월15일 오후 5시로 잡자."고 말해 너무 놀랐다. 두 사람은 귀를 의심했지만 "며느리가 착실하고 몸 건강하기만 하면 됐지, 뭘 바라겠느냐. 혼수는 일절 없이 식을 올리자."며 두 사람을 독려했다. 혈혈단신 월남한 이 명예회장은 아들을 빨리 결혼시키고 싶은 생각에 혼례를 서둘렀다고 이 회장은 회고한다. 이 회장의 큰 딸 은희씨는 성균관대를 졸업한 뒤 현재 플로리스트(화훼장식가)로 활동하고 있으며 롯데관광개발 김기병 회장의 차남 한준(36)씨와 결혼했다. 둘째딸 은남씨는 미국 UC어바인대에서 미술을 전공했다. 셋째딸 은선씨는 UC버클리대에서 경제학을 전공하고 있다. 장녀 이란(53)씨는 이화여대를 졸업한 이후 서울대 자연과학대 통계학과 교수인 조신섭(55)씨와 결혼했다. 조 교수는 서울대 응용 분석학과를 졸업한 뒤 미국 위스콘신 매디슨대에서 통계학 박사학위를 취득한 뒤 1986년부터 서울대에서 교편을 잡고 있다. 2녀인 이단(49)씨는 진주화(54)씨와 혼인했다. 진씨는 서울대 경영학과를 졸업한 뒤 미국 페퍼딘대에서 MBA를 취득했고, 2002년 ㈜삼천리

대표이사를 거쳐 현재 그리니치 투자자문㈜ 회장으로 재직 중이다. 유 명예회장은 박옥순 여사와 슬하에 1남 2녀를 두었다.유 명예회장도 사위들을 고르는 기준으로 이 명예회장과 같이 집안 배경보다는 능력을 중요시했다.외아들인 유상덕 회장은 고려대 경영학과를 졸업한 후 1989년 삼척탄좌개발㈜ 상무이사로 재직하다 1993년에 ㈜삼탄 회장에 올랐다.용훈(20)·용욱(19) 등 두 아들을 두었다.장녀인 명옥(57)씨는 이태성(61)씨와 결혼했다.이씨는 미국의 스티븐스대 기계과를 졸업한 뒤 2001년부터 삼천리USA 대표이사로 재직하고 있다. 명옥씨는 이 사장과 사이에 준영(32)·찬영(30) 등 두 아들이 있다. 차녀인 혜숙(51)씨는 이민엽(55)씨와 백년가약을 맺었다.혜숙씨는 미성상사를 맡고 있는 남편 이씨와의 슬하에 규빈(27)·규환(23) 등 두 아들을 두고 있다.

이만득 회장의 '골프경영론'

이만득 삼천리그룹 회장은 만능 스포츠맨이다. 매일 오후 헬스클럽에서 1시간동안 땀을 흘리고 주말이면 골프를 치며 경영 전략을 가다듬는다. 핸디캡 5 수준으로 아마추어 골프대회에서 두 차례나 우승컵을 거머쥐기도 했다. 이 회장은 골프에서 기업 경영의 원리를 배울 수 있다며 '골프경영론'을 설파하고 있다. 이 회장은 "골프를 치면서 기업 경영에 필요한 많은 영감을 받는다."면서 "골프와 경영의 가장 큰 공통점은 자기 자신과의 싸움"이라고 말한다. 또 골프의 고수는 14개의 클럽을 고루 잘 쓸 줄 알아야 하는 것처럼 기업가들도 다양한 경영 요소를 잘 활용해야 한다는 점을 골프를 통해 배웠다고 한다. 그는 "경영자는 인사, 자금, 기획, 홍보 등 다양한 요소를 잘 활용해야 기본적 조건에 맞는 조화로운 경영을 할 수 있고 훌륭한 성과를 거둘 수 있다."고 강조한다. 이어 골프의 코스 전략과 경영의 코디네이션이 '닮은 꼴'이라는 점도 지적한다. "골프에서 좋은 성과를 낼 수 있는 코스와, 그렇지 못한 코스의 전략이 다르듯이 경영에서도 각각의 사업 분야마다 특징을 고려해 사업부문을 코디네이션하는 것이 중요하다."는 게 골프 경영론의 핵심이다. 골프 고수들은 아무리 쉬운 코스라도 티샷을 하기전에 머릿속에 자신만의 전략을 수립하고, 특히 어려운 코스는 더 복잡한 전략을 세우게 된다는 점이다. 이 회장은 "이번 코스에서는 파(PAR · 기준 타수)가 힘들겠다고 판단되면 보기

(기준 타수보다 1타 더 치는 것)를 위한 전략을 세우게 된다."면서 "그리고 다음 코스에서는 버디를 잡아야겠다는 전체적인 전략을 짜게 된다."고 말했다. 경영도 사업분야마다 이익이 많이 날 때와 적게 날 때가 있지만 모든 부분을 고려해 전략을 세워야 한다는 주장이다. 작은 곳에 집착하지 않고 사업 전체를 크게 바라보고 전략 수립과 투

▲핸디캡 5 수준인 이만득 (주)삼천리 회장은 골프를 통해 기업경영의 원리를 배울 수 있다는 '골프경영론' 의 주창자다.

자를 감행해야 성공적인 경영이 가능하다는 얘기다. 이 회장은 끝으로 "골프공은 같은 자리에 떨어지는 경우가 거의 없어 매번 새로운 위치에서 플레이를 해야 한다."면서 "기업도 마찬가지로 매년 같은 환경에서 경영을 할 수 없다는 점에 유의한다."고 말했다. 경영 환영은 수시로 변하는 만큼 새 변화에 대처할 수 있는 능력을 갖춰야 한다는 뜻이다.

전권 받은 전문경영인 '삼천리호' 지휘

고 유성연·이장균 명예회장이 회사 이름을 '삼천리'라고 정한 것은 우리나라 제품으로 삼천리반도 전체를 석권하겠다는 야심찬 포부에서 비롯됐다. 함경남도에서 미군들을 상대로 식료품 장사를 해야 했던 창업주들의 '한(恨)'이 서려 있는 셈이다. 50년 만에 연탄 회사에서 종합에너지 기업으로 발돋움한 '삼천리호'에는 베테랑 CEO들이 승선해 있다. 이만득·유상덕 회장은 일선 CEO들에게 '전권'을 위임하는 스타일이다. 올해 한전 사장을 지낸 한준호(62)씨를 부회장으로 영입했다. 강태환(59) ㈜삼탄 부회장은 글로벌 에너지기업을 이끄는 경영능력을 발휘하고 있다. 해외자원개발 전문기업으로서 연구·개발(R&D) 투자는 물론 인력 개발에도 힘쓰고 있다. 고려대 경영학과를 졸업해 ㈜삼천리 기술투자 상무이사를 거쳐 2007년부터 부회장을 맡고 있다. 이영복(63) ㈜삼천리 사장은 엔지니어링 출신의 CEO로 국내 최대 도시가스기업을 이끌고 있다. 도시가스 업계의 산증인으로 안전을 중요시하는 업계 특성상 꼼꼼하게 일을 살피는 경영스타일을 갖고 있다. 최근 들어 비효율적 경영 개선을 위해 윤리경영을 강화하는 차원에서 윤리경영 선포식을 이끄는 등 리더십을 발휘하고 있다. 부산고와 한양대 화학공학과를 졸업한 뒤 삼천리 도시가스사업본부 영업이사를 거쳐 2003년부터 대표이사 사장을 맡고 있다. 김경이(61) 삼천리ENG 사장은 재무관리 전문가로 관리형

▲한준호 부회장

▲강태환 부회장

▲이영복 사장

▲이찬의 사장

▲김태성 사장

▲김경이 사장

CEO다. 재무 전문가답게 업무 프로세스를 중히 여기며 원리와 원칙에 따른 업무를 진행한다. 대구상고를 졸업한 이후 줄곧 ㈜삼천리에서 경리부문에서 재직하며 경리담당 이사대우, 부사장을 거쳐 2003년에 사장에 취임했다. 이찬의(53) ㈜삼탄 사장은 인도네시아 파시르 광산을 세계 7대 유연탄광으로 성장시킨 주역이다. 2002년부터 사장을 맡아 업무별 소사장제를 도입하는 등 철저한 공정 관리와 치밀한 원가관리를 진두지휘해 왔다. 연세대 응용통계학과를 졸업했고, ㈜삼천리 기획실 이사를 역임하는 등 '기획통' 으로 정평이 나있다. 김태성(62) 삼천리제약 사장은 삼성그룹에 입사해 홍콩 샹그릴라호텔 한국 대표를 역임하는 등 '외부영입' 케이스로 삼천리호에 승선했다.의사 결정과정에서 다양한 정보채널을 활용해 객관적이고 합리적인 의사결정을 내린다는 평을 받고 있다.서울대 화학공학과를 졸업했고 1994년부터 대표이사 사장을 맡고 있다.

현치웅(54) (주)휴세스 대표이사 부사장은 중앙대 화학공학과를 졸업했다. 2006년부터 집단에너지 전문기업인 휴세스의 대표이사직을 맡고 있다.

김성국(52) KIDECO 대표이사 부사장은 2007년부터 대표이사직을 맡아 진두지휘하고 있다. 국민대 토목공학과를 졸업하고 해외 자원개발 업무에 전력을 기울이고 있다.

3장

재벌家 맥(脈)-下

누가 한국을 움직이는가

■ 동국제강가(家 · 그룹) 총괄 인맥도

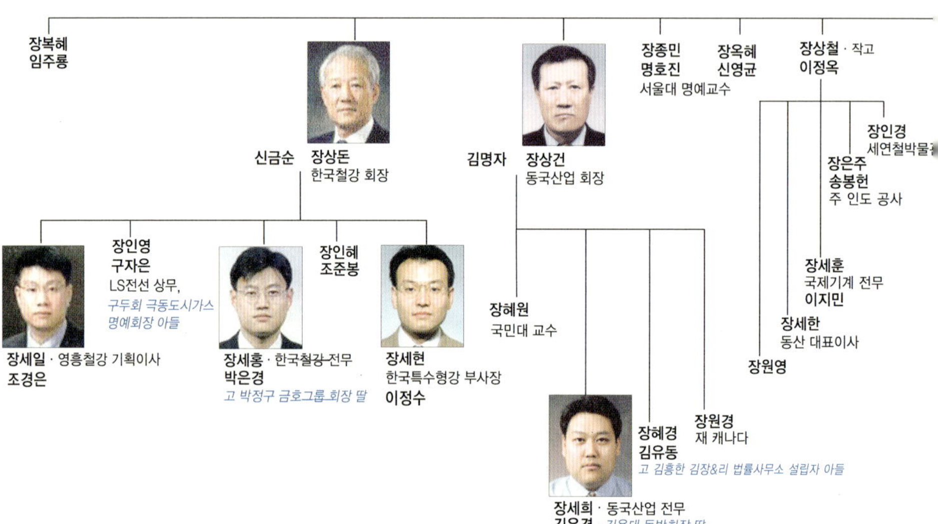

19. 동국제강가(家) 총괄 인맥도

철인 3대

대궁(大弓)양행, 남선(南鮮)물산, 조선(朝鮮)선재, 동국(東國)제강….

고 대원(大圓) 장경호 회장이 1929년 설립한 가마니 회사 대궁양행을 시초로 한 동국제강그룹의 사명 변천사에는 웅대한 포부가 담겨있다. 활을 숭상하는 민족사를 표방한 대궁이나 바다건너 남쪽으로 뻗어나가길 소망한 남선, 조선, 해뜨는 나라의 긍지를 담은 동국 등 장경호 회장이 강조한 민족사관이 고스란히 드러난다.

1974년 락희(현 LG), 삼성, 현대, 한국화약에 이어 5대 그룹까지 올라섰던 동국제강그룹은 잇단 계열분리로 인해 2005년 4월 현재 자산 5조 8000억원으로 재계 26위에 랭크돼 있다. 하지만 가마니와 못을 팔며 시작한 이 전통의 그룹은 3세인 장세주(54) 회장대에 이르러 범양상선(현 STX팬오션) 인수전에 뛰어들고 IT사업에 진출하는 등 의욕을 보이고 있어 귀추가 주목된다.

지남철로 수집한 철사 토막에서 연산 860만t 체제로

장경호 창업주는 1899년 동래군 사중면 초량동에서 부농인 부친

장윤식씨와 모친 문염이씨 사이의 4남 2녀 가운데 3남으로 태어났다.

지금의 부산 초량동 중앙시장 주변에서 어린시절을 보낸 창업주는 1913년 서울의 보성고등보통학교에 진학했다.당시 보성학교에는 부산출신 유학생이 단 두명 있었는데 나머지 한명이 4·19직후 과도정부 수반이었던 허정씨다.둘은 광복 이후 각각 정치인,기업가로 재회했는데 허정씨가 정계 은퇴 후 어렵게 살 때 장 회장이 음으로 양으로 많은 도움을 주었다고 한다.

장 회장은 일본 유학을 마치고 귀국,맏형 장경택씨가 운영하던 목재소 일을 돕고 농사를 크게 짓고 있던 두 형에게 가마니를 공급하는 일로 사업을 시작했다.이후 30세 되던 해인 1929년 대궁양행을 설립,본격적인 가마니 장사에 나서면서 사업인생을 시작했다.1935년에는 남선물산을 세워 수산물 도매업,미곡사업,창고업 등으로 발을 넓혔다.

장 회장과 철(鐵)과의 인연은 우연찮게 시작됐다.남선물산 창고에서 신선기(伸線機)를 설치해 철사와 못을 생산하던 재일교포가 창고에 화재가 발생하자 장 회장에게 신선기를 넘긴 것이다.동국제강의 모태가 된 조선선재가 탄생하는 순간이다.

당시 장 회장은 검정 고무신을 신고 보퉁이를 맨 채 지남철을 들고 다니며 고철을 수집해 못을 만들었다고 한다.현재 동국제강의 연간 철강 생산량은 유니온스틸을 합쳐 무려 860만t에 이르지만 그 출발은 길거리에 굴러 다니는 쇠붙이였던 것이다.

한국전쟁 후 재건사업으로 못 수요가 폭발하자 조선선재는 큰 돈을 벌게 됐고 1954년 서울 영등포구 당산동에 동국제강을 설립하면서 본격적인 민간 제철소 시대를 개막했다. 당산동 공장으로는 늘어나는 철강 수요를 감당할 수 없게 되자 장 회장은 주위의 만류에도 불구하고 '분개 소금'으로 유명했던 부산시 남구 용호동 일대 갯벌을 매립해 20만평 규모의 부산제강소를 완공한다.

1965년에는 50t 규모의 국내 첫 '고로(高爐)'를 준공, 한국 철강사의 한 페이지를 장식했다. 당시 동국제강의 위상은 박정희 대통령이 1964년 부산제강소를 방문, 종합제철소 건설을 맡아달라고 당부할 정도였다. 장경호 회장은 "종합제철소는 민간기업이 하기에는 역부족이므로 국책사업으로 추진돼야 한다."며 완곡히 사양했다. 이후 정부는 대일청구권 자금으로 포항제철을 설립, 오늘날 포스코를 탄생시켰으니 장 회장이 박 대통령의 제안을 받아들였다면 한국 철강사가 새로 씌어질 뻔했다.

아내 반지를 빼서라도 투자하겠다, 강철왕 송원 장상태

장경호 창업회장이 동국제강그룹의 기틀을 닦았지만 장 회장은 워낙 불심(佛心)이 깊어 수시로 절에 들어가 100일간의 수행정진에 들어가는 등 현대적 의미의 경영자로 보기 어려운 측면이 많다.

동국제강의 본격적인 역사는 1956년 미국 유학을 마치고 당시 부흥부(경제기획원)에서 일하던 고 장상태 회장이 전무로 입사하면서 시작됐다고 볼 수 있다.

큰 형(고 장상준씨)과 공직에 있던 둘째 형(고 장상문씨)과 함께 동국제강을 키워 온 장상태 회장은 1964년 동국제강 대표이사로 취임하면서 '2세경영'을 시작했다.

장 회장은 2000년 4월 지병으로 별세할 때까지 국내 첫 후판공장 설립, 부산신철(현 한국특수형강) 설립, 동일제강 인수, 한국철강 · 한국강업 인수, 연합철강 · 국제기계 · 국제통운 인수, 기업 상장, 직류전기로 도입, 포항 후판공장 준공, 국내 첫 항구적 무파업 선언, 부산제강소의 포항 이전, 일본 가와사키제철(현 JFE스틸)과의 포괄적 협력 체결 등 굵직굵직한 발자국을 남겼다.

64년 취임 당시 4만 8000t에 불과했던 동국제강의 철강 생산량은 2000년 705만t으로 147배 증가했다. 5억 6000만원이던 매출은 1조 5442억원으로 불어났다.

장 회장은 약간의 여유만 생겨도 설비투자에 나섰는데 주변에서 자금 걱정을 하자 "내 아내의 반지를 빼서라도 투자금을 마련할 테니 설비만큼은 최고를 써라."라고 당부했다고 한다.

장 회장의 존재감은 JFE홀딩스 스도 후미오 사장이 동국제강 사보 편찬팀과의 인터뷰에서 "장 회장에 대한 존경과 감사의 마음 때문에 지금도 동국제강 본사에 있는 장 회장 흉상 앞에 설 때면 자연스럽게 차렷자세로 '고맙습니다' 하고 인사를 하게 된다."고 털어놓았을 정도다. 스도 사장은 2005년 4월 방한했을 때도 경기도 광주에 있는 장 회장 납골탑을 참배하는 등 존경심을 감추지 않았다.

디지털경영 시도하는 3대 장세주 회장

동국제강은 장상태 회장 별세 직후 포항제철 사장을 역임한 김종진씨를 부회장으로 영입, 전문경영인 체제로 전환했다. 하지만 김 부회장은 취임 1년여만인 2001년 7월 헬기를 타고 경남 거제의 대우조

▲장세주 동국제강 회장 가족이 지난 2002년 4월 서울 중구 수하동 동국제강 사옥에서 거행된 고 장상태 회장 흉상 제막식에서 기념촬영을 하고 있다. 뒷줄 왼쪽부터 시계방향으로 장상태 회장 셋째사위 이철 세광스틸 사장, 이 사장 아들, 이 사장 부인 장윤희씨, 장세욱 동국제강 전무, 장세주 회장 장남 선익씨, 장상태 회장 차녀 문경씨, 장세주 회장 차남, 고 장상태 회장 부인 김숙자씨, 장세주 회장.

선소를 방문하다 추락사고로 사망했다.

졸지에 수장을 잃은 동국제강 계열사 사장단은 '회장 주청의 글'을 통해 당시 장세주 사장을 회장으로 추대키로 하지만 장 사장은 본인의 미흡한 점을 이유로 몇번을 사양했다. 장 사장은 선친과 교분이 두터웠던 박태준(현 포스코 명예회장) 전 국무총리와 해외 철강업계 수장, 모친인 김숙자(75)여사 등에게 차기 회장감을 상의했고 10여일의 고민끝에 "이젠 자네가 나서야 할 때가 아닌가?"라는 박태준 회장의 권고를 받아들였다.

장세주 회장은 중앙고와 연세대를 졸업하고 학사장교(ROTC)로 포병장교 근무를 마친 뒤 미국 타우슨대에서 경제학을 전공했다.

1978년 말단 사원으로 입사, 경리부 · 일본지사 · 인천제강소장 ·

기획조정실장 등을 거쳐 98년부터 대표이사를 맡았다. 그가 사장으로 승진한 것은 입사 22년만인 2000년이다.

장 회장은 "동국제강에 입사해 부장때까지 다른 신입사원들과 똑같이 현장에서 일하면서 라면도 끓여먹고 술도 마시곤 했다. 아버지는 늘 현장에 있으라고 강조하셨는데 현장에서 쇳가루를 마시고 커야 나중에 본사에 오더라도 무슨 일이든 다 할 수 있다."고 회고했다.

귀공자풍의 장 회장은 골프, 스키 등 만능 스포츠맨이다. 쉰이 넘은 나이에도 젊은이들이 즐기는 스노보드도 수준급이다. 칠순이 넘은 나이에도 스키를 즐겼던 선친과 많이 닮았다. 골프실력도 남다르다. 74년 한국아마추어선수권대회에서 정상에 오를 만큼 프로급인 허광수 삼양인터내셔널 회장과 '자웅'을 겨룰 정도다. 2오버파 정도를 친다고 한다. 장 회장은 또 어린시절을 함께 보낸 방상훈 조선일보 사장과도 친분이 두텁다. 방 사장과 허광수 회장이 사돈이고, 장 회장 역시 범 LG가(家)와 사돈이어서 눈길을 끈다.

장 회장 취임 이후 동국제강은 매출이 2001년 1조 7852억원에서 2004년 3조 2674억원으로, 순이익은 149억원에서 4562억원으로 급성장했다. 장 회장은 2004년 7월 동국제강 창립 50주년을 맞아 새로운 CI(기업이미지)를 선포하면서 2008년 그룹 매출 7조원 달성 목표를 내걸었다. 2005년 들어 휴대전화 부품 제조업체인 유일전자(현 DK유아이엘)와 시스템통합업체인 탑솔정보통신(현 DK유엔씨)을 인수하는 등 IT영역으로도 발을 뻗고 있다. 중앙기술연구소 설립, MBA급 인재 100명 육성, 경영혁신운동 가동 등 인재육성과 기술개발에 정성을 쏟고 있다. 장 회장이 2005년 7월 '그룹경영회의'에서 주문한 내용들을 보면 그가 얼마나 동국제강의 '체질'을 바꾸고 싶어 하는지 짐작할 수 있다.

"경영의 개념을 바꿔야 한다. 철강업, 물류업 등 우리 사업의 개념에 대해 진지한 질문을 던져야 할 때이다. 선대 회장 시대의 경영패턴과 지금 시대에 해야 할 일이 바뀌었다는 점을 인식하자."

창업회장 시절의 수수한 혼맥

장경호 창업회장은 보성고보 2학년 때 같은 고향 출신의 추명순씨와 결혼, 슬하에 6남 5녀를 뒀다. 창업회장이 성사시킨 11번의 혼사 가운데 유력가문이라고는 동명목재뿐이다.

장남으로 동국제강 회장을 지낸 고 장상준씨는 부산에서 사업을 하던 박상선씨의 딸 명년씨와 결혼, 4남 2녀를 낳았다.

장상준씨의 장녀 옥자씨는 부산세무서장을 지낸 송귀범씨와 결혼했고 장남인 세창씨는 타워호텔 회장이었던 고 남상옥씨의 딸 덕자씨와 결혼했다. 덕자씨는 남충우 타워호텔 회장의 누나로 남덕우 전 국무총리의 사촌동생이다.

차녀 옥빈씨는 태광그룹 이임룡 창업주의 둘째 아들인 고 이영진씨와 결혼했다.

장상준 회장의 자녀들은 동국제강의 '모태'라고 할 수 있는 조선선재 경영을 맡았는데 선친에 이어 아들들도 일찌감치 유명을 달리해 주위를 안타깝게 했다.

1978년 시집 '여(旅)'를 펴내는 등 문학에도 조예가 깊었던 장남 장세창 전 동일제강 사장은 2000년 지병으로 별세했고 차남인 장세명 전 조선선재 사장도 2005년 12월2일 59세로 사망했다.조선선재는 곧바로 장세명 전 사장의 아들인 장원영씨를 대표이사로 추대해 새출발했다.보스턴대 경제학과를 졸업한 원영씨는 당시 불과 서른살이었다.

3남인 장세승(58)씨는 조선선재 고문이다.

불사를 이어받은 둘째

창업회장의 둘째 아들인 고 장상문씨는 경영에는 관여하지 않고 공직자의 길을 걸었다.

장상문씨의 부인은 부산의 대표기업이었던 동명목재 창업주인 고 강석진 회장의 딸 강정자(77)씨다.장경호 창업회장과 동향인 강 회장은 같은 불자로 친분이 두터웠다.

외무부 차관보,스웨덴·멕시코 대사,유엔대사 등을 역임한 장상문씨는 공직에서 물러난 뒤 선친의 뜻을 이어받아 1989년 사재 10억원을 출연해 전통문화 전문 출판사 '대원사'를 세웠다.대원사는 현재 그의 아들인 장세우(58)대표가 맡고 있다.

장상문씨가 3대 이사장을 지낸 불교진흥원은 선친이 1975년 임종 직전 박정희 대통령에게 한국불교의 중흥을 염원하는 서한과 함께 헌납한 31억 6000만원(현재가 2000억원)으로 설립됐다.

불교진흥원 초대 이사장은 LG그룹 구인회 창업주의 동생인 구태회 당시 제2무임소장관이 맡았다.동국제강과 LG그룹은 이후 사돈지간으로 발전하는 등 끈끈한 인연을 이어오고 있다.2004년 동국제강 창사 50주년 기념식에 구본무 LG회장이 참석해 눈길을 끌었었다.

두 아들을 장교로 보낸 장상태 회장

장남인 장상준씨가 일찍(1978년) 타계하고 차남은 회사 경영에 뜻이 없던 터라 동국제강은 3남인 고 장상태 회장 체제로 운영돼왔다.

부산 동래고와 서울대 농대를 졸업한 장 회장은 미국 미시간주립대 석사를 마치고 귀국, 잠시 부흥부(경제기획원)에서 일하다 1956년 동국제강 전무로 회사에 발을 내디뎠다. 장 회장은 부산에서 무역업을 하던 김영희씨의 외동딸인 김숙자씨와 결혼해 2남 3녀를 뒀다.

김숙자씨는 이화여대 영문과를 나온 미모의 재원이었다. 김숙자씨는 시부모, 시동생 등 대가족을 모시고 살았는데 워낙 검박한 시아버지가 생활비(당시돈 500원)를 매일 매일 나눠주는 바람에 살림에 애를 먹었다고 한다. 남편인 장상태 회장도 농림부 장학금으로 미국유학을 다녀오면서 부친이 용돈을 많이 주지 않아 고생을 했다. 장세주 동국제강 회장도 미국 유학시절 부친이 차를 사주지 않아 걸어다녀야 했다고 한다.

ROTC 출신인 장남 장세주 회장은 상명여대 교수를 지낸 남희정(44)씨와 결혼했다. 두 아들은 아직 학생이다.

막내인 장세욱(45) 동국제강 부사장은 육사 41기생으로 육군 소령으로 예편한 뒤 96년에야 동국제강에 입사했다. 이후 남가주대 MBA를 졸업했다. 장 부사장은 소위시절 친구 소개로 경제기획원 차관, 산업은행 총재, 금호석유화학 회장 등을 역임한 김흥기씨의 딸 남연(43)씨와 연애 결혼했다. 장 부사장의 처남도 육사를 졸업했다. 장 부사장은 "원래는 신문기자가 되고 싶었는데 국가를 위해 일하는 것이 어떻겠느냐는 선친의 권유로 진로를 바꿨다."고 말했다.

장상태 회장의 장녀인 영빈씨는 지병으로 이미 세상을 떴다. 차녀인 문경(49)씨는 울산대 의대 교수로 서울아산병원 정형외과 의사인 윤준오(53)씨와, 3녀 윤희(46)씨는 부산지역 실업가이자 8대 국회의원을 지낸 고 이학만 화양실업 회장의 아들 철(48)씨와 결혼했다. 이 철씨는 현재 철강유통회사인 세광스틸 사장이다.

강철가문의 철 박물관

장상태 회장의 바로 아랫동생인 장상철씨는 부산제강소 공사 현장을 진두지휘하는 등 동국제강 경영에 활발히 참여하다 1991년 세상을 떴다. 장상철씨 사후 유족들은 세연문화재단을 설립해 고인의 뜻을 이어갔다. 세연문화재단은 2000년 충북 음성에 세연철박물관을 개관, 전통제철 복원실험, 대장간 조사 등 철강문화 발굴·보급에 힘쓰고 있다. 장녀 인경(48)씨가 관장을 맡고 있다.

장남인 세훈(45)씨는 동국제강 계열사인 국제종합기계 전무로 일하고 있고, 차남 세한(42)씨는 철강판매사인 ㈜동산 대표이사를 맡고 있다. 차녀 은주(46)씨의 남편인 송봉헌(50)씨는 주 인도 공사다.

불사와 사업을 동시에

장경호 창업회장의 5남인 장상건(72) 동국산업 회장은 부산지역 사업가인 김대성씨의 큰딸 명자(65)씨와 결혼, 1남 3녀를 뒀다.

장 회장은 부산상고와 동국대 임학과를 졸업하고 1960년 동국제강 감사로 입사했다.이후 동국제강 부사장,동국건설 사장을 지낸 뒤 1977년부터 동국산업 경영을 맡아왔다.

장경호 창업회장이 1967년 설립한 대원사가 전신인 동국산업은 2001년 동국제강에서 계열분리됐고 현재 동국S&C,대원스틸,한려에너지개발,동국내화,신안풍력발전,고덕풍력발전 등을 계열사로 두고 있다.장상건 회장의 형인 고 장상준 회장 자손들이 운영하고 있는 조선선재 지분도 16.6% 갖고 있다.

동국산업은 현재 장상건 회장의 외아들인 장세희(39) 전무가 22.45% 지분으로 최대 주주다.장 전무는 고려대 경영학과를 졸업하고 96년 동국산업에 입사했다.장 전무의 부인은 동방그룹 창업주인 김용대 회장의 차녀 유경(36)씨다.

장 회장의 차녀 혜경(43)씨는 김장리 법률사무소 설립자인 고 김홍한 변호사의 아들 유동씨와 결혼했다.아직 미혼인 막내 혜원(37)씨는 국민대 시각디자인과에서 강의를 맡고 있다.

화려한 혼맥, 눈부신 성장

장경호 창업회장의 여섯 아들 가운데 현재 가장 주목받는 이는 막내인 장상돈(69) 한국철강 회장이다.

경복고와 동국대 경제학과를 졸업하고 1962년 조선선재에 입사,동국제강 상무 · 전무를 거쳐 82년 한국철강 대표이사 사장에 취임했다.이후 85년부터 98년까지 동국제강 대표이사 사장을 지냈고 2001년 한국철강을 갖고 독립했다.

한국철강은 계열분리 뒤 환영철강,영흥철강,대흥산업을 인수하며 한국특수형강,세화통운,마산항5부두운영과 함께 6개 계열사를 거느린 철강 전문그룹으로 도약했다.한국철강 자체만으로도 2005년 매출 6861억원,순이익 1120억원을 거둔 알짜기업이다.환영철강 역시 매출이 4000억원이 넘고 한국특수형강도 2005년 매출이 2500억원에 달한다.

장 회장은 동국대 재학시절 이화여대 미대생이던 신금순(67)씨와 연애결혼했다.장인인 신종식씨는 한때 동국제강 계열사인 부산신철(현 한국특수형강) 사장으로도 일했었다.

장 회장은 3남 2녀를 뒀는데 혼맥이 가장 화려한 편이다.

장남인 장세현(43) 한국특수형강 대표이사 부사장은 뉴욕대 경영학과를 마치고 한국철강에 입사했고 환영철강 대표이사를 겸하고 있다.

미국 캘리포니아대 화학과와 일본 와세다대학원을 나온 차남 장세홍(41) 한국철강 전무는 고 박정구 전 금호그룹 회장의 차녀인 박은경(35)씨와 결혼했다.박 전 회장은 재계혼맥이 두텁기로 유명한데 맏사위는 김우중 전 대우그룹 회장 아들인 김선협씨,셋째 사위는 허진규 일진그룹 회장의 차남인 허재명 일진소재산업 대표이사다.

3남 세일(36)씨는 영흥철강 기획이사를 맡고 있다.

차녀인 인영(39)씨는 구두회 극동도시가스 명예회장의 장남 구자은(43) LS전선 상무와 결혼했다.구 명예회장은 구인회 LG 창업주의 동생이다.LG가와 동국제강의 남다른 인연을 엿볼 수 있는 대목이다.

장씨 일가 불교와 인연

동국제강 장씨 일가를 이야기하면서 불교와의 인연을 빼놓기 어렵다. 창업주인 고 장경호 회장의 묘비에는 '대원거사(大圓居士)'라고 새겨져 있다. 부인 고 추명순씨도 적선화라는 법명으로 통했다.

장 회장이 불교에 귀의한 계기는 17세 때 목격한 막내동생의 죽음이다. 사랑하는 동생의 죽음으로 인간의 존재에 대한 물음을 갖게 된 장 회장은 양산 통도사 주지 구하 스님을 통해 처음 불교에 눈을 뜨게 된다. 이후 1925년 통도사에서 첫 안거를 하면서 인생의 방향을 잡았고 수시로 금강산 마하연, 통도사, 청도 운문사, 부산 금정사, 금정산 무위암 등에서 안거와 정진을 거듭했다.

장 회장의 불사는 이후 불서보급사 설립, 대중포교당인 대원정사 설립 등으로 발전한다. 1973년 대원불교대학까지 설립한 장 회장은 죽음을 예감한 1975년 스웨덴 대사로 있던 차남 장상문씨에게 불사를 부탁하고 사재 30억원을 불교사업에 희사, 대한불교진흥원을 탄생시킨 뒤 스스로 자리에 누워 입적했다. 그가 임종 직전 남긴 열반송은 '심즉시불(心卽是佛), 마음이 곧 부처이니 이를 믿고 깨달으라.'는 말로 끝난다.

창업 회장을 이어받은 장상태 회장도 부산제강소를 이전하면서 1996년 100억원을 출연해 대원복지재단(현 송원문화재단)을 설립, 장학사업·아동복지사업 등을 펼치며 선친의 유지를 이어갔다. 장 회

▲1996년 동국제강 불자(佛子)들이 충북 괴산 다보사 수련원 준공식 테이프를 자르고 있다. 왼쪽부터 장상건 동국산업 회장, 장상돈 한국철강 회장, 고 장상태 동국제강 회장, 한 사람 건너 서돈각 불교진흥원 이사장.

장은 또 2000년 임종 직전 화장을 부탁해 장묘문화에 신선한 충격을 던졌는데 이 역시 그의 불심과 무관치 않다. 부인 김숙자씨, 아들인 장세주 회장, 장세욱 전무도 이미 화장을 약속했다.

창업회장이 생전에 불사를 부탁한 둘째 아들 장상문씨는 1981년 대원정사 이사장과 신행단체인 대원회 회장에 취임하면서 선친이 못다이룬 사업에 속도를 냈다. 장상문씨는 1989년 불교진흥원 이사장에 취임한 뒤 불교계의 숙원이었던 불교방송을 개국하는데 성공했다. UN방송 근무 경험을 바탕으로 초대 불교방송 사장을 지내기도 했다.

장상건 동국산업 회장도 현재 대원정사 이사장직을 맡아 선친의 뜻을 받들고 있다. 동국산업은 1992년 재단법인 '불이원'을 설립, 소외된 이웃을 돕고 있다. 장 회장은 2004년 12월 부산에 대원정사 지원을 마련, 불교 포교에 힘을 쏟고 있다. 또 2005년에는 사재를 털어

부산 대원불교대학을 개교,부산·경남지역 불교 인재 양성에 나섰
다.장상건 회장과 장상돈 한국철강 회장이 불교계열인 동국대를 졸
업한 것도 이 집안과 불교와의 남다른 연을 짐작케 한다.

3장

재벌家 맥(脈) - 下

누가 한국을 움직이는가

■ 삼부토건가(家 · 그룹) 총괄 인맥도

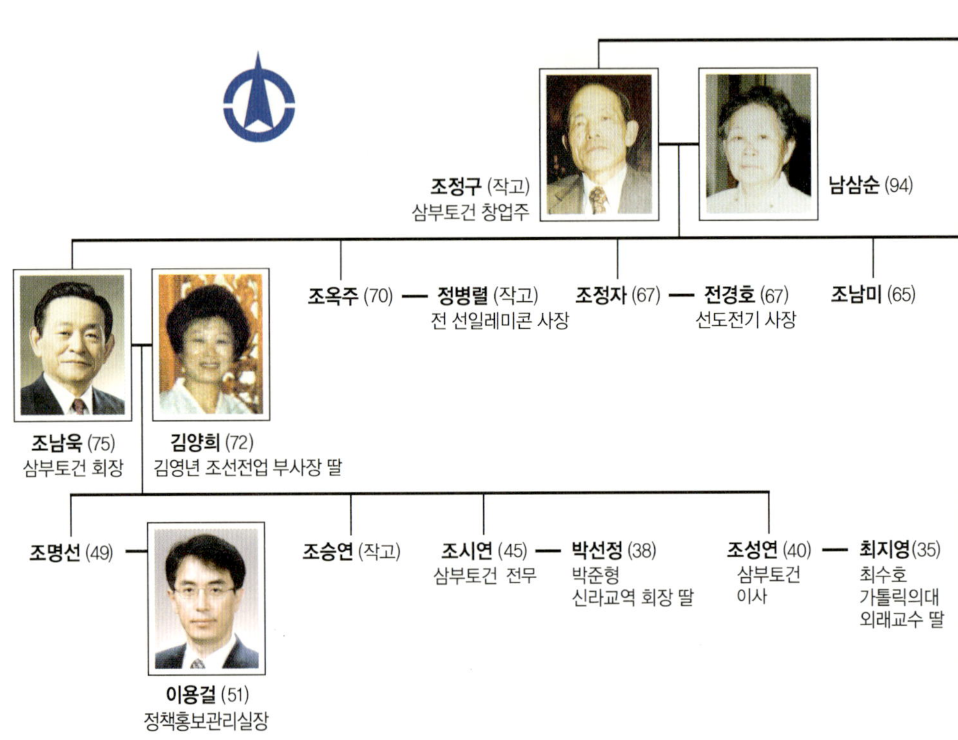

20. 삼부토건가(家) 총괄 인맥도

3장 20 삼부토건가(家)

조남욱 회장가(家)

'부여 출신의 3형제가 서로 도와 세운 건설사.' 국내건설업 면허 1호 업체인 삼부토건의 유래다. 삼부토건의 삼(三)은 삼각형과 안정, 3형제 등을 의미한다. 부(扶)는 창업주인 고 조정구 총회장의 고향인 부여와 자조(自助)를 뜻한다. 즉 삼부는 부여출신 3형제인 조정구·창구·경구 3형제가 창업했다는 뜻이다. 3형제가 서로 도우며 안정적으로 회사를 끌고 가겠다는 의미도 있다.

삼부토건은 60, 70대까지만 해도 국내 건설면허 1호 업체라는 명성에 걸맞게 도급순위 3위까지 성장했다. 하지만 보수적인 기업문화는 성장에 걸림돌이 됐다. 창업주인 조 총회장뿐 아니라 대를 잇고 있는 큰아들 조남욱(75) 삼부토건 회장은 지금도 10대 선조까지 제사를 지낼 정도다. 보수적인 기업문화 탓에 여러 차례 도약의 기회를 놓친 것이다. 80년대부터는 기업순위가 밀려 현재는 도급순위 29위에 머무르고 있다.

그러나 삼부토건은 '성실시공'이란 창업정신과 호텔업을 중심으로 제2의 도약을 꾀하고 있다.

엄격한 한학교육 받으며 성장한 창업주 조정구

삼부토건의 창업주인 고 조정구 총회장은 1914년 11월 충남 부여군 장암면 석동리에서 부친 조동일씨와 모친 풍천 임씨 사이에서 4남3녀 중 장남으로 태어났다.조 총회장이 5세때 서당에서 한학을 배우면서 총명함을 보이자 부친은 어려운 가정형편에도 가정교사를 둬 조 총회장을 가르쳤다.

조 총회장은 15세때인 1928년 장암면장 남정국씨의 맏딸 삼순씨와 결혼을 했다.이후 부여공립보통학교와 일광심상고등소학교를 다녔다.고3 때에는 장남인 조 회장을 낳았다.조 총회장은 자식까지 생겼으나 공부에 대한 욕심을 버리지 못하고 서울로 올라와 경성공업고등학교(현 서울기계공고) 건축과에 입학했다.경성공고를 졸업하고 1936년부터는 경기도청에서 건설관련 공무원으로 출발했다.능력을 인정받았으나 1948년 3월 사직서를 제출,12년 동안의 공직생활을 마감하고 곧바로 삼부토건을 설립했다.

성실시공이 성공의 밑거름

창업 초기 삼부토건은 이렇다할 공사를 따내지 못했다.삼부토건이 따낸 첫 공사는 창업 한달 뒤인 1948년 4월 성동소방서와 돈암동소방서의 부서진 문을 고치는 공사였다.토목공사라기보다는 보수공사였다.

그러나 조 총회장은 공사 규모에 연연해하지 않고 '성실시공' 이라는 창업정신으로 임했다.삼부토건의 성실성이 알려지면서 경기도 상공국의 지하식당 수리공사,서울시 부녀병원 수리공사,전매국 통상염

고 신축공사 등 굵직한 공사를 도맡았다.

삼부토건이 비약적인 발전을 하게된 계기는 군공사를 싹쓸이하면서부터다.1951년 해군본부의 해군병원 수리공사를 맡은 3개 건설업체 가운데 삼부토건만이 예정된 기간에 공사를 끝내면서 군당국으로부터 신뢰를 쌓았던 것이다.1951년에만 삼부토건은 진해에서 4억원에 달하는 엄청난 규모의 공사를 수주했다.

1960년대 초 전국에서 가장 열악한 지역은 제주도였다.1948년 4·3 사건이라는 정치적인 요인도 있었지만 무엇보다 제주도가 개발이 낙후될 수밖에 없었던 이유는 건설업체들의 수익성 때문이다. 섬이라는 특성 탓에 장비,자재,인부 조달이 어려울 수밖에 없는 것이다.이런 조건에서도 정부는 건설단가를 제주도와 내륙을 동일하게 적용했다.제주도 공사 참여가 바로 적자일 수밖에 없는 구조였다.

그러나 조 총회장은 제주도 개발사업에 과감히 뛰어들었다.해군공사를 도맡으면서 알게된 해군 준장 출신의 김영관씨가 제주도지사를 맡으면서 삼부토건이 제주도 사업을 맡아줄 것을 간곡히 부탁했던 것이다.수익을 생각하면 당연히 거절해야 했지만 조 총회장은 "우리가 공사를 하지 않으면 제주도민들은 한없이 열악한 환경 속에 살 수밖에 없다."면서 기업의 사회적 책임을 감안한 끝에 수락했다.제주도민들의 숙원사업이었던 40㎞에 달하는 제주~서귀포 횡단도로는 이렇게 해서 만들어졌다.

경부·경인고속도로,잠실개발사업 등으로 한단계 도약

1968년에 착공된 경부고속도로 건설공사는 삼부토건을 비롯한 국내 건설업체들에게는 모두 도약의 기회였다.경부고속도로 건설에는 종전 불도저나 포클레인 등 구식 장비에만 의존하던 방식에서 벗어나 2000대에 달하는 당시로서는 첨단 중장비가 투입됐다.건설업체들은 정부보증으로 부족한 중장비를 구입했다.경부고속도로 건설부터 본격적인 기계화 시공이 이뤄진 것이다.삼부토건은 충북 옥산~충북 현도 구간 21.3km,경북 봉산~경북 금천 구간 16.2km을 맡았다.

경인고속도로는 합작회사 형태로 건설을 맡았다.1967년 경인고속도로가 착공될 때는 시공업체가 삼안산업이었지만 정부가 공기 단축을 위해 당시 도급순위 1~3위였던 현대건설,대림산업,삼부토건을 공사에 참여하도록 한 것이다.

1970년대 초에 시작된 잠실개발사업도 오늘날의 삼부토건을 있게 한 대공사다.잠실주변을 흐르는 성내천과 탄천을 막지 못하면 잠실개발은 수포로 돌아갈 수밖에 없었다.삼부토건은 이들 지류를 막기 위해 하루에만 1000여명의 인력과 500대의 중장비를 투입하자 물길이 멈춰서면서 100만평에 달하는 매립지가 생겨났다.

90년대 들어 사세 주춤, 제2의 창업 선언

삼부토건은 60,70년대만 해도 국내에서 도급순위 3~4위에 달했다.

그러나 삼부토건은 70,80년대 활발했던 해외건설 사업에 소극적이었다.다른 건설업체들이 사우디아라비아,이라크,리비아 등 대규모 건설공사에서 재미를 봤지만 삼부토건은 제한적으로만 해외사업을 해나갔다.철저하게 해외 현지시장을 조사해야 부실시공으로 이어지지 않는다는 판단에서다.그렇다 보니 자연스럽게 해외 진출은 늦어질 수밖에 없었다. 또 건설업을 기반으로 제조업, 중공업 등으로 사업을 확대하는 것도 꺼렸다. 주로 국내시장을 공략했다.

삼부토건이 처음으로 해외공사에 뛰어든 시기는 1973년. 말레이시아 제2연방고속도로 공사 성공을 계기로 말레이시아 쿠알라룸푸르 순환공사, 네팔의 쿨레카니 댐 건설공사, 사우디아라비아 상수도 확장공사 등을 잇달아 따냈다. 이처럼 삼부토건이 해외건설에 뒤늦게 뛰어들어 기회를 잃었지만 내실경영으로 인해 1979년의 제2차 석유파동을 견뎌낼 수 있는 계기가 됐다.

삼부토건 기술력이 빛을 발한 것은 국내 최초의 하저터널을 성공리에 마쳤을 때다. 영국과 프랑스를 잇는 도버해협의 유로터널도 두 번이나 무너졌을 정도로 하저터널 공사는 선진국에서도 어려워하는 공사였다. 그러나 삼부토건은 1990년부터 7년에 걸친 공사 끝에 별 사고 없이 지하철 5호선 마포~여의나루역 공사를 성공리에 끝냈다.

미래 유망산업인 호텔업에 진출

삼부토건은 1980년 경주 도규호텔(현 콩코드호텔)을 인수하면서 호텔업에 진출한다. 1981년에는 강남구 역삼동에 부지 5000여평을 매입했다. 1988년 서울올림픽 유치가 결정됐기 때문에 호텔을 짓게 되면 올림픽 기간에 200만명으로 추산되는 외국인 관광객을 상대로 돈을 벌 수 있다는 판단에서였다. 삼부토건이 호텔을 짓기로 한 데는 80년대 들어 국내외 건설 수주가 어려워져 자체 사업을 통해 매출을 올리자는 전략도 담겨 있었다. 삼부토건은 서울올림픽 개최 불과 70여일 전인 1988년 7월 라마다르네상스 호텔(현 르네상스서울 호텔)

▲삼부토건 창업주 고 조정구 총회장의 부인 남삼순씨의 고희연이 있었던 1983년 1월 가족들이 한자리에 모였다. 앞줄은 조 총회장 부부, 맨 뒷줄 왼쪽부터 조 총회장의 맏사위 정병렬 전 선도전기 사장, 손자 조시연 삼부토건 전무, 큰아들 조남욱 삼부토건 회장, 손자 조승연, 큰며느리 김양희씨, 3남 조남립, 둘째 며느리 신용옥 여의상사 감사, 차남 조남원 삼부토건 부회장, 큰딸 조옥주씨, 넷째딸 조남숙씨, 손녀 조명선, 셋째딸 조남미.

을 준공했다. 호텔업에 진출할 때의 전략대로 라마다르네상스호텔은 개관 6개월동안 19억여원의 영업수익을 올렸다.

올해로 창사 59년을 맞은 삼부토건은 몇차례의 부침 끝에 현재는 2007년 기준으로 도급순위 29위(도급액 9,383억원)를 기록하고 있다. 현재 삼부토건은 남우관광(주)(르네상스서울호텔), 삼부건설공업(주), 보문관광(주)(경주 콩코드호텔), (주)여의상사, 삼부개발(주)(삼부스포츠프라자), (주)제성, (주)신라밀레니엄 등의 계열사를 거느리고 있다.

조 총회장의 장남인 조 회장은 경기고, 서울대 법대를 졸업한 이른바 'KS' 출신이다. 그렇다 보니 조 회장의 인맥은 정계, 재계, 경제계에 널리 퍼져 있다. 경기고 졸업 동기로는 성백인 서울대 명예교수, 이면영 홍익대 이사장, 최영철 변호사, 한건희 전 육군 소장 등이 있다. 서울

법대 졸업 동기로는 이회창 전 한나라당 총재를 비롯해 박우동 법무법인 광장 대표변호사,이대순 한국대학총장협회 이사장 등이 있다.

조 회장은 대학 졸업 뒤에는 조달청의 전신인 외자청과 중앙선거관리위원회 등에서 20년 가까이 공무원 생활을 했다.중앙선거관리위원회에서는 선거계장,선거과장,총무국장 등 요직을 두루 거쳤다.1973년에는 대통령으로부터 홍조근정훈장을 받을 만큼 능력을 인정받았다.

조 회장은 외자청에 다니던 29세때 부친의 권유로 서울대 사범대를 나온 후 교사를 하던 김양희씨와 결혼했다.조 회장의 장인은 초대 상공부 전기국장을 지내고 한국전력의 전신인 조선전업 부사장을 지낸 김영년씨다.

재계 · 관계에 퍼져 있는 혼맥

조 회장은 3남1녀를 뒀다.연세대 가정학과 출신인 장녀 명선(49)씨는 이용걸(51) 기획예산처 정책홍보관리실장과 결혼했다.이 관리실장은 경기고,서울대 경제학과 출신으로 장인인 조 회장의 고교 · 대학 후배인 셈이다.명선씨의 결혼에는 이 관리실장의 외삼촌이면서 삼부토건 상무까지 지냈던 신억상씨가 중매를 했다.

행정고시 23회로 경제기획원에서 공직생활을 시작한 이 관리실장은 기획예산처로 자리를 옮겨 재정정책과장,기획총괄과장,사회재정심의관,산업재정기획단장,재정운용기획관, 공공혁신본부장 등을 두루 거친 기획예산처 내 선두주자다.

장남인 조승연씨는 1997년 지병으로 사망했다.

인창고, 경희대 상대를 졸업하고 미국 MBA까지 마친 차남 조시연 (45) 삼부토건 전무는 박선정(38)씨와 결혼했다. 조 전무의 장인은 신라교역 회장인 박준형씨다. 한국원양어업협회 제14대 회장을 지낸 박 회장은 신라수산, 신라엔지니어링, 비전힐스 골프장, 신라문화장학재단을 거느리고 있다. 조 전무의 부인 선정씨와 선정씨 언니인 민정씨는 모두 '미래회' 멤버다.

미래회는 재계 유력 인사들의 부인과 며느리 등 23명으로 구성돼 있다. 불우이웃돕기 등 자선활동을 하는 미래회에는 선정씨 자매 외에도 최태원 SK 회장의 부인 노소영씨, 한솔 조동길 회장의 부인 안영주씨, 한국타이어 조양래 회장의 며느리 이수연(이명박 전 서울시장 딸)씨 등이 회원으로 있다. 조 회장의 막내 성연(40)씨는 가톨릭의대 외래교수의 딸인 최지영(35)씨와 결혼했다. 성연씨도 아버지를 돕기 위해 삼부토건 이사로 재직중이다.

조 전무는 삼부토건 현장지원 업무를 담당하고 있다. 건설 현장의 자재 조달과 구매 등을 맡는 핵심부서다. 조 회장이 삼부토건에 입사하기 전 조달청에서 근무했기 때문에 조달업무의 중요성을 누구보다도 잘 안다. 때문에 삼부토건의 사실상 후계자인 조 전무에게 현장지원 업무를 맡도록 했다. MBA를 마친 조 전무는 영어실력도 유창해 해외사업도 관여하고 있다.

후계구도와 무관하게 삼부토건의 모든 업무는 아직까지는 조 회장이 좌지우지한다. 엄격한 유교집안 탓에 장자인 조 회장이 회사일과 집안일 모두를 결정한다. 한달이면 한두차례 모든 형제들은 조 회장 집에 모인다. 조 회장의 첫째 동생인 조남원(63) 부회장은 물론 경주에서 콩코드호텔을 경영하고 있는 조남립(55) 사장도 제사에 반드시 참석한다.

삼부토건 관계자는 "조 회장의 두 아들은 물론 조 회장의 동생들도 조 회장에게 쉽게 말을 꺼내지 못할 정도 가부장적인 분위기"라면서 "조 회장도 아버지인 조정구 총회장에게 그렇게 배우고 자랐기 때문에 가풍이 이어지고 있다."고 말했다.

형을 끝까지 보좌하고 있는 조남원 부회장

조 총회장의 차남인 조남원 삼부토건 부회장은 금융인인 고 신동필씨의 딸인 용옥(62)씨와 결혼했다. 고려대를 나와 미국 로욜라대학에서 경영학 석사과정을 밟으면서 용옥씨를 만났고, 귀국과 함께 외환은행에 다녔던 용옥씨와 결혼한 것이다.

조 부회장은 1975년 삼부토건에 입사, 30여년동안 건설 외길을 걸어왔다. 사우디아라비아 알코바 하수종말처리장, 타이프 스포츠센터, 말레이시아 MBA사옥, 파키스탄 물탄~미안찬누 도로건설 등과 같은 해외건설 공사를 완벽하게 끝내 세계속에 '건설 한국'의 입지를 다진 토목 전문가다.

조 부회장이 삼부토건의 해외파트를 도맡았던 것은 유학생활을 통해 얻은 외국어 실력 덕분이다. 형인 조남욱 회장보다 1년 먼저 삼부토건에 입사했다. 조 부회장은 현재 대한건설협회 대의원 및 이사, 한국공학한림원 부회장, 도로교통협회 부회장, 한국엔지니어협회 이사 등을 맡고 있다. 장학재단인 숙정재단을 설립하고 사회복지법인인 재활재단 이사를 맡아 사회활동도 활발히 펼치고 있다.

조 부회장의 부인인 용옥씨는 삼부토건의 유통업 계열사인 ㈜여의상사의 감사로 있다.

호텔 계열사를 경영하는 조남립 사장

조 총회장의 3남인 조남립 삼부토건의 계열사인 경주콩코드호텔 대표로 재직중이다. 조 총회장의 장녀 옥주(70)씨는 이화여대를 다니면서 연세대를 다니던 정병렬(작고)씨와 만나 졸업 뒤 결혼했다. 잠시 공무원생활을 한 병렬씨는 결혼과 동시에 장인회사인 삼부토건에 입사, 금융담당 상무까지 지낸 뒤 81년 퇴사했다. 한때 선일레미콘이라는 별도의 회사를 차려 독립했다.

숙명여대를 졸업한 정자(67)·남숙(작고)씨 등은 모두 연애결혼했다.

차녀 정자씨의 남편은 선도전기 대표이사 회장인 전경호(67)씨. 마산고와 성균관대 독문학과를 졸업한 전씨는 학창시절 친구의 소개로 정자씨를 만났다고 한다.

4녀 남숙씨는 학창시절 교회의 성가대에서 알게된 정홍식(59)씨와 결혼했다. 연세대를 졸업한 홍식씨는 당초 삼성그룹에 입사, 그룹비서실에서 근무했다. 그는 삼부토건의 계열사인 여의상사의 총무부장으로 자리를 옮긴 뒤 콩코드 호텔, 르네상스서울 호텔 등 그룹내 계열사를 돌며 장인을 도왔으나, 1987년 주방기기 납품업체인 HRS를 차려 독립했다. HRS의 홈페이지에 월요예배 코너를 따로 만들어 설교를 전할 만큼 독실한 기독교 신자다.

부자(父子) 국회의원

삼부토건 창업주인 고 조정구 총회장과 큰 아들인 조남욱 회장은 공통점이 많다. 부자(父子)가 모두 국회의원과 대한건설협회장을 지냈다는 점이다.

조 총회장은 지난 1981년 3월 제11대 한국국민당의 전국구 국회의원에 당선됐다. 대한건설협회장을 여러차례 역임했던 조 총회장은 건설업체들의 도움으로 국민당 비례대표 상위 순번을 받을 수 있었던 것이다. 건설업체의 뜻대로 조 총회장은 국회 경제과학위원회에 배정돼 건설업계의 고질적인 병폐들을 하나하나 고쳐나갔다. 하지만 조 총회장은 당초 약속대로 4년동안만 국회의원을 지낸 뒤 기업인으로 돌아왔다. 정치에 미련이 없었기 때문이다.

조 회장도 아버지와 똑같은 길을 걸었다. 대한건설협회장을 맡고 있던 1988년 제13대 총선에서 민정당 비례대표로 출마해 당선됐다. 1990년 노태우·김영삼·김종필씨가 합당했을 때는 김종필씨의 지역구였던 부여의 지구당 위원장직도 넘겨받기도 했다. 조 회장이 아버지와 다른 점이 있었다면 계속 정치를 할 뜻이 있었던 것이다. 부여 지구당위원장직도 넘겨받았기 때문에 다음번 총선에서는 지역구 출마도 가능했다. 하지만 1992년 제14대 총선에서 김종필씨가 부여에 직접 출마했다. 1996년 총선에서는 김종필씨가 민자당을 탈당한 뒤 자민련 후보로 부여에 출마했다. 조 회장은 그 당시 여당 후보로 출마할 수 있었지만 당선 가능성이 떨어져 아예 정치의 뜻을 접었다.

조 회장처럼 부자가 모두 국회의원을 한 경우는 현직에만 9명이 있다. 대표적으로 6선을 지냈던 김대중 전 대통령의 아들인 김홍일 민주당 의원이 있다. 정주영(제14대 전국구 의원) 전 현대그룹 명예회장의 아들 정몽준 의원은 무소속으로 활동중이다.

▲조남욱(가운데) 삼부토건 회장이 1988년 4월 제14대 총선에서 민정당 전국구 국회의원에 당선된 뒤 부친 조정구(왼쪽) 총회장·모친 남삼순씨와 자택에서 기념촬영을 하고 있다.

한나라당에는 김무성(김용주 전 의원 아들), 남경필(남평우 전 의원 아들), 정문헌(정재철 전 의원 아들), 이종구(이중재 전 의원 아들), 유승민(유수호 전 의원 아들) 의원이 있다. 국민중심당에는 정진석(정석모 전 의원 아들), 열린우리당에는 노웅래(노승환 전 국회 부의장 아들) 의원이 있다.

조남욱 회장 남다른 백제문화 사랑

삼부토건 조남욱 회장은 백제문화에 애정이 남다르다. 물론 조 회장 고향이 부여이기 때문에 백제문화에 관심을 갖는 것일 수도 있다. 부여는 백제가 서기 538년 천도(遷都)한 뒤 660년 패망할 때까지 문화적 전성기를 이룬 도읍지였다.

하지만 조 회장이 백제문화권개발에 앞장서는 데는 고향이라는 이유말고도 다른 사연이 있다. 백제문화는 일본에 전파돼 일본 고대국가를 형성하는데 결정적인 영향을 미칠 만큼 위대한 것인데도 신라문화권 개발에 비해 상대적으로 뒤쳐졌다고 판단했기 때문이다.

조 회장이 본격적으로 백제문화권 개발에 나선 것은 1990년대부터다. 1990년 국립부여박물관 공사를 시작했고, 1994년에는 '백제 작은길'과 '백제 큰길'을 착공했다. 또 그해 일본 규슈 미야자키 남향촌 등의 유적지를 답사한 뒤 백제문화가 일본문화에 미친 영향에 대해 조사했다. 남향촌은 '백제마을'이라고 불릴 만큼 백제문화의 영향이 깊이 서려 있는 곳이다.

1998년에는 백제역사재현단지 조성 사업에 앞장섰다. 부여 규암면 합정리 일대 100만평 부지에 3700여억원을 들여 역사재현촌, 민속박물관, 호텔, 컨벤션센터, 예술인촌 등을 건설하는 사업이다. 그해 4월 열린 기공식에는 조 회장을 비롯해 김종필 국무총리, 신낙균 문화관광부장관, 심대평 충남지사 등 3000여명이 참석할 정도로 높은 관심을 보

▲조남욱(왼쪽 세 번째) 삼부토건 회장이 1993년 8월 열린 국립부여박물관 개관식에 참석해 포즈를 취하고 있다. 왼쪽부터 김영삼 전 대통령, 송천영 전 의원, 조 회장, 이민섭 전 문화체육부 장관.

였다. 그동안 공사는 속도를 냈고 조만간 백제의 역사와 백제인의 생활상·문화·유적 등을 총망라한 '백제역사문화관'이 2006년 3월 16일 개관되었으며, 사비(지금의 부여)시대 백제 왕궁과 능사(능을 지키기 위해 세운 절) 5층 목탑도 조만간 공개된다. 또 2010년까지 산업교역촌, 개국촌, 장제묘지촌, 전통민속촌 등이 순차적으로 문을 연다.

백제역사재현단지에는 생태숲인 백제숲도 들어선다. 충남도가 2008년까지 8억원을 들여 단지내 왕궁촌 주변 43ha에 백제풍의 생태숲을 조성키로 한 것이다. 백제숲에 백제시대에 많이 자생했던 것으로 옛 문헌을 통해 밝혀진 소나무와 박달나무, 느티나무, 떼죽나무 등 각종 나무 3만 8000그루와 가시연꽃, 감국, 개미취, 나리꽃, 원추리, 인동덩굴 등 3만 2000포기의 초화류를 심어 백제시대 분위기를 연출할 계획이다.

3장

재벌家 맥(脈) - 下

누가 한국을 움직이는가

■ 대성가(家 · 그룹) 총괄 인맥도

21. 대성가(家) 총괄 인맥도

김문근 · 작고 　**김정희** · 작고
대성광업개발 전 회장

김정주 · 58
연세대 교수·대성닷컴 사장

김영훈 · 55
대성그룹 회장

김정윤 · 38

김성주 · 51
성주인터내셔날 회장

딘 고달드

　신정희 · 31
　신명철 · 30 — 권순혜 · 25

김은혜 · 27
김요한 · 25
김종한 · 18

김의한 · 13
김은진 · 10
김의진 · 7

김지혜 · 18

고(故) 김수근 창업주가(家)

대성그룹 고 김수근 회장가(家)의 혼맥은 매우 단출하지만 3남3녀 모두 경영에 참여할 만큼 2세들의 대외 활동은 왕성하다.

무엇보다 여느 재벌가(家)와 달리 딸들의 적극적인 경영 참여는 고 김 회장가(家)에서 두드러지게 나타난 특징 중의 하나다.독실한 기독교 가풍이 남녀 평등으로,정략결혼에 대한 거부감으로 드러난 것이 아닌가 여겨진다.또 통혼(通婚) 과정에서 '교회 인연'이 적지 않은 것도 눈에 띄는 점이며, 2세들의 화려한 학벌도 이 집안의 자랑 이다.

대성은 고 김 회장이 연탄사업을 기반으로 성장시킨 그룹이다.한 때는 대학생들이 가장 입사하고 싶었던 기업으로 손꼽힐 만큼 재계 에서 '잘 나가던' 시절도 있었다.

1970년대 초엔 국내 10대 그룹의 한 자리를 차지할 정도로 사세가 대단했었다.그러나 연탄산업의 몰락과 이에 따른 변신이 늦어지면서 점차 뒤처지기 시작했으며, 2000~2001년 사이엔 연이은 계열 분리 로 그룹 규모가 더욱 줄었다.

에너지 산증인 김수근 창업주

"인생은 유한하지만 기업은 영원해야 한다." 김수근 대성 창업주가 운명하기 며칠 전 병상으로 그룹 임·직원을 불러 남긴 필담 유언의 한 토막이다. 그의 기업관이 고스란히 묻어 있다.

1916년 대구에서 태어난 김 창업주는 가정 형편 때문에 대구상고를 중퇴하고, 삼국석탄 대구지점에서 연탄과 첫 인연을 맺었다. 당시 일본기업들은 일본인만을 채용하는 원칙이 있어 취직이 쉽지 않았다고 한다.

그러나 김 창업주는 회사에서 입사를 수차례 거절했음에도 불구하고 끝까지 밀어붙여 취직한 뒤, 성실함과 정직으로 내부 업무는 물론 외판 업무도 맡았다. 당시 김 창업주는 일에 대한 집념과 노력 등으로 일본인으로부터 '가죽고리'라는 별명을 얻었다.

그는 1940년 일본 유학길에 올라 일본대학 법학부를 졸업했다. 47년엔 "연료 대책이 시급하고, 더 이상 산림이 황폐화하는 것을 두고 볼 수 없다."며 대구 칠성동에서 연탄회사인 대성산업공사를 설립했다.

김 창업주의 성격을 보여주는 에피소드. 대성그룹이 보유한 경북 문경새재 주흘산 수백만평을 관광지역으로 개발하자는 권유가 많았지만 그는 번번이 거절했다. 연탄사업을 벌인 것은 황폐화하는 삼림을 보호하자는 뜻이 컸다는 이유에서였다. 주흘산 입구엔 "대성그룹은 청정 산림지역을 후손들에게 영원히 물려주고자 한다."는 내용의 푯말이 있다.

또 김 창업주는 출장을 갔다 오면 영수증 한 장까지도 빠짐없이 챙기고, 경비가 남으면 회사에 고스란히 넘겼다. 뿐만 아니라 외국 호텔 객실에서 쓰고 남은 일회용 비누를 "집에서 면도할 때 쓰면 좋겠다."며 가방에 넣어 오기도 했다.

정치권 압력에도 초연했다고 한다. 대성이 정치적으로 스캔들이 없는 이유이기도 하다. 김 창업주는 친구였던 김성곤 공화당 재정위원장의 정치헌금을 거절해 세무조사를 받았을 정도였다.

경영철학도 남달랐다. 그는 무엇보다 '번 만큼만 투자한다.'는 경영론을 일관되게 지켰다. 그래서 한 우물만 파는 경영이 가능했다. "하나라도 제대로 하자. 남이 하니까 나도 한다는 식의 경영은 있을 수 없다."고 강조했다.

이같은 그의 경영철학은 '대기만성'의 약자인 '대성'이라는 그룹의 이름에서도 엿볼 수 있다. 경영 일선에서 물러나면서 아들 3형제에게 '투명 경영'을 유훈으로 남긴 일화는 유명하다. "기업이 내 소유란 생각을 버려라. 또한 이사회를 사장의 들러리로 만들지 마라. 기업이 이익을 못 내면 죄악이니 이익을 못낼 때는 과감히 전문경영인을 써라. 국민의 사랑을 못 받을망정 지탄받는 기업은 되지 마라." 이런 김 창업주의 철학은 대성을 남의 돈을 안 쓰는 튼실한 기업으로 만들었다.

조촐한 혼맥의 '교회 인연'

김 창업주가(家)의 혼맥은 한때 내로라했던 재벌가(家)치고 매우 단출하다. 2세들 가운데 중매 결혼이 적지 않았지만 정략과는 거리가 있어 보인다. 방계도 이와 다르지 않다.

김영훈 대성그룹 회장은 이와 관련, "지인들을 도와주기는 하겠지만 덕을 보지 않겠다.' 는 것이 부친의 확고한 뜻이었다."고 말했다.

김 창업주는 1941년 여귀옥(작고) 여사와 혼례를 치렀다. 이들의 인연은 대구 '남산교회'에서 맺어졌다. 김 창업주의 모친인 기묘임(작고) 여사와 여씨의 모친인 최성연(작고) 여사가 대구 남산교회의 신도였다. 그렇다고 결혼 과정이 그리 순탄하지는 않았다.

김 창업주는 당시 대구상고를 중퇴해 가족 생계를 위해 직장 생활을 하고 있었던 반면 여씨는 당시 대구 신명여고를 졸업하고, 평양여자신학교를 수료한 '신 여성'이었다. 또 여씨 집안은 대구에서 유명한 기독교 집안이자, 명망가(家)였다.

그러나 여씨의 모친인 최 여사는 "내가 딸이 둘이면 하나는 부잣집에, 하나는 인격을 보고 하겠는데 단 하나밖에 없으니 인격을 보아야겠다."면서 주변의 반대를 물리고 김 창업주를 사위로 맞았다고 했다. 김 창업주와 여씨는 슬하에 4남3녀를 뒀다. 이 가운데 4남 영철군이 73년 교통사고로 숨졌다. 장남 김영대(65) 대성 회장은 모친의 친구 소개로 71년 법조인 차영조 변호사의 딸 정현(58)씨와 결혼했다. 정현씨는 서울대 음대에서 피아노를 전공했다.

김 회장 부부는 정한(35)-인한(34)-신한(32) 등 3형제를 두고 있다.

장남인 정한씨는 현재 대성산업 전무로 재직하고 있다. 그는 97년 서울 덕수교회에서 대원외고 동창인 전성은(34)씨와 결혼했다. 성은 씨의 부친인 전경호 서한모방 회장은 김 회장과 경북사대부고 동기동창이다. 차남 인한씨는 미국 버지니아주립대에서 정치학 박사과정을 밟고 있다.

그는 고려대 정치외교학과를 졸업했고 같은 과 후배인 이내리(29)

▲1993년 김영훈 회장과 김정윤씨의 약혼식에서 가족들이 기념촬영을 하고 있다. 앞줄에 앉은 이가 김수근 대성그룹 창업주와 부인 여귀옥 여사. 뒷줄 왼쪽부터 신현정 알파서비스 사장, 민명옥(김영민 회장의 부인)씨, 김영민 SCG 회장, 김성주 성주인터내셔날 사장, 김영주 화백, 김정윤(김영훈 회장 부인)씨, 김영훈 회장, 김정주 연세대 교수, 차정현(김영대 회장 부인)씨, 김영대 회장, 김인한(김영대 회장의 차남)씨, 여완현(여귀옥 여사의 조카)씨

씨와 2002년 서울 덕수교회에서 백년가약을 맺었다. 막내 신한씨는 2005년 병역특례를 마치고, 대성산업가스 이사로 근무하고 있다. 그는 미시간대 컴퓨터공학 석사 출신이다. 김 이사는 2006년 미국 유학 중에 만난 한조희(26)씨와 결혼했다.

차남 김영민(62) SCG그룹 회장은 79년 친지의 소개로 서울대 음대(성악과)를 나온 민명옥(52)씨와 인연을 맺었다. 명옥씨의 부친은 전 유화증권 사장을 지낸 민유봉씨이다.

김 회장 부부는 은혜(27)-요한(25)-종한(18) 등 2남1녀를 두고 있다.

3남 김영훈(55) 회장은 93년 박영창 목사의 소개로 금란교회 김홍도 목사의 차녀인 김정윤(38)씨와 결혼했다. 슬하에 의한(13)-은진

(10)-의진(7) 등이 있다.

장녀 김영주(59) 코리아닷컴 부회장은 75년 서울대 의대 출신인 내과전문의 신현정(62)씨와 인연을 맺었다. 현정씨는 현재 도시가스 서비스회사인 ㈜알파서비스를 경영하고 있다.

김 부회장은 기업인이자 화가로 유명하다. 이들 부부는 정희(31)-명철(30) 등 1남1녀를 두고 있다. 신명철 바이넥스트 창업투자 이사는 2007년 권순혜씨와 결혼했다.

차녀 김정주(58) 대성닷컴 사장은 하버드대 신약학 박사 출신으로 연세대 교수를 겸직하고 있다. 독신이다. 3녀 김성주(51) 성주인터내셔날 사장은 하버드 동창생인 딘 고달드와 결혼해 딸 지혜(18)씨를 두고 있다.

김 창업주의 동생인 김의근(작고) 회장가(家)와 김문근(작고) 회장가(家)도 정·관계와 그다지 인연이 없다. 굳이 꼽는다면 재계에서 중견 기업들과 인연을 맺고 있다. 고 김의근 모토닉(옛 창원기화기공업) 회장은 양제선(82)씨 사이에 3남2녀를 뒀다.

장남인 영준(작고)씨를 통해 대한모방 회장을 지낸 김성섭가(家)와 사돈지간이다. 3남인 김영목(51) 모토닉 부사장은 산업은행 부총재를 지낸 홍대식의 딸 홍은주(44)씨를 배필로 맞았다. 차남인 김영봉(54) 모토닉 사장은 평범한 은행원의 딸인 김혜옥(47)씨와 혼례를 치렀다.

김문근(작고) 전 대성광업개발 회장은 김정희(작고) 여사와 결혼해 슬하에 영범-영돈-은주-영천-영석 등 4남1녀를 뒀다. 장남인 영범씨가 대성광업개발 회장직을 맡고 있다. 형제 모두 대성광업개발에서 근무하고 있다.

대성그룹의 분가는 3차례에 걸쳐 이뤄졌다.매출 2조원을 넘는 대성은 고 김 창업주 생전에 동생인 김의근 회장이 2000년 7월 대성정기와 창원기화기공업의 경영권을 갖고 가장 먼저 '대성의 품'을 떠났다.

김의근 회장은 사실상 김 창업주와 동업 관계였다.

그는 김 창업주가 47년 연탄사업을 시작할 때 석탄 생산을 맡았고,김 창업주는 제조와 판매를 책임졌다.

이어 2001년 4월에는 김 창업주의 막내 동생인 김문근(작고) 회장이 대성광업개발을 맡아 분가했다.

대구공고 출신인 김문근 전 회장은 대한중석 등에서 일하다 1950년대에 대성에 합류했다.

김 창업주 사후인 2001년 6월엔 영대·영민·영훈 등 아들 3형제가 다시 2차 세포분열을 통해 분가했다.장남 김영대 회장이 모기업인 대성산업을,차남인 김영민 회장이 서울도시가스 계열을,3남인 김영훈 회장이 대구도시가스 계열을 각각 맡았다.

그러나 분가 과정에서 적지 않은 진통도 있었다.주식 평가를 놓고 형제간 잡음이 일면서 재계의 눈총을 받기도 했다.

김영대 회장은 이와 관련해 "자신의 덕이 부족한 탓"이라고 했다.2001년 8월엔 막내 김성주 사장이 이끄는 성주인터내셔날도 대성에서 떨어져 나갔다.

김영대 회장의 '인재론'

김영대 회장은 대기업 회장답지 않게 사내에서도 '있는 듯 없는 듯' 하다.잘 나서지 않고 매우 조용하다.

그는 또 학구파다.환갑이 지난 나이지만 월·수·금요일은 일본어,화·목·토요일은 중국어를 공부한다.

그의 경영 스타일은 안정과 보수로 대변된다.이 때문에 간혹 김 회장 주변을 '경로당'이라고 부르기도 한다.김 회장의 비서인 전성희(64) 이사는 국내 비서계의 대모다.김 회장을 모신 지 28년째다.

그의 비서 입문은 우연이었다고 한다.79년 미국 유학을 마친 남편과 함께 귀국했을 때 남편의 대학 친구였던 김 회장은 "미혼 비서를 뒀는데 모두 1년 정도하고 그만두더라.어디 오래 근무할 아줌마 없느냐."며 추천을 부탁했다.

결국 남편의 권유로 전 이사는 당시 세브란스 병원 약사모집 면접을 포기하고 대성에 들어가게 됐다.전 이사는 이화여대 약대 출신이다.

김 회장의 운전기사인 정홍(65) 차량관리 과장도 40년 이상 김 회장을 모시고 있다.동갑내기인 두 사람은 환갑 기념 유럽여행을 같이 다녀오기도 했다.사실상 신분을 넘어 지기(知己)인 셈이다.또 대성 임직원들은 다른 그룹과 달리 60대 이상이 유난히 많다.김 회장의 인재를 아끼는 스타일에서 비롯됐다고 한다.

샌님(?)같은 김 회장도 무서울 정도의 강한 집념을 보여준 적이 있다.그는 90년대 초 씨티은행으로부터 50억원을 불법 대출받아 가로챈 뒤 미국으로 도주한 직원을 직접 추적해 붙잡은 경험이 있다.

그가 쓴 '구름 속의 구만리'라는 추적기에서 "마치 모래밭에서 바늘 찾기와 같았다."고 회고했다.

김 회장은 당시 10개월 동안 출장 9차례,미 체류기간 200일,미대

륙 종횡단 9000마일,만난 사람만도 1000여명이 넘었다고 한다.

그는 50억원의 돈도 돈이지만 회사의 신용과 조직의 사활이 걸린 문제라 그 직원을 붙잡지 않으면 안된다는 절박감이 더 컸다고 했다. 더욱이 일개 직원에게 거액의 수표를 무책임하게 내준 은행측으로부터 음모론까지 흘러나오면서 '대추적'을 결심했다.

대성은 현재 3세 경영이 닻을 올렸다.장남인 김 전무가 2002년 연구개발실장으로 입사해 다양한 경험을 쌓고 있다.3남인 김 이사도 2006년부터 경영수업을 받고 있다.

'대성 부활' 노래하는 3남 김영훈 회장

김영훈 회장은 조용한 말소리와 차분한 몸가짐,설득조의 언어 구사 등에서 CEO보다 목사같은 분위기가 물씬 풍긴다.

그도 그럴 것이 그의 어릴 적 꿈이 목사였다.대학에서 신학공부를 했으며,영락교회에서 전도사로 활동하기도 했다.그는 늦장가를 갈 정도로 공부에 푹 빠져 살았다.그가 받은 학위만도 법학,경제,경영, 신학 등이다.

경기고와 서울대 법대에 이어 미국 미시간대에서 법학·경영학 석사를 마친 뒤 하버드에서 신학과 국제경제학 석사 학위를 땄다.기업 경영을 하면서도 그는 책과 씨름하는 것이 취미다.

김 회장은 1988년 부친의 갑작스러운 부름을 받고,대성산업 기획조정실장으로 경영의 첫 발을 내디뎠다.당시 그는 경영인보다 목회자의 길을 걷기를 원했지만 부친의 'SOS' 요청을 거절할 수 없었다고 했다.

그는 계열분리 이후 대구도시가스를 주력으로 경북도시가스 등 19개 계열사를 거느리고 있다. 당시 에너지사업 일변도에서 지금은 문화사업을 차세대 '먹을 거리'로 마련해 대전환의 시기를 맞고 있다.

그는 2010년까지 매출 10조원, 순익 10억달러를 목표로 한 '10 · 10 · 10' 전략을 내놓았다. 옛 대성의 영광을 회복하기 위한 김 회장의 야심찬 청사진이다.

2남 김영민 회장은 다른 형제들과 달리 스포츠 마니아이며 유머러스하다. ROTC 출신으로 육군사관학교에서 역사 교관으로 근무했다. 경북사대부고와 미국 댈러스대, 남가주대 대학원에서 경영학을 공부했다.

'공주의 길' 포기한 김성주 사장

막내딸 김성주 사장은 '별종'이다. 가문에서 그렇고, 사업에 있어서도 그렇다. 다른 형제들이 부모의 말씀이면 무조건 순응하고 고개를 끄덕였던 반면 김 사장은 부모가 반대하는 일들을 줄기차게 밀어붙였다.

그 대가로 그는 혹독한 고생을 경험했다. 송금이 끊겨 학비를 스스로 벌어야 했으며, 직장 생활도 밑바닥부터 시작했다.

사업에서도 '봉투'와 '접대'라는 그간의 사업 상식을 깨고 투명경영으로 '남성의 세계'를 하나씩 깼다. 김 사장은 자기 힘으로 사업을 일군 여성 CEO가 드문 국내에서 성공한 기업인으로 첫손에 꼽힌다. 그는 훗날 성주인터내셔날을 창업한 배경에 대해 "살찐 돼지가 되지 않기 위해 탈출했다."고 밝혔다.

"우리 집안은 아들보다 딸이 나아요."

대성가(家)의 2세들은 이구동성으로 이렇게 말한다. 심지어 김영훈 회장은 대성의 차세대 캐시카우(현금 창출원)로 키우는 문화사업을 이른바 '효자 사업'이 아니라 '효녀 사업'이라고 부른다. 그만큼 여성들의 실력을 인정하는 데 주저하지 않는다.

그도 그럴 것이 대성가(家)의 딸들은 하나같이 대단하다.

장녀 김영주 화백의 또 다른 '명함'은 코리아닷컴 부회장이며, 차녀 김정주 연세대 교수는 대성닷컴 사장직을 겸직하고 있다.

자매가 최고경영자(CEO)직을 맡은 것은 문화사업에 여성 특유의 세심함이 필요하다고 판단한 김 회장의 요청 때문. 김 부회장은 화가로서의 재능을 코리아닷컴 출판사업에 톡톡히 쏟아내고 있다.

김 부회장이 책 표지 디자인을 혼자 다 할 정도다. 김 사장은 그룹의 문화사업뿐 아니라 다양한 사회공헌 활동을 주도하고 있다. 김 화백은 서울대 미대를 수석으로 입학해 미국 크랜브룩 아카데미오브 아트 대학원을 나왔다.

김 교수는 미시간대에서 영문학을 공부했으며, 하버드대 신학대학원에서 신약학 박사 학위를 받았다.

자매는 모친에 이어 '노블레스 오블리주'를 실천하는 '절제회' 활동에도 열심이다. 1983년부터 세계기독교여자절제회 부회장을 번갈아가며 맡아오고 있을 정도다. 절제회는 종교를 초월해 각종 절제 운

▲1983년 미국 레이크 루이스에서 여귀옥(오른쪽 두 번째) 여사
와 김영주(맨 왼쪽) 화백, 김정주(맨 오른쪽) 교수, 김성주(왼쪽
두 번째) 사장 등 세 자매가 나란히 포즈를 취하고 있다.

동을 펼치는 여성 단체. 국내에선 국산품 애용과 허례허식을 배격하
는 운동을 벌였고, 최근엔 금연 운동과 임산부와 청소년 음주를 반대
하는 운동을 적극적으로 펼치고 있다.

막내딸 김성주 사장은 자매 가운데 가장 화려한 이력의 소유자다.
성공한 여성 CEO로서 첫 손가락에 꼽히는 김 사장은 1997년 세계경
제포럼(WEF)의 차세대 지도자 100인, 세계여성지도자총회의 아시아
대표 연설자, 2004년 아시안월스트리트저널의 '주목할 만 한 세계
여성 기업인 50명'에 선정되는 등 글로벌 CEO으로서 명성이 매우
높다.

2세들 '화려한 학벌'

고 김수근 회장가(家)는 재계에서 '자식 농사'를 잘 지은 것으로 유명하다. 3남3녀 모두 명문대 출신으로 2개 이상의 석사 학위 소지자들이다.

3남 김영훈 회장은 "모친 여귀옥 여사의 남다른 자식 교육이 아닌가 생각한다."면서 "어머니는 독실한 기독교 신앙을 통해 우리에게 사랑과 절제 등을 몸으로 보여주셨다."고 말했다. 이어 "모친은 '공부하라.'는 말을 꺼낸 적이 없으며, 제가 미국에 유학갈 때도 편안하게 '놀다 오라.'는 당부까지 하셨다."면서 "그러나 우리 형제는 모친의 바른 생활과 이웃사랑 등을 보면서 공부를 안 하면 안 되겠다는 생각이 들었다."고 덧붙였다.

여 여사는 임신 중엔 태교를 위해 잡지나 신문을 보지 않고, 오직 성경만 보고 지냈다고 한다. 또 자녀를 자신의 소유물이 아닌 독립된 인격체로 대했으며, 꾸지람보다 스스로 깨우치도록 유도했다.

대성가 2세들은 모두 대단한 학벌의 소유자이며, '수석'을 곧잘 했다. 법학을 전공한 장남 김영대 회장은 서울대 경영대학원을 수석으로 졸업했다. 차남 김영민 회장과 3남 김영훈 회장, 장녀 김영주 화백도 모두 서울대 출신이다. 특히 김영훈 회장은 법학, 경제, 경영, 신학 등 석사 학위가 무려 4개다. 차녀 김정주 연세대 교수는 이화여대를 수석으로 입학해 수석으로 졸업했다. 막내 김성주 사장은 연세대

신학과를 졸업한 뒤, 미국 앰허스트대에서 사회학을 전공했다.

김영훈 회장은 "우리 형제는 어린 시절 학업에서 그다지 두각을 나타낸 편은 아니었다."면서 "특히 정주 누나는 중학교 때 반에서 40등까지 했지만 우리 형제 가운데 공부를 가장 잘 했다."고 했다.

독실한 기독교 신앙 아래 자녀를 키운 여 여사의 가르침은 자녀들에게 그대로 이어

▲1985년 김수근 대성그룹 창업주가 고희연을 맞아 부인 여귀옥 여사와 기념 촬영을 하고 있다.

져 3세들도 부모 못지 않은 학구파다.

한편 여 여사는 결혼 후에도 영락교회 권사로서 활동했으며, 52년에는 초교파적 기독교 여성단체인 '대한기독교여자절제회'를 설립했다. 현재 35개국이 가입해 있다. 여 여사는 2006년 3월 노환으로 별세했다.

4장

재벌家 맥(脈) - 下

누가 한국을 움직이는가

■ 태광가(家 · 그룹) 총괄 인맥도

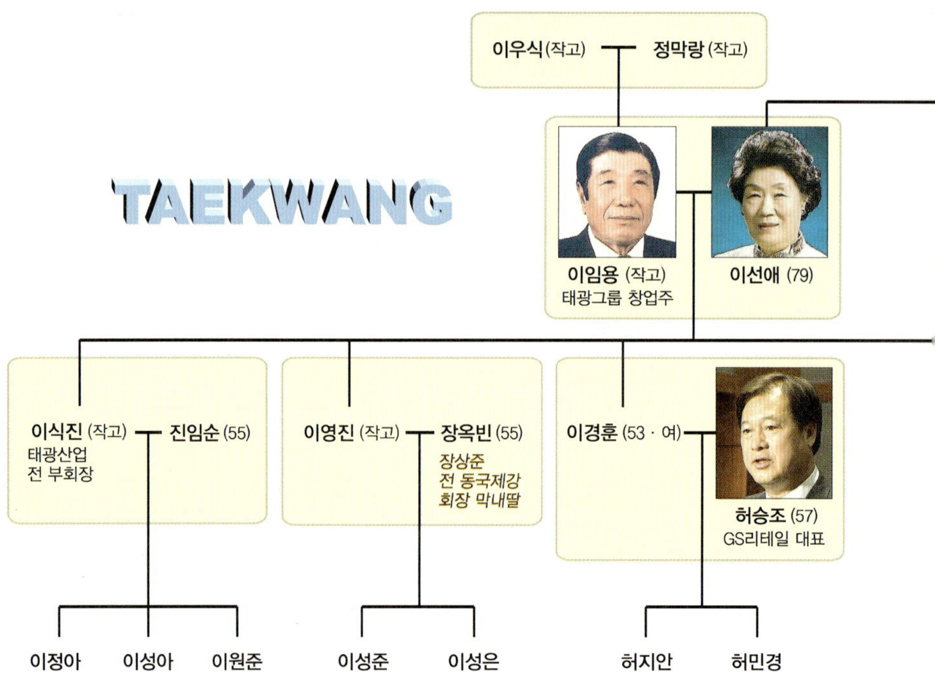

22. 태광가(家) 총괄 인맥도

고(故) 이임용 창업주가(家)

태광그룹은 겉의 화려함보다 내실을 추구한다. 재벌의 상징이라 할 수 있는 사옥도 초라하기 그지없다. 서울 중구 장충동 옛 동북고등학교 교사(校舍)를 30년여년 동안 그룹 사옥으로 사용하고 있다. 여타 재벌과 달리 초고층 호화 사옥에는 그다지 관심을 두지 않는다. 재계 서열 30위권이면 서울 광화문 한복판이나 강남에 번듯한 빌딩을 사옥으로 가질 수 있다. 하지만 그룹 관계자는 "6층짜리 학교 건물이지만 아직 쓸 만하다."고 말한다. 겉보다 속을 중시하는 태광의 사풍이 여실히 읽혀진다. 이같은 경영철학은 국내 재벌 가운데 재무구조가 가장 탄탄한 그룹의 반열에 오르게 했다. 이는 창업주인 고(故) 이임용 회장 때부터 관통하는 '내실경영'이 면면히 이어진 결과다.

대쪽 같은 선대 회장의 결혼과 창업, 그리고 성장

창업주인 고 이 회장은 지난 1921년 경북 영일군에서 중농이었던 부친 이우식씨와 모친 정막랑씨 사이의 3남1녀 중 막내 아들로 태어났다.

이 창업주는 보통학교를 졸업하고 일본으로 건너가 간조(簡井)실업학교를 졸업한다.그는 1941년 일본의 진주만 기습 등으로 일본의 정세가 혼란스러워지자 이듬 해인 42년 귀국길에 오른다.이후 부친의 권유로 당시 22세 청년이던 그는 동네에 사는 이선애씨와 혼례를 올렸다.

신부 이씨는 이 창업주의 부친과 친분이 두터웠던 한동네 유지인 이송산씨의 맏딸이다.민주당 총재를 지낸 이기택씨와 '창업 동지' 이기화(태광그룹 회장까지 지냄)씨는 이씨의 남동생이다.이기화씨는 부산고 · 서울대 화공과를 졸업한 뒤 이 창업주와 오늘의 태광그룹을 일궜다.

이 창업주는 야당 거물이던 이기택씨와 처남매부지간이란 이유로 군사정권 시절 여러차례 세무조사를 받는 등 혹독한 시련을 겪었다. 처남이 유명한 정치인이었던 게 이 창업주에게는 결코 득이 아니었던 셈이다.

그는 "기업은 절대 정치와 연결돼선 안 된다."며 사업 외에는 한눈을 팔지 않은 것으로 유명하다.찍히면 죽던 서슬퍼런 군사정권에서 살아남을 수 있었던 것도 정경 분리를 평생의 신조로 삼았기 때문이다.베테랑 세무조사 요원들을 투입,몇 날 며칠을 털어도 먼지 하나 나오지 않았다는 것은 한국 기업사에 전례없는 일이다.

이씨와 중매 결혼한 이 창업주는 공직(면사무소) 생활을 하며 단란한 가정을 꾸린다.그러던 그에게 결정적인 전환점이 찾아왔다.바로 6 · 25전쟁이다.

1951년 공직을 접은 이 창업주는 전쟁 이듬해인 1954년 부산 문현동에 모직 공장을 차리고 태광산업사를 설립한다.이 회사가 바로 태광그룹의 모체다.이후 1961년 전 삼호그룹 조봉구 회장과 동업을 시작했으나 동업은 오래가지 못했다.

이 창업주는 조 회장과 결별한 뒤 부산 가야동에 새로운 공장을 신설하며 태광산업사를 주식회사로 출범시킨다.초기 태광은 이 창업주와 이선애씨가 함께 일궈냈다고 해도 결코 틀린 말이 아니다.이선애씨가 부산에서 소규모 직물공장에 손을 댔고 기업이 커지면서 이 창업주는 공무원 생활을 그만두고 기업경영에 합류했다.

이후 태광은 섬유를 기반으로 비약적인 성장을 거듭한다.박정희 정권이 경제 개발과 수출에 강력한 드라이브를 걸면서 아크릴을 생산하던 태광은 눈부신 호황을 누렸다.당시 아크릴은 양모 대체품으로 수요가 많았고 경쟁업체가 적어 태광의 고속 질주를 견인했다.

이 창업주는 스판덱스·나일론 등으로 품목을 다양화했다.섬유 호황기인 1970년대까지 내놓은 제품마다 시장의 돌풍을 일으켜 국내 최대의 섬유업체로 성장했다.

태광은 이 시기에 동양합섬,고려상호신용금고,흥국생명,대한화섬,천일사 등을 잇달아 인수하며 몸집을 불려 나갔다.화섬·석유화학에 금융이 붙으면서 태광은 본격적인 성장과 함께 그룹의 면모를 갖추기 시작했다.도약기를 맞은 셈이다.

휴일에도 은행 이자는 큰다

태광그룹은 은행돈을 거의 안 쓰는 기업으로 유명하다.타계한 이 창업주의 근검절약과 소탈함은 재계에서도 정평이 나 있다.

▲지난 1988년 태광그룹 창업주 이임용 전 회장의 부인 이선애씨 회갑연 때 모인 가족들. 앞줄 왼쪽부터 장녀 이경훈(GS리테일 허승조 대표 부인), 차녀 이재훈(경희대의대 양원용 교수 부인), 이임용 전 회장, 부인 이선애씨, 3남 이호진 현 태광그룹 회장, 3녀 이봉훈(한국베링거인겔하임 한태원 회장 부인), 뒷줄 왼쪽부터 둘째 며느리 장옥빈(동국제강 장상준 전 회장 막내딸), 차남 이영진(亡), 손자 이성준, 손녀 이성아, 손녀 이정아, 손자 이원준, 맏며느리 진임순, 장남 이식진(亡).

타계하기 전까지 이 창업주가 살던 서울 장충동 2층 양옥집은 지금도 부인 이선애(79)씨가 지키고 있다.

이 집에는 30~40년 된 옛 가구들이 그대로 있다. 회사 관계자는 "현대 정주영 회장에 버금갈 정도로 검소했다."고 이 창업주를 회고한다. 그는 해외든 국내든 출장길에는 새로 지은 고급 호텔을 이용하는 법이 없었던 것으로 전해진다. 수십년 동안 단골로 다닌 낡은 호텔을 고집했다는 것이다. 점심도 설렁탕 한 그릇으로 후다닥 끝낼 정도로 무척 소탈했다.

이 창업주는 "은행돈을 빌리면 토·일요일 등 은행이 쉬는 동안에도 이자는 불어난다."며 무차입 경영을 추구했다.

돈을 빌려 문어발식으로 확장하지도 않았다. 번 만큼 투자한다는 기조를 유지했다. 매출 규모 1조 3000억원인 모기업 태광산업의 부채 비율이 거의 제로인 것도 이같은 경영철학에서 비롯됐다.

절약 경영과 남의 돈을 빌려 쓰지 않고 수익만큼 투자하는 실속경영은 그룹을 더욱 튼튼하고 알차게 만들었다.

인수한 부실기업도 얼마 지나지 않아 건실한 기업으로 탈바꿈시켰다.

이 창업주는 또 외부에서 전문경영인을 영입하지 않고 공채 출신을 키워 경영진으로 기용했다. 기획력과 업무 추진력을 인정받은 그의 처남 이기화씨는 이 창업주의 사후 태광그룹 회장에까지 올랐다. 또 공채 출신인 류석기 · 강석명 · 최운형씨 등이 중용됐다.

그의 이런 원칙적이고 대쪽 같은 성품은 자녀들의 혼사로도 이어진다.

화려한 혼맥… '연애결혼은 없다'

이 창업주는 생전에 모두 6명의 자녀를 뒀다. 그러나 그는 자녀들의 연애결혼을 절대 허용치 않았다. 그는 평소 사대부가의 유교적인 면을 강조해와 전통 관습을 무척 중시했다.

재벌가의 혼사가 연애결혼보다 중매에 무게를 두고 있는 점을 감안하더라도 3남3녀를 하나같이 중매결혼시켰다는 것은 가풍을 짐작케 한다.

이 창업주는 집안 어른이나 친지들이 지체 있는 가문의 훌륭한 배우자를 찾아내 중매를 넣어 혼사를 성사시키는 방식으로 자녀들의 혼사를 치러왔다.이처럼 중매 일변도로 자녀 혼사를 치른 것은 중매야말로 좋은 가문의 좋은 배우자를 폭넓게 고를 수 있는 가장 좋은 방법으로 생각했기 때문일 것으로 여겨진다.

때문에 태광그룹 2세들의 혼맥은 서민의 가계에서는 좀처럼 보기 어려울 정도로 격이 높고 화려하다.태광의 사돈가가 사람들은 당시에 내로라 하는 정·관·재계의 유력 인사다.

하지만 이 창업주는 자녀들 혼사로 정·관·재계의 거물들과 사돈이 되었지만 이들을 경영에 끌어들이는 법은 결코 없었다.지금도 모기업인 태광산업의 사장은 태광 신입사원 출신인 이화동(63)씨다.

이 창업주는 이선애씨와의 사이에 식진(사망)·영진(사망)·호진(45) 3형제와 경훈(53)·재훈(51)·봉훈(49) 세 자매를 뒀다.이 창업주의 개혼(開婚)인 식진씨의 혼사는 비교적 평범한 집안과 이뤄졌다. 그러나 이후로는 모두 유력 인사와 사돈을 맺는다.

이 창업주는 고려대 경영학과를 졸업하고 태광산업 영업과장으로 있던 장남 식진씨를 1975년 개인사업을 하던 진재홍씨의 맏딸 임순(55)씨와 결혼시켰다.

식진씨는 태광산업 부회장까지 역임했다.식진씨의 장인 진씨는 면방업체인 경방에서 일하다 독립했다.

서울대 공대 출신으로 공대 동창회장을 맡기도 했다.식진씨 부부는 정아·성아·원준 등 1남2녀를 뒀다.장녀 정아(32)씨는 결혼했다.

연세대 상대를 나온 차남 영진씨는 어머니 이선애씨 친구의 중매로 장상준(전 동국제강 회장)가의 4남2녀 중 막내딸인 옥빈(55)씨와 1976년 결혼했다.

태광산업에 입사한 뒤 계열사인 대우파일,흥국생명,고려상호신용 금고 등에서 중역으로 활동했다.이들 사이에는 성준·성은 남매가 있다.

현재 그룹 회장을 맡고 있는 호진씨의 부인 신유나(43)씨는 롯데 신격호 회장의 동생인 신선호(72·일본 산사스식품 회장)씨의 맏딸 이다.호진씨는 대원고·서울대 경제학과(81학번)를 졸업하고 미국으로 건너가 코넬대 경영학석사(MBA),뉴욕대 경제학 박사 학위를 받았다.슬하에 현준·현나 남매가 있다.

이 창업주의 세 딸은 모두 재원으로 꼽힌다.그러나 특이한 것은 세자매 모두 이화여대 선후배이라는 점이다.이는 유교적 관습을 중시하는 이 창업주의 독특한 자녀 교육관이 스며들어 있다고 봐야 한다.태광의 혼맥은 이대 출신의 세 딸을 출가시키면서 보다 화려하게 뻗어 나간다.

장녀 경훈씨는 진주의 대지주이자 LG그룹의 창업 멤버인 허만정가의 막내 며느리가 됐다.

경훈씨의 남편은 유통전문기업 GS리테일 회장인 허승조(57)씨다. 이들의 결혼은 경훈씨 친척 할머니의 중매로 이루어졌다.이임용가에서 허만정가로 이어가면 조홍제-송인상-신덕균가와 만난다.이연두-박치현-김준성-김우중가와도 연결된다.경훈씨는 남편 허승조씨와의 사이에 지안·민경 자매를 두고 있다.

이 창업주는 차녀 재훈씨를 양택식 전 서울시장의 장남 원용(57) 씨와 결혼시켰다.

원용씨는 현재 경희대 의대 교수로 있다.이 창업주는 재훈씨를 양택식가로 출가시키면서 정·관계 유력인사와 연결된다.

양택식가를 통해 홍진기-노신영-정주영가로 연이 닿는다.김한수-김복동가로도 이어진다.특히 이 창업주는 이 결혼을 통해 업계의 라이벌인 한일합섬의 창업주 김한수가와 한 다리 건너 사돈이 된다. 재훈씨 부부는 서윤·서정·서인·혁준 등 1남3녀를 두고 있다.

3녀 봉훈씨는 한국베링거인겔하임 한광호가의 외아들 태원(50·한국베링거인겔하임 회장)씨와 결혼했다.이들 사이에는 동우·상우·정우 3형제가 있다.

뉴미디어·금융으로 21세기를 준비

태광은 1996년 일대 전환기를 맞는다.그 해 11월 창업주인 이 전 회장이 75세를 일기로 타계하면서 3남 호진씨가 경영 전면에 부상한다.호진씨는 이 창업주가 그룹의 후계자로 일찍 점찍어 놓은 것으로 알려졌다.

1997년 태광산업 사장에 이어 2004년 태광그룹 회장에 취임한 이호진 회장은 섬유가 주력인 태광의 업종에 메스를 댄다.추진력에 관한 한 부친 못지않은 '신형 엔진' 이 회장은 '조용한 기업' 태광에 거센 변화의 바람을 불어 넣었다.

변화의 추동 세력은 MSO로 표현되는 종합유선방송과 금융 등 두 갈래다.이 회장은 미래 태광의 신성장 동력이 여기에 있다고 확신한다.

따라서 1조 5000억원 수준으로 알려진 막강한 현금 동원력을 바탕으로 과감한 인수·합병(M&A)에 나서고 있다.

이는 섬유와 화학 중심에서 뉴미디어와 정보기술(IT),금융기업으로의 전환을 의미한다. 급성장이다.

이 회장은 케이블TV 회사인 '태광 티브로드'를 세웠다. 티브로드는 태광, 미래, 통신 등의 앞글자 'T'와 브로드 캐스팅, 브로드 밴드의 '브로드'를 합성해 지은 이름이다.

티브로드는 지역 케이블TV 20개를 거느리고 있다. 가입자 300만 명, 시장 점유율 24~25%로 명실상부한 국내 1위다. 아직까지는 많은 수익을 내고 있진 못하지만 뉴미디어는 태광의 미래를 밝혀줄 한 축임에 틀림없다.

이 회장이 2003년 이후부터 미디어 부문에 집중 투자하는 이유도 이런 이유에서다.

뉴미디어는 진헌진 티브로드 사장과 이상윤 안양방송 및 수원방송 사장이 이끌고 있다.

진 사장은 서울대 상대 출신으로 이 회장의 대학교 동창이다. 2002년 이 회장이 직접 스카우트했을 정도로 신임을 받고 있다.

금융 쪽도 더욱 살을 붙여야겠다는 게 이 회장의 전략이다. 흥국생명, 고려상호저축은행, 태광투자신탁운용으로는 아무래도 무게가 떨어진다고 보았다.

이에 따라 지난 2006년 쌍용화재와 예가람상호저축은행, 피데스증권 등의 인수작업이 활발히 이루어졌고, 이들 기업의 인수작업은 순조롭게 매듭지어진다.

현재는 흥국생명과 더불어 사명을 변경한 흥국쌍용화재, 흥국투자신탁운용, 흥국증권중개, 그리고 고려상호저축은행, 예가람상호저축은행 등의 금융계열사를 지니게 되었고 이로써 태광그룹은 생보,

손보, 증권, 투신운용, 저축은행까지 아우르는 종합금융그룹으로 재탄생한다.

금융 쪽은 류석기 흥국생명 부회장과 오용일 흥국쌍용화재 사장의 투톱 체제다.

이호진호(號)의 태광은 대변신을 꿈꾼다. 현재의 청사진이 조만간 구체화되면 태광그룹은 화섬 석유화학, 금융, 미디어, 레저(태광관광개발), 육영재단(일주학술문화재단, 일주학원)으로 새 틀을 짜게 된다.

정도·신의는 기업의 생명

'정도'와 '신의'. 50여년 전 부산의 한 작은 시장에서 출발해 오늘의 태광그룹을 일군 창업주 고 이임용 회장이 금과옥조처럼 여긴 명제다. 이를 지키지 않는 거래처와는 두번 다시 거래를 이어가지 않았을 정도다. 정도와 신의를 기업의 목숨이자 기업의 자격이라고 늘 강조했던 이 전 회장은 한눈 팔지 않고 기업 경영에만 충실했던 기업인이다.

태광은 이 전 회장의 타계 10주년을 맞아 그의 기업·국가관 등을 조명하기 위한 자서전 출간작업을 서두르고 있다. 특히 어록 정리에 신경쓰는 눈치다. 그의 어록에서는 경영관이 그대로 묻어난다. 지난 1973년 단 닷새 만에 흥국생명을 인수한 이 전 회장은 첫 임원회의에서 "보험회사의 재산은 보험가입자의 재산"이라며 "흥국생명의 돈을 태광에서 가져다 쓰는 일은 결코 없을 것"이라고 약속했다. 그리고 이 약속은 지켜졌다.

이 전 회장은 '오래된 만남'을 중시했다. 태광의 주거래 은행은 조흥은행. 양자의 관계는 50년 가까이 이어지고 있다. 오직 하나의 은행만을 고집한 이 전 회장은 1975년 대한화섬 인수 후 많은 임원들이 복수은행 거래를 건의 했지만 "새 친구 열 명을 사귀기 위해 헌 친구 한 명을 안 버린다."며 받아들이지 않았다.

신용은 이임용의 트레이드 마크였다. 자신의 입으로 말한 약속은 반드시 지켰으며 계약서는 단지 둘 사이에서 오고 간 이야기를 정리해 놓은 종이에 불과했다.

타계 몇해 전 신입사원 특강에서 신용의 중요성을 이렇게 강조했다. "닷새 만에 서는 장에 못가는 사람이 장에 가는 친구에게 무엇 무엇을 사다 달라고 부탁을 한다. 부탁

▲태광그룹 창업주 고(故) 이임용(오른쪽) 회장이 지난 1967년 4월 울산 아크릴공장 준공식을 마친 뒤 환하게 웃고 있다.

을 받은 사람은 혹 자기 물건 사는 것은 잊어버리더라도 결코 친구의 부탁을 잊어서는 안된다. 만일 그 물건이 제수용품이었다면 남의 집 제사를 망치는 격이 돼 옛날 말로는 사람 같지 않은 꼴이 된다. 그래서 약속은 무서운 것이고 지켜야 하는 것이다."

베일에 싸인 오너 일가(一家)

재계에서 태광그룹만큼 외부에 노출되는 것을 꺼리는 '오너 일가'
도 없다. 창업주인 이임용 전 회장은 물론 후계자인 이호진 현 회장
역시 언론에 좀처럼 모습을 드러내지 않고 있다.

취재를 위해 이 회장 면담을 요청했으나 '불가하다.'는 단호한 한
마디였다. 이러한 반응은 격동기를 헤쳐온 태광그룹의 기업사와 유교
적 관습이 맞물려 있다.

태광에 있어 정치는 짐이었다. 창업주인 이 전 회장은 야당의 거목
인 처남(이기택 전 민주당 총재)을 두면서 박정희·전두환 대통령으
로 이어지는 군사정권으로부터 강도 높은 세무사찰을 받았다. 고속성
장을 질주한 태광이었지만 그럴수록 기업경영만큼은 살얼음판을 걷
듯이 할 수밖에 없었다. 한눈 팔면 죽는다는 것을 절감한 이 전 회장
은 정치는 물론이고 언론에도 자연히 몸을 사릴 수밖에 없었다.

유교적 관습을 중시하는 이 전 회장의 짙은 보수성도 중요한 부분
이다. 이는 태광 일가의 여성들에게서 쉽게 발견된다. 태광가(家)의 여
성들에게서는 다른 재벌가와 달리 우먼파워를 찾아볼 수 없다. 여성
으로서 적합한 문화계나 학술계에는 진출해 있을 법도 하지만 전혀
그렇지 않다. 누구도 외부에 노출되지 않았다.

이 전 회장의 세 딸도 그렇고 며느리도 마찬가지다. 3형제 못지않게
똑똑한 것으로 알려진 세 딸 중 남녀공학 대학을 나온 사람은 한 명도

▲태광그룹이 30년 넘게 본사로 쓰고 있는 서울 중구 장충동 옛 동북고교 교사(校舍). 베일에 싸인 이호진 회장의 집무실은 5층에 있다.

없다.큰딸 경훈과 둘째 재훈,막내딸 봉훈씨 모두 이화여대를 졸업했다.이들 모두 다른 대학은 생각지도 못한 게 아닐까.경훈·봉훈씨는 남편이 재계의 실력자들이지만 외부활동 대신 살림을 하고 있다.

태광가의 며느리들도 전혀 노출돼 있지 않다.삼성·현대가 등 재벌들의 며느리들이 문화·재계의 저명인사로 왕성하게 활동하고 있는 것과 극명하게 대비된다.40대 중반인 이 회장도 전경련 활동조차 하지 않을 정도로 외부 노출을 기피하고 있다. 선친 스타일을 빼닮았다는 얘기까지 나온다.하지만 이 회장은 현장에 매우 충실한 CEO다.캐주얼 차림으로 불쑥 현장을 찾아 임직원들을 놀라게 한다.

이 회장은 기업경영 못지않게 예술에 조예가 깊다.서울 광화문 흥국생명 사옥도 사실상 이 회장 작품이다.바닥재부터 인테리어,사무실 소품 등에 이르기까지 이 회장의 손때가 묻지 않은 것이 없다.회사 관계자는 "CEO가 안됐으면 예술가가 됐을 것"이라고 말했다.

4장

재벌家 맥(脈)-下

누가 한국을 움직이는가

■ 풍산가(家 · 그룹) 총괄 인맥도

23. 풍산가(家) 총괄 인맥도

노신영 · 78
전 국무총리

POONGSAN

노동수 · 49
고려서적 사장

노철수 · 52 — **홍라영** · 47
삼성리움미술관 부관장
홍진기 전 내무장관 막내딸
이건희 삼성회장 부인 홍라희여사 동생

노경수 · 54 — **정숙영** · 48
서울대교수
정세영 전 현대
산업개발회장 맏딸

류진 회장가(家)

'풍산' 하면 어떤 회사인지 고개를 갸우뚱하는 사람들이 많다. 일반인들이 사용하는 소비재를 만들지 않는 회사인 까닭이다. 하지만 풍산은 이미 생활 속에 깊이 스며있다. 누구나 사용하는 동전에 무늬를 넣기 이전 상태인 소전(素錢)을 생산한다. 그래서 '돈을 만드는 회사'라고 하면 '들어봤다.' 는 사람이 많다. 군대 갔다 온 남자들은 '총알 만드는 회사' 로 알고 있다. 이런 까닭으로 방위산업체라고 한다. 모두 맞는 말이다. 이런 것으로 풍산을 설명하기에는 부족하다. 반도체 칩에 전기를 공급하고 이를 지지하는 역할을 하는 리드프레임 등 기초소재를 생산하는 첨단기업으로 변신 중이다. 이 모든 것을 꿰뚫는 것은 구리 합금기술이다.

한 손엔 돈, 다른 손에 총알을

2세 경영인 류진(49) 회장이 이끄는 풍산은 '동전의 왕국' 으로 불린다. 지난 1970년 4월부터 한국조폐공사로부터 소전 생산업체로 지정된 풍산의 기술력은 세계적이다. 2007년부터 2년간 호주에 1억달러어치의 소전을 공급하기로 계약을 맺기도 했다.유럽연합(EU) 동전의 소전도 공급하고 있다.풍산의 소전은 세계 시장의 50% 가량을 차지하고 있다.지난 73년 타이완 수출을 시작으로 세계 60여개국에서 30억여명이 풍산의 소전으로 만든 동전을 쓰고 있다.지금까지 생산했던 소전을 연결하면 지구를 40바퀴 돌 수 있는 분량이다.

소전은 구리를 기본으로 한다.기원전 6000년경부터 사용해왔던 케케묵은 소재다.하지만 동에 니켈 등을 넣고 적당히 합금만 하면 되는 그렇고 그런 굴뚝산업이 아니다.까다로운 제조기술이 요구되는 첨단산업이다.

첨단 기술을 바탕으로 지난 73년 국내 민간기업으로는 처음으로 방위산업에 진출했다.소구경 총탄뿐만 아니라 포탄까지 국군이 쓰는 탄약 국산화를 시작했다.

이후 모든 탄약을 국산화했다.수입대체 효과를 매우 높였다.지능화와 정밀화 등을 통한 첨단 탄약 개발에도 적극적인 국내 대표적인 방위산업체로 성장했다.창업자 류찬우(1923~1999) 회장이 '방위산업의 대부'로 불리기에 충분하다.

풍산의 출발은 미미했다.눈에 띄지도 않았다.풍산은 지난 1968년 10월 창업주 류 회장이 일본에서 번 1000만달러로 출발한 신동(伸銅·구리가공산업)업체다.창업주 류 회장은 기업을 일으키지만 돈을 벌기보다도 당시 허약했던 국가 산업발전에 힘을 쏟기로 결심했다. 그래서 비철금속소재 가운데서도 구리를 골랐다.현대문명에서 구리가 들어가지 않는 제품은 없다고 판단한 까닭이다.

창업 다음해인 1969년 부평공장 준공과 함께 정부의 5대 핵심업

▲풍산 류찬우 전 회장이 경북 안동시 하회마을에서 풍산 류씨 가문에 대해 설명하고 있다. 오른쪽부터 창업주 류 회장, 둘째아들 류진 회장, 부인 배준영씨, 둘째며느리 노혜경씨.

체로 지정되면서 사업이 뻗어나가기 시작했다. 73년 경북 안강공장을 준공하면서 방위산업을 통한 자주국방의 의지를 실현했다. 방위산업 진출은 조선시대의 명재상인 그의 조상 서애 류성룡(1542~1607)의 징비록(懲毖錄·국보 제132호)을 읽고 유비무환 정신에 감명 받았기 때문이다. 지난 1980년에는 온산 신동공장을 세워 한국을 세계적인 신동산업국의 반열에 올려놓았다. 아울러 92년부터 미국 현지공장, 2000년 12월 태국 현지공장을 가동하면서 풍산은 연산 46만 5000t의 생산능력을 보유하게 됐다. 다국적 신동기업인 KM유로파메탈에 이어 세계 2위이다. 쉽게 설명하면 비철금속에서 풍산의 위상은 철강에서 포스코와 비슷하다고 할 수 있다.

첨단업종으로 변신중

구리가공산업이란 한 우물을 파던 풍산은 지난 79년 서울 퇴계로 극동빌딩에 임대 사무실을 마련한 뒤 지금까지 본사로 사용하고 있다.방위산업체인 까닭에 군관련 인맥 네트워크가 해외까지 탄탄하다.

풍산에서도 변화가 감지되기 시작한다.지난 97년부터 2세 류진 회장 체제가 구축되면서 풍산은 기업변신을 꾀하고 있다.류 회장은 벤처기업에 투자를 하는가 하면 첨단 통신사업 등에도 조금씩 발을 담그고 있다.

이문원 풍산 사장은 "정보기술(IT)과 자동차·가전 등 전기가 통하는 곳은 어디나 동 압연재가 필요하다."며 주력인 신동산업을 통한 사업 다각화 가능성을 강조했다.

현재 풍산그룹의 계열사는 핵심기업인 ㈜풍산을 중심으로,풍산마이크로텍,풍산산업 등 16개(해외법인 포함)에 이르고 있다.특히 류 회장이 경영을 맡은 이후 일본,미국,상하이 등지에 법인을 설립했다. 풍산이 안고 있는 과제 중 하나는 점차 줄어드는 방위산업을 첨단산업에 어떻게 접목시켜 나가느냐 하는 점이다.

이런 고민의 중심에 선 류 회장은 해외시장 개척을 통해 타개하는 것과 신사업 진출을 통해 기업변신을 꾀하는 두 가지의 전략을 구사하고 있다.핵심사업인 동,스테인리스,티타늄 분야에서 신기술,신제품 개발에 더욱 박차를 가해 새로운 첨단소재산업 분야로 진출을 도모하고 있다.

또 방위산업의 노하우를 바탕으로 정밀 지능탄 개발을 통해 세계 최고의 탄약 전문기업으로 성장한다는 전략도 세웠다.이와 함께 항공기와 유도무기에 필수적인 가속도계,속도 및 고도측정센서 등 정밀 센서류와 반도체 장비를 생산하는 등 정밀산업분야에서도 영역을 확대하고 첨단기업으로 변신을 꾀하고 있다.

류 창업주의 4남매 가운데 막내인 류 회장은 82년에 풍산에 입사한 지 15년 만인 97년 풍산 대표이사 사장을 거쳐 지난 2000년 4월 회장에 올랐다.일본에서 아메리칸 고교를 거쳐 서울대 영문학과를 마쳤다.미국 다트머스대학원에서 경영학을 수료한 류 회장의 영어 구사력은 재계의 누구 못지않게 유창한 것으로 정평이 나있다.

'동전의 제왕' 류 회장은 미국통

류 회장은 '미국통'이다.김대중 정권 이후 대통령의 방미에 단골로 수행하는 경제인 가운데 한사람이다.특히 지난 2003년 초 출범한 노무현 정부의 대미외교와 관련해 상당한 주목을 받았다.

그는 그해 4월 조지 W 부시 대통령의 부친인 조지 부시 전 대통령을 국내에 초청하는 일을 맡았다.당시 부시 전 대통령의 방한은 노무현 대통령의 미국 방문의 전초전 성격이 강했기에 큰 관심을 모았다. 공식적으로 부시 전 대통령의 방한은 전경련 초청이었지만 실질적으로는 전경련 부회장인 류 회장이 주도한 것으로 알려졌다.

류 회장은 2003년 7월28일 전경련 주최로 열린 한국전 정전 50주년기념 참전용사 환송 만찬의 사회를 보는 등 단순히 경제인 차원을 넘어서 민간외교 분야에서 큰 활약을 보였다.

앞서 지난 2002년 12월 국내에서 미군 장갑차에 의한 여중생 사망사고로 인해 촛불시위가 연일 이어질 당시 부시 대통령이 김대중

▲부시 전 대통력과 류진 회장
류진(맨 오른쪽) 회장이 2005년 11월 병산서원을 찾은 조지 부시 전 미국
대통령 부부에게 병산서원의 내력에 대해 설명하고 있다.

전 대통령에게 사과 전화를 한 것도 류 회장의 '간곡한 요청'이 있었기 때문이라는 후문도 있다.

이런데서 보듯 류 회장은 부시 공화당 행정부 인맥과 긴밀한 관계를 맺고 있다. 이는 지난 92년 미국 아이오와주에 위치한 풍산의 미국법인 PMX인더스트리의 공장 준공식에서 바버라 부시 여사가 기념 테이프를 자르면서 직접적인 인연이 시작된 것으로 전해졌다. 하지만 풍산이 방위산업체라 일찍부터 대미관계에 공을 들였고, 미국의 거대 방위산업체 인맥은 물론 정계 인맥과도 긴밀히 연결돼 있는 것으로 알려졌다.

실제로 류 회장은 일년 중 반 이상은 미국 등 해외에 머물며 사업활동을 하고 있다. 이런 활약에도 국내에는 풍산이나 류 회장에 대해

선 잘 알려져 있지 않다.류 회장이 매우 겸손한 성품이라 일반인들에게 널리 알려질 기회가 없었던 것.

유교적 가풍이 엄한 집안에서 차남으로 가업을 이어받은 부담도 한 몫하고 있다는 게 주위의 전언이다.

족보상 명문가의 후손인 풍산의 류진가는 재계의 혼맥에서도 확실한 위치를 차지하고 있다.풍산 류씨 서애종파의 류 회장은 서애 류성룡(1542~1607) 선생의 13세손이다.바로 경북 안동시 풍천면 하회마을에 집성촌을 이루고 있는 류씨 가문의 후예다.류 창업주는 회사 이름을 풍산 류씨인 자신의 본관을 따서 지은 것으로 전해진다.

실제로 류 창업주는 1990년 고향인 안동시 풍산읍에 위치한 풍산 중·고등학교의 재단인 병산교육재단 이사장으로 취임해 우수한 인재양성을 위해 투자를 아끼지 않았다.이 재단에 서애가 후학을 양성했던 병산서원과 그 일대 땅을 기증하기도 했다.

류 회장이 지난 99년 11월 숙환으로 별세한 뒤 풍산그룹의 경영권은 차남 류진 회장으로 이어졌다.류 회장은 풍산그룹 계열의 ㈜풍산과 ㈜풍산마이크로텍 등 주요 계열사의 대표이사 회장으로 활동하고 있다.

풍산의 학교법인인 병산교육재단과 93년 설립된 학록장학문화재단(학록은 류 창업자의 호)과 서애선생기념사업회의 이사장으로 명실상부하게 풍산가의 대표자 역할을 하고 있다.

대통령가에 닿았던 화려한 혼맥

류 창업주는 부인 배준영(80) 여사와의 사이에서 2남2녀를 두었다.배 여사는 한국여자테니스연맹회장으로 활동하는 등 여전히 노익장을 과시하고 있다.지난 1969년 풍산의 첫 공장인 부평공장을 지을 당시 배 여사는 동대문시장에서 장을 봐 부평공장의 종업원들의 음식 뒷바라지를 할 정도로 헌신적으로 회사 일을 도왔던 것으로 전한다.이문원 사장은 "모든 직원들을 따뜻하게 감싸줄 정도로 온화한 성품"이라고 치켜세웠다.

장남이자 류 회장의 형 류청(58)씨는 풍산의 미국 현지법인 PMX 인더스트리 사장을 지냈다.지난 1982년 박정희 전 대통령의 둘째 딸인 박근령(54·당시 이름 박서영) 육영재단 이사장과 결혼해 당시 큰 화제를 모았다.

대통령 딸과의 결혼은 대한민국 정부가 수립되고 처음 있었던 일이었다.하지만 이들의 결혼은 1년도 못돼 파경을 맞아 더 큰 화제를 낳기도 했다.류청씨는 미국을 오가며 개인사업을 하는 것으로 알려졌다.그러나 배 여사는 여전히 박씨를 "큰 며느리"로 부르는 것으로 전해졌다.

류 회장의 큰 누이인 류지(55)씨는 서울 강남에서,작은 누이 류미(53)씨는 미국 LA에서 개인사업을 하는 것으로 전해졌다.

류진 회장은 노신영(78·롯데복지재단 이사장) 전 국무총리의 딸과 혼인했다.류 회장의 부인인 노혜경(47)씨는 노 전 총리의 딸이다. 노씨는 미국 스탠퍼드 법대 출신에 두 개의 석사학위와 한 개의 박사학위를 갖고 있으며,김수환 추기경의 주례로 서울 명동성당에서 결혼식을 치렀다.

독실한 가톨릭 신자인 이들 부부는 성왜(18)양과 성곤(15)군을 두고 있다.이들은 미국에서 공부하고 있다.

풍산의 류진가는 노 전 총리와의 통혼을 통해서 재계 혼맥의 중심부에 진입하게 됐다.

노 전 총리의 장남 노경수(54) 서울대 교수는 정세영 전 현대산업개발 명예회장(작고)의 딸 숙영(48)씨와 결혼했다.노 교수는 정몽규(45) 현대산업개발 회장의 매형이 된다.류 회장은 노신영가를 통해 현대가와 순환혼맥을 이룬다.

노 전 총리의 둘째아들 노철수(52)씨는 P.Wian&Associate 대표이사 사장.그의 부인은 홍진기 전 내무장관의 막내딸인 홍라영(47)씨로 삼성그룹 비서실을 거쳐 레오버넷 코리아 사장을 지내고 삼성리움미술관 부관장이다.이건희 삼성회장의 부인 홍라희씨의 동생이기도 하다.

이로써 풍산의 류진가는 이건희 삼성 회장,홍석현 중앙일보 회장가와 직간접적으로 연결된다.

노 전 총리 셋째아들 노동수(49)씨는 고려서적 사장을 맡고 있다.

'동전 왕국' 일군 숨은 일꾼들

신동(구리가공산업)분야에서 세계적인 기업으로 발돋움한 오늘의 풍산은 창업주 류찬우 회장이나 2세 경영인 류진 회장 못지않게 숨은 공로자들이 많다. 풍산은 대표적으로 정훈보(69) 전 사장, 류민하(79) 전 부사장, 이진우(73) 전 부사장, 김사철(71) 전 감사, 류인한(80) 전 부사장 등을 꼽고 있다.

서울대 법대 출신으로 농협중앙회 금융계획과장을 지냈던 정 전 사장은 지난 78년 풍산의 전신인 풍산금속공업에 이사로 입사했다. 타고난 기획통으로 사세 확장에 막대한 공헌을 했다. 특히 지난 80년대 초 중동건설 붐이 일어났을 당시 바닷물을 담수화하는 플랜트를 수출할 때 백동관을 자체 기술로 개발, 공급함으로써 회사가 한 단계 도약하는 기틀을 마련했다는 평가를 받고 있다. 97년 풍산 부회장을 거쳐 99년 한국철도차량 사장을 지냈다.

고려대 경영대학원을 거쳐 농협중앙회 자금부장을 지낸 류민하 전 부사장은 지난 73년 풍산금속공업의 상무로 입사, 류 창업주와 함께 초창기의 회사 기틀을 다졌다. 회사가 해마다 2배씩 성장을 거듭할 70~80년대 자금과 인사 등 회사의 안살림을 두루 맡았다. 80년 부사장을 거쳐 90년 감사를 지냈다. 풍산의 후배들은 학자풍인 그를 '선비형 매니저'로 기억하고 있다.

역시 고려대를 거쳐 농협중앙회 출신인 이진우 전 부사장은 지난

▲정훈보 전(前) 사장

▲류민하 전 부사장

▲이진우 전 부사장

▲김사철 전 감사

▲류인한 전 부사장

75년 회사에 합류했다.

　그는 80년대 초 회사의 경영정보관리시스템(MIS)을 도입, 당시로서는 국내의 어느 회사보다 빨리 선진적인 경영관리시스템을 받아들였다. 특히 90년 노사대립이 한창일 때 합리적인 대화를 통해 노사관계 증진에 크게 이바지했다. 이후 정부로부터 노사협력우수기업으로 인정도 받았다. 지난 97년 중앙노동위원회 사용자위원으로 위촉되기도 했다.

　서울대 상대 출신의 김사철 전 감사의 경우 뛰어난 분석력과 판단력을 가진 타고난 최고재무관리자(CFO)이다. 세무사 · 공인회계사 ·

공인감정사 자격을 갖춘 그는 재무부·국세청·총무처 등 정부의 여러 부처를 거쳐 76년 풍산금속에 이사로 입사했다. 재무업무의 기본 프로세스를 조성했으며 시설·자재·감사 등에서 회사의 발전에 크게 기여했다. 이후 정부로부터 녹조근정훈장도 수상했다.

한양대 공대 출신의 류인한 부사장은 세계 최상급의 품질과 능력을 자랑하는 동제품을 만들기 위해 기계설비와 생산프로세스의 토대를 구축한 산증인으로 전통적인 엔지니어 출신의 임원이다.

지난 73년 부평공장 공무부장으로 입사, 동제품 생산기술과 공정 분야에서 경험을 쌓고 78년 온산공장 건설본부장으로 온산공장 건설의 총책임을 맡았으며 온산공장장을 지냈다. 풍산이 비약적으로 발전하는데 토대가 됐다.

88년 온산공장 제2공장을 준공해 단일공장으로는 세계 최대 규모인 연간 25만t 생산능력의 신동공장으로 성장하는데 크게 기여했다. 또한 온산공장 건설경험을 바탕으로 90년대 이후 풍산의 세계화 전략에 따라 건설한 미국 현지공장 PMX사와 태국 공장건설에도 공헌했다.

"선조에 누 되는 일 하지 마라"
– 류성룡 가르침 실천하는 풍산

풍산의 창업주 류찬우 회장은 조선시대 명재상으로 임진왜란을 극복한 서애 류성룡의 12세손이다. "선조에 누가 되는 일은 절대 해서는 안된다."는 게 류 창업주의 확고한 인생관이다. 이런 정신이 2세 경영인 류진 회장에게도 면면히 이어지고 있다.

이런 까닭으로 지난 68년 순수민족자본에 의해 창업, 세계적인 신동기업으로 발전한 풍산은 전통 문화의 계승에 남다르다. 풍산이 유비무환과 자주국방이라는 방위산업에 참여하게 된 동기이다. 서애의 가르침이자 영향이다. 풍산의 기틀이 잡힌 지난 76년 12월 류 창업주를 중심으로 서애의 후손들과 학자들이 '서애선생기념사업회'를 설립했다.

서애가 징비록에서 남긴 유비무환과 자주국방의 뜻을 계승하고 역사왜곡을 바로 잡는다는 뜻에서 기념사업회를 세웠다. 또 류 창업자는 지난 80년 4월 사재를 출연, 육군사관학교에 서애관이라는 체육관을 기증했다. 지난 일을 되살려 앞날을 대비하자는 서애의 가르침을 호국 간성에게 일깨우고자 건립된 상무의 도장이다.

지난 91년 5월 서애의 정치·경제사상과 애국애민정신을 널리 알리기 위해 서애전서 전4권을 출간했다. 일본 도쿄대 종합도서관, 미국 하버드대 동아시아연구소, 러시아 과학대 동방연구소, 중국 베이징대

▲서애전서 헌정
지난 91년 5월 당시 서애기념사업회장인 류찬우(오른쪽) 전 회장이 서애전
서 4권을 규합해 출간한 뒤 병산서월에서 서애의 위패에 헌정하고 있다.

등 30여개국 50여개 대학과 연구소 등에 흩어져 있었다. 약 10년 동안의 편찬사업 끝에 서애의 저술과 관계자료를 수집, 망라한 것으로 그동안 흩어져 있던 자료를 규합해 완성한데 의미가 깊다. 이로부터 10년 뒤인 2001년 7월 서애전서 국역본 전7권을 발행, 일반인들도 쉽게 볼 수 있도록 새롭게 했다.

특히 지난 2003년 임진왜란의 극복 경험과 교훈을 적은 '징비록(The Book of Corrections)' 영역본을 출간, 세계화시켰다. 호남대 최병현 교수가 6년에 걸쳐 번역한 것으로, 미국 캘리포니아대(버클리) 동아시아 연구소에서 출간됐다.

기념사업회는 2007년 서애선생서세 400주년을 맞아 안동시, 범유림기념사업회와 함께 대대적인 기념학술대회 및 추모행사를 개최했다.

4장

재벌家 맥(脈)-下

누가 한국을 움직이는가

■ 남양유업가(家 · 그룹) 총괄 인맥도

남양유업 가계도

홍두영(88)
남양유업 창업주
명예회장 대표이사

지송죽(78)
남양유업 전 감사

홍원식(57)
남양유업 회장

이운경(55)
*이학철 고려해운
창업주 장녀*

홍우식(54)
서울광고기획
대표

최수진(50)

홍영서(53 · 여)

이교현(58)
미국거주
개인사업

진석(31)
범석(28)

인석(25)
서현(24 · 여)

이수경(26 · 여)
수영(26 · 여)
정호(28)

24. 남양유업가(家) 총괄 인맥도

남양유업

홍명식(47)
사까나야 사장

김현정(41)
블루비치 대표

홍영혜(45·여)

황재필(45)
웨일즈 개발청
한국사무소장

효정(20·여)
희정(20·여)
동근(14)

황하나(18·여)
승현(12)

홍두영 명예회장가(家)

기업설명회에 전혀 관심이 없는 회사, 돌다리를 몇 번씩 두들겨보고도 건너지 않는 보수적 경영, 창업주 얼굴조차 제대로 알려지지 않은 회사….

남양유업 하면 떠오르는 이미지다. 자사의 우유와 유제품의 신뢰를 얻기 위해서라도 기업과 창업주에 대해 더 많이 알려야 한다. 하지만 이 회사의 창업주는 '크렘린' 처럼 베일에 가려져 있다.

남양유업을 창업한 홍두영(88) 명예회장은 한국 낙농업의 대부로 통한다. 홍 명예회장은 40여년간 한국 낙농산업의 기반을 조성하고 좋은 유제품을 만들기 위한 외길을 걸어왔다.

홍 명예회장은 2006년 1월2일 타계한 김복용 매일유업 회장과 곧잘 비교된다. 두 기업 창업주는 나이가 비슷하고 이북 출신이라는 점 등 공통점이 많다. '짠돌이' 경영도 닮았다. 우유·조제분유·발효유·치즈·음료 등의 제품군도 상당히 겹치면서 '모방과 카피' 논란도 많다. 연 매출액도 8000억원대로 엇비슷하다. 여러면에서 두 회사는 '물고 물리는' 숙명적인 관계다.

남양유업의 대표이사 2명 가운데 한 명인 창업주 홍 명예회장은 국내 최고령 최고경영자(CEO)이다. 1919년 1월7일생이다. 남양유업이 창립된 1964년 이후 44년째 대표이사와 사장, 회장, 명예회장 직위를 줄곧 지키고 있다.

영변 지주의 장남

홍두영 명예회장은 평안북도 영변군 영변면 서부동에서 홍재영씨와 최점숙씨 사이에서 맏아들로 태어났다. 부친이 영변에서 손꼽히던 지주여서 어린시절을 유복하게 보냈다. 홍 명예회장은 일제시대인 1944년 일본 와세다 제1고등학교를 마치고 바로 와세다대에 진학, 불어불문학과를 마쳤다. 홍 명예회장은 자신에 대해 말하기 좋아하지 않는 성격이어서 어릴적 행적이 거의 알려진 게 없다.

일본에서 귀국한 27세의 청년 홍두영은 어수선하던 광복 정국에서 고향 영변의 숭덕여자중학교에서 잠시 교편을 잡았다. 교사 생활을 하던 1947년 5월 같은 영변 출신의 열살 아래인 지송죽(78)씨와 결혼, 가정을 꾸렸다. 하지만 김일성 정권이 일본에서 대학을 다닌 엘리트 가정을 내버려 둘 리 없었다. 홍 명예회장은 한국전쟁이 한창이던 1951년 1·4 후퇴 때 가족과 홍선태(작고) 전 남양산업 대표 등 동생을 데리고 월남했다.

배고픈 아이들 때문에 유업에 손대

홍 명예회장의 첫 사업은 경험 부족 등으로 실패했다. 종전 이듬해인 1954년 부산에서 비료를 수입하는 '남양상사' 를 일으켰다. 회사가 안정적인 궤도에 들어서는 듯했지만 62년에 화폐개혁이란 뜻밖의 복병을 만나 8년 만에 모든 재산을 날려버렸다.

일각에서는 당시의 충격이 너무 심해 '돌다리를 두드려보고도 건너지 않는' 소심증과 같은 마음의 병이 생겼다는 말도 한다. 남양유업 관계자는 "홍 명예회장은 신문이나 TV를 통해 남 앞에 나서는 것을 지나치다싶을 정도로 꺼린다."며 "경기단체 회장직 제의도 많았지만 다 물리쳤다."고 말했다. 첫 사업 실패 이후 홍 명예회장의 보수적 경영이 시작됐으며, 큰 아들 홍원식(57) 회장에 대한 경영수업이 다른 기업보다 일찍 시작됐다.

홍 명예회장이 사업 재기를 꾀하기 위해 선택한 것은 분유였다. 비료 수입업에 종사하던 그는 1963년 선진 외국 출장길에서 분유사업을 눈여겨 봐뒀던 것. 분유를 마음껏 먹고 있던 외국 아기의 모습을 본 그에게 한국전쟁 직후 먹을 게 없던 고국의 아이들 얼굴이 떠올랐던 것으로 짐작된다.

고국으로 돌아온 홍 명예회장은 64년 3월 13일 남양유업을 설립했다. 당시 정부는 '보릿고개'를 해결하고 농민들의 소득기반을 마련하기 위해 낙농사업에 정책적 지원을 아끼지 않았다. 홍 명예회장은 영변의 지주 아들이어서 낙농업과는 다소 거리가 있었지만 뚝심으로 밀어붙였다. 1965년 11월 충남 천안에 제1공장을 짓고 자가생산 체제에 들어갔다.

한때는 아들, 부인까지 경영에 관여

충남 천안 공장부지가 금광터였기 때문이었을까. 지난 67년 1월 10

일 출시된 유아용 제조 분유인 남양분유는 '대박' 을 터뜨렸다. 이어 77년에는 유산균 발효유인 남양 요구르트를 개발, 히트 브랜드 대열에 합류시켰다. 당시로서는 파격적으로 출연료 1억원을 주고 축구선수 차범근을 광고 모델로 내세웠다. 78년 유업계 최초로 기업을 공개하고 주식을 상장했다.

회사가 커지면서 가족 모두 팔을 걷어붙였다. 장남 홍원식 회장이 회사일에 가장 적극적이었다. 연세대 경영학과 재학 중이던 73년부터 종종 회사에 나와 가업을 도왔다. 강의가 끝난 뒤에는 회사에 달려와 입출금 전표를 끊는 등 경리업무를 봤다. 74년 기획실 부장을 시작으로 경영수업에 들어갔다. 77년 이사, 79년 상무, 80년 전무, 88년 부사장을 거쳐 지난 90년 4월 대표이사 사장에 올랐다가 2003년 회장으로 물러났다. 그는 90년대에는 불가리스, 아인슈타인우유, 아기사랑茶, E-5, 위풍당당 동충하초 등을 내놓으며 남양유업이 성장가도를 달리게 했다.

회사가 성장 엔진을 필요로 하던 80년 9월 둘째 아들 홍우식(54) 서울광고기획 사장도 남양유업에 합류했다. 85년 8월까지 남양유업 과장을 지냈다. 남양유업이 성장가도를 달릴 80년대 초반 큰아들 홍원식 회장과 둘째 아들 홍우식 사장이 모두 힘을 합쳤다. 홍 명예회장의 부인 지송죽씨도 한때 남양유업의 감사로 근무했다. 남양유업이 최근 곧잘 내세우는 '친인척 경영 참여 금지' 는 그 당시에는 해당되지 않았다.

창업주 홍 명예회장은 당시 90년 4월 회사 최고경영자 자리를 홍원식 회장에게 물려주면서 회사 운영에 관해 두 가지 금기사항을 가르쳤다. '기업인으로서 정치에 참여하지 말 것' 과 '부동산 투기를 하지 말 것'을 강조했다고 전한다.홍 회장뿐만 아니라 기업인이면 누구에게나 해당하는 사항이다.연세대에서 경영학을 전공한 홍 회장은 30년 가까이 남양유업에서 근무한 덕분에 누구보다 회사 사정에 밝았다.홍 회장은 지난 99년 10월 덴마크 왕실로부터 '영예로운 메달'을 받았고, 2001년 7월 무차입 경영과 축산발전에 기여한 공로로 제25회 전국경영생산성촉진대회에서 은탑산업훈장을 받았다.

3년째 남의 건물을 사옥으로

지난 97년 말 국제통화기금(IMF)의 경제위기 당시 대기업마저 자금난에 휘청거릴 때 남양유업은 오히려 20% 이상의 성장을 이뤘다.대표적인 소매업종으로 불황을 잘 타지 않는 데다 기업 규모보다도 '브랜드 파워'가 강한 까닭이다.

게다가 98년 11월 그동안 상업·조흥·신한은행에 남아 있었던 180억원의 은행차입금을 모두 갚았다.부채 비율을 167%에서 0%로 떨어뜨렸다.회사는 당시 보도자료에서 '무차입(無借入) 경영의 원조'라고 공식 선언했다.현재는 4700억여원을 확보,1만%의 사내유보율을 자랑한다.이로 인해 상당한 금융소득도 올리고 있다.

이같은 남양유업의 성공은 창업주 홍 명예회장의 독특한 철학인 '4무(無)' 경영에 바탕을 두고 있다.4무는 돈을 빌려쓰지 않고(무차입),노사분규가 없으며(무분규),친인척이 개입하지 않으며(무파벌),자기 사옥이 없는(무사옥) 경영을 말한다.

인사에서의 투명성도 줄곧 강조된다.오너의 친인척은 회사에 발붙이지 못하며,파벌 형성 또한 용납되지 않는다.홍보와 영업.마케팅을 총괄하는 성장경 본부장은 "남양유업에는 자연스럽게 인사청탁을 하는 사람이 없어졌다."고 말했다. 사옥도 없다. 43년째 남의 건물에 세들어 살고 있다. 현재는 서울 중구 남대문 대일빌딩을 빌려 쓰고 있다. 1000억원이 넘는 시설투자를 하고 종업원이 3000명이 넘는 기업이지만 임원은 단 9명에 불과하다. 43년간 단 한차례도 노사분규가 발생하지 않았다.

남양유업은 목장주들에게는 지독할 정도로 품질검사가 깐깐한 회사다. 그러나 원유값 만큼은 현금으로 결제하고, 결제기일도 정확하게 지키는 회사로 알려져 있다. 그래서 목장주들이 거래하기를 가장 선호하는 회사로 통한다.

제품의 다양화는 추진하지만 사업의 다각화는 철저하게 배격하고 있다. 우유 캔을 만드는 회사나 낙농가를 위한 사료공장 등을 세우자는 내부 의견도 많았다. 그러나 전공을 벗어나는 사업에는 눈을 돌리지 않는다는 게 지금까지의 방침이다. 식품 분야 세계 최고가 되기까지는 절대로 한 눈 팔지 않겠다는 창업주 홍 회장의 경영 철학이 여전히 이어지고 있다.

홍 회장은 지난 2003년 11월 대표이사 사장에서 잠시 물러났다가 다시 돌아왔다. 홍 회장은 회사에 거의 매일 출근을 하면서 중요 사항을 직접 결정할 만큼 경영에 깊이 관여하는 것으로 알려졌다. 홍 명예회장도 가끔씩 회사에 들르곤 한다. 남양유업과 거래하는 회사의 한 관계자는 "남양유업이 1억원 이상의 경비를 지출할 때는 오너가 반드시 결제하는 것으로 알려져 있다."며 "이에 따라 남양유업의 의사결정이 경쟁 기업에 비해 많이 늦다."고 말했다.

홍 명예회장은 부인 지송죽씨와의 사이에서 3남2녀를 두고 있다. 남양유업은 맏아들인 홍 회장이 승계하는 것으로 사실상 굳어졌다.

자본금 44억 3300여만원인 남양유업의 2006년의 매출은 8190억원에 당기순익은 489억원에 이른다.2007년 사업보고서에 따르면 홍원식 회장은 19.44%(13만 9964주)의 지분을 가진 최대 주주다.홍 명예회장은 7.63%(5만 4907주)를,홍원식 회장의 부인 이운경(55)씨는 0.89%(6400주)를 보유하고 있다.둘째 아들 홍우식 사장이 0.77%(5568주),셋째 아들 홍명식(47) 사까나야 사장은 0.4%(2908주)씩 갖고 있다.홍두영 명예회장의 처남댁 김정선씨가 이색적으로 0.16%(1168주)의 지분을 보유하고 있다.반면 막내딸 홍영혜(45)씨는 2005년 초 장내에서 2612주를 매도,지분율이 0.45%(3208주)에서 0.08%(587주)로 낮아진 것이 눈에 띈다.

홍 회장 등 특수 관계인의 지분이 23.79 %를 보유하고 있다.네덜란드계 투자회사인 ABN암로가 10.09 %를 보유하는 등 외국인들이 눈독을 들이는 회사이다.

최대 주주와 특수관계인이 보유한 지분은 23.79%에 이른다.남양유업의 주가가 워낙 높은 데가 주식 거래가 극히 부진해 한때 상장폐지 위기까지 내몰렸던 것으로 알려졌다.이 때문에 소액주주를 무시하며 경영권 방어에 집착하는 것이 아니냐는 비판도 나왔다.2008년도 매출 목표는 1조원으로 잡고 있다.

평범한 집안과 결혼

창업주 홍 명예회장의 자녀 혼맥은 크게 눈에 띄지 않는다.다만 큰 아들 홍원식 회장은 지난 76년 고려해운 창업주 이학철(작고) 회장의 장녀 이운경(55)씨와 화촉을 밝혔던 것이 눈에 띌 정도다.홍 회장은 이동찬(85) 코오롱그룹 회장 가문과도 연결된다.이동찬 회장의 셋째딸 이혜숙(55)씨가 고려해운 이 회장의 장남인 이동혁(60) 고려해운 회장과 결혼한 까닭이다.

홍원식 회장은 부인 이운경씨와의 사이에서 진석(31),범석(28)씨 두 자녀를 두고 있다.이씨는 사회활동을 하지 않은 것으로 알려져 있다.이들을 통한 남양유업의 3세 승계가 어떻게 이어질지도 업계의 관심을 끌고 있다.지난 2004년 말 홍 회장은 어머니 지송죽 전 감사로부터 주식 2만 108주(2.79%)를 모두 물려받았다.

둘째 아들 홍우식씨는 남양유업을 주요 고객으로 삼는 광고회사 서울광고기획 사장을 맡고 있다.홍 사장은 지난 71년 서울고교와 76년 연세대를 거쳐 83년 미국 산타클라라대에서 경영학 석사과정을 마쳤다.해군 중위 출신인 홍 사장은 지난 79년 8월 한국IBM을 거쳐 지난 80년 9월부터 85년 8월까지 남양유업 과장을 지냈다.남양유업 내에 있던 광고 부문을 들고 나와 부친의 우산에서 독립했다.

홍 사장은 지난 85년 8월 서울광고기획의 상무,88년 전무,90년 부사장을 거쳐 93년 대표이사 사장에 올랐다.지난 1980년 설립된 서울광고기획은 2004년 총 취급고가 626억원으로 업계 17위였다.주요 광고주로는 남양유업을 비롯해 태영·보령제약·보령메디앙스·BYC,씨엠에스 천재교육·하선정종합식품 등이 있다.2005년도의 매출 목표는 900억원이지만 정확한 매출은 알려지지 않았다.

홍 사장은 지난 81년 5월 최수진(50)씨와 백년가약을 맺었다.연년생인 자녀 인석(25), 서현(24) 등 1남1녀를 두고 있다. 지난 72년 이름을 춘애에서 수진으로 바꾼 최씨 역시 별다른 사회 활동을 하지 않는 것으로 알려졌다.

장녀 영서(53)씨는 이교현(58)씨와 결혼, 수경·수영(26) 쌍둥이와 정호(18)군을 두고 있다. 홍 명예회장의 큰사위 이교현씨 가족은 미국으로 건너갔으며, 이씨는 개인사업을 하는 것으로 전해졌다.

셋째 아들 홍명식(47) 사까나야 사장은 연봉이 1억원을 웃도는 외환 딜러직을 떠나 음식점 8개를 운영하고 있다. 요리에 관심이 많은 그는 서울파이낸스센터 지하 2층에 회전초밥 전문점 사까나야 등 6개의 지점을 두고 있으며, 한정식집 돈후이 등을 운영하는 외식업 사장이다. 홍 사장의 이력은 다채롭다. 용산고와 연세대를 거쳐 지난 87년 미시간대에서 MBA를 땄다. 1987년부터 JP모건체이스 은행 등에서 12년동안 근무한 금융통. 99년 인터넷서점 '예스24'를 공동 창업해 한세실업에 매각되기 전인 2003년 5월까지 부사장으로 재직하기도 했다. 6개 사까나야와 돈후이 등의 전체 매출액이 100억원대에 이르는 등 외식재벌 반열에 들어선 것으로 알려졌다.

외식업종으로 변경한 홍 사장은 인터넷 의류 쇼핑몰인 블루피치를 운영하는 김현정(41)씨와 결혼해 세간의 관심을 모았다. 김씨는 고려대를 마쳤다.

홍 사장은 효정·희정(20) 등 일란성 쌍둥이 자녀를 두고 있다. 홍 사장은 쌍둥이 자녀 외에도 동근(14)군을 두고 있다. 이들은 모두 싱가포르에서 공부하고 있다.

막내딸 홍영혜씨(45)는 지난 90년 영국 웨일스개발청의 황재필

(45) 한국사무소장과 결혼, 하나(18)양과 승현(12)군을 두고 있다. 영혜씨는 경희대 작곡과를 졸업한 재원. 서울 양정고를 마치고 연세대를 다니다가 미국 조지아주립대학에서 마케팅을 전공한 황씨는 지난 86년 주한 영국대사관 부상무관을 거쳐 89년부터 영국 웨일스개발청 한국사무소장을 맡고 있다. 황씨의 부친은 헌병차감을 지냈던 황태섭(작고)씨다.

황씨는 86년 연세대 어학당에서 홍씨와 얼굴을 익혔다. 이들은 홍씨의 올케 소개로 사귀다가 이듬해 결혼에 골인했다.

우량아 선발대회 아니나요

남양의 대표적인 성장 엔진으로는 1971년 시작된 '전국우량아 선발대회'를 들 수 있다.자라나는 2세의 건강과 체격 향상을 일깨워주기 위해 마련된 일종의 사회 공헌 행사였다.

첫 대회에는 영부인 육영수 여사가 참가했고 아기와 엄마 등 수상자를 청와대에 초청,오찬을 할 정도로 관심이 깊었다.변변한 행사나 이벤트가 없던 당시로는 전 국민이 참여하는 큰 행사였으며,현재까지 많은 사람들이 당시 행사를 기억하고 있다.

우량아 선발대회는 창업주 홍두영 명예회장이 아이디어를 냈다. 아기 엄마라면 누구나 자기 아기를 우량아로 키우고 싶다는 희망이 있었기 때문에,전국에서 토실토실한 아기들이 구름떼처럼 모여 들었다.24개월 미만의 아기들이 지방 예선을 거쳐 결선을 겨뤘다.제1회 전국 최우량아는 춘천에 사는 한영만 아기(69년 11월생)로 발육상황은 키 85㎝,몸무게 13kg,머리둘레 50㎝,생후 11개월부터 걷기 시작했으며 모유와 우유를 함께 먹였고 과일즙,달걀 노른자 반숙 등을 간식으로 먹였다고 한다.튼튼하고 건강한 아기의 대명사인 우량아 선발대회는 84년 제13회 대회까지 계속됐다.

이후 92년부터 임신육아교실로 바꿔 진행되고 있다.출산율 저하를 막기 위해 새내기 주부들에게 올바른 출산 정보 전달에 힘쓰고 있다.연간 100억원에 가까운 예산을 들여 전국에서 250회 이상 연다.

▲남양유업 창업주 홍두영(앞줄 오른쪽 두 번째) 명예회장이 지난 1971년 자사 주최로 처음 열린 전국우량아선발대회에서 수상자들과 함께 기념사진을 찍고 있다.

특히 산부인과·소아과·피부과·한방 분야의 권위있는 전문의들이 나와 임산부들에게 이해하기 쉽고 꼭 필요한 정보를 제공하고 있다. 저출산이라는 사회적 숙제를 풀기 위한 남양의 또 다른 사회 공헌활동이다.

4장

재벌家 맥(脈)-下

누가 한국을 움직이는가

■ 삼환가(家 · 그룹) 총괄 인맥도

최명환 · 작고
엄순태 · 92

최영환 · 작고
김영숙 · 88

최정환 · 작고 · 여
김원길 · 작고

최경환 · 작고
전 경동산업 회장
이숙훈 · 작고

- **최용근** · 68 + **오경훈** · 57
  전 삼환기업 사장
- **최용준** · 63 + **이빙아** · 53
- **최용숙** · 60 · 여
- **최용훈** · 54 + **김은주** · 51
- **최용범** · 49
- **최용구** · 47 + **한은영** · 49

- **최해은** · 67 · 여 + **김병희** · 74
- **최계자** · 65 · 여 + **권숙일** · 72
  18대 과기부 장관
- **최용재** · 57 + **이윤우** · 53
  전 경동산업 사장
- **최용진** · 54 + **김향숙** · 54

- **최형선** · 62 · 여 + **이 윤** · 64
- **최용철** · 61 + **호소희** · 55
  전 경동산업 부회장
- **최형인** · 58 · 여 + **이윤우** · 61
  한양대 교수
- **최용민** · 53 + **김혜란** · 49

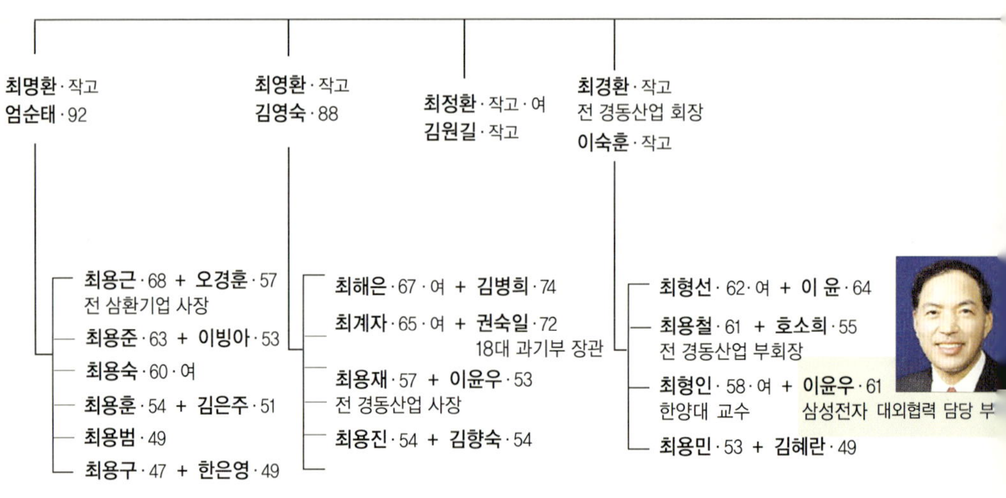
이윤우 · 61
삼성전자 대외협력 담당 부

25. 삼환가(家) 총괄 인맥도

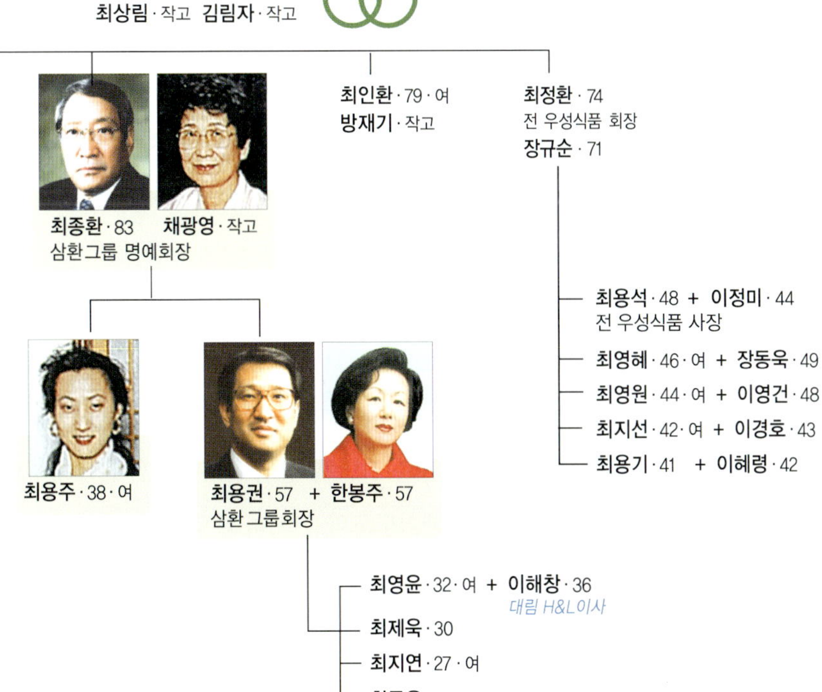

최종환 명예회장가(家)

올해로 건설 외길 60주년을 맞는 삼환기업은 현재 남아 있는 유일한 1세대 건설 기업이다. 대림산업·삼환기업·삼부토건 3개사만 명맥을 잇고 있지만 창업주가 살아 있는 곳은 삼환뿐이다. 대부분의 건설기업은 90년대 말 IMF 외환위기 전후에 부도가 나 좌초됐다. 삼환에 대한 평가는 극단으로 갈린다. 70~80년대 국내에서 내로라 하는 빌딩을 지은 주인공이자 중동에 처음 진출해 중동 붐을 일으킨 기업이지만, 최근엔 80년대에 비해 해외 수주액이 급감하는 등 예전보다 인지도가 많이 떨어졌기 때문이다. 그러나 상대적으로 부침이 심한 건설 업계에서 꾸준한 수익성을 유지하며 '환갑'의 값진 전통을 이어간다는 데 이견이 없다. 삼환은 지난해 창업 60년을 맞아 국내외로 외형을 확장, 건설 명가로서 제2의 도약을 꾀하고 있다.

제2의 르네상스를 꿈꾸는 삼환

삼환기업은 지난해 창립 60주년을 맞아 도약을 위한 각오를 정비했다. 지난해 6조원대의 대우건설 인수전에 참여하면서 재기의 의지를 보여준 데 이어 향후에도 국내 굴지의 건설사를 인수해 외형을 확장한다는 포부다. 매출도 좋아졌다. 지난해 매출은 8100억원으로 전년(6600억원) 대비 22.7% 성장했다. 평년(10%) 보다 상승률이 높다.

한 때 위축된 해외사업도 회복세다. 지난 2005년 마리브 유전 투자로 100억원대의 수익을 냈고, 지분투자(4.9%)로 참여한 베트남 가스전 개발사업은 올해부터 매해 30억원의 수익을 낸다. 지분투자(1.6%)를 한 예멘 마리브 LNG 개발사업도 오는 2009년부터 수익을 낼 전망이다.

창립자인 최종환(83) 삼환그룹 명예회장은 1924년 12월29일 최상림씨와 김림자씨의 5남2녀 중 4남으로 서울 종로에서 태어났다. 종로의 종(鍾)자에 돌림자인 환(煥)자를 붙여 지은 이름이다. 양반이 광화문 중심에서 사대문 밖으로 쫓겨나 사는 것을 몰락으로 여기던 시절이었다. 사대부 출신인 그의 집안은 가세가 기울면서 광화문 중심에서 다동으로, 이어 효자동, 종로4·5가 등으로 밀려났고 그는 종로 4가에서 태어났다. '종환' 이란 이름에는 사대문 안은 벗어나지 않았다는 안도의 뜻이 담겨 있다는 회고다. 훗날(1980년) 창덕궁이 내려다보이는 종로구 운니동에 20층 규모의 삼환사옥을 세운 것을 두고 그가 남다른 의미를 부여하는 이유이기도 하다.

일제 점령기에 초등학교(어의보통학교·현 효제초등학교)를 다닌 그는 글재주가 뛰어나 졸업할 때까지 각종 작문 대회에서 1등을 휩쓸었지만 학업에 뜻을 두진 못했다. 열 살이 되던 해에 궁핍한 살림에 아버지마저 사망하자 일찌감치 생업 전선에 뛰어들었기 때문이다.

건설업과 인연을 맺은 것은 그의 형들과의 연관이 깊다. 큰 형인 고 명환씨와 둘째 형인 고 영환씨가 졸업 이후 수도·난방공사 자재를 생산·시공하는 스기야마 제작소에 들어갔는 데 회사에서 쓰다 남은 자투리 파이프를 집에 가져와 가공,다시 납품하는 식으로 돈을 벌면서 1933년 경동기계제작소를 설립했다.그는 어의보통학교에 이어 2년제 경성직업학교 기계과를 졸업한 뒤 18세가 되던 1940년 형들의 회사인 경동에 합류했다.

약관의 나이에 창업… 미군 공사로 국내 기반

삼환은 설립 이후 60년대 초반까지 줄곧 주한미군에서 수주한 공사에 전념했다.1945년 해방과 함께 미국 공병대에서 크고 작은 공사를 발주했는데 토목·수도·난방 등 업종별로 공사를 따로 주지 않고 한 업체에 모든 공사를 맡기는 식이었다.그는 경동기계제작소안에 공사부를 설립해 영업부장으로 뛰며 미군 공사를 수주했다.한발 더 나아가 하청업체에서 벗어나기 위해 스물 한 살이던 1946년 3월 15일 오늘의 삼환그룹 효시인 삼환기업공사를 설립했다.큰 형과 둘째 형,그리고 최 명예회장 삼형제가 합심해 만든 회사란 뜻에서 지은 이름이지만 실질적인 소유주나 최고경영자는 최 명예회장이다.

회사 설립후 8개월 동안 이룬 공사실적만 총 26건 130만원이다. 당시 공무원 월급이 1만원인 것을 감안하면 상당한 액수다.1948년 가을 을지로 2가 119번지 53호를 매입해 신사옥도 마련했다.

1949년에 착공한 강원도 영월 등 7개 광산지역의 미국인 광산기술자용 주택공사는 당시 업계의 부러움을 산 초대형 공사였다.1950년 6·25로 공사는 중단됐고 건물은 불에 타버렸지만 이 공사는 훗

▲지난 2001년 최용권 회장 일가가 가족사진을 촬영하고 있다. 왼쪽 윗줄부터 최 회장의 사위 이해창 대림H&L 이사, 장녀 최영윤씨, 차녀 최지연씨, 차남 최동욱씨, 장남 최제욱씨. 아랫줄 왼쪽부터 부인 한봉주씨, 최 회장, 외손녀 이주영양.

날 새옹지마격으로 그에게 전쟁 이후 재기의 발판을 마련해주는 계기가 됐다. 서울 수복후 미군 공사 관계자는 그를 반도호텔(현 롯데호텔)로 불러내 큰 궤짝 하나를 내놓았는데 그 속에는 당시 2000만원이 들어 있었다. 불에 타버려 흔적조차 사라진 건물의 공사비를 뒤늦게 받은 것이다. 주식회사로 전환한 것은 전란 이후 1952년 9월의 일이다. 서울 수복후 전후 복구공사에 힘입어 사세를 키워나가던 중 삼환은 당시 주주 10명이 총 주식 2만주를 발행하면서 주식회사가 됐다. 그 중 최 회장이 1만주, 둘째 형 영환씨가 5000주, 큰 형 명환씨가 500주를 가졌다.

국내 '중동 붐' 조성… 횃불신화로 국제 명성 쌓아

1961년 '5·16'은 새 전기를 가져왔다.수의계약으로 이뤄지던 관급공사가 경제개발계획과 함께 신문에 종종 입찰공고가 나는 일이 생겼고 삼환은 국내 주요 공사를 맡는 '건설 명가'로 부상하기 시작했다.5·16 이후 삼환이 따낸 최초의 관급 공사는 1962년 발주한 서울 광진구 광장동 워커힐 호텔이다.

이어 경부·호남·영동·남해·동해고속도로 등 각종 토목 공사에 참여했고,국립극장,삼일빌딩,조선·프라자·신라 호텔,지금은 사라진 남산외인아파트,여의도 전경련 회관,국립묘지 현충탑,포항제철(현 포스코) 공장 등을 지으며 주택·오피스빌딩·토목·플랜트 등 각 분야에서 사세를 확장해 나갔다.

삼환은 국내 사업에 만족하지 않았다.해외진출 가능성을 계속 탐색하던 최 명예회장은 1963년 월남 사이공(호찌민)에 지사를 설립하면서 첫 해외 진출을 시도했다.정국 혼란으로 4개월 만에 철수했지만 이후 1968년 인도네시아 자카르타에 한국 업체 최초로 지사를 설립한 데 이어 1973년 국내 업계 최초로 중동 사우디아라비아에 진출했다.

삼환은 사우디에서 네번 연거푸 고배를 마신 뒤 다섯번째 카이바~알울라고속도로(175km) 입찰에서 2400만달러 규모의 공사를 따내며 국내 중동 진출 1호 기업이 됐다.완공 때까지 3년간 자재 공급난, 종교 문제 등 시행 착오로 적자를 면치 못했다.그러나 이어 사우디 최대 규모인 제다시(市) 전체를 뜯어고치는 미화사업을 맡으면서 행운을 잡았다.미화공사를 메카순례기간 전까지 끝내기로 한 약속을 지키기 위해 횃불을 켜놓고 야간공사를 강행하던 것을 파이잘 국왕이 보고 감동을 받은 것이다.이를 계기로 삼환은 6000만달러 규모의 대형 공사를 수의계약하게 됐고 '횃불신화'라는 말을 남기며 국내 건설업체의 중동 진출 붐을 조성하는 등 명성을 널리 알리는 개가를 올렸다.

해외 프론티어의 꿈… 정체된 90년대

80년대 들어서는 해외시장에 더욱 집중했다.1978년 미(未)수교국이던 예맨에 진출했고 이를 계기로 1984년 북예맨 마리브 유전개발에 참여하면서 원유사업을 시작했다.이어 요르단,파푸아 뉴기니아,알래스카,방글라데시 등 시장을 개척했다.국내 기술을 해외에 알리기 위해 국제 모임에 적극 참여,1982년 아시아 서태평양 건설연합회인 아이포카(IFAWPCA) 5대 회장에 추대됐고 재임시절 세계건설인대회도 제창했다.1990년대 들어서는 회사 일 보다 민간 외교에 시간을 쏟았다.1992년 한·소 경제협력회 2대 회장으로 선임됐고 재차 연임됐다.러시아의 정치·경제 여건이 성숙되지 않아 성과를 이루지 못한 점은 두고두고 회한으로 남아 있다.

이런 탓에 90년대 들어 삼환의 해외 실적은 급감했다.건설협회에 따르면 삼환의 해외공사 수주액은 1982년 당시 5억 8834만 8000달러(한화 6000억원)였지만 10년 후인 1992년에는 10분의1 수준인 6244만달러 에 그쳤다.국내 건설 업계의 주요 테마인 아파트 실적도 많지 않다.90년대 후반부터 업계가 경쟁적으로 환상을 담은 아파트 브랜드와 광고에 집중하며 수주전에 열을 올릴 때에도 삼환은 아파트 광고를 하지 않았다.최 명예회장은 오히려 당시 시류에 대해 자서전 '하늘을 우러러 부끄럼 없이'를 통해 "안쓰럽다."는 평을 내놓았을 뿐이다.

한 때 9개에 달하던 계열사는 현재 6개로 정리됐다.키친아트로 유명한 양식기 제조업체 경동산업(60년)과 코카콜라 등 청량음료 제조업체인 우성식품(69년)은 모두 1990년대 말 정리됐다.태양관광(관광 · 77년)은 삼환엔지니어링(기술용역 · 76년)에 통합돼 삼환기술개발이 됐지만 설계 업무는 거의 하지 않고 관광업도 계열사 직원 출장을 위한 발권 업무 정도만 한다.이밖에 우성개발(67년),삼환까뮤(78년),삼환종합기계(79년),신민상호저축은행(78년),회현상사(78년) 등은 명맥을 잇고 있다.

그러나 건설 명가로서의 국내 입지와 안정적인 매출은 줄곧 유지하고 있다.건설 계열사를 가진 한화그룹의 1000억원대 대한생명 리모델링 공사를 지난 2005년 수주했고,2007년 준공된 건축비 595억원 규모의 팬택계열 서울 상암동 R&D센터도 지었다.

교사 부인과 1남1녀의 단출한 가정

1947년 봄.삼환기업공사의 30대 청년 사장으로 뛰면서 당시 숙명여학교 교사이던 고 채광영 여사와 2년여 열애 끝에 1949년 4월 결혼했다.최 명예회장은 부인을 만났을 당시 "'아!이 여자다.' 라는 느낌이 퍼뜩 들어 프러포즈를 했다."고 언론을 통해 회고한 바 있

▲지난 1991년 봄 최종환 명예회장의 가족이 모처럼 한자리에 모였다. 뒷줄 왼쪽부터 둘째 손녀 최지연씨, 큰 손자 최제욱씨, 며느리 한봉주씨, 아들 최용권 회장, 딸 최용주씨, 앞줄 왼쪽부터 최 명예회장, 큰 손녀 최영윤씨, 부인 고 채광영씨, 둘째 손자 최동욱씨.

다.부인 채씨는 그를 홀로 남겨둔 채 1999년 노환으로 먼저 세상을 떠났다.

부인과의 사이에 1남1녀를 두고 있다.가업을 승계한 외아들 최용권(56) 회장은 동갑내기로 고 한정대 전 대한페인트잉크(DPI) 회장의 3녀인 봉주(56)씨와 1974년 결혼해 슬하에 2남2녀를 두고 있다. 경기고를 졸업하고 미 보스턴대를 나온 용권씨는 미 유학중 같은 유학생 신분이던 봉주씨를 만나 결혼했다.1975년 삼환기업 기획조정실장으로 입사해 8년 만인 1982년 32세 나이에 삼환기업 사장에 취임했다.이어 삼환이 창립 50주년을 맞은 1996년 9월 회장으로 등극,2세 경영 체제를 굳혔다.선친인 최종환 명예회장은 '바늘로 찌를 구멍'은 있어 보였던 데 비해 최용권 회장은 '찌를 구멍'조차 없는 사람이란 평이 임원들 사이에서 나온다.

최 명예회장의 손녀이자 최용권 회장의 장녀 영윤(32)씨는 이준용 대림산업 회장의 며느리가 됐다.이 회장의 3남 해창(36)씨와 1999년 3월 결혼하면서 국내 두 전통 건설기업은 사돈관계를 맺게 된 것.대림의 창업주인 고 이재준 선대 회장과 최 명예회장은 건설 1세대로 각별한 관계를 유지해온 것으로 알려졌다.해창씨는 현재 대림산업 계열사인 종합물류회사 대림H&L의 이사로 재직 중이다.아는 사람 소개로 만나 2년여 교제끝에 결혼했다.

다른 손녀·손자들은 아직 모두 학생이다.장손주 최제욱(30)씨는 예일대 정치학과를 졸업한 뒤 컬럼비아대에서 MBA 과정을 밟고 있고,최지연(27)씨는 세계 최고의 미술대학 중 하나로 꼽히는 미국 RSID에서 공부 중이다.막내 최동욱(23)씨도 콜롬비아대에서 학부 과정을 밟고 있다.

형제들과의 인연… 삼환에 친인척 1명도 남아 있지 않아

삼환은 인척들의 경영 참여 과정에서 불협화음이 없었던 것을 자랑스럽게 내세우지만 친·인척이 맡았던 경동산업과 우성식품은 자취를 감춘 지 오래다.그리고 지금은 친·인척 중 단 한 명도 삼환에 적을 두는 이가 없다.

맏형 고 최명환씨는 6·25 당시 자신이 설립한 삼환기업의 모체인 경동기계가 잿더미로 변하자 동생 최 회장과 함께 삼환기업공사를 설립한 뒤 주주와 이사로 활동했다.그의 아들인 동국대 출신의 용근(68)씨는 계열사인 우성식품 이사,삼환기업 사장 등을 맡다가

1996년 삼환까뮤 사장직을 끝으로 삼환을 떠났다.

둘째 형인 고 최영환씨는 국내 최초 강관회사인 한국강관의 3인 발기인으로 참여하면서 삼환을 떠났는데 한국강관의 부회장까지 맡은 바 있다. 이대 영문과를 졸업한 그의 차녀 계자(65)씨는 18대 과학기술부 장관을 지낸 권숙일씨와 결혼했다.

장남 용재(57)씨는 1993년 삼환의 계열사로 지금은 사라진 키친아트 등 양식기를 제조했던 경동산업의 사장을 맡은 바 있다. 차남 용진(54)씨는 ㈜유창 사장으로 삼환과는 무관한 사업을 했던 것으로 알려졌다.

셋째 형 고 최경환씨는 1958년 삼환의 관계사로 설립된 양식기 제조업체인 경동산업의 대표이사 회장을 지냈다. 이 회사가 정리되기 직전인 1999년까지 재직했다. 그의 아들 최용철(61)씨도 이 회사 대표이사 부회장을 지냈다. 경동산업은 인건비 상승과 경쟁 심화로 자금난을 겪다 1994년 법정관리에 들어갔고 2000년 다시 법정관리 퇴출 명령을 받으면서 정리됐다. 그의 장녀 최형인(58)씨는 한양대 인문과학대 연극영화학과 교수로 재직 중이며, 고 최경환씨의 사위이자 최형인씨의 남편이 삼성의 반도체 신화를 이끌어온 이윤우(61) 전 삼성전자 기술총괄부회장(현 삼성전자 대외협력담당 부회장)이다.

막내 동생인 최정환(74)씨는 삼환이 코카콜라 부산·경남지역 판매권을 가진 우성식품을 1969년 창립하면서 이 회사 사장으로 취임했다. 연간 매출 1300억원대로 한 때 부산지역 대표 식품회사로 명성이 높았지만 방만경영과 과다 부채를 이유로 회사 경영이 어려워지면서 최정환씨는 형인 최 명예회장으로부터 1997년 4월 경질됐다.

이 회사는 1997년 코카콜라 부문을 매각한 뒤 같은해 말 부도처리됐다.최정환 전 회장은 서울대 상대,산업은행을 거쳐 1968년 삼환에 입사했다.

이 회사 사장을 지낸 최정환 회장의 장남 최용석(48)씨는 회사가 문을 닫은 뒤 새천년민주당 창당발기인으로 활동하는 등 한 때 정치에 뜻을 두기도 했지만 지금은 정리하고 지성산업 대표이사로 재직 중이다.장녀 영혜(46)씨는 건설부 장관,상공부 장관을 지낸 고 장예준씨의 차남 동욱(49)씨와 결혼했다.

故 정주영 명예회장과 '형님-아우'

"아, 이리도 황망히 가셨습니까? 아직도 회장님이 하셔야할 일이 많이 남아있는 데 무얼 그리 급히 가셨습니까? 여든 여섯의 춘추가 적은 것은 아니지만 우리 경제의 영원한 등불로 언제나 함께하시기를 기도했는데 이리 가시니 이별의 안타까움과 아픔이 너무도 시리게 느껴집니다. 정주영 회장님."

최종환 명예회장은 2001년 3월 정주영 현대 명예회장이 타계한 직후 당시 서울신문을 통해 이같은 조사를 남긴 바 있다. 두 사람은 생시에 형님-동생으로 서로를 부르며 경쟁보다는 조언을 구하고, 돕고 의지하는 형님과 아우로서의 정이 돈독했다.

그는 건설 1세대 중에서도 특히 고 정 명예회장, 고 이재준 대림산업 명예회장, 그리고 조정구 삼부토건 명예회장을 존경하면서도 가깝게 지낸 인물로 꼽았다.

자서전 '하늘을 우러러 부끄럼없이'에서 고 정 명예회장에 대해 "타고난 능력과 자질 이외에 뛰어난 판단력과 결단력, 저돌적인 돌파력에 감탄한 적이 한 두번이 아니었다."고 평했다. 고 정 명예회장은 전경련 회장으로 재직하면서 최 명예회장에게 부회장을 역임토록 했다. 전두환 전 대통령을 최 명예회장에게 처음 소개시켜준 사람도 고 정 명예회장이라고 덧붙였다.

고 조정구 삼부토건 회장에 대해서는 "나는 상대방의 잘못이 보이

▲최종환(가운데) 명예회장의 세계건설협회 총연합회(CICA) 회장 취임을 축하하기 위해 1983년 서울 신라호텔에서 열린 리셉션에서 고 이재준(왼쪽) 대림산업 명예회장과 고 정주연(오른쪽) 현대그룹 명예회장이 자리를 함께 하고 있다.

면 즉석에서 쏘아대는 성격이지만 그 분은 어떤 경우에도 참고 있다가 나중에 조용한 목소리로 상대방이 스스로 깨닫도록 설명해 주는 등 깊은 인내의 미덕을 갖춘 분"이라고 회고했다.고 조 회장이 건설협회 회장을 맡을 때 최 명예회장은 이사로 그를 도왔다.

최 명예회장은 이들과 함께 황무지나 다름없던 이 땅에서 건설업을 일궈냈다.그러나 지금은 마지막 남은 건설 1세대로 원로의 자리를 지키고 있다.서울 가회동 자택에서 지내고 있으며,건강이 예전같지 않다.

수십년간 매일 30분씩 해온 '대나무 밟기'를 건강 비결로 소개했던 그였지만 요즘은 하지 않는 것으로 전해진다.1996년 아들에게 모든 경영을 물려주고도 일주일에 최소한 사흘은 회사에 나왔지만 지난해부터는 나오지 못하고 있다.

월남 패망 때 8개월간 억류

삼환이 60년 건설 명가의 전통을 지켜올 수 있었던 데에는 전문경영인들의 공이 컸다는 평이다.

최종환 명예회장이 꼽는 최고의 CEO는 경성공업학교(현 경기공고) 출신의 고 이창호 사장이다. 부사장직으로 순직한 뒤 사장으로 추서됐고, 최 명예회장으로부터 '고락을 함께한 벗'으로 불리기도 했다.

최 명예회장은 지난 1977년 회사장으로 치러진 고 이 사장의 영결식 조사에서 "지금 내 오른팔이 떨어져 피가 흐르고 여며드는 것만 같은 아픔이 밀어 닥치는군요. 그러나 당신의 유지를 받들어 나는 기어코 우리 삼환을 세계 속의 삼환으로 만들고야 말겠습니다."라며 슬픔을 감추지 못했다. 격무로 일관하다 신병을 갖게 되어 휴양을 하다가도 중동 현장으로 달려가는 등 투철한 사명감은 지금도 귀감이 되고 있다. 그가 사망한 이듬해에는 '회사를 위해 노력한 사원에게는 응분의 보상이 꼭 있어야 한다'는 취지로 연금제도와 사원주택단지조성사업이 시작되기도 했다.

전동진(75) 전 사장도 삼환에서는 전설로 불리는 CEO중 한 사람이다. 1975년 월남이 패망할 당시 월남지사장으로 근무하던 중 하청업자 공사대금 지불 등 잔무 처리를 위해 남아 있다 8개월간 공산 치하에 억류된 일화는 두고두고 회자된다. 육군사관학교 출신으로 1968년 육군 소령으로 예편한 뒤 삼환기업 중기부 과장으로 입사한 이후 1996년까지 삼환기업 · 삼환엔지니어링 · 삼환까뮤 등 계열사 사장을 두루 역임했다.지금은 삼환의 육영재단인 우성문화재단에서 이사로 재직중이다.

행정고시 출신의 최석원(76) 전 고문은 내무부 치안본부장,노동청장,부산시장,건설부 차관 등을 역임한 뒤 삼환의 해외사업이 꽃을 피우던 1982년 사장대우 상임고문으로 영입됐다.우성문화재단 고문으로 재직하며 노년까지 삼환과의 인연을 지키고 있다.

4 장
재벌家 맥(脈)－下
누가 한국을 움직이는가

■ 대신증권가(家 · 그룹) 총괄 인맥도

26. 대신증권가(家) 총괄 인맥도

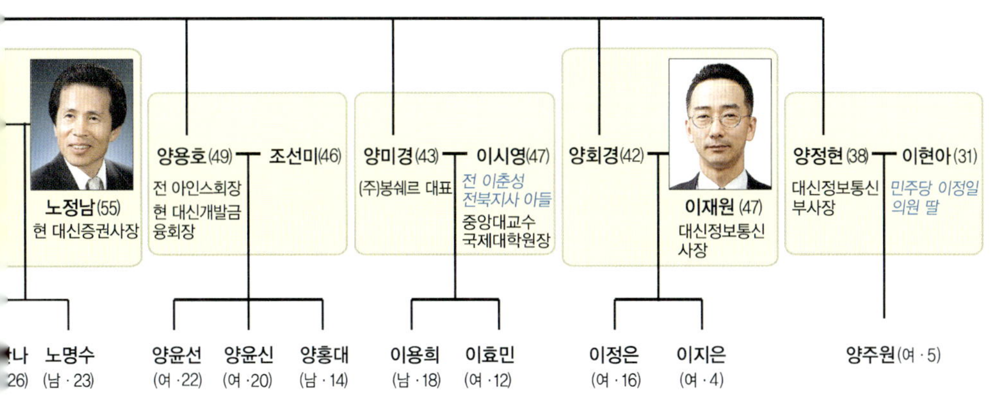

양재봉 명예회장가(家)

주식을 잘 모르는 사람도 '큰 大 믿을 信' 하면 대신증권을 단박에 떠올린다. 한때 큰 주목을 받았던 광고 카피가 알반인의 뇌리에 많이 남아 있기 때문이다. 하지만 익숙한 이름만큼 회사의 규모나 역사는 일반인에게 제대로 알려져 있지 않다.

대신증권은 증권업계에서 여타 대형 증권사와 다른 몇가지 '독자적인' 위치를 갖고 있는 것으로 평가받는다. 우선 재벌 계열이나 은행 계열이 아니면서 40년간 업계 상위권을 지켜왔다. 1990년대 말 IMF 외환위기 이후 재벌이나 은행을 끼지 않은 증권사가 살아남기 힘든 환경속에서도 여전히 '빅5' 안에 든다.

대신증권은 또 선진국형 증권 시스템을 가장 먼저 도입한 곳으로 꼽힌다. 증권사 흑판에 분필로 시세를 적던 시절 최초로 '전광판'을 도입했다. 이후 '온라인 거래의 최강자' 란 명성을 얻었고 사이버 누적거래 1위 자리를 지켜 오고 있다.

금융계에서는 보기 드물게 '3세 경영' 을 잇게 된다. '거상(巨商)의 꿈' 하나로 빈손으로 대신증권을 일군 양재봉(82) 명예회장의 역할을 현재 아들과 며느리, 사위가 잇고 있으며 머지않아 손자가 이 역할을 대물림받을 전망이다.

빈손 '송촌' 거상의 꿈

양 명예회장은 1925년 전남 나주군 나주읍 송촌리에서 태어났다. 고향에 대한 애착으로 호를 '송촌(松村)'으로 지었고 훗날엔 이 명칭을 딴 '송촌문화재단'을 설립했다.

그가 거상의 꿈을 품기 시작한 것은 송촌을 떠나 당시 '수재의 집합소'로 불리던 목포상업고등학교에 진학하면서부터였다. 15대1이넘는 경쟁률을 뚫고 '나주에서 간 유일한 합격자'가 된 양 명예회장은 이곳에서 '일본인들에게 뒤져서는 안 된다.'는 일념으로 공부하면서 돈을 벌어야겠다는 꿈도 키웠다.

그의 첫 목표는 한국은행 전신이었던 조선은행 입사였다. 양 명예회장은 "대학 졸업자들도 번번이 낙방하는 판에 상업학교 재학 중에 그 좁은 관문을 뚫어 자부심이 컸다."고 당시를 회고한다. 이 때 생긴 '하면 된다.'는 자신감은 모험에 대한 열망으로 자라났다.

하지만 그는 안정된 은행원 생활에 만족하지 못했다. 거상의 꿈을 이루기 위해서는 다양한 경험을 쌓아야 한다는 생각 때문이었다. 이후 장사를 할 기회를 살피며 아이디어만 생기면 곧바로 실행에 옮겼다. 목포와 나주 일원의 쌀을 사서 부산에 파는 미곡상을 하기도 했고, 양조 사업에도 손을 댔다.

겁없이 뛰어든 사업은 실패로 끝났다. 다시 조흥은행 신입 은행원의 자리로 돌아와야 했고, 이후 여러 은행을 거치면서도 사업에 대한

미련을 버리지 않았다. 끊임없는 새 사업 궁리끝에 시작한 극장 사업에서 성공하면서 그는 자신감을 되찾게 된다.

금융업 경영자로서 본격 나선 것은 한일은행 서울 청량리 지점장으로 재직하던 1970년대초 무렵이다. 지점장 부임 1년도 안 돼 예금계수를 2배로 만들 만큼 실력을 인정받았다.

이어 단자회사 설립을 권유받던 양 명예회장은 미원그룹 임대홍 회장, 해태제과 박병규 사장과 함께 '대한투자금융'을 설립했다. 증권회사 설립은 그로부터 1년 뒤 일본 방문을 계기로 추진한다.

도쿄에 있던 '노무라증권연구소'의 선진적 체계에 깊은 인상을 받은 그는 돌아오자마자 증권업 진출을 서둘렀다. 당시 정부는 소규모 증권사 난립을 경계해 새 증권회사 설립 허가를 꺼려했다. 양 명예회장은 75년에 직원 11명의 '망해가던' 증보증권을 전격 인수한다.

망해가던 증보증권 잘나가는 대신증권으로

증보증권은 경영 실적이 형편없는 하위권 회사였지만 그는 '꿈에도 그리던 증권회사를 세웠다.'는 생각에 희망에 넘쳐 있었다. 우선 회사의 이미지를 바꾸기 위해 '대신증권'으로 이름을 변경했다.

이름을 바꾼 뒤부터 대신증권은 연일 승승장구했다. 75년 대기업들이 탐내던 명동 국립극장 입찰에 성공해 '주식 투자자들의 베이스캠프'로 만들었다. 77년 양 명예회장은 대한투자금융 전무이사직을 버리고 대신증권 사장으로 나섰다.

이어 업계 최초로 '전광시황 속보판'을 세우는 등 혁신을 거듭한 끝에 업계 2위로 올라섰다. 그러나 성공 가도를 달리던 양 명예회장에게도 암흑기는 찾아온다.사장 취임 4개월만에 회사 영업부장이 고객과 회사의 돈을 빼돌려 피해자만 100명에 이르는 대형 금융사고를 일으켰다.

대신증권과 자신의 신뢰에 엄청난 손상을 입힌 사고였다.그 여파가 얼마나 컸던지 양 명예회장은 사장 자리에서 물러난 이후 3년간 시골 농장에서 가축을 기르며 은둔 생활을 해야 했다.

다시 증권계로 돌아온 것은 81년.대신증권의 대주주들이 양 명예회장을 찾아와 쓰러져가는 대신증권을 살려달라고 간곡하게 부탁했다.그가 대신증권 사장에 복귀했을 때,회사는 이미 자본잠식 상태였다.그는 "죗값을 치르겠다."는 심정으로 일을 했다.

가장 먼저 한 일은 흐트러진 임직원들을 단합시키는 것이었다. '구두쇠 100일 작전', '개미작전' 등 전 직원의 단합을 유도하기 위한 각종 아이디어를 짜냈다.잘 나가던 대한투자금융 주식을 주고 미원 임회장이 보유하고 있던 대신증권 주식을 인수,최대 주주가 됐고,회사 재건에 '올인' 했다.

다행히 80년대 중반 국내 증시는 최고 활황의 시기를 맞이한다.양 명예회장은 대신증권의 회생에 성공해 84년 대신경제연구소,86년 대신개발금융,87년 대신전산센터,88년 대신투자자문,89년 대신생명보험,90년 송촌문화재단,91년 대신인터내셔널유럽 등을 잇따라 설립하면서 대신을 명실상부한 종합금융그룹으로 만들었다.

신뢰 중시 경영으로 IMF 극복

하지만 그에겐 또 한번의 어려움이 닥친다.IMF 외환위기가 발생

▲양재봉 명예회장이 전남대에서 경영학 박사 학위를 받던 1991년 가족 등이 참석해 축하 사진을 찍고 있다. 양재봉(앞줄 가운데) 그룹 명예회장, 부인 최갑순(앞줄 왼쪽에서 네 번째) 여사, 차남 고 양회문(앞줄 왼쪽 첫 번째) 회장, 장남 회천(뒷줄 가운데)씨, 장녀 영애(뒷줄 왼쪽에서 다섯 번째)씨, 차녀 회금(뒷줄 오른쪽에서 여섯 번째)씨, 4녀 회경(앞줄 왼쪽에서 세 번째)씨, 이어룡(앞줄 오른쪽 첫 번째) 대신증권 회장, 둘째 사위인 노정남(뒷줄 오른쪽에서 다섯 번째) 대신증권 사장, 첫째 사위인 나영호(뒷줄 오른쪽에서 세 번째) 전 대신경제연구소 사장, 막내 사위인 이재원(뒷줄 왼쪽에서 두 번째) 대신정보통신 사장.

하자 연 20%대의 살인적인 고금리 상황이 발생해 수많은 기업이 어려움에 빠졌다. 대형 증권사인 동서증권, 고려증권이 환매 사태로 하루아침에 부도에 이르면서 '재벌이 아니면 살아남기 힘들다.'는 루머까지 돌았다.

비재벌 단독 증권사인 대신증권에도 이 분위기는 예외가 아니었다. 당시 대신증권은 단기 차입금을 모두 상환해 빚이 없는 상황이었다. 90년대 말 펀드 열풍으로 시중의 자금도 증권사로 몰렸다.

하지만 양 명예회장은 회사채를 편입한 수익증권 판매를 전면 중지시키고 안전한 국공채 위주의 채권형 펀드만을 취급하라고 지시한다.

예상은 맞았다. 대우그룹 부도, 하이닉스 사태, SK사태 등이 연이어 터지며 회사채로 수익증권을 판 증권사들은 잇따라 위기를 겪었지만 대신증권은 안전한 국공채를 편입한 수익증권만 판매한 덕에 손실을 입지 않았다.

결국 90년대 초반 업계를 대표하는 5대 대형사의 주인이 모두 바뀔 정도로 부침이 심한 증권업계에서 대신증권은 살아남았다.

양 명예회장이 이처럼 오뚝이처럼 일어선 것은 필요하다고 생각되는 사업부문에 대해 과감하게 투자하는 결단력 때문이었다.

오래 전부터 전산부문이 증권회사의 성장을 이끌 것으로 본 양 명예회장은 전산부문에 과감한 투자를 감행했다. 초기 집중 투자를 통해 온라인거래 시스템을 구축했고, 이로 인해 99년 이후 온라인 거래가 폭발적으로 늘자 대신증권은 또 한번의 중흥기를 맞게 됐다.

내실화 일군 고 양회문 회장

양 명예회장은 2001년 현업에서 물러나고, 차남인 양회문(2004년 작고, 당시 53세) 전 회장에게 회사 경영을 물려줬다.

양 명예회장의 4남4녀 중 차남인 고 양 회장은 75년 대학을 졸업하자마자 대신증권 공채 1기로 입사했다. 10년동안 지점영업에서부터 인수, 법인, 자산운용, 기획, 인사 등 증권 전부문에 걸쳐 실무경험을 쌓으면서 경영수업을 받았다.

고 양 회장은 회장 취임후 외형 성장보다는 내실을 다지기 위해 재무 구조 정비에 나섰다. 생명, 정보통신 등을 계열 분리하고 대신증권,투신운용,경제연구소 중심으로 그룹을 정리했다.

그는 2002년 초 폐암진단을 받은 후 2004년 작고 때까지 약 3년 간 초인적인 투병 생활을 하면서도 리더십을 발휘했다.대신증권이 외국인 지분율이 가장 높은 내실있는 회사로 재탄생한 것은 고 양 회장의 공이 크다는 게 안팎의 평가다.

양 회장 작고 이후 대신증권을 이끄는 주역은 고 양 회장의 부인 이자 양재봉 명예회장의 둘째며느리인 이어룡(54) 회장이다.

평범한 가정주부였던 이 회장은 남편이 투병생활을 하던 3년여동 안 집중적으로 경영수업을 받은 뒤 2004년 10월 회장에 취임했다.

현정은 현대그룹 회장과 종종 비교되는 이 회장은 특유의 세심함 으로 회사를 이끌어 가고 있다.2005년에는 한 달만에 109개 전 영업 점을 순회방문하면서 직원들을 격려해 주위를 놀라게 했다.

여성 특유의 섬세함뿐만 아니라 강단도 함께 갖췄다.자본통합시 장법 제정에 따라 일본의 SPARX그룹과 자본 및 업무 제휴를 통해 향후 종합금융투자회사로의 전환에 대비하고 있다.

대만의 IBTS와 제휴하는 등 외국 금융기관과 국제적인 제휴를 진두지휘하는 역동적인 모습을 보여줬다.이 회장은 자신을 드러내는 것을 좋아하지 않는 편이며 조용히 책읽기를 좋아한다.남편의 투병 중에는 국내·외에서 발간된 대부분의 암 관련서적을 섭렵한 것으로 알려졌다.지난해에는 서울과학종합대학 최고경영자과정에 다녔다.

동기로는 현대그룹 현정은 회장,유한킴벌리 문국현 전 사장,SK텔 레콤 김신배 사장이 있다.

이 회장과 함께 대신증권의 제2도약을 이끌 인물로는 양재봉 명예회장의 사위이자 차녀 회금(53)씨의 남편인 노정남(55) 현 대신증권 사장이 있다.

연세대 행정학과를 나온 노 사장은 지난해 10월 대신증권 사장에 취임했다.노 사장은 77년 한일은행에 입사한 뒤 29년간 금융업에만 종사해온 탁월한 금융 전문가로 인정받고 있다.

87년 대신증권에 입사해 영국 런던사무소장·지점장,IB담당임원, 상품운용본부장,국제본부장 등을 두루 거쳤다.99년부터 6년 동안 대신투신운용 대표이사로 재직해 왔다.런던 소재 코리아유럽 펀드의 이사를 지내는 등 국제적 감각이 뛰어나고 강력한 추진력을 지녔다는 평가를 받고 있다.

대신증권의 1대 주주이자 실질적인 대신증권의 차세대 주인으로 주목받고 있는 사람은 양 명예회장의 손자이자 이어룡 회장의 아들인 홍석(26)씨다.장남인 홍석씨는 서울대 경영학과를 졸업,지난해 대신증권에 입사한 뒤 올해 대신투자신탁운용 상무로 선임됐다.차남 홍준씨는 고려대 경영학과 재학 중 올초 불의의 사고로 사망했다.

첫째이자 장녀인 정연(28)씨는 이화여대 경영학과를 졸업한 뒤 외국계 컨설팅회사 베어링포인트에서 근무하다 현재 미국에서 MBA 과정을 밟고 있다.

단출한 혼맥… 정략결혼은 없다

양재봉 명예회장은 부인 최갑순(79)씨와의 사이에 고 양 회장 외 3남4녀를 두고 있다.이들은 대부분 연애결혼을 해 평범한 집안에 시집·장가를 갔다.

양 명예회장이 자식들의 의사를 존중해 정략적 결혼을 권하지 않았기 때문이다.전 송촌 회장 및 전 광주방송 회장을 역임한 장남 회천(58)씨는 대구 교육자 집안 출신의 문홍근(59)씨와 결혼했다.

회천씨는 처음부터 대신그룹에 근무하지 않고 대신전기 등 제조업체를 경영했다.문홍집(57) 대신투자신탁운용 사장이 회천씨의 처남이다.문 사장은 비즈니스 위크에서 아시아를 이끌 50인으로 선정하기도 한 금융 IT부문 한국 최고의 전문가로 꼽힌다.

대신증권 IT본부장으로 재직하면서 개발한 온라인거래 시스템인 'U-사이보스'는 지금도 세계 최고 수준이라는 격찬을 받는 등 전산부문을 한국 최고로 이끈 실력자로 평가받고 있다.

둘째인 고 양 회장과 현 이어룡 회장 역시 연애결혼을 했다.이 회장은 충북 괴산 출신으로 부친이 한학자였다.이 회장 동생인 제봉(44)씨는 대학 교수이고,제영(42)씨는 대신증권 IB 1팀장으로 근무하고 있다.

3남인 용호(49)씨는 코스닥 상장 창업투자회사인 대신개발금융회장과 아인스 회장을 역임했다.아인스는 세계 유명 건축물 모형 전시시설인 경기도 부천의 아인스월드를 운용하는 회사다.서울시 공무원 집안의 조선미(46)씨와 결혼해 2남1녀를 두고 있다.

4남인 정현(38)씨는 현재 코스닥 상장 금융 IT전문 회사인 대신정보통신 부사장으로 있다.부인 이현아(31)씨는 조선내화 이훈동 회장의 손녀이자,민주당 이정일 국회의원의 딸이기도 하다.

장녀 영애(60)씨는 대학때 연애를 통해 만난 나영호(61) 현 경원대 겸임교수와 결혼했다.재무학 박사인 나씨는 대신경제연구소 사장으로 재직하다가 2005년 은퇴했다.

차녀 회금씨와 노정남 대신증권 사장도 연애결혼했다.노 사장은 한국행정연구원장을 역임했던 노정현(78) 전 연세대 행정학과 교수의 친동생이다.

3녀 미경(43)씨는 이시영(47) 현 중앙대 교수와 결혼했다.이시영 교수는 미국 시카고대에서 경제학 석·박사를 받은 뒤 중앙대에서 사회과학대학 상경학부 교수와 동대학 국제대학원장을 맡고 있다.이 교수의 부친은 전북지사와 공보부 차관을 지낸 이춘성씨다.

4녀 회경(42)씨는 이재원(47) 현 대신정보통신 대표이사와 결혼했다.이 대표는 미국 위스콘신대에서 박사학위를 받은 뒤 93년부터 금융솔루션 업체인 대신정보통신에 근무하고 있다.

슬로건 '큰大 믿을信' 어떻게 지었나

대신증권을 오늘의 위치에 올려놓은 일등 공신은 '큰大 믿을信'이라는 슬로건이다.

이 슬로건은 양재봉 명예회장의 작품이다. 양 회장은 증보증권을 인수해 새 회사를 만들면서 "인간과 인간 사이에 믿음이 없이는 그 어떤 일도 이루어 낼 수 없다."는 신념으로 '대신'이라는 이름을 붙인다. '큰 대 믿을 신'이라는 슬로건을 사용하게 된 것은 그로부터 약 10년 후인 1986년부터다.

당시 증권 산업은 성장하고 있었지만 국민들의 증권사에 대한 인식은 좋은 편이 아니었다. 양 회장은 주식 투자의 대중화를 위한 분위기를 조성하고, 회사의 이미지를 높이기 위해 홍보활동을 강화했다.

86년 3월 처음으로 TV CF를 제작했지만 시청자에게는 크게 파고들지 못했다. 새로운 홍보전략을 구상하던 양 회장은 어느 날 열차를 타고 가던 중 열차바퀴가 레일과 마찰하면서 일어나는 소리가 매우 경쾌하다고 느낀다.

그는 "마치 옛날 서당에서 '하늘천 따지' 하고 천자문을 읽을 때의 리듬과 비슷하다는 생각을 했다."고 한다. 그리고 그 소리가 곧 우리 정서에 잘 맞는 3·3조 가락과 닮았다는 생각에 바로 큰 대 믿을 신이라는 단어를 떠올린다.

이후 TV 광고에는 '큰大 믿을信'이라는 슬로건을 빠짐없이 사용

▲2001년에 찍은 고 양회문 회장의 가족사진. 아래 왼쪽부터 차남 홍준씨(2007년 사망), 이어롱 회장, 고 양회문 회장과 장남 홍석(가운데 위)씨, 장녀 정연(오른쪽 위)씨.

하게 됐다. 이 슬로건은 주식투자를 하지 않는 사람들까지도 증권회사 하면 '큰大 믿을信=대신증권'을 떠올리게 할 만큼 히트했다.

이후 '큰大 믿을信'은 20여년간 대신증권 광고의 슬로건으로 사용되면서 대신증권을 증권명가의 이미지로 만드는 데 큰 공헌을 하고 있다.

금융통 대거 배출한 '증권계 사관학교'

'증권업계 사관학교'로 불리는 대신증권은 금융계에서 내로라할 만한 인물들을 숱하게 배출했다.

주택은행장과 중소기업은행장을 지낸 박동희(77)씨, 정해왕(60) 한국은행 금융경제연구원장, 김정태(60) 전 국민은행장, 이강원(57) 한국투자공사 사장 등이 대표적이다.

지난 1986년 대신경제연구소에 대표이사로 입사한 박 전 중소기업은행장은 대신개발금융, 대신투자자문, 대신증권 대표이사를 거쳐 대신그룹 부회장을 역임했다.

정 금융경제연구원장은 미국 켄터키 주립대에서 경영대 조교수로 있다가 대신경제연구소 상무이사로 입사, 89년부터 4년간 대신경제연구소를 이끌었다.

김정태 전 국민은행장도 대신증권과 각별한 인연을 맺고 있다. 조흥은행 출신인 김 전 행장은 양재봉 명예회장이 설립한 대한투자금융에 74년 스카우트됐다. 양 명예회장의 두터운 신임을 받은 그는 대신증권 비서실장으로 발령났고, 80년 34세의 나이로 대신증권 최연소 임원으로 승진했다.

이강원 전 한국투자공사 사장은 89년 대신증권 국제영업담당 상무이사로 대신증권에 입사했다. 퇴사 후 아시아개발은행을 거쳐 외환은행장, 굿모닝 증권 사장을 역임하는 등 탄탄대로를 걸었다.

▲김정태
전 국민은행장

▲이강원
전 한국투자공사 사장

▲이준호
대한화재 사장

▲김 한
전 메리츠증권 부회장

이밖에 이준호(62) 대한화재 사장은 77년 대신증권 종합기획실 실장으로 입사한 뒤 이사, 상무이사를 거쳐 94년에 대표이사 사장을 역임했다.

김한(52) 전 메리츠증권 부회장은 89년 대신증권에 입사한 뒤 만 35세의 젊은 나이에 이사직에 올랐다. 97년까지 대신증권에서 국제본부장, 인수본부장, 기획본부장 등을 역임하면서 증권계의 거목으로 성장했다.

4장

재벌家 맥(脈)-下

누가 한국을 움직이는가

■ 벽산가(家 · 그룹) 총괄 인맥도

27. 벽산가(家) 총괄 인맥도

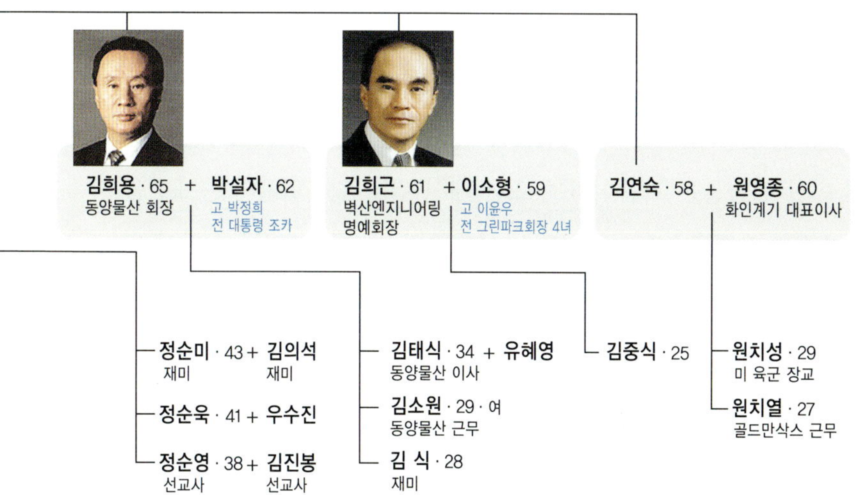

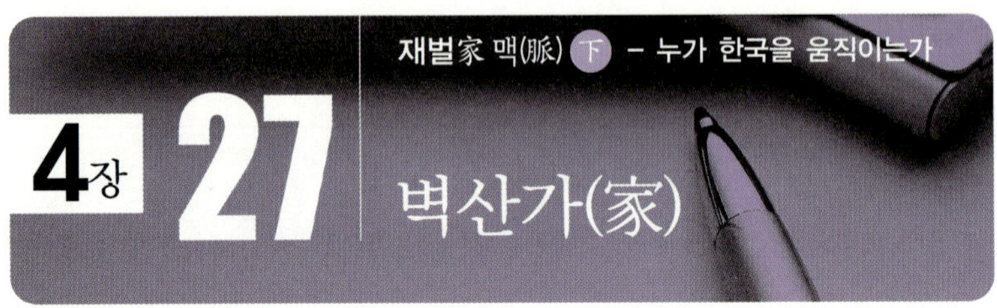

벽산그룹 김희철 회장가(家)

한때 18개 계열사를 거느리면서 30대 재벌그룹으로 명성을 떨쳤지만 외환위기(IMF)와 함께 구조조정을 겪으면서 벽산건설㈜,㈜벽산,벽산페인트㈜,㈜인희,동양물산 등 5개만 남은 미니그룹으로 축소된 게 오늘날의 벽산이다.출자전환된 채권단의 주식을 되사들여 창업주 가문이 명맥을 잇고 있는 것은 불행중 다행이다.벽산의 주력사는 벽산건설이다.전체 매출 가운데 60% 이상을 차지할 정도다.때문에 벽산 사람들은 그룹이라는 표현 대신 건설 전문업체라는 표현을 쓴다.3세 경영체제로 넘어가면서 재도약의 발판을 마련하기 위해 애쓰고 있다.

GS가문·박정희 대통령 등과 혼맥 형성

고 김인득 창업주의 3남 2녀중 장남 김희철(70) 벽산건설 회장은 경기고 3학년이던 16세 때 미 캘리포니아로 건너가 15년간 유학생활을 했다.한 달에 2~3통씩 집으로 편지를 썼는데 아버지인 고 김인득 창업주는 틀린 한자를 교정해 보내주는 등 자식 교육에 애착을 보였다.

김희철 회장도 기대에 부응해 미국 퍼듀대 기계과를 졸업하고 같은 대학 경영학 석사·MIT대와 퍼듀대에서 각각 원자력공학 석·박사학위를 땄다.이어 미주리주 롤라대학에서 조교수를 역임하다 1969년 정부의 해외우수인재 유치 계획에 따라 과학기술처 1급 연구관으로 초빙돼 귀국했다.

김희철 회장은 1965년 김인득 창업주의 3남이자 김 회장의 동생인 김희근(61) 벽산엔지니어링 명예회장과 김 명예회장의 경기고 동창인 허광수(61) 삼양인터내셔널 회장의 제의로 삼양통상 고 허정구 회장의 장녀 허영자(67)씨를 만났다.허광수씨의 누나인 영자씨는 이대 불문과를 졸업한 뒤 미 노스웨스턴대 불문학과 석사 과정을 밟다 다음해 시카고에서 김 회장과 결혼했다.

김희철 회장은 1971년 건축자재 생산업체였던 ㈜벽산의 전신인 제일스레트 대표이사를 맡으면서 벽산 경영에 참여했고,1982년 그룹 부회장으로 오르면서 사실상 경영을 도맡았다.하지만 김인득 창업주가 세상을 뜬지 반년도 지나지 않아 IMF 위기를 맞아 선친이 키운 기업을 구조조정해야 하는 불운을 맞기도 했다.

벽산은 3세 경영 체제에 안착했다.김희철 회장의 장남인 김성식(40) ㈜벽산 대표이사 사장은 ㈜벽산페인트 대표이사도 겸하고 있다.

오하이오주립대 마케팅 학사,하버드대 경영대학원 석사를 졸업했다.이후 보스턴 컨설팅에서 일하다 2001년 1월 ㈜벽산 전무로 입사했다.지금은 부도로 쓰러졌지만 80년대 말 주택사업을 활발히 펼쳤던 ㈜동신 박승훈 회장의 장녀 박성희(37)씨를 학교 선배의 소개로 만나 결혼했다.

▲김희철 벽산건설 회장 일가가 2002년 1월 1일 새해를 맞아 서울 마포 자택에서 찍은 사진. 윗줄 왼쪽부터 둘째 며느리 장현주시, 첫째 며느리 박성희씨, 장남 김성식 (주)벽산 대표이사 사장, 사위 양성원씨, 아랫줄 왼쪽부터 차남 김찬식 벽산건설 전무, 김회장의 부인 허영자 여사, 손녀 김주리양, 김회장 본인, 외손녀 양서경양, 장녀 김은식씨.

김희철 회장의 차남 김찬식(38)씨는 주력사인 ㈜벽산건설에서 경영수업을 받는 중이다.경영지원실장(전무)으로 내부 살림을 챙기고 있다.서울대 서양사학과를 졸업하고 조지타운대에서 MBA를 땄다. 한 살 아래인 장현주(37)씨를 대학(이대 동양학과)시절 소개팅으로 만나 연애 결혼했다.장씨의 아버지 장경환(75)씨는 포항제철 전무이사,삼성중공업 사장 등을 거쳐 포항제철(현 포스코) 경영연구소 회장을 지냈다.

장녀 김은식(36)씨는 서울대 음대 기악과를 나온 바이올리니스트. 양해엽(78) 전 재불 한국문화원장의 차남인 첼리스트 양성원(40·연세대 기악과 조교수)씨와 결혼,음악가 집안을 꾸렸다.이들의 결혼은 양가 어머니들의 오랜 친분으로 맺어졌다.

김인득 창업주의 차남인 김희용(65) 동양물산 회장은 미 인디애나 주립대 출신으로 1987년부터 그룹의 모태이자 농기계전문업체인 동양물산 사장으로 취임, 2001년부터 회장을 맡고 있다.

고 박정희 전 대통령의 셋째 형인 고 박상희씨의 딸 설자(62)씨와 중매로 만나 결혼했다. 설자씨는 김종필 전 자유민주연합 총재의 처제이기도 하다. 벽산가 혼맥이 경제계 뿐 아니라 고위 정치권과 닿는 계기가 됐다.

장남 김희철 회장가와 차남 김희용 회장은 2004년 주식 교환을 통해 사실상 독립경영 체제를 갖췄다. 김희철 회장 집안이 벽산건설과 ㈜벽산 등을, 김희용 회장 집안이 동양물산 지분을 갖는 것으로 구도를 정리했다.

김희용 회장의 장남 김태식(34)씨는 동양물산 이사로 근무하고 있으며, 딸 김소원(29)씨도 동양물산에 몸을 담고 있다.

셋째 아들인 김희근(61) 회장은 지금은 정리된 벽산건설의 해외부문을 담당하는 등 줄곧 건설을 책임지며 벽산건설 부회장까지 역임했다.

미 마이애미대 출신으로 IMF 위기를 맞아 건설에서 손을 뗐고 지금은 계열분리된 벽산엔지니어링 명예회장 직함만 갖고 있다. 벽산건설 부회장으로 재직하면서 은행 대출을 받기 위해 재무제표를 조작한 사기 혐의로 검찰에 불구속기소된 상태다. 지금은 미국 LA에 살고 있다.

김희근 명예회장측은 당시 대출은 만기연장이 대부분이어서 사기

혐의는 터무니없다는 주장을 펴고 있다.고 이윤우 전 그린파크 회장의 4녀인 이소형(59)씨와 결혼했다.

고 김인득 창업주의 장녀인 김숙희(67)씨는 피혁전문 무역업체인 천마를 운영하는 정영현(73) 회장과 중매로 만나 결혼했다.

막내 딸 김연숙(58)씨는 원영종(60) 화인계기주식회사 대표이사와 사이에 치성(29)·치열(27) 두 형제를 두고 있다.

고 김인득 창업주… 소문난 근검절약가

고 김인득 창업주는 경남 함안군 칠서면 무릉리라는 작은 마을에서 4남2녀중 장남으로 태어났다.아버지가 농사를 지었지만 계절에 따라 포목상 일을 겸해 형편은 어렵지 않았다.

고향에서 보통학교(칠서초등학교)를 졸업한 뒤 3수 끝에 열 네살이 되던 해에 마산상고에 입학했다.성적이 좋아 우등생으로 졸업했고,농구·탁구·축구 선수로 활약하는 등 운동도 잘했다.남선주산대회에서 1등을 했고 서화전시회에 출품하면 항상 상을 받는 모범생이었다.

첫 직장은 1934년 봄 입사한 마산금융조합.예금 권유부터 연체 독촉까지 항상 1등이란 팻말이 따라다녔다. '남과 같이해서는 남 이상 될 수 없다.' 는 철학은 이때부터 생겼다.당시 월급 28원을 받던 그는 10년동안 1만원(현재 1억원)을 벌겠다는 목표를 세워 9년간 8900원을 모았다.이 돈을 모으기 위해 숙직을 자청,숙직비를 모았고 출장 갈 때면 새벽에 일어나 목적지까지 걸어가면서 출장비를 아꼈다.

투철한 절약정신만큼 가족 사랑도 깊었다.

▲1960년 여름, 유학 중이던 장남 김희철 벽산건설 회장이 귀국하자 서울 중구 쌍림동 자택에서 가족들이 함께 모였다. 윗줄 왼쪽부터 고 김인득 벽산그룹 창업주 본인, 차남 김희용 동양물산 회장, 3남 김희근 벽산엔지니어링 명예회장, 아랫줄 왼쪽부터 김희철 벽산건설 회장, 부인 고 윤현의 여사, 차녀 김연숙씨, 장녀 김숙희씨.

"1932년 1월11일 양가 부모와 일가친척의 축복 속에서 17세 신랑과 18세 신부는 결혼을 했어요.신랑이 장남이라 결혼시켜 어린 5남매와 큰 살림을 맡기실 작정을 하신 모양이었어요.17세 신랑은 키도 크고 헌칠했어요.결혼후 남편은 3년을 학생 신랑으로 지내고 저는 신랑 없는 시집살이를 했어요."

고 김인득 창업주의 부인 고 윤현의 여사는 김 창업주의 첫 인상을 '벽산 김인득 선생 회갑 기념-남보다 앞서는 사람이 되리라' 란 책을 통해 이같이 회고했다.

고 김인득 창업주의 동생인 고 김재동씨도 같은 책에서 창업주를 두고 애처가 중의 애처가라고 평했다.평상시에도 "부인이 무슨 낙이 있겠어.내가 아내의 종이 돼야지…"라고 말하며 부인에 대한 사랑의 표현을 아끼지 않았다는 것이다.

고 김인득 창업주는 일제 치하였던 만큼 기술자나 사업가가 아니면 한국인은 성공할 수 없다는 판단에 따라 1943년 진주상공회의소로 자리를 옮긴다. 1949년 무역업을 하기 위해 상경했는데, 당시 외국무역이나 한다는 사람들은 으레 호텔에 머물며 식사도 고급으로 하는 등 허세를 부리기 일쑤였지만 김인득 창업주는 삼류여관에 머물며 국밥 외엔 다른 음식을 입에 대지 않았다. 택시는 타지 않았고 걷거나 전차·버스를 이용했다.

모두가 멋쟁이 양복을 빼고 다녔지만 농구화나 군화를 신고 다녔으며 그나마 구두 뒷굽이 빨리 닳는다며 바닥에 말발굽 '징'을 박아 신고 다녔다. 호주머니에 쓸데없이 돈을 넣고 다니지 않았으며 필요한 돈만 명함꽂이에 넣어 다닐 만큼 근검절약이 몸에 배어 있었다.

'극장의 제왕' 서 건자재·건설업으로 비약

부산 동아극장 지배인으로 일하다 6·25가 발발한 1950년 피란 갔던 부산에서 오늘날 벽산의 효시인 동양흥산(현 동양물산주식회사)을 창업한다. 외국영화를 수입해 전국 영화관에 공급하는 일과 수입·무역업이 주종이다.

전쟁에 지친 사람들에게 당시 오락시설로는 극장이 전부인 시절이었고 동양물산은 외화의 60%를 수입했다. 중앙극장, 단성사 등 서울 주요 극장을 비롯해 부산 대전 대구 진주 등 전국에 100여개에 달하는 극장 체인을 형성, 극장 재벌로 부상하며 50년대 말 흥행업 왕좌에 올랐다.

산업의 본질은 생산업이라 여긴 김인득 창업주는 60년대 들어

'사업보국'을 내걸며 흥행업에서 점차 손을 떼고 제조업쪽으로 방향을 돌린다.

단성사와 반도극장(현 피카디리) 등을 판 돈으로 1962년 9월 한국스레트공업주식회사(현재 ㈜벽산)를 인수한 것은 제2의 도약기를 맞는데 중추적인 역할을 한다. 이 회사는 일제 당시 일본 아사노 스레트의 서울 공장으로 1929년 출범했지만 당시 부실화되어 개점 휴업상태인 회사였다.

인수 직전 9개월까지 실적이 3000만원에 불과했지만 주인이 바뀐 뒤 3개월간 6000만원의 실적을 올렸다. 이어 60~70년대 새마을운동으로 시작된 전국적인 농어촌개량작업으로 슬레이트 사업은 번창일로를 맞는다. 이후 건자재 생산업체인 오늘날의 ㈜벽산으로 자라났다.

1964년 1월 한국스레트공업주식회사에 건설사업부를 발족하면서 건설업을 본격화했다. 1968년 시공능력 33위에서 1971년에는 11위에 오를 정도로 덩치가 커지면서 같은 해 1월 한국건업주식회사로 떨어져 나와 지금의 벽산건설로 성장했다.

그룹의 모태인 동양물산은 고구마 절단기 등 농기계 생산업체인 '한국이기공업주식회사'(1964년)와 한국경금속(1968년)을 인수하면서 새 전기를 맞는다.

동양물산은 지금도 경운기 등 농기계와 스푼 등 양식기를 만들면서 과거 명맥을 잇고 있다.

1973년 스레트공업사 내 페인트공장을 신규 착공하면서 시작한 페인트 사업도 그대로 있다. 1999년 구조조정과 함께 벽산화학㈜에 합병됐다 2001년 벽산페인트로 거듭났다. 이로써 벽산그룹은 벽산건설,㈜벽산, 벽산페인트, 동양물산, ㈜인희 등 5개사를 거느리고 있다.

IMF 때 대대적인 구조조정

그룹명 벽산은 고 김인득 창업주의 아호를 따서 지은 것이다. 60년 대말부터 회사를 끊임없이 인수·합병하는 등 사세를 키워카며 통일성을 위해 붙인 이름이다. 그러나 유통 금융 방송 지하자원개발 등 전체 18개에 달하던 계열사는 IMF이후 구조조정을 겪으며 현재 5개로 줄었다.

1976년 설립한 건축내외장제 제조사 벽산산업개발㈜은 1998년 그룹 경영합리화 계획에 따라 ㈜인희에 합병됐다. ㈜인희는 영화산업에 애착을 가졌던 김인득 창업주가 1952년 중앙극장을 세우면서 설립했던 회사. 영상산업회사로 키우기 위해 비서실내에 신규 영상 사업팀까지 두고 챙겼었지만 지금은 발코니 확장과 일부 건자재만 만들며 ㈜벽산의 지분을 소유하고 있다.

1985년 벽산쇼핑㈜을 통해 유통업에 진출했지만 1999년 3월 구조조정계획에 따라 매각했고, 1989년 인수한 정우개발㈜, ㈜동부해양도시가스 등 정우 계열사들 역시 1999년 정리했다. 1991년 유신상호신용금고를 인수해 금융업도 본격화했지만 1998년 대출금 마련을 위해 팔았고, ㈜한국케이블TV 전남동부방송을 설립해 종합유선방송(SO)사업도 손을 댔지만 1999년 구조조정 과정에서 정리했다.

대부분의 그룹 사옥도 처분했다. 그룹 40주년 출범과 함께 서울역 앞에 지었던 시가 1100억원 연건평 900평 규모의 그룹 사옥인 '벽산 125빌딩'을 포함해 퇴계로 '인희빌딩' 등이 모두 넘어갔다. 벽산 125

빌딩은 유명한 건축가 김수근씨의 마지막 작품으로 유명하다.전주 백화점,안양 벽산쇼핑,부산 남포동 복합상가빌딩 등 유통 사업 관련 부동산도 함께 정리했다.

3대를 잇는 기독교 사랑

고 김인득 창업주의 3남2녀중 막내딸 가족을 제외하면 지금도 매주 일요일 오전 고 김인득 창업주 때부터 다니던 인사동 승동교회에 나가 예배를 들이며 온 가족이 한자리에 모인다.

김인득 창업주가 6·25때부터 승동교회에 나갔고 장남 김희철 회장도 같은 교회 장로를 지낸 바 있다.3세인 김성식 ㈜벽산 대표이사 사장도 술 담배를 일절하지 않고,매사 성경이 판단의 기준이 될 만큼 신앙이 깊다는 게 주변의 평가다.

벽산의 기독교 사랑은 가족에서 끝나지 않는다.시무식은 물론 창립기념식 등 모든 공식행사가 예배로 시작되는 '기독교문화' 회사다.국내 처음으로 직장예배를 도입한 기업으로 창립 초창기인 1956년 서울 종로 단성사에서 첫 직장예배 이후 매주 금요일 아침 8시30분(일부 계열사는 다름)부터 1시간은 본사와 각 공장,지점,현장별로 직장예배를 보고 있다.

기독교를 통해 임직원을 통합해 나간다고 해도 과언이 아니란 평이다.벽산건설이 1998년 워크아웃에 들어갔을 때에도 노사가 무분규로 일관,회사 살리기에 힘을 합했던 것도 기독교 문화가 바탕이 됐다는 설명이다.

오뚝이 정신으로 일군 '벽산 56년'

"세상에서는 너희가 환난을 당하나 담대하라. 내가 세상을 이기었노라."(요한복음 16장33절)

고 김인득 창업주의 장손자인 김성식 사장이 맡고 있는 ㈜벽산은 최근 수년간 이 회사 주식을 사들이며 끊임없이 M&A 위협을 해온 창투사 아이베스트와 '적과의 동침'을 선언했다.

지난 2005년 말 아이베스트가 구주 매출을 통해 벽산 주식 100만 주를 주당 1만 5000원에에 팔고 나간 뒤 주가가 1만 1000원대까지 빠지면서 아이베스트는 시세 차익을 얻은 반면 개인 투자자들은 손해를 입어 벽산에 대한 개미들의 원성이 높았다. 특히 벽산은 적대적 M&A를 막기 위해 아이베스트 보유 주식에 대해 의결권을 행사하지 못하게 해달라는 가처분 신청을 법원에 내는 등 양측이 경영권을 둘러싸고 대립해왔다. 이처럼 수년간 벽산을 괴롭혀온 아이베스트가 최근 대주주의 우호 지분을 자청하면서 두 회사간 구원(仇怨)관계가 일단 봉합된 상태다.

벽산그룹은 56년을 헤쳐오면서 고난도 많았지만 어려움을 극복하면서 내실을 다져온 기업이다.

1998년 구조조정에 들어갔을 때에도 노사간 분규없이 한마음으로 대처했던 혼연일체는 지금도 업계의 귀감으로 회자된다.

벽산건설의 경우 워크아웃 당시 채권단과 맺은 목표보다 50%가량 많은 244명이 명퇴했다. 자진해 나간 사람이 많다는 얘기다.

남은 직원들은 상여를 전액 반납해 떠나는 사람들에게 나눠줬다. 대주주도 4대1 감자를 단행하는 등 책임지는 모습을 보였다. 덕택에 2000년 회사가 흑자로 전환됐고 2002년 말 워크아웃에서 졸업했다. 김희철 벽산건설 회장은 풋백옵션을 행사, 출자전환된 채권단 주식을 2004년 되사면서 회사를 되찾았다.

이에 앞선 지난 1992년 7월. 당시 재계 25위이던 벽산건설은 자사가 시공한 신행주대교가 준공 4개월을 앞두고 붕괴하면서 창사 이래 최대 위기를 맞았다.

원인이 부실공사 때문인 것으로 드러나면서 대대적인 이미지 실추와 함께 영업정지, 단자사 여신 동결 등 악재가 뒤따랐지만 불행중 다행으로 인명 사고가 없어 복구공사비 200여억원 등을 전액 부담, 재공사를 맡아 결자해지로 매듭지었다.

여전히 우환은 끊이지 않았다. 벽산건설 임원 2명이 1999년부터 2005년까지 각각 회사돈 수십억원을 빼돌려 부동산 구입과 주식투자 등에 쓴 혐의로 조사를 받는 등 집안 단속 문제가 붉어져 조사를 받았다.

벽산건설 관계자는 "주택 사업 이외에 토목공사 등 포트폴리오를 확대하는 데 주력할 계획이다."면서 "무엇보다 구조조정을 겪으면서 위축됐던 직원들의 사기와 자신감을 회복시키는 게 가장 큰 과제다."고 말했다.

벽산그룹 5개 계열사의 2006년 기준 총 매출은 1조 4924억원이며, 이중 벽산건설의 매출은 전체의 54%를 차지한다.

벽산을 만든 전문 경영인들

벽산그룹은 올해로 56년을 헤쳐오면서 가장 훌륭한 전문경영인으로 이 회사 부회장을 지낸 정종득(66) 목포 시장을 꼽고 있다.

워크아웃 조기졸업의 일등 공신으로 지목되는 정 사장은 서울대, 산업은행,쌍용을 거쳐 1983년 벽산건설에 이사로 입사 1994년 사장이 되면서 워크아웃의 시작과 끝을 지키는 등 벽산과 고락을 함께해온 인물.특유의 인화력과 결단력으로 조직을 이끌며 대주주인 김희철 벽산건설 회장과 호흡을 맞췄다는 평이다.2005년 5월 시장 출마를 위해 부회장으로 위촉된 뒤 당선과 함께 회사를 떠나 지금은 공직자로 일하고 있다.

김재우(63) 아주그룹 부회장은 1997년 2월 워크아웃에 들어가기에 앞서 ㈜벽산 사장에 취임해 3년 만에 경영을 정상화시킨 능력을 인정받아 아주그룹에 스카웃된 인물.삼성물산 출신으로 2005년까지 ㈜벽산 부회장 등을 지내며 '누가 우리회사 망한다고!!' '거봐!안 망한다고 했지!!' 등 벽산 구조조정 성공사례들을 책으로 발간해 화제를 모으기도 했다.

광주고 · 건국대 출신의 신광웅(64) 신동아건설 사장도 벽산건설 출신이다.한신공영을 거쳐 지난 1995년부터 2004년 6월까지 벽산에 적을 둔 바 있다.벽산건설 부사장을 끝으로 회사를 떠났다.

한편 지난 2004년 뇌물수수죄 재판중 또다시 뇌물수수 의혹을 받

▲정족등
목포 시장

▲김재우
아주그룹 부회장

▲신광웅
신동아건설 사장

▲안상영
전(前) 부산 시장

아 감옥에서 자살했던 고 안상영 전 부산시장도 벽산건설에서 부회장직을 수행한 바 있다.

4장

재벌家 맥(脈) 一 下

누가 한국을 움직이는가

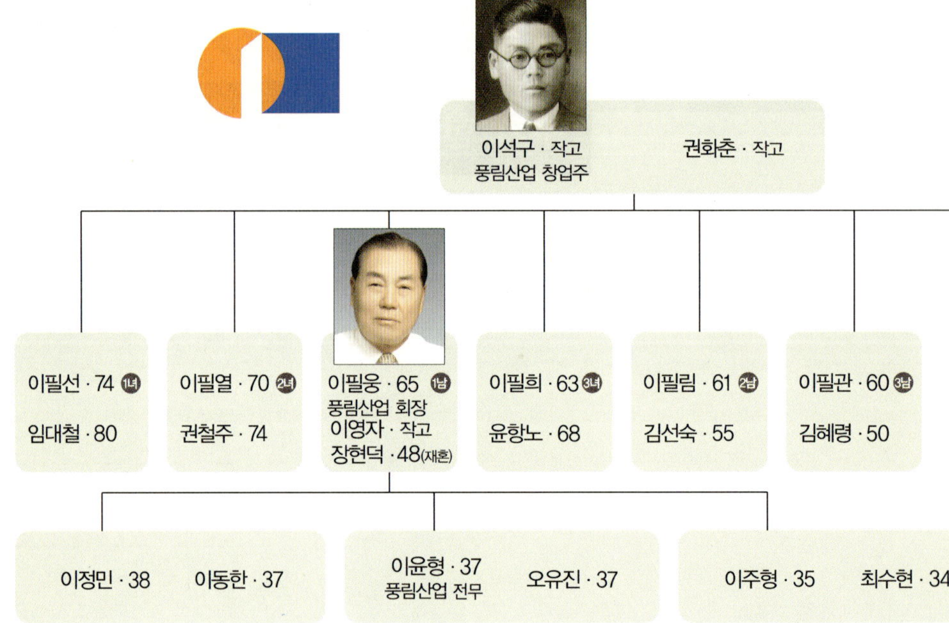

이석구 · 작고
풍림산업 창업주
권화춘 · 작고

이필선 · 74 1녀
임대철 · 80

이필열 · 70 2녀
권철주 · 74

이필웅 · 65 1남
풍림산업 회장
이영자 · 작고
장현덕 · 48 (재혼)

이필희 · 63 3녀
윤항노 · 68

이필림 · 61 2남
김선숙 · 55

이필관 · 60 3남
김혜령 · 50

이정민 · 38
이동한 · 37

이윤형 · 37
풍림산업 전무
오유진 · 37

이주형 · 35
최수현 · 34

28. 풍림산업가(家) 총괄 인맥도

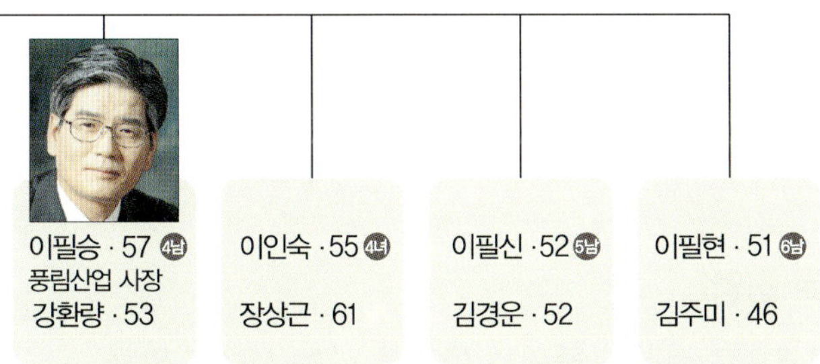

■ 풍림산업가(家 · 그룹) 총괄 인맥도

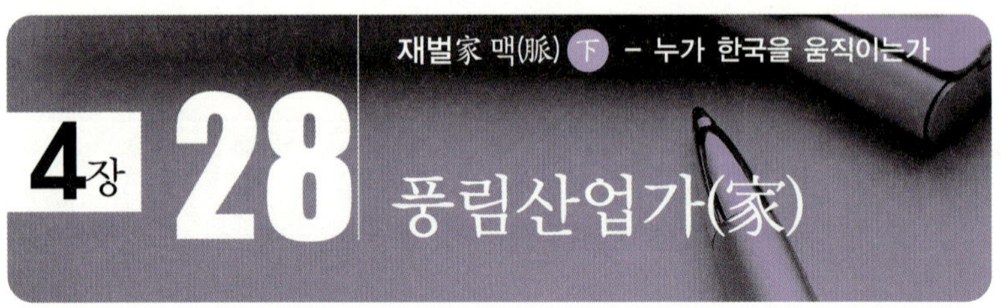

이필웅 회장가(家)

1981년 이후 30위권에 들었던 건설업체 가운데 대주주의 변동 없이 시공능력을 그대로 유지하고 있는 업체는 풍림,대림 등 8개뿐이다.나머지 업체는 주인이 바뀌었거나 30위권 밖으로 밀려났거나 아예 공중분해된 경우도 있을 정도다.풍림산업 역시 국내 건설산업의 한 획을 긋는 데 큰 역할을 했다는 평가를 받기에 충분하다.

기업보국 신념으로 창업

국내 건설업 20위권으로 성장한 풍림의 뿌리를 아는 사람은 많지 않다.창업 초기부터 다른 기업과 달리 바깥에 기업을 알리기보다는 내실에 충실한 경영을 했기 때문이다.풍림의 역사를 거슬러 오르면 국내 굴지의 건설사인 대림산업과 뿌리를 같이한다.대림산업의 창업주이자 사장이었던 이석구(작고) 선대 회장이 1960년 군별 공사 제한을 극복하기 위해 작은 공사를 수주할 수 있는 2군 업체인 풍림산업(전신·전일기업·1954년 설립)을 인수,오늘날 풍림으로 키웠다.

이석구 창업주는 1939년 20대 후반에 목재상인 '부림상회'를 설립했는데 이것이 오늘날 대림산업과 풍림산업의 모태가 됐다. 이석구 창업주는 사업이 번창하면서 경기도 시흥(현재 군포 산본)의 지주이자 외삼촌(이규응)으로부터 사업 자금을 빌려쓰는 대신 한 가지 제안을 받는다. 둘째 아들(재준), 즉 외사촌 동생과 함께 사업을 해달라는 부탁을 받고 이를 흔쾌히 받아들였다. 부림은 이 때부터 두 사람의 노력으로 나날이 번창했고 해방 후 1947년 상호를 대림산업으로 바꾸면서 건설업에 본격적으로 뛰어들게 된다.

이 창업주의 기업 이념은 '기업보국(企業報國)'이었다. 나라를 일본에 빼앗긴 채 고통스러워하는 현실을 안타깝게 생각하고 민족과 나라를 살리는 길은 사업을 열심히 하는 것이라고 믿었다. 기업의 성장을 통해 국가를 살리자는 기업가 정신이 투철했던 인물로 평가받고 있다.

하지만 이 창업주는 1962년 과로한 탓에 병세가 악화돼 병원에 입원하게 되는데, 이를 계기로 대림산업의 경영권을 내놓고 투병 생활을 하다가 결국 병석에서 일어나지 못하고 만다. 이후 대림산업 경영권은 함께 일하던 이재준 사장이 맡아 오늘날에 이르고 있다.

무위 · 무심경영으로 풍림 육성

이석구 창업주의 기업정신은 맏아들 이필웅(65) 현 풍림산업 회장이 물려받았다. 이 회장은 63년 선대 회장이 경영하던 대림산업에 입사, 경리일을 배우면서 기업인이 된다. 군대를 다녀온 뒤 대림산업에 다시 입사, 영업부에 배치돼 경영수업을 착실히 쌓기 시작했다. 이 때의 경험이 훗날 풍림산업의 최고 경영자로서 자질을 갖추는 데 큰 도움이 됐다.

풍림은 당시 경제개발 붐을 타고 각종 공사를 따내면서 커왔다. 해외공사를 활발히 펼치는 동시에 경영관리와 조직정비를 통해 기업을 현대화하는 데 주력했다. 초기 대림산업의 공사를 하청받는 형태에서 벗어나 어느새 중견건설사로 우뚝 성장했다.

풍림의 제2창업은 이필웅 회장이 대림산업 부사장을 역임한 것을 끝으로 1981년 7월 풍림이 대림으로부터 완전 분리, 독립경영을 하면서 시작됐다. 본래 선대 회장이 창업한 대림산업은 동업자인 이재준 사장에게, 창업주의 맏아들인 이 회장은 계열사로 있던 풍림을 맡게 된 것이다.

이 회장이 풍림산업 경영 일선에 나서면서 그를 중심으로 한 경영체제가 구축되기 시작했다. 경영 쇄신을 단행, 국내외 조직을 개편하고 관리 인원을 줄이는 한편 전문 하도급 업체를 육성하는 등 공사 전문화를 추진했다.

그러나 풍림에도 위기는 찾아왔다. 2차 석유파동에 이은 경제불황, 이로 인한 건설수요 급감은 풍림의 수주 신장률을 꺾는 치명타를 입혔다. 수주 경쟁이 치열해져 낙찰률이 떨어졌고, 자금조달 능력 부족으로 민간 공사 및 자체 사업 진출은 더디기만 했다. 해외공사 역시 다른 건설사와 마찬가지로 일감 수주가 어렵고 적정 이윤 확보가 쉽지 않아 무턱대고 진출할 수만은 없는 형편이었다.

결국 1986년 경영 쇄신에 들어간다. 본사 유사 조직을 통폐합하고 인력을 적재적소에 배치해 경영의 효율성을 올리는 동시에 원가 절감 등으로 허리띠를 졸라맸다. 직접 관리인을 줄이는 대신 협력업체

▲2001년 말 이필웅 회장이 작은아들 주형씨의 결혼식을 올린 뒤 기념사진을 찍었다. 앞줄 오른쪽이 이 회장이며 시계방향으로 이 회장의 딸 정민과 외손자, 뒷줄은 사위 이동한, 작은아들 주형, 작은며느리 최수현, 큰며느리 오유진씨이며 큰아들 이윤형 상무가 아들을 안고 있다.

를 키워 공사 전문화를 유도했다. 동시에 교육훈련을 강화하고 우수 인재를 확보하는 등으로 위기를 극복하고 오늘날의 풍림으로 성장하게 된다. 86년 4월에는 강남 테헤란로의 명물 풍림산업 사옥을 준공한다. 풍림빌딩에는 최근까지 특허청이 입주하고 있었기 때문에 특허청 빌딩으로 더 유명했다. 최근에는 이 건물 주변으로 고층 빌딩이 빼곡히 들어서고 복잡해져 찾기 어렵지만 오랫동안 테헤란로의 랜드마크 역할을 했다.

풍림의 성장 동력에는 이 회장의 경영 마인드가 크게 작용했다. 그는 기업을 지혜와 자제심으로 이끌어야 한다고 믿는다. 경영의 리더는 조직이 잘 운영되도록 작용하고, 최대한 순리에 따라야 한다는 철학을 지녔다. 바로 '무위(無爲)와 무심(無心)의 경영'이 이 회장의 경영철학이다. 그러다 보니 자연히 따르는 사람이 많았고, 도전과 성취

욕구가 강한 인재들이 몰려들었고 어려운 시기를 맞아 조직이 하나로 뭉칠 수 있었던 힘이 됐다.이 회장은 현재 재도약의 발판을 마련 중이며,동생 이필승(57) 풍림산업 사장과 지난해 승진한 장남 이윤형(37) 상무가 그를 돕고 있다.이 사장은 83년 3월에 풍림산업 자금부에 입사해 이후 경리·자재·총무·기획실 등을 두루 거쳐 99년 1월 사장으로 취임한 전문 경영인이다.

현재 풍림은 향후 50년을 어떻게 전개해야 할지 새로운 선택의 시점에 서 있다.우선 풍림은 철저한 수익성 위주의 경영을 통해 안정적 성장기반을 공고히 하는 데 주력할 것이다.기업의 경쟁력 확보는 우수 인재 확보에 있다는 것을 잘 알기에 핵심 기술 확보 등에 매진하고 있다.

민간 건설 시장 위축,최저가낙찰제 확대 등으로 공공시장 수주 경쟁은 더욱 치열해질 것으로 예상되는 만큼 틈새시장 개척에 주력하고 있다.자체 보유 부동산이 많지 않기 때문에 개발 사업을 대대적으로 펼칠 수 있는 상황은 아니지만 오히려 땅 소유 부담에 따른 리스크를 줄일 수 있다는 장점도 있다.따라서 높은 아파트 브랜드 인지도를 내세워 수익성 있는 민간 발주 아파트 공사를 적극 수주할 방침이다.

해외건설은 엑슨 모빌이 발주한 러시아 항만 접안시설 및 부대시설 공사와 쉘이 발주한 가스 파이프라인 가압공사 진출을 계기로 해외사업을 강화할 채비를 갖췄다.

두터운 인맥, 단출한 혼맥

이 창업주 주변에는 늘 많은 사람이 따랐다.풍림을 거쳐간 이재순, 이면훈, 허필은 사장 등이 창업주와 함께 초창기 대림과 풍림을 키운 전문 경영인들이다. 술은 한 모금도 못했지만 술자리에는 빠지지 않았다고 한다. 건설업 특성상 술자리도 자주 참석해야 하던 시절이었지만 술 한 모금 못하면서 영업에는 귀재였다고 한다. 공사를 따내기 위해 당시 정주영 현대건설 회장 등과 선의의 경쟁을 벌이면서 건설업의 과당 경쟁 풍토를 정비하고 건설업 발전을 도모하는 등 국내 건설산업의 기초를 세우는 데 공헌한 인물로 꼽힌다.

또 해야 할 일을 쌓아두지 못하는 성격이었다. 부림상회 시절 주문이 들어오면 이 창업주는 소달구지에 목재를 가득 싣고 직접 배달을 가기도 했다. 소달구지 직접 모는 사장으로 통할 정도로 소탈하고 일에 대해 열정적이었다. 그는 사람 다루기를 잘했던 것 같다. 회사에서 가장 부지런한 사람은 사장이라고 할 정도로 앞에서 뛰었다.

형제가 많지만 가족들이 경영에 참여하는 것은 한정됐다. 풍림산업 경영에 참여하는 가족으로는 이 사장과 장남 이 상무가 전부다. 부지런함은 가족들에게 그대로 물려줬다. 이 회장이나 이 사장이 현장을 자주 찾고 새로운 사업 구상과 투명경영 추구는 사풍으로 이어지고 있다. 이 회장은 지금도 매일 역삼동 사옥으로 아침 일찍 출근해 주요 업무를 직접 챙길 정도다. 이 사장 역시 아침 7시면 출근할 정도로 부지런하다.

이 회장의 집안은 형제 자매가 10명인 대가족이지만 혼맥은 단출하다. 다른 기업과 달리 굳이 정계·재계 집안과 결혼을 고집하지 않았다. 대부분 집안 어른 소개로 평범한 집안과 혼인했다. 주변 사람들은 풍림의 단출한 혼맥을 놓고 한국 건설업계의 초석을 다지며 50년 이상 성장한 회사답지 않게 복잡하지 않다고 말할 정도다.

이 회장의 큰 누이 필선씨는 일반적인 가정의 자녀 임대철씨와 결혼했고, 바로 윗누이 역시 평범한 가정의 권철주씨와 혼인했다. 매부들이 서울 공대 출신으로 공무원 생활을 하다가 관련 기업에 근무했을 정도다.

셋째인 이 회장도 중매로 결혼했다. 이영자 여사 역시 평범한 집안이었다. 이 여사는 몇년 전 갑작스럽게 세상을 달리했는데, 임직원들이 모두 아쉬워한다. 임원들을 직접 집으로 불러 떡국을 끓여줄 정도로 자상하고 가정적이었던 것으로 기억한다. 이 여사를 사별한 뒤 장현덕(48) 여사와 재혼했다.

이 회장은 자식들 결혼 역시 일상적인 가정의 자녀들과 맺어줬다. 큰딸 정민씨는 이동한씨와 혼인했다. 이동한씨는 일본에서 공부하고 국내에 진출한 일본 기업에 근무하던 중 반 중매 반 연애결혼했다. 국내 굴지의 회사 자녀이지만 결혼식은 조용하게 치렀다.

두 아들 역시 결혼 과정이 평범하고 소리나지 않는다. 큰 아들인 윤형(37)씨는 한양대를 나와 미국 시러큐스대에서 MBA 과정을 밟던 중 알게 된 오유진씨와 연애결혼 했다. 유진씨의 부친은 고려대 교수이다.

작은아들 주형(35)씨는 지난 2001년 말 역시 미국에서 유학 중 만나 사귄 최수현씨와 결혼했는데 사돈 집안은 평범한 가정이다.

이런 풍토는 이 회장의 다른 동생들도 마찬가지다. 이필승 사장은 대학때 사귄 평범한 집안의 딸 강환량씨와 연애결혼에 골인, 가정을 꾸렸다. 나머지 동생들 역시 본인이 원하는 배우자를 만나 결혼하는 등 보기 드물게 단출한 혼맥을 유지하고 있다.

지난 50여년 오직 한 길, 건설에만 매달려온 풍림산업. 작은 묘목이 모여 울창한 수풀을 이루듯 풍림은 건설업계 19위, 매출액 1조3000억원대의 굴지의 기업으로 성장했다. 회사 이름은 목재회사를 시작으로 한 부림상회(富林商會)와 연결된다. 인천 부평역 앞에서 작은 가게를 얻어 문을 연 부림상회는 이후 국내 굴지의 건설회사인 풍림산업과 대림산업으로 발전, '풍요로운 울창한 숲(豊林)' 을 이루고 있다.

초기 기업가들이 다양한 분야로 사업영역을 넓혔던 것과 달리 풍림은 오직 건설 전문기업으로 한 우물만 파고도 그룹 건설사와 어깨를 나란히 하고 있다. 곁눈질하지 않고 건설만 고집하다 보니 회사가 대그룹으로는 성장하지 못했지만, 오히려 몸집 부풀리기에 치중한 기업들이 힘없이 쓰러진 것과 비교해 어려운 경제환경 속에서도 꿋꿋하게 살아남을 수 있었던 비결이기도 하다.

젊은 아이디어의 산실 '영 보드' 늘길

풍림산업은 젊은 기업으로 통한다. 군더더기가 없다. 외환위기를 겪으면서 조직을 재정비하고 신속한 의사결정이 이뤄지도록 변신했기에 가능했다. 급변하는 경영환경 속에서 미래를 준비하기 위한 기획기능을 강화, 각 부문별 경영전략 모색을 통한 신속한 의사소통과 현장의 소리를 듣기 위해 기획담당 제도와 'Young Board(청년경영자회의)'를 운영하고 있다.

2001년부터 운영되고 있는 기획담당 회의는 각 사업부(본부)의 부·차장급으로 구성됐다. 이들은 평소 현업을 수행하며 교육을 받거나 정보를 수집하고, 격월 1회 정도 전체 임원회의에서 부문별 시장동향, 부문별 전략 등을 브리핑한다. 이들이 브리핑한 내용은 임원들이 즉시 검토, 경영에 반영하고 있다. 풍림의 청년경영자회는 1987년부터 지금까지 운영되고 있는데 대리, 과장급 10여명 정도로 구성되며 임기는 2년이다.

이들은 평소 현업을 수행하며 업무 관련 아이디어나 회사경영에 건의할 사항을 준비해 매달 1회 자체회의를 연다. 회의 결과는 사장과 면담을 통해 직접 건의하는 형식으로 운영되고 있다. 청년경영자들은 차세대 경영자가 되기 위한 경영관련 교육을 받고 있는 셈이다. 이들은 또 고아원, 장애인시설 등 방문 등 회사의 자원봉사활동을 주도적으로 펴나가고 있다.

▲풍림의 젊은 아이디어 산실 영보드 회의. 참신한 미래전략을 마련하는
역할을 맡는다.

이필승 사장은 "기획담당 제도와 영보드회의 활성화로 열린 경영
을 추구하고 의사결정이 빠른 경영 풍토를 마련할 수 있었다."며 "풍
림산업이 외환위기를 겪으면서도 살아남고 지속적으로 성장·발전
한 원동력이 되고 있다."고 칭찬했다.

'엄격한 경영수업' 풍림의 가풍(家風)

풍림가는 엄격한 경영수업으로 유명하다. 장자 중심으로 경영권을 물려주고, 여자 형제의 경영참여를 허락하지 않는 것도 다른 기업과 다르다. 몸소 뛰고 정도를 고집하는 것이 가풍(家風)이자 사풍(社風)이다. 창업주 본인이 주문받은 물건을 직접 배달하고 현장을 확인한 뒤 작업을 지시할 정도로 부지런했다. 대림산업이 어느 정도 성장했을 때도 일감을 따내기 위해 사람들을 찾아다녔고, 국내외 건설현장을 직접 밟았다. 창업주 자신이 검소하고 한눈 팔지 않았을 뿐 아니라 2세, 3세 역시 혹독한 경영수업을 받도록 하고 있다. 이 회장 역시 대림산업에 입사, 경리 업무부터 배웠다. 이후 각 분야에 근무하면서 경영인의 자질을 키웠다. 특히 풍림산업을 이끌면서 국내외 현장을 누벼 국내 대형 업체 반열에 올려놓았다.

이런 경영수업은 3세에게 그대로 적용하고 있다. 이 회장은 장남인 이 상무가 보다 체계화된 기업에서 일을 배우도록 하기 위해 바로 풍림에 입사시키지 않고 삼성전자와 대림산업에 밑바닥부터 일을 배우도록 했다. 호랑이가 새끼를 강하게 키우기 위해 바위 밑으로 떨어뜨리는 과정이라고 보면 된다. 또 선진 경영기법을 배우도록 미국 시러큐스대로 유학을 보내 MBA 과정을 밟도록 했다.

이후 풍림에 입사한 뒤에도 다양한 업무를 익히도록 하고 있다. 개발사업부에서 경영수업을 받던 이 상무는 지난해 승진하면서 조달본부 담당 임원으로 자리를 옮겼다. 이 자리는 구매·계약 업무를 총괄하면서 건설업의 모든 과정을 두루두루 꿰뚫어보고 실전 경험을 쌓을 수 있는 곳이다. 경영이라는 것이 쉬운 것이 아니고, 최고경영자 역시 쉽게 올라갈 수 있는 자리가 아니라는 것을 몸소 깨달으라는 뜻이다. 풍림 관계자는 "지난해 이뤄진 이 상무의 승진도 경영 수업을 착실히 쌓기 위한 과정"이라고 설명했다. 이필승 사장도 조카인 이 상무의 경영수업에 대해 "엄격하게 제대로 경영수업을 받아야 기업을 이끌 수 있고, 탈이 없는 것"이라며 "(엄격한 경영수업이) 풍림의 전통"이라고 말했다.

재벌家 맥(脈) 下 - 누가 한국을 움직이는가

초판 2쇄 펴낸날 | 2008년 1월 26일

지은이 | 서울신문사 산업부
펴낸이 | 이금석
펴낸곳 | 도서출판 무한

등록일 | 1993년 4월 2일
등록번호 | 제3-468호
주소 | 서울 마포구 서교동 469-19
전화 | 02.322.6144
팩스 | 02.325.6143
홈페이지 | www.muhan-book.co.kr
e-mail | muhan7@muhan-book.co.kr

값 | 27,000원
ISBN | 978-89-5601-194-3 (13320)
ISBN | 978-89-5601-192-9 (전 2 권)

주) 이 책에 나오는 인물의 나이, 직급 등은 2007년 11월 기준으로 제작되었습니다.